Zu diesem Buch

Homöopathie ist menschengerecht – weil sie den Kranken immer als Ganzheit zu erfassen versucht. Sie ist naturnah – weil ihre Arzneien zum größten Teil aus natürlichen Ausgangsprodukten stammen. Und sie ist universell – weil es nach homöopathischer Auffassung für jeden Menschen die Arznei gibt, die ihn heilt und rettet.
Dieses Handbuch ist Lesebuch und Nachschlagewerk zugleich und informiert umfassend über Geschichte, theoretische Grundlagen und praktische Anwendung der Homöopathie.

Mathias Dorcsi, Jahrgang 1923, ist seit 1975 Leiter des Ludwig-Boltzmann-Institutes für Homöopathie und seit 1978 Vorstand des Institutes für physikalische Medizin im Krankenhaus Lainz der Stadt Wien.
Er erstellte ein Lehr- und Lernprogramm für die Homöopathie-Ausbildung von Ärzten, das 1973 von der „Liga medicorum homoeopathica internationalis“ für verbindlich erklärt wurde. Es folgten Lehraufträge in Nord- und Südamerika, Deutschland, Finnland und Mexiko. Seit 1980 lehrt er an der medizinischen Fakultät der Universität Wien und wurde 1985 durch den österreichischen Bundespräsidenten mit dem Titel „Professor“ für seine Verdienste um die Homöopathie geehrt.
Helmut Gyürky ist freier Autor, Ingrid Rumpold freie Journalistin. Beide sind seit langem mit zeit- und wissenschaftskritischen Themen beschäftigt.

Mathias Dorcsi

unter Mitarbeit von Helmut Gyürky
und Ingrid Rumpold

HOMÖOPATHIE HEUTE

Ein praktisches Handbuch

rororo

Rowohlt

rororo gesundes leben
Lektorat Heike Wilhelmi

31.–34. Tausend September 1996

Veröffentlicht im Rowohlt Taschenbuch Verlag GmbH,
Reinbek bei Hamburg, August 1990

Umschlaggestaltung Barbara Thoben
(Fotos: Stock Imagery/Bavaria und Barbara Thoben)
Gesamtherstellung Clausen & Bosse, Leck
Printed in Germany
1490-ISBN 3 499 18562 8

Inhalt

Teil II
Die Wiener Schule der Homöopathie, ihr Aufbau, ihre Praxis und ihr Werden

Teil III
Beschwerden, homöopathische Arzneien und begleitende Empfehlungen

„Aude sapere!" *

(Horaz)

Dies war der Spruch, den der junge Samuel Hahnemann, der Schöpfer der Homöopathie, einst oftmals als Schüler über dem Portal der Schule St. Afra in Meissen gelesen hatte und den er, vier Jahrzehnte später, als persönliches Bekenntnis wieder erstehen ließ: Er versah sein „Organon der Heilkunst" mit diesem Motto.

„Habe Mut, Dich Deines eignen Verstandes zu bedienen" — so übersetzt Kant dieses ursprüngliche Horaz-Zitat; „erkühne Dich, weise zu sein", so übersetzt es Schiller; und Hahnemann selbst wird diese deutsche Fassung zugeschrieben: „Habe das Herz, Einsicht zu haben."

„Aude sapere!" sei auch diesem „Handbuch der Homöopathie" als Leitsatz vorangestellt — als dankbare und respektvolle Verbeugung vor dem zeitlosen Genius Hahnemann und aus denselben Gründen, die Hahnemann zur Wahl dieser Formulierung bewogen hatten.

„Wage, weise zu sein" oder „wage, zu wissen", wie man den Satz ebenfalls interpretieren könnte — diese Aufforderung im Zusammenhang mit Hahnemanns „ewigem, unwandelbarem Naturgesetz der Homöopathie" ist heute genauso berechtigt wie damals.

Das Streben nach Wahrheit oder gar nach Weisheit birgt manche Unbequemlichkeit und manche Zweifel und manchen Zwiespalt — aber es ist Teil und Antrieb des Menschen; es macht ihn zu dem, was er ist.

„Habe Mut, Dich Deines eignen Verstandes zu bedienen" — und erkenne!, so könnte man hinzufügen, erkenne im Gesetz der Homöopathie Dich selbst!

---

* H.v. Witzleben wies in einem Vortrag darauf hin, daß dieses Zitat korrekterweise eigentlich „sapere aude" heißen müßte. Sein Einwand sei hiermit gebührend gewürdigt.

„Man suche nur nichts hinter den Phaenomenen, sie selbst sind die Lehre!“

(Johann Wolfgang v. Goethe)

„Was ist das für ein Mensch?“

(Mathias Dorcsi)

Beginnen wir dieses „Handbuch der Homöopathie“ mit jener Frage, die sich jeder homöopathische Arzt in der Begegnung mit seinem Patienten stellt, und die nicht nur der Schlüssel zur erfolgreichen homöopathischen Behandlung ist, sondern auch Grundlegendes zum Verständnis der Homöopathie offenbart — nämlich mit der Frage: *„Was ist das für ein Mensch?“* Denn die Homöopathie sieht sich als „personotrope Medizin“, also als eine Medizin für einen ganz bestimmten Menschen — damit für eine ganz bestimmte Person — in seiner Gesamtheit, in all seiner Unverwechselbarkeit, in seinem individuellen Schicksal, in seinen spezifischen Ausprägungen, mit den Einflüssen, denen er ausgesetzt ist: Die Homöopathie versucht diese ganz bestimmte Person in ihrer Einmaligkeit in der Welt zu erfassen.

Im Gegensatz zur heutigen, naturwissenschaftlich-mechanistischen Auffassung der Medizin, die — kausal-analytisch — benennbare Krankheiten in Organen, in Geweben, in Zellen sucht und sich dabei immer verfeinerterer Meß-, Wäge- und Analysemethoden bedient, nähert sich die Homöopathie dem Menschen als unteilbarem Ganzen. Galilei sagt: *„Zu messen Alles was gemessen werden kann und Alles meßbar zu machen, was* *noch nicht gemessen werden kann.*" Hippokrates aber spricht: „*Ein Maß jedoch, sei es Gewicht oder Zahl, als ein Leitziel dienend, wirst Du nicht finden; es gibt nichts anderes als die Gefühlsempfindung des Körpers.*" In diesem Widerstreit, der nichts anderes ist als der heute in vielen Lebensbereichen auftretende Konflikt zwischen Quantität und Qualität, verkörpert die Homöopathie eindeutig ein medizinisches Prinzip, das im Menschen mehr sieht als die Summe seiner einzelnen Teile, Organe und Gliedmaßen. Man kann, etwas überspitzt, formulieren: Krankheiten gibt es nicht für die Homöopathie — es gibt nur den kranken Menschen als den anderen Pol desselben, nämlich des gesunden Menschen, dessen personale Ordnung als Folge einer äußeren oder inneren Störung in Disharmonie versetzt worden ist.

Nun aber ist „personale Ordnung" etwas Größeres, Weiteres als die Lokalisation einer Beschwerde, und ihre von der Homöopathie angestrebte Wiederherstellung ist mehr als das Behandeln des von der Störung verursachten Symptoms.

Personale Medizin — nicht zu verwechseln mit der in unserer Zeit oft geforderten „Vermenschlichung der Medizin", die nur ein rücksichtsvolleres Handhaben von Apparaten und den freundlicheren Umgang mit Erkrankten meint —, personale Medizin also hat das Begreifen, Verstehen und Erfassen der Person und ihres Schicksals in der Umwelt als Denkmittelpunkt.

Der Weg, der dazu führt, ist der der Phaenomenologie.

Die Phaenomenologie — als philosophische Richtung *(„zu den Sachen selbst!")* die Lehre vom Sein und vom Seienden, vom „Sich-Zeigenden", von der Erscheinung — ist in der Homöopathie die vorurteilsfreie Wahrnehmung und Beobachtung eines kranken Menschen. „Wahr-nehmen" drückt diese Grundhaltung ja wörtlich aus: Sorgen, Beschwerden, Vergangenheit und Gegenwart einer Person wahrnehmen, unvoreingenommen zur Kenntnis nehmen; der homöopathische Arzt kommt durch Ansehen zum Ver-stehen, durch Be-greifen zum Begreifen, durch Hören, Zuhören und Er-fassen der Mimik, Gestik und Ausstrahlung zum Bild eines Patienten. Es ist bezeichnend, daß auch der Begründer der Homöopathie, Samuel Hahnemann, die Homöopathie phaenomenologisch erklärt. In seinem Hauptwerk, dem „Organon der Heilkunst"*, legt er das homöopathische Ähnlichkeitsprinzip dar und definiert es — durch sich selbst:

* „Unter einem Organon verstehen wir . . . eine Anweisung, wie ein gewisses Erkenntnis zu Stande gebracht werden solle" (Kant); im Falle von Hahnemanns „Organon" also: eine Anweisung, wie eine gewisse Heilung zustande gebracht werden soll.

„Da dieses Naturheilgesetz (‚Ähnliches werde durch Ähnliches geheilt') *sich in allen reinen Versuchen und allen echten Erfahrungen der Welt beurkundet, die Tatsache also besteht, so kommt auf die scientifische Erklärung, wie dies zugehe, wenig an, und ich setze wenig Wert darauf, dergleichen zu versuchen."*
Dieser kühne Schritt eines selbstbewußten Geistes, der sich mit einem gewaltigen Satz außerhalb der damaligen und der heutigen „Wissenschaftlichkeitsnachweise" stellt, ist auch der Ausgangspunkt in der homöopathischen Praxis: Das Phaenomen an sich zählt, das Seiende wird wahrgenommen, die Erscheinung ist, weil sie ist.
Ein Bild entsteht, fügt sich zusammen, wird durch weitere Beobachtungen ergänzt, verändert und erweitert — das Phaenomen einer Person mit spezifischen, individuellen Charakteristika, die auch die Charakteristika ihrer spezifischen, individuellen Erkrankung enthalten. Und dieses Bild eines kranken Menschen findet seine Entsprechung im Bild einer homöopathischen Arznei.
Es ist das Ziel der Homöopathie, für jede Person ihre Medizin zu finden, in den verschiedenen Schichten der Ähnlichkeit, angefangen beim Organ als ihrer einfachsten Stufe bis hin zur Ganzheit der Person als äußerster, ja mitunter deckungsgleicher Form der Ähnlichkeit. Heilerischer ausgedrückt: Auf jeden Menschen wartet eine homöopathische Arznei, die ihn rettet und die ihn genesen läßt.

DIE IDEE
DER HOMÖOPATHIE,
IHRE PRINZIPIEN
UND IHR SCHÖPFER

„Bei diesen Untersuchungen
fand ich den Weg zur Wahrheit,
den ich allein gehen mußte ...“

(Samuel Hahnemann)

„... ich glaube jetzt eifriger denn je
an die Lehre des wundersamen Arztes,
seit dem ich die Wirkung einer allerkleinsten
Gabe so lebhaft gefühlt
und immer wieder empfinde.“

(Johann Wolfgang v. Goethe in einem Brief vom 2. September 1820)

Obwohl es keine näheren Hinweise über die homöopathische Behandlung gibt, die Goethe zu dieser Zeit erfahren haben mußte (drei Jahre später verdankte er seine Genesung nach einem schweren Herzinfarkt gewiß einer, nach homöopathischen Regeln durchgeführten, Behandlung seiner Leibärzte), so ist das Lob, das Goethe der Homöopathie und damit seinem Zeitgenossen Hahnemann aussprach, in zweierlei Hinsicht sehr aufschlußreich. Einerseits, weil es dokumentiert, daß ein großer Geist wie Goethe der Homöopathie aufgeschlossen, ja zustimmend gegenüberstand (viele seiner Werke zeigen phaenomenologische Grundzüge und wurzeln im polaren Denken, wie es auch der Homöopathie zu eigen ist); andererseits, weil die Bezeichnung *„wundersamer Arzt“*, die Goethe für Hahnemann nicht nur in diesem Schriftstück verwendete, als vorzüglicher Ausgangspunkt für jenen Abschnitt dienen kann, der sich in diesem „Handbuch der Homöopathie“ mit der Idee der Homöopathie beschäftigt — und damit mit Christian Friedrich Samuel Hahnemann.
Denn man kann nicht über Homöopathie schreiben, ohne über Samuel Hahnemann zu schreiben.
Man könnte zwar über die heutige Medizin berichten und über heutige medizinische Themen, ohne auf damit verbundene Personen näher einzugehen; man könnte auch — so wie sich die gegenwärtige Medizin entwik-

kelt — seitenlang über die Errungenschaften der Apparatetechnik referieren, ohne Menschen dabei erwähnen zu müssen — und man könnte in einer historisierenden Abhandlung den „Fortschritt“ der Schulmedizin in den vergangenen hundert Jahren beleuchten, ohne auf eine Gestalt zu treffen, die so wegweisend und prägend emporragte.
So wegweisend und prägend wie der *„wundersame Arzt“*, dessen Erleuchtung eine neue Medizinlehre schuf.
Man muß sich das nur einmal vorstellen: Da ist ein praktischer Arzt, deprimiert von den medizinischen Bräuchen seiner Zeit, querköpfig, beharrlich und unbestimmt suchend.
Plötzlich findet er.
Ein Zufall, eine gewollte Fügung, die Erfüllung einer Vorbestimmung? Wie immer auch: Er wird fündig mit einem *„neuen Princip der Heilkunst“*, baut es auf und aus, schafft eine eigene Arzneimittellehre dazu, eine eigene pharmazeutische Technik — ein Lehr- und Praxisgebäude ward errichtet und besteht nunmehr schon seit 190 Jahren.
Sicher ist, daß viele große Ideen auf diese Weise, getragen von einer Person und ihrer Bestimmung, in die Welt kamen (der Mangel an solchen ist einer der charakteristischen Mängel unserer Zeit); sicher ist aber auch, daß nur das wirklich Bewahrenswerte die Zeit überdauert.
Hahnemann, der wundersame Doktor und Querkopf, war sich von Anfang an gewiß, daß er zu einem großen Wurf geführt worden war: Er dankte Gott dafür, daß er die Homöopathie finden ließ und bezog aus seinem tiefen Glauben an den „Schöpfer alles Guten“ das Sendungsbewußtsein und die Kraft, seine „Erfindung“ so zu vervollkommnen und zu verankern, daß sie bis heute gültig bestehen blieb.
Ganz im Geiste der „Aufklärung“, der bestimmenden philosophischen Kraft seiner Zeit, nannte er die erste Ausgabe seines „Organon“ — das Werk, in dem er seine Lehre und die dazugehörigen Anweisungen niederlegte — „Organon der rationellen (vernünftigen) Heilkunde“, um mit der zweiten Ausgabe, neun Jahre später, die Aufklärung zu überwinden. Von da an hieß es „Organon der Heilkunst“, was gleichermaßen zwei neue Faktoren in die Homöopathie einführte: Eine gewisse Distanzierung von dem, was nur der bloßen Vernunft, dem reinen Intellekt zugänglich war, und das idealistische, künstlerische Motiv, das auch heute nicht vergessen oder geringgeschätzt werden sollte. (Unsere Zeit mag sich zwar auch als aufgeklärt bezeichnen können, ihr fehlt aber *[noch?]* jener Idealismus, der eine Aufbruchsbewegung erst möglich macht.)
Hahnemann jedenfalls war Idealist. Er war die Personifizierung *„seiner“* Homöopathie, und die Homöopathie war sein Lebenswerk, noch dazu spät, mit 40 Lebensjahren erst, gefunden, mit 55 als Lehre festgeschrieben, mit 63 noch vervollkommnet. Vielleicht erklärt diese Identität von

Schöpfer und Werk auch die Ausfälle, die Hahnemann gegenüber der „alten medizinischen Schule“ nahezu ununterbrochen unternahm, und die Unduldsamkeit gegenüber Abweichlern von der „reinen Lehre“. Man wird, wenn man nicht resigniert (und das tat Hahnemann seit 1790 nicht mehr), dabei aber nicht die volle Anerkennung findet, die man verdient zu haben glaubt, eben cholerisch oder dogmatisch. Und Hahnemann wurde beides, weil es schon immer in ihm gewesen war. Wahrscheinlich zum Glück für uns, die Nutznießer, da ansonsten die Homöopathie, Hahnemanns reine Lehre, schon früh zu Tode adaptiert, interpretiert und modifiziert worden wäre.
Ein Erfinder ist von seinem Werk nicht zu trennen und das Werk nicht von seinem Erfinder — und so bleiben, bei allen Erweiterungen, die fundamentalen Entdeckungen von Hahnemann Leitschnur heutigen Handelns.
Dies ist auch der Grund, warum im Verlaufe des folgenden Abschnittes viele Paragraphen des „Organon“* und andere Werke von Hahnemann so ausführlich zitiert werden (außerdem läßt die Diktion, in der Postulate und Anweisungen getroffen werden, einen tiefen Einblick in die Persönlichkeit Hahnemanns zu); und dies ist auch der Grund dafür, warum sich eine so zeitgemäß anmutende medizinische Lehre wie die Homöopathie immer wieder ihrer Vergangenheit besinnen muß und sich immer wieder zu ihr bekennt.
Als die einzige medizinische Lehre und Praxis, die von einer durchgängigen Erkenntnis getragen ist, hat sie in den 190 Jahren ihres Bestehens schon so viele medizinische Moden und naturwissenschaftliche Irrtümer mitangesehen, vor denen sie wahrscheinlich nur dank ihrer Orientierung am Originalen bewahrt blieb.
Wer die Homöopathie verstehen will, muß auch die grundlegenden Erkenntnisse im Genieblitz des wundersamen Doktors zu verstehen versuchen. Denn es ist mit ihnen nicht so, wie mit jenen in den naturwissenschaftlichen Disziplinen, die in beinahe regelmäßigen Abständen von neueren abgelöst werden; ihre Gültigkeit bleibt.
Und schwingt in der Goetheschen Bezeichnung vom *„wundersamen Arzt“* nicht schon etwas von der Anerkennung mit, die ein zeitlos Großer einem anderen Großen erweist?

* Für die freundliche Genehmigung dazu dankt der Verfasser dem Karl F. Haug Verlag, Heidelberg. Die Zitate stammen aus der, 1974 in diesem Verlag erschienenen, Neuausgabe der 6. Auflage des „Organon“, die der handschriftlichen Neubearbeitung Hahnemanns für die 6. Auflage folgt und von Kurt Hochstetter stilistisch überarbeitet wurde.

„Nur tief Verwandtes regt
Verwandtes mächtig auf."

(Carl Gustav Carus)

„Similia similibus curentur"

(Samuel Hahnemann)

„Es war hohe Zeit, daß der weise und gütige Schöpfer und Erhalter der Menschen diesen Greueln (der herkömmlichen Medizin) *Einhalt tat, diesen Torturen Stillstand gebot . . . sondern eine Heilkunst an den Tag brachte, die das Gegenteil von dieser Behandlung darstellt, welche die Kräfte des Kranken möglichst schont und sie auf gelinde Weise mittels kleinster Gaben von wenigen, einfachen Arzneien, die wohlerwogen und nach ihren geprüften Wirkungen ausgewählt werden, unbeschwert, bald und dauerhaft zur Heilung und Gesundheit bringt nach dem einzigen, naturgemäßen Heilgesetz: Similia similibus curentur; es war hohe Zeit, daß er die Homöopathie finden ließ."* („Organon")

1796 war es, als Samuel Hahnemann das homöopathische Ähnlichkeitsprinzip „Ähnliches werde durch Ähnliches geheilt!" zum ersten Mal konkret aussprach; daß er jenes zentrale Gesetz der Homöopathie erstmals niederschrieb *(„man . . . wende in der zu heilenden Krankheit dasjenige Arzneimittel an, welches eine andere, möglichst ähnliche, künstliche Krankheit zu erzeugen im Stande ist");* daß er jene Anweisung gab, die er später — in seinem „Organon der Heilkunst" — unmißverständlich so definierte: *„Wähle, um sanft, schnell, gewiß und dauerhaft zu heilen, in je-*

dem Krankheitsfall eine Arznei, welche ein ähnliches Leiden erregen kann, als sie heilen soll!"
Somit war das Kerngebäude einer neuen Heilkunde geschaffen, die von ihrem Schöpfer auch entsprechend benannt wurde — eben *Homöopathie*, aus dem Griechischen *homoios pathos = ähnlich leiden*. Und dieses Kerngebäude, zusammen mit den ihm zugehörigen weiteren Prinzipien ist jener Raum, in dem die Homöopathie heute wie damals wohnt. Heute wie damals wird eine solche Wahrheit — natürlich — auch angefochten, befehdet und in Frage gestellt von Geistern, deren kausal-abstraktes Denken die unmittelbar gegebene Wirklichkeit, der Zerlegung in immer kleiner werdende Segmente zuliebe, verläßt. In der üblichen medizinischen Praxis wird also mehrheitlich niemals die Ganzheit der Gestalt erfaßt, sondern eine Reduzierung der Person zum physikalisch-chemisch und aufgrund anatomischer Gegebenheiten funktionierenden Organismus vorgenommen, der wieder in Organe, Zellen, bis hin zum Molekül und Atom unterteilt wird. Dieser kausal-analytischen Sicht stellt sich Hahnemanns Homöopathie diametral entgegen als das Streben nach Synthese. Synthetisches Denken in der homöopathischen Medizin entspricht dem Wissen um ein auf Polarität angelegtes Krankheitsgeschehen: Ein Kreis, der Leben und Tod, Gesundheit und Kranksein, Arznei und Gift als die jeweils zwei bestehenden Pole einer Einheit begreift. Actio und reactio erhalten, auf physikalischem Gebiet, das Gleichgewicht; jedes Miteinander erfordert ein Gegeneinander, das Gleichgewicht ergibt; Reiz und Gegenreiz vereinigen sich in ihren Wirkungen zur Harmonie — wie es das Ähnlichkeitsprinzip (auch als *Simileprinzip* bezeichnet), dem allgemeinen und großen Naturgesetz folgend, besagt.

Die endgültige Entdeckung des Ähnlichkeitsprinzips

Samuel Hahnemann war nicht der erste, der dieses „Naturgesetz" als Heilgrundsatz fand. Zweimal, zumindest, wurde es ans Licht gebracht und fiel wieder der Vergessenheit anheim. Zum ersten Mal bei **Hippokrates**, wenn er sagt: *„Die Krankheit entsteht durch Einflüsse, die den Heilmitteln ähnlich wirken, und der Krankheitszustand wird beseitigt durch Mittel, die ihm ähnliche Erscheinungen hervorrufen."* Hippokrates, auf den sich heute die gesamte medizinische Wissenschaft beruft, also auch einer der Urväter der Homöopathie?
Zum zweiten Mal hebt **Paracelsus** das Wesen der Ähnlichkeitsregel aus der Vergessenheit. In seiner frühen Schrift „De spiritu vitae" (1526/27) schreibt Paracelsus über die Beschaffenheit der Arznei, daß in ihr *„Materia in materiam"* kämpfe *„et agat simile in suum simile"*. Noch deutlicher

wurde Paracelsus in einer seiner Vorlesungen, bei der die Formulierung mitgeschrieben wurde *„Sic similia ad similia addiderunt et similia similibus curantur“*, was mehr oder weniger schon die Worte Hahnemanns vorwegnimmt. Auch von den Lehren Hahnemanns über die homöopathischen Arzneien ist Paracelsus nicht weit entfernt, wenn er in seiner Schrift über die „Bergsucht“, einer 1533/34 veröffentlichten Abhandlung über die Krankheit der Bergleute und Metallurgen, ausführt, daß solche Erkrankungen durch Vergiftung mit Mercurius, Sal und Sulfur zustande kommen, und man daher auch eine Arznei mit mercurischem, salinischem oder sulfurischem Charakter zu ihrer Heilung wählen soll.
Ein weiterer Vorläufer von Hahnemann war der Wiener Irrenarzt **Anton Stoerck**, der 1762 über Versuche mit Stechapfel, Bilsenkraut und Sturmhut, allesamt Giftpflanzen, sinnierte: *„Wenn Stramonium* (Stechapfel) *durch Verwirrung des Geistes Gesunde geisteskrank macht, warum darf man dann nicht den Versuch machen, ob es nicht, indem es den Geisteskranken und Verrückten die Gedanken und die Sinne stört und ändert, Geistesgesundheit geben und den mit Krämpfen Behafteten anderseits die Krämpfe nehmen könne?“*

Die Geburtsstunde der Homöopathie — der Chinarindenversuch

Auf ähnliche Weise fand dann 1790 Samuel Hahnemann den Anfang des Weges zu seiner Lehre oder — und wahrscheinlich treffender ausgedrückt —, wurde Hahnemann dorthin geführt. Zwei Jahre, nachdem er aus Verbitterung und Ärger über die Tendenzen der herrschenden Medizin seine Arztpraxis aufgegeben hatte *(„auf diese Art ein Mörder oder Verschlimmerer des Lebens meiner Mitbürger zu werden . . .“)*, und sich und seine Familie in erster Linie als Übersetzer zu ernähren versuchte, war es die Arzneimittellehre des schottischen Arztes und Pharmakologen William Cullen, die er ins Deutsche zu transkribieren hatte. Cullen schrieb in seinem Buch unter anderem über das Zustandekommen der Heilwirkung, die Chinarinde bei Wechselfieber bewirkt, und vertrat eine Auffassung von der „magenstärkenden Kraft“, die Hahnemann nicht teilen konnte. Er erprobte also Chinarinde am eigenen Leibe. Über die Beobachtung, die er dabei machte, schreibt er in einer Anmerkung zu dieser Übersetzung: *„Ich nahm des Versuchs halber etliche Tage zweimal täglich jedesmal 4 Quentchen gute China ein; die Füße, die Fingerspitzen usw. wurden mir kalt, ich ward matt und schläfrig, dann fing mir das Herz an zu klopfen, mein Puls ward hart und geschwind, dann Klopfen im Kopfe, Röte der Wangen, Durst, kurz, alle mir sonst beim Wechselfieber gewöhnlichen*

Symptomen, erschienen nacheinander, doch ohne eigentlichen Fieberschauer. Mit Kurzem: Auch die mir bei Wechselfieber gewöhnlichen besonders charakteristischen Symptomen — alle erschienen. Der Paroxysm dauerte 2—3 Stunden jedesmal, und erneuerte sich, wenn ich diese Gabe wiederholte, sonst nicht. Ich hörte auf und ich war gesund.“

Hahnemann war auf das ***Simileprinzip*** gestoßen — und hatte gleichzeitig auch den Grundstein zur späteren homöopathischen Arzneimittelprüfung gelegt: Im Versuch an gesunden Menschen können durch arzneiliche Substanzen ähnliche Wirkungsmuster erzeugt werden wie die einer Krankheit. Die Arznei, die bestimmte Krankheiten oder Beschwerden hervorruft, ist imstande, diese bei einem Erkrankten zu heilen. *(Siehe Seite 42ff.)*

Bevor Hahnemann diese dämmernde Erkenntnis vom „Ähnlichen, das Ähnliches heilt“ allerdings zum Gesetz erheben konnte, vergingen noch sechs Jahre. In Hufelands* „Journal der praktischen Arzneikunde“ berichtet Hahnemann 1796 erstmals über seinen *„Versuch über ein neues Princip zur Auffindung der Heilkräfte der Arzneisubstanzen nebst einigen Blicken auf die bisherigen“* — er berichtet erstmals über das Ähnlichkeitsprinzip, das er in der Zwischenzeit durch eine ganze Reihe von weiteren Selbstversuchen erhärtet hatte. Darüber gibt es folgendes Zeugnis von ihm:

„Ich fing nun an, die Symptome zu sammeln, die die Beobachter hier und da von Arzneien, die in einiger Menge in den Magen gesunder Menschen geraten waren, erlebt und so unabsichtlich in ihren Büchern verzeichnet hatten. Weil dies aber wenig war, so machte ich mir's zum eifrigen Geschäfte, mehrere Arzneistoffe am gesunden Körper zu probieren, und siehe! Die genau beobachteten Symptome, die sie hervorbrachten, stimmten zur Verwunderung mit den Symptomen der Krankheitszustände überein, die sie leicht und ohne Rückfall heilen konnten. Nun konnte ich nicht mehr umhin, den Satz für unumstößlich anzunehmen: Daß Krankheit nicht als ein für die Heilung ewig rätselhaftes Ding ontologisch und nach Phantasien zu ergrübeln sei, sondern

daß jede Krankheit nur als eine Reihe oder Gruppe besonderer Phaenomene und Empfindungen dem Heilkünstler zu erscheinen brauche, um von ihm durch eine Arzneisubstanz ausgelöscht und geheilt zu werden, welche dieselben Krankheitssymptome im gesunden Körper hervorbringen kann.“

Hahnemanns Beurteilung über die Wirkung der Chinarinde wurde in späterer Zeit auch von Vertretern der Schulmedizin bestätigt. Meyer und

---

* Christoph Wilhelm Hufeland (1762—1836) war Arzt und Hofmedicus in Weimar. Er war 10 Jahre lang Goethes Arzt, später Professor in Jena, ab 1810 in Berlin. Er war Herausgeber eines medizinischen Journals, Diätetiker und stand der Homöopathie kritisch-wohlwollend gegenüber.

Gottlieb weisen in ihrem „Lehrbuch der Pharmakologie" darauf hin, daß die Körpertemperatur nach kleinen Chinindosen in nicht seltenen Fällen ansteigt; Barabaschew experimentierte mit Chinin. muriat. an sechs gesunden Ärzten und konnte dabei eine Steigerung der Temperatur um 0,2 bis 0,4 Grad Celsius feststellen, der ein baldiger Abfall der Körpertemperatur folgte. Karamitsas schreibt: *„Öfters scheint das Chinin eine der Malaria identische Wirkung zu haben";* Tomaselli hält fest: *„Das Chinin wirkt in manchen Fällen wie die das Malariafieber erzeugende Ursache",* und Lewin schließlich resümiert: *„Nicht selten ist das Chininfieber, das schon nach kleinen Mengen erscheinen und einem Malariafieber ähnlich sein kann. Die entsprechende, vielfach angezweifelte Selbstbeobachtung Hahnemanns, der nach Einnahme einer größeren Menge der Chinarinde von einem kalten Fieber, ähnlich dem Sumpffieber, befallen wurde, ist deshalb als eine zulässige anzusehen."*
Grundsätze von der *„Gleichheit oder Ähnlichkeit des scheinbar Entgegengesetzten"* werden auch in vielen Kulturen, nicht nur im Bereich der Medizin, ausgesprochen. Goethe zum Beispiel war Hahnemann ein wesensverwandter Geist; ebenso Schelling, Hegel, Lao-tse, Giordano Bruno bis hin zum ersten Vertreter einer solchen Denkungsart, dem Griechen Heraklit.
Samuel Hahnemann allerdings blieb es vorbehalten, so der homöopathische Arzt und Forscher William Gutmann, mit dem Ähnlichkeitsprinzip *„eine allgemeine Gesetzmäßigkeit für das aufkeimende biologische Weltbild geschaffen zu haben, das berufen ist, das physikalische aus dem Gebiet des Lebens zu verdrängen."*
Im Bereiche der Medizin jedenfalls schuf Hahnemann eine Heilkunde, die tatsächlich diese Prophezeiung zu erfüllen imstande ist — denn ihr Wesen vermag gerade den Heutigen und ihrem möglicherweise „aufdämmernden biologischen Weltbild" ein wichtiger Orientierungspunkt zu sein.

Die „geistartige Lebenskraft" — die Dynamis

Eingebettet in das alles überstrahlende *„Similia similibus curentur"* schuf Hahnemann eine komplette medizinische — „heilkünstlerische" — Ganzheit, ausgehend von der **Lebenskraft**, die *„in bewundernswürdig-harmonischem Lebensgang alle Teile* (des Menschen), *seine Gefühle und Tätigkeiten aufrecht hält, sodaß der in uns wohnende vernünftige Geist sich dieses lebendigen und gesunden Werkzeugs frei zum höheren Zwecke unseres Daseins bedienen kann. Wenn der Mensch erkrankt, so ist ursprünglich nur diese geistartige, in seinem Organismus überall anwesende, selbsttätige Lebenskraft durch den lebensfeindlichen, dynamischen Einfluß ei-*

nes krankmachenden Agens verstimmt. Nur das zu so einer solchen Anormalität verstimmte Lebensprinzip kann dem Organismus die widrigen Empfindungen verleihen und ihn so zu einer regelwidrigen Tätigkeit bestimmen, die wir Krankheit nennen.“ („Organon“)
Die Verstimmung der *„Dynamis“* war also für Hahnemann die Erklärung für das Entstehen von Krankheiten.
Diese Auffassung stand — und steht — im krassen Gegensatz zum damaligen — und heutigen — Schuldenken der Medizin. In dieser kausal-abstrakten Medizin ist die Krankheit identisch mit ihren Symptomen. Deutlich illustriert dies die Praxis des Krankenhauspersonals und auch von Ärzten, von ihren Pfleglingen nur mehr als *„die Galle“* oder *„der Ulkus“* zu sprechen. Diese Denkart entspringt der der exakten Naturwissenschaften: Ihre Kernfunktion ist die Analyse, die Aufteilung und Zer-teilung der Begriffe, was letztlich zu ständig fortschreitender Spezialisierung führt, in der Medizin manifestiert an abstrakten Definitionen, einem Lehrgebäude begrifflich festgelegter Krankheiten.
Ganz anders jedoch Hahnemann und vor ihm schon Paracelsus. Im zweiten Buch seiner „Großen Wundarzney“ heißt es: *„Der Arzt soll die Kraft und die Natur der Krankheit im Ursprung suchen, und nicht in dem, das von der Krankheit selber kommt; denn den Rauch vom Feuer sollen wir nicht löschen, sondern allein das Feuer selbst. Also soll der Arzt zurück in den Ursprung der Krankheit denken, und nicht in das, was die Augen sehen; diese Dinge sind Anzeigung, aber nicht Ursprung, wie ein Rauch ein Feuer anzeigt, ist aber das Feuer nicht.“*
Den „Ursprung“ der Krankheiten findet Hahnemann also in der „krankhaft gestimmten Lebenskraft“, das „Zurückdenken“ erfolgt durch die Zeichen, die sie äußert: Während im *„gesunden Zustand des Menschen die geistartige, als Dynamis den materiellen Organismus belebende Lebenskraft unumschränkt waltet“*, bringt die gestörte Lebenskraft Krankheitserscheinungen hervor, die nur Wirkung sind, nicht Ursache, aber in ihrer charakteristischen Symptomengesamtheit dem Heilkünstler das Wissenswerte offenkundig machen.
Die ursächlich allem Organgeschehen zugrundeliegende „Krankheit“ ist nicht objektivierbar; sie ist nichts *„Gewordenes“*, sie ist ein *„Werden“*; sie ist ein begrifflich nicht zu erfassendes, immaterielles und individuelles, vitales Geschehen. Sie ist etwas im Unsichtbaren Verborgenbleibendes — eben eine Verstimmung der Dynamis. *„Daher ist die Krankheit (die nicht der manuellen Chirurgie anheimfällt) keineswegs als ein vom lebenden Ganzen, vom Organismus und von der ihn belebenden Dynamis gesondertes, innerlich verborgenes, obgleich noch so fein gedachtes Wesen zu betrachten. Das ist ein Unding, was bloß in materiellen Köpfen entstehen konnte.“ (Organon § 13)* — So definiert Hahnemann die die gesamte Per-

son betreffende Ganzheit einer Erkrankung; ein Postulat, das zum Teil Erkenntnisse der heutigen psychosomatischen Medizin oder verschiedener Theorien über die „Vitalenergie“ des Menschen vorwegnimmt.
Nicht ein Organ ist krank, sondern der ganze Mensch, der sich in einem Krankheitsbild zu erkennen gibt: *„Das Leiden der krankhaft verstimmten, geistartigen, unseren Körper belebenden Dynamis im unsichtbaren Innern und der Inbegriff der von ihr im Organismus veranstalteten, äußerlich wahrnehmbaren, das vorhandene Übel darstellenden Symptome, bilden nämlich ein Ganzes, sind Eins und Dasselbe. Wohl ist der Organismus materielles Werkzeug zum Leben, aber ohne Belebung von der instinktartig fühlenden und ordnenden Dynamis so wenig denkbar als Lebenskraft ohne Organismus; folglich machen beide eine Einheit aus, obwohl wir in Gedanken diese Einheit, der leichteren Begreiflichkeit wegen, in zwei Begriffe spalten.“* So der § 15 des „Organon“, und im § 17 legt Hahnemann die entsprechende Heilmethode dafür fest: *„Da nun in jeder Heilung durch Wegnahme des ganzen Inbegriffs der wahrnehmbaren Zeichen und Zufälle der Krankheit zugleich die ihr zu Grunde liegende, innere Veränderung der Lebenskraft behoben wird, so folgt, daß der Arzt nur den Inbegriff der Symptome hinweg zu nehmen hat; damit hebt er gleichzeitig die innere Veränderung, das heißt die krankhafte Verstimmung des Lebensprinzips, also das Total der Krankheit, die Krankheit selbst, auf und vernichtet sie. Die vernichtete Krankheit aber ist die wiederhergestellte Gesundheit, das höchste und einzige Ziel des Arztes, der die Bedeutung seines Berufs kennt, welcher nicht in gelehrt klingendem Schwatzen, sondern im Helfen besteht.“*
Herbert Fritsche faßt diese Systematik in seinem geistvollen Buch „Die Erhöhung der Schlange“* so zusammen:
„Was führt den Kranken zum Therapeuten? Doch nur, daß er in seinem subjektiven Befinden und auch an seinem objektiven Bestande Erscheinungen wahrnimmt, die ihn quälen. Die Erkrankung ist gar nichts anderes als die Gesamtheit ebendieser Erscheinungen. Sind sie verschwunden, so ist kein Kranker mehr da, sondern wieder ein Gesunder. Die Symptome sind aber — in ihrer Gesamtheit — von höchstem Wert für die Therapie, denn sie ermöglichen, ja sie fordern, das Heilmittel, das Simile. Nur wenn der Therapeut die Symptome wahrnimmt, nur wenn er sich von ihnen leiten läßt zum Simile hin, zu jenem Pharmakon, das einem Gesunden ein ähnliches Leiden aufprägen würde, nur dann kann er durch Verordnung dieses Mittels die Symptomengesamtheit des Kranken auflösen und ihn

* Der Verfasser dankt dem Verlag Ulrich Burgdorf, Göttingen, für die freundliche Genehmigung, Auszüge aus diesem Werk verwenden zu dürfen.

damit heilen. Das geht unter Außerachtlassung aller kausalen Spekulation vonstatten.
Der Allopath hingegen will kausal vorgehen und unterdrückt nur Symptome, kuriert nur symptomatisch, palliativ, das heißt, die quälenden Symptome bemäntelnd. Der Homöopath aber bleibt bei den Symptomen, läßt das Kausale außerhalb seines Denkens und Handelns und erreicht, indem er symptomatisch vorgeht, die kausale Heilung: Die Erkrankung verschwindet wirklich, mit ihren Erscheinungen verschwindet auch die ihnen zugrundeliegende Verstimmung der Dynamis. Eine fast groteske Paradoxie."
Somit schließt sich der Kreis mit dem Simile, der passenden homöopathischen Arznei: Einer immateriellen Erkrankung wird mit der — später dann — dynamisierten und daher ebenfalls meistens immateriellen Arznei begegnet. Das Krankheitsbild und das Bild der Arznei treten immer klarer hervor, werden einander in der Person des homöopathischen Arztes als Mittler auch intuitiv und subjektiv angenähert, immer wieder verglichen und schließlich ist — im gelungenen Fall — die Übereinstimmung zwischen diesen beiden Bildern hergestellt, das Simile (oder im Fall einer dekkungsgleichen Ähnlichkeit das *Simillimum*) gefunden.
Die Heilwirkung läßt sich unter diesen Voraussetzungen gesetzmäßig vorhersagen, *„das Simileprinzip ist bis heute das einzig durchgängige wissenschaftliche Prinzip in der Entdeckung von Arzneien, das bei jeder durch Medizin einer Heilung zugänglichen Erkrankung mit vorauszusehender Sicherheit aufgrund der natürlichen Selbstregulationsvorgänge, je nach Schwere der Krankheit, eine größere oder geringere oder vollkommene heilerische Wirkung erwarten läßt"*. (W. Gutmann, „Die Wissenschaftlichkeit der Homöopathie")

Das Ähnlichkeitsprinzip und die Beschreibung seiner Wirkung

Obschon Hahnemann von Begründungen seiner Lehre nichts hielt, gibt er im „Organon" doch eine Erklärung der Wirkungsweise des Ähnlichkeitsprinzips. Ausgehend von dem Postulat, daß *„eine natürliche Krankheit die Lebenskraft dynamisch verstimmt"*, schreibt er den homöopathischen Arzneien den Effekt zu, eine *„etwas stärkere, ähnliche, künstliche Krankheitsaffektion"* hervorrufen zu können, die die natürliche, schwächere auszulöschen imstande ist. *„Die Lebenskraft wird nun bloß von der stärkeren ‚Kunstkrankheit' beschäftigt und beherrscht. Diese hat aber bald ausgewirkt und läßt den Kranken frei und gemächlich zurück. Die so befreite Dynamis kann nun das Leben wieder in Gesundheit fortführen."*

Diese Feststellungen bestätigen sich nicht nur in der häufig zu beobachtenden *„Erstverschlimmerung“* nach Gaben homöopathischer Arzneien, die mitunter der Genesung vorangeht, sondern sie entsprechen auch dem biologischen Gesetz von Aktion und Reaktion zur Wiederherstellung eines gestörten Gleichgewichtszustandes — allenthalben im Bereich des Lebendigen dient ein automatischer Selbstregulierungsprozeß der Schaffung und Erhaltung des Gleichgewichts.
Cannon, der bedeutende amerikanische Physiologe, prägte für die Erhaltung des Gleichgewichtes innerhalb des Organismus den Begriff *„Homöostasis“*, wie sie, zum Beispiel, in der Erhaltung der Blutspiegelkonstanz, des Säure-Basen-Haushaltes, bei der Körpertemperatur und in vielen automatisch agierenden Systemen beim Menschen auftritt.
Wie seherisch Hahnemann 1810 von **„Verstimmung“** und **„Umstimmung“** sprach, zeigen auch spätere Erkenntnisse von der Wirkungsweise der Homöopathie: Sie wird von Leeser als *„Anstoß und Ausnutzung der regulierenden Selbsttätigkeit des Organismus“* aufgefaßt; Schultze bezeichnet sie als eine *„Reiztherapie mit niederen Reizqualitäten“* und in der Ausgangslehre Wilders und in den Anpassungsmöglichkeiten von Selye wird sie als *„Regulationstherapie“* beschrieben. Wenn man nun die Worte „Verstimmen“ und „Umstimmen“ in die Sprache unserer Tage übersetzt, so wird man wohl zu einer weitestgehenden Deckungsgleichheit mit den vorher zitierten Begriffen kommen.
Wenn also die Ähnlichkeit des Heilmittels — ausgedrückt in den Symptomen bei der Prüfung am Gesunden — mit einer Erkrankung — erfaßt in der Gesamtheit ihrer Symptome — gegeben ist, wird der dosierte Arzneireiz Regulierungsvorgänge im Organismus hervorrufen, soferne er noch darauf ansprechen kann (bei schweren Organerkrankungen ist dies z. B. nicht mehr der Fall), und Regeleinrichtungen in Gang setzen. Die „Selbstregulation“ wird angestoßen — durch einen angepaßten, mitsinnigen Arzneireiz — und unterstützt — oder, wie Hahnemann im „Organon“ formuliert: *„Jede auf das Leben einwirkende Arznei stimmt die Lebenskraft mehr oder weniger um und erregt eine gewisse Befindensänderung im Menschen auf längere oder kürzere Zeit . . . Unsere Lebenskraft bestrebt sich, dieser Einwirkung ihre Energie entgegenzusetzen.“*
Aktion und Reaktion, Reiz und Gegenreiz, schaffen Gleichgewicht und Harmonie — ein Naturgesetz bestätigt sich im Naturheilgesetz **„Heile durch Symptomenähnlichkeit!“**

„Die Wahrheit, die wir alle nötig haben,
die uns als Menschen glücklich macht,
ward von der weisen Hand, die sie uns zugedacht,
nur leicht verdeckt, nicht tief vergraben."

(Gellert, von Hahnemann der 1. Ausgabe des „Organon" vorangestellt.)

„Sollte der Schöpfer nicht
Mittel hervorbringen können,
die Leiden der Krankheit zu stillen,
die er doch entstehen ließ?"

(Aus einem Brief Samuel Hahnemanns an Hufeland, 1808)

Hahnemann nennt sie Werkzeuge, die *„zur Heilung natürlicher Krankheiten bestimmten Werkzeuge"*, und meint damit die homöopathischen Arzneien, die ein besonderes Merkmal der homöopathischen Therapie darstellen.

Denn jede homöopathische Behandlung mündet in die Findung des nach dem Ähnlichkeitsprinzip gewählten Heilmittels und wird durch sie gekrönt. Es gibt heute auch medizinische Richtungen, zum Beispiel die psychosomatische Medizin oder die Psychoanalyse, die den kranken Menschen als Ganzes annehmen, Gespräch und Reflexion pflegen und individuelle Persönlichkeitsentwicklungen als Wurzel von Erkrankungen sehen — aber nur die Homöopathie hat für die Leiden und Beschwerden eine Arznei. Insoferne hat Hahnemann auf die Frage, die am Anfang dieses Kapitels steht, später auch selbst die Antwort gefunden: Der Schöpfer **hat** die Mittel hervorgebracht, um die Krankheiten zu stillen — sie leben und existieren in der kosmischen Entsprechung des Menschen, in seiner belebten und unbelebten natürlichen Umwelt.

Man muß homöopathische Arzneimittel nicht erfinden, nicht in Laboratorien entwickeln und nicht großindustriell erzeugen — man muß sie nur finden, sammeln und aufbereiten. Und diese Arzneien, die aus der gleichen Zeit und meist auch aus der gleichen Umgebung wie der Patient stammen, machen das ganze Schicksal des Menschen mit: Werden und Vergehen, Bedrohtsein und Anpassung.

Zum größten Teil stammen die Grundlagen für die homöopathischen Arzneien aus dem Pflanzenreich, manche kommen aus dem Tierreich, eine große Zahl entspringt Mineralien und einige wenige haben Krankheitsprodukte als Ausgangsbasis. Allesamt sind sie Gift, oder — wie Paracelsus es formuliert: *„Alle Ding, die da geschaffen sind, sind wider den Menschen"*. Das Beispiel des Kochsalzes, das in diesem Zusammenhang immer wieder zitiert wird, mag nur als eine Illustration dieses Satzes dienen: Eine hohe Dosis Kochsalz führt zu akuten Vergiftungserscheinungen, in geringer Dosierung zählt es zur Nahrung, in homöopathischer Dosierung ist es eine bewährte Arznei. Auch hier ist erneut die die gesamte Lehre der Homöopathie durchziehende Polarität festzustellen.

„Krank" ist nur der Gegenpol von *„gesund"*; *„Aktion"* erzeugt *„Reaktion"*; das *„Heilende"* ist der andere Pol des *„Krankmachenden"*, das Wort Pharmakon bedeutet seinem Ursprung nach sowohl *„Gift"* als auch *„Heilmittel"*.

Gerne beruft sich heute auch die chemische Pharmakologie auf die Dosisabhängigkeit eines Giftes, um auf diese Weise die Unschädlichkeit ihrer Produkte zu begründen. Dabei wird allerdings unterschlagen, daß ihre Erzeugnisse anderen, un-natürlichen Ursprungs sind und sich deshalb der Erfaßbarkeit des menschlichen Organismus entziehen. Sie sind ohne Bezug zum Menschen, sind ihm fremd, er kann nicht mit ihnen umgehen — was vielleicht auch die Schädigungen erklären mag, die sie anrichten. (Für Hahnemann waren diese Schädigungen — die sogenannten *iatrogenen Krankheiten* — eines der größten Übel; er widmete ihnen mehrere Paragraphen seines „Organon" und bezeichnete sie und die sie auslösenden ärztlichen Methoden als Ursache für unheilbar chronische Erkrankungen.)

Samuel Hahnemann jedenfalls ließ sich bei der Wahl seiner Arzneien von der Volksmedizin, der Erfahrungsheilkunde, der Alchimie und von Erfahrungen aus der Toxikologie leiten, wobei er die gesamte ihm zur Verfügung stehende Literatur nach Hinweisen und Anregungen durchforschte, wie er in den Paragraphen 110 und 111 des „Organon" berichtet:

„Die Wirkungen krankhafter Schädlichkeiten von arzneilichen Substanzen wurden vor mir von anderen Schriftstellern aufgezeichnet. Diese Stoffe konnten in den Magen gesunder Personen in großen Mengen geraten sein aus Versehen, um sich oder andere zu töten oder unter anderen Umständen. Die Wirkung stimmte mit meinen Beobachtungen bei Versuchen

mit denselben Substanzen an mir selbst und anderen Personen vielfach überein.
Besagte Schriftsteller erzählten diese Vorgänge als Vergiftungsgeschichten und als Beweise der Nachteile dieser gefährlichen Dinge meistens nur, um davor zu warnen. Manchmal taten sie es auch, um ihre Kunst zu rühmen, wenn bei ihrer Behandlung allmählich wieder Genesung eingetreten war. Andere Male taten sie es — wenn die betreffenden Personen an ihrer Kur starben — um die Gefährlichkeit dieser Substanzen, die sie dann Gifte nannten, zu entschuldigen.
Keiner von diesen Beobachtern ahnte, daß die von ihnen nur als Beweis der Schädlichkeit und Giftigkeit dieser Substanzen erzählten Symptome
1. sichere Hinweise enthielten über die Kraft dieser Drogen, ähnliche Beschwerden in natürlichen Krankheiten heilkräftig auslöschen zu können,
2. daß diese ihre Krankheitserregungen Andeutungen ihrer homöopathischen Heilwirkungen seien,
3. daß bloß auf Beobachtung solcher Empfindensänderungen, welche die Arzneien im gesunden Körper hervorbringen können, die einzig mögliche Erforschung ihrer Arzneikräfte beruhe.
Man ahnte nicht, daß diese Geschichten von Arzneikrankheiten einmal die ersten Anfangsgründe der wahren, reinen Arzneimittellehre abgeben würden. Diese bestand ja von Anfang an bis jetzt nur in falschen Vermutungen und Erdichtungen; sie war also so gut wie gar nicht vorhanden.
Weder durch vernünftelnde Klügelei a priori, noch durch Geruch, Geschmack oder Aussehen der Arzneien, noch durch chemische Bearbeitung, noch durch Gebrauch einer oder mehrerer derselben in einer Mischung (Rezept) bei Krankheiten sind die eigentümlichen Kräfte der Arzneien für Heilzwecke zu erkennen.
Obwohl jene älteren Beobachtungen reiner Arzneiwirkungen nicht mit Bezug auf die Heilkunde geschrieben wurden, stimmen sie doch mit meinen eigenen und anderen Berichten dieser Art von verschiedenen Schriftstellern überein. Das überzeugt uns leicht, daß die Arzneistoffe bei ihrer krankhaften Veränderung des gesunden menschlichen Körpers nach bestimmten, ewigen Naturgesetzen wirken. Vermöge dieser können sie gewisse, zuverlässige Krankheitssymptome erzeugen, jeder Stoff besondere, je nach seiner Eigenart.“

Die Unendlichkeit der homöopathischen Arzneien

Es sind die von Hahnemann erwähnten „Eigenarten“, die die Beschäftigung mit den homöopathischen Arzneien so faszinierend machen: Ihre Erkundung ist eine Reise in die Vielfalt der Schöpfung, die den Willigen mit der Erkenntnis zurückläßt, daß Leben und Natur tatsächlich eine Einheit sind. Schon früher gab es ja die Spruchweisheit, daß für jedes Leiden ein „Kräutlein" gewachsen sei — aber erst in der Beschäftigung mit der Homöopathie wird dieses Wissen plastisch. Nicht zufällig gibt es Theorien, nach denen auf jeden Menschen *seine* Arznei in der Mannigfaltigkeit der belebten und unbelebten Welt wartet — es ist also für jeden Menschen „sein Kräutlein" gewachsen, sein homöopathisches Mittel, das ihn heilt und rettet — sein Simile.

Dazu jedoch bedürfte es weit mehr als der über 4000* Arzneien, die heute in der Homöopathie verwendet werden und von denen nur ein Teil Produkte von „Kräutlein" sind. Die Homöopathie hat den Naturbegriff weit über die Pflanze hinaus erstreckt, wiewohl die Pflanze, beziehungsweise die aus ihr gewonnenen Arzneien, immer noch den Grundstock ihrer Arzneimittellehre bildet. Hier gibt es Berührungspunkte mit Hildegard von Bingen und später dann mit Emil Schlegel, die von Pflanzen wie von Wesen redeten und vieles von ihrer Heilkraft wußten. Kein Wunder, daß gerade viele an der Botanik interessierte Ärzte zu homöopathischen Ärzten wurden — und ebenfalls kein Wunder, daß just heute auch die Menschen wieder der Heilkraft des natürlich Gewachsenen gegenüber dem Retortenprodukt den Vorzug geben.

Namen wie *„Aconitum"* (Sturmhut), *„Antimonium crudum"* (Schwarzer Spießglanz), *„Aristolochia"* (Osterluzei), *„Arnica"* (Berg-Wohlverleih), *„Belladonna"* (Tollkirsche), *„Bryonia"* (Zaunrübe), *„Calendula"* (Ringelblume), *„Chelidonium"* (Schöllkraut), *„Cimicifuga"* (Wanzenkraut), *„Crataegus"* (Weißdorn), *„Gelsemium"* (Jasmin), *„Hyoscyamus"* (Bilsenkraut), *„Lilium"* (Lilie), *„Rhus toxicodendron"* (Giftsumach), *„Stramonium"* (Stechapfel) und *„Veratrum"* (Nieswurz) bezeichnen nur einige häufig verwendete homöopathische Pflanzenarzneien, die aber in ihrer Wirkung und in ihrem Einsatz in der homöopathischen Medizin weit über das hinausgehen, wozu sie, zum Beispiel, in der Naturheilkunde und in der Volksmedizin verwendet werden. Natürlich gibt es dabei Annäherungen und ähnliche Indikationen — „Crataegus", also der Weißdorn, wird auch in der Homöopathie oft im Zusammenhang mit Herz-Kreislaufbeschwerden eingesetzt —, aber die Homöopathie hat den Pflanzenarzneien einen größeren Horizont eröffnet. Durch die Einbeziehung des geistig-seelischen Bereiches, durch botanische, toxikologische und pharmakologische Arzneidaten; durch die Arzneimittelprüfung und durch praktische

* Weniger als ein Drittel davon sind ausgeprüft, ungefähr 200 werden in der normalen homöopathischen Praxis eingesetzt. Die anderen werden aufgrund von Erfahrungen und Beobachtungen verwendet.

Erfahrung wurde ein weites Spektrum von „Eigenarten“ erschlossen. Mitunter gibt es auch reizvolle Parallelen, allein schon bei der gesamthaft-botanischen Betrachtung einer Pflanze im Vergleich mit ihrem homöopathischen Einsatz. Obwohl die Homöopathie die *„Signaturenlehre“* (Gestaltsähnlichkeit) nicht akzeptiert, sondern sie höchstens als Anregung nimmt, eine Pflanze als Arznei zu erwägen, sei doch eine solch vergleichende Betrachtung von W. Gutmann aus dem Buch „Grundlage der Homöopathie und das Wesen der Arznei“* über „Bryonia“ (Zaunrübe) im Auszug zitiert:

„Bryonia hat in vieler Hinsicht besondere Eigenschaften. Die Pflanze wächst an feuchten Plätzen, in der Nähe von Zäunen und Hecken und verankert sich mit einer sich verzweigenden, mächtigen Wurzel von großer Länge und Gewicht sicher im Boden. Die frische Wurzel, in ihrem sehr scharfen Safte von brechenerregendem Geruche das wirksame Prinzip, das Alkaloid Bryonicin und 2 Glykoside, Bryonin und Bryonidin enthaltend, wird für die Zubereitung der Arznei verwendet. Von dieser großen Wurzel schießen jedes Jahr (der griechische Name der Pflanze bedeutet hervorschießen) neue Stämme von außerordentlicher Länge aus, so eine erstaunliche biologische Wachstumsenergie, verborgen in der Wurzel, enthüllend. Die Stämme sind, wie die Wurzel, saftreich und die sehr zahlreichen Blätter mit Haaren besetzt. Die Funktion der Blatthaare ist, die Pflanze gegen zu starke Wasserverdunstung zu schützen. Dies ist wichtig wegen der großen Menge der Blätter, die viel Wasser brauchen und durch ihre große Gesamtoberfläche sehr dem Wasserverlust durch Verdunstung in Wärme ausgesetzt sind. Die Bevorzugung von feuchtem Grunde durch die Pflanze zeigt ihren großen biologischen Durst; dieser zeigt sich auch in der Tendenz der Pflanze, den Boden mit großer Energie zu drainieren und so auszutrocknen, um ihren eigenen Bedarf zu decken. Die wäßrigen, sehr langen Stämme sind nicht fähig, die Pflanze aufrecht zu halten, und auch hier werden wir an die Wirkung der Bryonia auf den Körper erinnert, wo die aufrechte Haltung, der Versuch sich aufzusetzen, Ohnmacht, Übelkeit und allgemeine Symptomverschlechterung mit sich bringt, und wo die besonders affizierten Muskeln jene des Nackens und Rückens sind, die die aufrechte Haltung ermöglichen. Um eine günstige und stabile Position zu erreichen und zu sichern, entwickelt die Zaunrübe zahlreiche, spiralige Ranken, die eine Fertigkeit sich festzuhalten haben, die nur wenige Pflanzen, alle der gleichen Familie der Cucurbitaceen zugehörig, haben. Diese Ranken schießen vom Stamm aus und entwickeln

---

* Der Verfasser dankt dem Karl F. Haug Verlag, Heidelberg, für die freundliche Genehmigung, diese und die drei folgenden Arzneimittelbeschreibungen aus dem genannten Werk zitieren zu dürfen.

an ihrem Ende Zellen, sehr empfindlich gegen Berührung, auch hier eine allgemeine charakteristische Bryonia-Modalität. Bryonia, ob angeschaut als Prüfungsbild, als Krankheitsprozeß, als Persönlichkeitstypus oder als Pflanze, überall ist der gemeinsame Nenner aller ihrer Erscheinungsformen ausgedrückt: Das Suchen nach Stabilität, nach Sicherheit."

Mineralische Arzneien

Die nächste große Gruppe des in der Homöopathie verwendeten Ausgangsmaterials für ihre Arzneien bilden, schon von Hahnemann begründet, die Mineralien. Beinahe aus der gesamten unbelebten Welt nimmt hier die Homöopathie ihr Material für das heilende Prinzip — das Reich der anorganischen Substanz, das auch im organischen Leben enthalten ist, bildet ein umfangreiches und wertvolles Arsenal der homöopathischen Entsprechung. Was die organische Welt trägt, was ihr Grundlage ist und Halt, was Form gibt und Gestalt, ist ein weites Feld der Arzneimitteltherapie. *„Silicea"*, (als Kieselsäure das gesteinsbildende Element/Quarz und Bergkristall), *„Calcium"* (Kalk), *„Aluminia"* (Tonerde), *„Ferrum"* (Eisen), *„Kalium"*, *„Magnesium"*, *„Mercurius solubilis"* (Quecksilber), *„Natrium muriaticum"* (Kochsalz), *„Phosphorus"* (Phosphor), *„Selenium"* (Selen), *„Stannum"* (Zinn), *„Sulfur"* (Schwefel), *„Thallium"*, *„Zincum"* (Zink), *„Platinum"* (Platin), *„Aurum"* (Gold) — diese Arzneien berücksichtigen das uralte Wissen vom untrennbaren Zusammenhang zwischen dem Menschen und der ihn umgebenden Materie. Es ist gewiß kein Zufall, daß viele der mineralischen Arzneimittel zu den „tiefgreifenden" homöopathischen Arzneien gehören — ist ihre Ausgangssubstanz doch auch Grundlage des sich entwickelnden Lebens. W. Gutmann hat in seinem Buch „Grundlage der Homöopathie und das Wesen der Arznei" eine Betrachtung über „Silicea" geschrieben, in der er folgende Deutung (im Auszug) vornimmt:
„Das Wunder der Kristallisation ereignet sich vor unseren Augen Jahr um Jahr, wenn Wasser zu Eiskristallen gefriert. Krystallos ist der griechische Name für Eis, und Krystallos wurde zugleich die griechische Bezeichnung für Quarz. Schließlich wurde das Wort der Gattungsname für alle Materie, die sich aus dem gestaltlosen gasförmigen und flüssigen Zustande zur Gestalt entwickelt. Der Bergkristall, Quarz, Silicea, erscheint als Symbol aller Kristallisation und Formwerdung.
Es gibt kein Mineral, das sich in so vielen Gestalten findet wie Quarz. Eine Welt von Formen und Farben steigt vor dem Auge auf, wenn man an Amethyst, Zitrin, Topas, Jaspis, Heliotrop, Karneol, Onyx, Agat, Opal denkt. All dies ist Silicea!

Wenn man sich genauer in die Erscheinung des Bergkristalles versenkt, beobachtet man charakteristische feine Rinnen, die horizontal entlang den Längsflächen des Kristalles verlaufen. Man kann in diesem Phänomen den ganzen Formbildungsprozeß in seiner vollen Lebendigkeit mit dem geistigen Auge erfassen. Die Horizontallinien zeigen das Streben, wieder und wieder die abschließende Endpyramide zu bauen. Dieser Tendenz wirkt ständig jene Kraft entgegen, welche die ins Unendliche strebenden Seitenflächen des Kristalles bilden. Hier findet ein ständiger Kampf zwischen den ins Unendliche strebenden, formauflösenden Kräften und den formbegrenzenden Kräften statt. Schließlich vollendet die formschaffende Tendenz den Aufbau der krönenden, abschließenden Pyramide.
Das chemisch der Kieselsäure nächststehende Element ist Kohlenstoff. Durch seine Kombinationsfähigkeit ist er von höchster Bedeutung für den Aufbau der organischen Welt. Was der Kohlenstoff für die organische Welt ist, das ist Silicea, die Kieselsäure, für die anorganische Welt, ihr Grundstein. Hier finden wir Kieselsäure nächst dem Sauerstoff als das häufigste aller Elemente, sind doch siebenundachtzig Prozent der Erdkruste und sechzig bis neunzig Prozent des Bodens Silikate. Der Großteil der Gebirge mit ihren mannigfaltigen Formen besteht aus Silikaten. Die feste Basis der Erdoberfläche, die alles organische Leben trägt, ist zum größten Teil eine ungeheure Ansammlung von Quarzkristallen. Jedoch dieses mächtige Skelett, das die ganze Vegetation trägt, ist für die Erde nicht mehr als eine dünne Kruste, von Geologen „Erdhaut“ genannt; unterhalb dieser Kruste strömen die flüssigen Silikate, die Oberfläche in Vulkanen, wie durch offene Fisteln, durchdringend. In der Betrachtung des geologischen Prozesses, dem Einschließen des Erdinneren, in der Formung der Gebirge, im Prozeß der fortschreitenden Verhärtung, überall empfängt man wiederum den Eindruck der Urtendenz, sichtbar schon im Quarzkristall, die Kraft der Formgebung, der festen Gestaltung.
Den Menschen nun betrachtend, mögen wir bei ihm eine ähnliche Verteilung und Funktion der Kieselsäure annehmen wie in der ihn umgebenden Welt. Was die Silikatkruste für die Erde bedeutet, das bedeutet das Bindegewebesystem für den Menschen. Es ist das weitestverbreitete aller Körpergewebe, den Organen Form und Widerstand verleihend. Und tatsächlich zeigt die Analyse, daß es kein Bindegewebe ohne Kieselsäure gibt.
Wollen wir uns für einen Augenblick das Bindegewebesystem im Körper als ein von diesem losgelöstes, in sich geschlossenes Bild vorstellen. Wir erblicken das Bindegewebe sich über den ganzen Körper verzweigend. Die alle Organe einhüllenden, formgebenden Kapseln bestehen aus Bindegewebe; von ihnen strahlen fächerartig bindegewebige Stränge in die Organe, die die Struktur und den festen Rahmen geben, der mit den epithelia-

len Zellen ausgefüllt ist. Das Periost formt während der embryonalen Entwicklung die Gestalt des künftigen Knochengerüsts und bildet später den Knochen selbst durch die ebenfalls dem Bindegewebesystem angehörigen Osteoblasten. Wenn wir uns in dieser Weise das Bindegewebesystem gleichsam isoliert vorstellen, haben wir die ganze Gestalt des menschlichen Organismus im äußeren und inneren Umriß vor uns.
Zugleich nehmen wir damit das Tätigkeitsfeld der Kieselsäure wahr. Uns der Funktion der Kieselsäure in der äußeren Welt wie in der inneren des Menschen erinnernd, wo sie formt und aufbaut, stützt und erhält, wollen wir allein mit der Hilfe dieses Bildes versuchen, das Bild des Menschen zu schildern, bei dem wir einen gestörten Kieselsäurestoffwechsel voraussetzen. Das folgende Bild wäre hier anzunehmen:
Solch ein Mensch ist geistig und physisch unstabil. Seinem Intellekt mangelt, was den Gedanken Halt und ein Gerüst gibt: Konzentration und Gedächtnis. Er kann keinen Gedanken halten und ist leicht ablenkbar; daher wird er unfähig für geistige Arbeit oder wird durch sie leicht erschöpft. Auch wenn intelligent, kann er von seinen Talenten nicht richtig Gebrauch machen, da ihm die geistige Organisations- und Formungskraft fehlt. Wenn zur Arbeit genötigt, mag dieser Zustand zu geistiger Erschöpfung führen. Wegen der gestörten Kieselsäurefunktion kann er sich schwer von äußeren Eindrücken abschließen und ist daher besonders den geringsten Einflüssen auf die Sinnesorgane ausgesetzt: die Sinne des Gesichts, Gehörs, Geschmacks und der Tastsinn sind überempfindlich, und diese allgemeine Hypersensitivität bei gleichzeitiger Schwäche kann zur schließlichen Erschöpfung und Abstumpfung der Sinnesfunktionen führen.
Die Willenskraft dieses Menschen wird in ähnlicher Art affiziert sein, er wird unfähig zur Willenskonzentration und zur Stabilität des Handelns. Daher wird er unentschlossen, fürchtet Entscheidungen, vermeidet zu handeln und wird eher von anderen, denen er nachgibt, beeinflußt und angetrieben. Sein Gehaben ist die natürliche Folge dieser Eigenschaften: seine Überempfindlichkeit muß ihn sehr leicht reizbar machen, unruhig, ärgerlich, aufgeregt über Kleinigkeiten. Auf der anderen Seite ist dieser Mensch nachgiebig von Natur und, seine Schwäche erkennend, sucht er Halt an anderen. Ihm mangelt Selbstvertrauen und er hat Angst vor Mißerfolg. Leicht gerät er in tränenreiche Stimmung, fühlt sich unglücklich, verzweifelt und wird unter Umständen müde des Lebenskampfes.
Es ist eine umfangreiche und ganz bestimmte Pathologie, die aus der Störung der Kieselsäurefunktion im Menschen, wie wir sie annehmen, entstehen kann. Wir erschlossen die ganze Funktion und Pathologie des Kieselsäurestoffwechsels im Grunde aus der Betrachtung des Bergkristalles und der Daten über die Verbreitung der Kieselsäure in der anorganischen und

organischen Welt. Wenn wir uns nun der Arzneimittellehre zuwenden, werden wir hier eine volle Bestätigung finden, und es braucht nur der Hinzufügung der feineren, individualisierenden Züge, wie sie durch die Prüfungen und durch die klinischen Erfahrungen geliefert werden, um das Bild von Silicea als Arznei zu vervollständigen."

Die Arzneien aus tierischen Ausgangsprodukten

Die nächste Quelle einer weiteren großen Zahl von homöopathischen Arzneien sind die Tiere. Hahnemann selbst kannte noch kaum Heilmittel auf tierischer Grundlage, stand ihnen und sogar der Verwendung tierischer Krankheitsprodukte aber durchaus freundlich gegenüber: *„Allerdings"* — so prophezeit er im § 56 des „Organon" — *„werden auch einige den Tieren eigene Krankheiten uns Arznei- und Heilpotenzen für sehr ähnliche, wichtige menschliche Krankheiten darreichen und demnach unseren homöopathischen Arzneivorrat glücklich ergänzen."*
Jenes Arsenal „die Homöopathie glücklich ergänzender" Arzneien, dessen man sich heute bedienen kann, wurde vor allem erst von einem großen Schüler und Nachfolger Hahnemanns entdeckt, geprüft und eingeführt — von Constantin Hering*.
Es war nur folgerichtig, diesem Bereich von möglichen Medizinen großes Interesse zuzuwenden und sie — in Hahnemannschem Sinne — für die Homöopathie zu erschließen: Ihre heilende Wirkung ist in vielen östlichen Kulturen bekannt; ihre Toxizität (man braucht nur an Schlangengift zu denken) drängt sich für eine homöopathische Verwendung geradezu auf.
Es gilt auch bei den Tierarzneien das bereits für Mittel aus pflanzlichen oder mineralischen Ausgangsprodukten Gesagte: Wenn man den Menschen nicht als isolierten Teil der Natur, quasi als Verirrung, betrachtet, sondern ihn hineinstellt in die Ordnung der Schöpfung, dann scheint es selbstverständlich, daß Krankheit **und** Heilung nur aus der ihn umgebenden Umwelt resultieren können.
Der Mikrokosmos „Mensch" findet seine Entsprechung im Makrokosmos „Welt" — und dazu gehört auch alles, was da „kreucht und fleucht". Man mag dagegen einwenden können, daß getrocknete Schlangenhäute

* Constantin Hering, 1800 in Sachsen geboren, war Hörer von Hahnemann und schrieb bereits seine Doktorarbeit über die Homöopathie als „Die Medizin der Zukunft". Forschungsreisen führten ihn nach Süd- und Nordamerika, wo er die einheimischen Arzneisubstanzen kennenlernte. Er gründete das „Hahnemann-Medical-College" in Philadelphia mit dazugehörigem Krankenhaus und einer Poliklinik. Er war Arzt, Lehrer und fand und prüfte eine Vielzahl von Arzneien, woraus er eine der wichtigsten homöopathischen Arzneimittellehren mit über 414 Mitteln auf 5605 Seiten entwickelte. Hering starb 1880.

oder Regenwürmer oder Spinnen, gelinde gesagt, Abneigung zu erregen imstande sind — trotzdem aber wird sich auch der Mensch von heute, seiner denaturierten Lebensform zum Trotz, nicht von solchen „Lebensgenossen“ distanzieren können. Ganz abgesehen davon, daß die Art der homöopathischen Aufschließung einer solchen Arznei die ursprüngliche Materie zu einem davon weit entfernten Zustand erhöht — ein Thema, über das später noch zu sprechen sein wird.

Jedenfalls findet man in der homöopathischen Arzneimittellehre unter anderen folgende Heilmittel aus tierischen Ausgangsprodukten: *„Aalserum“*, *„Ambra“* (Pottwal), *„Apis“* (Bienengift), *„Buforana“* (Kröte), *„Hirudo“* (Blutegel), *„Naja tripudians“* (Brillenschlange), *„Sepia“* (Tintenfisch), *„Lachesis“* (Buschmeisterschlange), *„Tarantula“* (Tarantel), *„Vipera“* (Kreuzotter).

William Gutmann liefert in dem genannten Buch auch über eine der Schlangenarzneien — nämlich Lachesis — eine Deutung, die hier, auszugsweise zitiert, dem Leser eine sinnbildliche Wechselwirkung zwischen Tier und daraus gewonnener homöopathischer Arznei zu vermitteln vermag:

„Das Gift der Schlange ist ursprünglich ein Produkt der Spezialisierung der Speicheldrüsen, die eine in verschiedenen Schlangenarten in verschiedener Weise vorhandene Mischung von Neurotoxinen, blutkoagulierenden, hämolytischen, kardiotoxischen, zytolytischen, proteolytischen Wirkstoffen enthalten. Der erste Effekt, an der Schlangenbißstelle, zeigt sich in Auflösung der Gewebe, schließlicher Gangrän, die zur Auflösung aller Form führt, zur Desintegration.

In der Lachesisprüfung drückte ein Prüfer unwissentlich aus, was das zentrale ‚Thema‘ der Wirkung der Schlangenvergiftung darstellt, seine Empfindung mit folgenden Worten beschreibend: ‚Gefühl, als ob der Körper von einer überwältigenden, desintegrierenden Tendenz erfaßt wäre, mit dem Gefühl des Sinkens aller Kräfte.‘

Ihrer Entwicklung entsprechend ist die Schlange selbst das Produkt eines ‚desintegrierenden‘, regressiven Prozesses innerhalb der Entwicklung der Vertebraten.

Der einzige Teil des Körpers, der nicht an diesem regressiven Prozeß teilhat, ist der gesamte Verdauungstrakt: Mund, Rachen und das Verdauungsrohr, jene Teile, die der „Formzerstörung“ dienen. Durch bewegliche, anatomisch separierte Teile der Kieferknochen, die durch elastische Ligamente miteinander verbunden sind, kann die Mundöffnung bis zu fast 180 Grad geöffnet werden und der Rachen ist so erweiterbar, daß z.B. eine Boa eine ganze Antilope im Gewicht von 30—70 Kilogramm verschlingen kann.

Alle Bewegungen der Schlange, die willkürlichen der Vorwärtsbewegung wie die unwillkürlichen des Verdauungstraktes, bestehen in rhythmischen Wellen muskulärer spastischer Zusammenziehungen, gefolgt von Entspannung des Muskelspasmus. Konstriktion und Erschlaffung sind die grundsätzlichen Ausdrucksformen in der Bewegung der Schlange.
Die Schlange ist in ihrer Evolution fundamental charakterisiert durch zwei einzigartige Entwicklungen: das Verschwinden der Extremitäten und das Erscheinen der Giftdrüsen. Diese produzieren das stärkste aller Tiergifte, eines der stärksten Gifte überhaupt.
Der Persönlichkeitstyp, der besonders auf Lachesis anspricht, ist der seelisch gespannte Typ, der in einer Flut von Worten, von Gegenstand zu Gegenstand springend, sich entlädt; Mißtrauen ist häufig vorhanden, wie in der Prüfung: ‚glaubt sich mit Absicht von seiner ganzen Umgebung verletzt', ‚verbindet Haß- und Rachegefühle mit den unschuldigsten Begebenheiten', wird dadurch außerordentlich reizbar, streitsüchtig und zu Zornausbrüchen geneigt. Es ist eine Widerspiegelung der allgemeinen Modalität der erhöhten Empfindlichkeit in der Gemütssphäre. ‚Wahnsinnig mit Eifersucht' findet sich in der Prüfung, wie sie anscheinend die um ihren Partner kämpfende Schlange beherrscht.
Leben ist, in allen seinen Manifestationen, aus sich selbst sich bewegende Gestalt. Das Gift der Schlange lähmt alle Bewegungen und löst alle Gestalt, zuerst an der Bißstelle, und mit der Ausbreitung des Giftes im Körper tritt allgemeine Desintegration ein, das Gestaltete wandelt sich im Gewebszerfall zum Formlosen. Die Arzneiprüfung schlägt das Thema an: ‚Gefühl, wie wenn der Körper von einer überwältigenden desintegrierenden Tendenz erfaßt würde'. Potenziert wird das Gift zur im spezifischen Sinn entgegengesetzten Arznei.
Die Schlange, in ihrer nur schleichend sich bewegenden, extremitätenlosen, auf das geringste Maß reduzierten Gestalt, mit ihrem Bewegung und Gestalt vernichtenden Gift, ist Ausdruck alles Leben desintegrierender, zerstörender Kraft, instinktiv gefühlt und gefürchtet von Tier und Mensch."

Arzneien aus Krankheitsprodukten und Umwelttoxinen

Als letzte Gruppe homöopathischer Arzneien seien schließlich auch noch jene Heilmittel erwähnt, die aus Krankheitsprodukten, sogenannten *„Nosoden"*, und aus *Umwelttoxinen* stammen. Womit sich der Kreis des Ähnlichkeitsprinzips — *„Ähnliches werde durch Ähnliches geheilt!"* — in Hinblick auf seine „Werkzeuge" schließt: Die Krankheit gehört zu der

Natur alles Lebendigen und kann demnach, im Sinne der homöopathischen Polarität, zu Zwecken der Gesundung eingesetzt werden.

Hahnemann selbst stand einer homöopathischen Nosodentherapie kritisch bis ablehnend gegenüber, weil er — erstens — bei Nosoden aus menschlichen Krankheitsprodukten fand, *„daß möglicherweise der Schaden den Nutzen überwiege"*, und er — zweitens — bezweifelte, daß die wenigen „festständigen" Krankheiten (er rechnete die Krätze, die Masern und die Pocken dazu) einem ähnlichen Krankheitsbild bei anderen Krankheitszuständen entsprechen könnten. Denn daran ließ Samuel Hahnemann keinen Zweifel: Nicht Gleiches wird durch Gleiches geheilt — eine Meinung, wie sie die zu seiner Zeit vom Tierarzt M. Lux wiederentdeckte Lehre von der *„Isopathie"* vertrat —, sondern eben nur „Ähnliches durch Ähnliches".

Dies war auch der Grund dafür, daß Hahnemann die damals eingeführte Pockenimpfung mit Kuhpockenvakzinen durchaus nicht ablehnte, da sie, mit Ausnahme der Serumzubereitung, dem homöopathischen Prinzip nicht zuwiderlief. *(Ein tierisches Krankheitsprodukt wird für eine nur ähnliche Menschenerkrankung in quasi potenzierter Form vorbeugend oder heilend eingesetzt.)*

Homöopathisch veränderte Nosoden, hauptsächlich *„Tuberculinum"* (Tuberkulose), *„Medorrhinum"* (Gonorrhoe), *„Luesinum"* (Syphilis) und in jüngster Zeit auch *„Cancerosinum"*, spielen allerdings heute in der Behandlung von chronischen Krankheiten als die sogenannten *„Erbnosoden"* eine gewichtige Rolle. Bei ihrem Einsatz versucht man, einer verborgenen, sich nicht unmittelbar phaenomenologisch äußernden Krankheitsursache, die in der Konstitution des Kranken sozusagen mitenthalten ist, zu begegnen; beziehungsweise werden damit alte, chronische Krankheiten behandelt, die sich ähnlich äußern wie Tuberkulose, Gonorrhoe oder Syphilis. (Im später folgenden Abschnitt über Hahnemanns Theorie zu den chronischen Erkrankungen wird näher darauf eingegangen werden.)

Die homöopathische Nosodentherapie erfuhr ihre Bedeutung über die Arbeiten von Léon Vannier, O. Julian, Nebel und Henri Voisin, wodurch sie in einzelnen homöopathischen Schulen sogar zur Grundlage der Behandlung von chronischen Erkrankungen wurde.

Skeptischer muß man jenen gegenwärtigen Erscheinungen der „Nosodentherapie" gegenüberstehen, bei der, oft im Verein mit Elektroakupunktur, geradezu ein Wust von Nosoden mit der Begründung gegeben wird, eine totale „Ableitung" und Mesenchym-Entschlackung („Bindegewebsreinigung") vornehmen zu müssen — ohne Ähnlichkeitsanwendung, ohne Zusammenhang zwischen Leiden, Person und Arznei.

Ähnliches ist auch über jene Nosoden festzustellen, die ein Umweltgift als Ausgangssubstanz haben: Nur in homöopathischem Sinne eingesetzt, ver-

mögen sie durchaus zum Nutzen des kranken Menschen zu wirken. Der schon mehrfach zitierte William Gutmann zum Beispiel, hat Acidum sulfurosum (schwefelige Säure) bei Erkrankungen durch Luftverunreinigung und Abgase als Arznei geprüft und eingeführt. Umgelegt auf die Symptomenähnlichkeit werden bereits gute Erfolge bei der Heilung von asthmatischen Personen berichtet. Wahrscheinlich könnte man die bewährten Arzneien *Radium bromatum* (Radium), *Plumbum* (Blei) und *Mercurius* (Quecksilber) ebenfalls als potentielle „Umwelttoxine" bezeichnen, liest man das Bild, das W. Gutmann in „Grundlage der Homöopathie und das Wesen der Arznei" von „Mercurius" entwirft und das hier auszugsweise wiedergegeben werden soll:
„Mercurius (Quecksilber) erscheint in der Natur, an Schwefel gebunden, als Sulphid, Cinnabaris, Zinnober, als welches es schon vor 2500 Jahren in Almaden abgebaut wurde. Auf vielen Teilen der Erdkruste findet ein Reduktionsprozeß statt, der das Element befreit, welches dann in Form von Silbertröpfchen sich in Felsspalten niederschlägt, als einziges in der Natur in flüssiger Form erscheinend. In Spuren gelangt es in den Boden, die Luft und von hier in die Pflanze und den tierischen und menschlichen Organismus.
Sein physikalischer Charakter ist einzigartig. Seine elektrische Leitfähigkeit ist außerordentlich hoch, die leichte Erregbarkeit seiner Dämpfe zeigt die unstabile, rasche Reaktion seines Atoms an. Rasch ändert es auch seinen physischen Zustand durch seinen niedrigen Schmelz- und Siedepunkt und verdampft bereits bei normaler Temperatur, rasch auch auf Wechsel von Temperatur und atmosphärischem Druck reagierend.
Quecksilber (englisch: quick, d. i. rasch) ist sein bezeichnender Name wegen seiner außerordentlichen Beweglichkeit in seiner flüssigen Form, einer ‚Instabilität', die jedoch auch, wie angeführt, seine innere physikalische Struktur charakterisiert. Selbst flüssig in seinem Naturzustand, nimmt es auf und löst alle Metalle, mit Ausnahme von Eisen, in Form der Amalgamen. Sich selbst überlassen, nimmt es die Form aller flüssigen Substanzen, die Tropfenform an. Die Tropfen lösen sich infolge geringer Adhäsion und Labilität seiner inneren Struktur auf die geringste Erregung in zahllose Tröpfchen auf, die auf den geringsten Impuls hin sich in ständiger ‚rastloser' Bewegung befinden.
Mit all diesen physischen Eigenschaften tritt es in den Körper ein. Auch hier zeigt es seine Affinität zum Schwefel, sich überall mit Thiolen, Schwefelverbindungen, verbindend, die im ganzen Körper vorkommen und sich zu Quecksilbermercaptiden verbinden. Infolge seiner Löslichkeit in Lipiden hat Quecksilber die Tendenz, sich im Nervensystem und besonders im Gehirn zu konzentrieren, das gegenüber Quecksilber besonders empfindlich ist.

Eingeführt in den Körper erzeugt es zunächst Speichelfluß, als eines der ersten Zeichen seiner toxischen Wirkung, die sich, wie erwähnt, im ganzen Körper durch Reizung der ‚Flüssigkeitssphäre' anzeigt, Vermehrung von Schweiß, Schleimdrüsenausscheidung, vermehrten Urin und, mit fortschreitender Pathologie, Entzündung der entsprechenden Organe, Ödem, Eiterbildung, als Exkretionen der Blutflüssigkeit. Mit dem Eiterungsprozeß tritt dann eine schließliche ‚Verflüssigung' und Auflösung von Körpersubstanz ein. Auf dem Wege der Schleim- und Hautdrüsen tritt die mannigfaltige Pathologie, die für Quecksilber charakteristisch ist, in Erscheinung, Stomatitis, Blepharitis, Otitis, Koryza, Sinusitis, Pharyngitis, Tonsilitis, Entzündung des gastrointestinalen Traktes, bis zur Ulzeration führend, und so das Bild klassischer Dysenterie erzeugend, Entzündung des Urogenitalsystems, alle charakterisiert infolge gleichzeitiger Reizung der Sphinkterregionen durch den für die Mercurwirkung charakteristischen Tenesmus.

Neben der ‚Flüssigkeitssphäre' ist das besonders quecksilberspeichernde Nervensystem das, welches das andere Feld der Quecksilberwirkung darstellt. ‚Quecksilbererethismus' ist der charakteristische Ausdruck für eine tiefgehende Störung der Psyche als auch des Nervensystems. Eine Neigung zu ständiger Bewegung, beginnend mit nervöser Rastlosigkeit, endend mit Tremor, Zuckungen, schließlich Konvulsionen, geben das Bild des sich ständig in Bewegung befindlichen Quecksilbers wieder. Tremor verstärkt sich bei intendierter Bewegung und besonders, wenn die Person sich beobachtet fühlt; wenn gelegentlich eine Neigung zu Propulsion beim Gehen hinzukommt, entsteht ein parkinsonähnliches Bild. Neuritische Schmerzen treten auf infolge Entzündungen auch in den peripheren Nerven.

Psychisch ist Rastlosigkeit (‚eilig in allem', ‚spricht hastig', ‚die Zeit vergeht zu langsam') besonders charakteristisch. (Es ist von Interesse, daß besonders viele Symptome der Quecksilberprüfung von Friedrich Hahnemann, Hahnemanns Sohn, stammen, der rastlos, immer seinen Ort wechselnd, schließlich nach Amerika auswanderte, auch dort ständig ortwechselnd, schließlich spurlos verschwand.)

Ferner sind charakteristisch Furchtsamkeit, Scheu, Mangel an Selbstvertrauen, leicht in Verlegenheit geratend (Zittern ist stärker, wenn sich beobachtet fühlend), Schuldgefühle (‚als ob er ein Verbrechen begangen hätte', ‚als ob er Schlechtes begangen hätte', ‚unzufrieden mit sich selbst'), außerordentliche Empfindlichkeit gegenüber Kritik und Widerspruch (‚er könnte die Person umbringen, die ihm widerspricht') — dies alles Züge eines zugrundeliegenden starken Minderwertigkeitsgefühles, Ausdruck einer psychischen Instabilität; Gedächtnis und Konzentrationsfähigkeit lei-

den bis zu einem Punkt von Geistesschwäche. All dies führt schließlich zu schwerer Depression mit Selbstmordtendenz.
Rastlos, immer in Bewegung, mit einem Mangel auch psychischer Stabilität, angezeigt in ihren Minderwertigkeitsgefühlen, mit einer im Pathologischen zu Verflüssigung und Formauflösung führenden Tendenz, weist diese Persönlichkeit im letzten Grunde auf eine Schwäche der stabilisierenden, verfestigenden Ichkräfte hin.
In der Tiefe des Unbewußten, in charakteristischen Träumen und Halluzinationen der Prüfer, enthüllten sich bildhaft mit voller Klarheit die Wesenszüge des Mercur, die zugleich die des Elementes sind, Rastlosigkeit, Tendenz zu ständiger Bewegung und die Tendenz zur Verflüssigung: ‚Eilig, Träume von Reisen', ‚Unwiderstehliches Verlangen nach weiten Reisen', und — als einziges Symptom unter allen Arzneimitteln — neben ‚Traum von einer Flut', ‚sieht Wasser laufend, wo keines ist'.
In potenzierter Form zum Heilmittel geworden, wird der Mercur zum Regulator der verflüssigenden, formauflösenden Prozesse, ein Helfer der Ichkräfte, rastlos im Fluß, ein Vermittler und Bote zwischen den geistigen, festen und flüssigen Sphären im menschlichen Mikrokosmos!"

„Macht euch die Erde untertan" — vielleicht ist diese Aufforderung der Schöpfungsgeschichte so zu verstehen, wie sie die Homöopathie meint: Nicht durch Bekämpfen und Ausrotten des scheinbar Fremden, sondern durch Anteilnahme an seiner Zweckmäßigkeit kann der Mensch menschengemäß die Natur „beherrschen". Durch Achtung und Beachtung jeder Manifestation der Schöpfung als Teil der eigenen Existenz wird das „Erfüllen der Erde" nicht bedrohlich für andere. Durch Kenntnis und Er-kenntnis der größeren Zusammenhänge im Universum wird dem allgemeinen Streben nach Harmonie Rechnung getragen, nach jener Harmonie, die ihren menschlichen Widerhall im Streben nach Gesundheit findet. Und schließlich gehört zu diesem Verständnis der Genesis auch der maßvolle Umgang mit dem, was der Mensch von der Natur nimmt: Homöopathische Arzneien, wiewohl aus Pflanzen, Tieren oder Mineralien gewonnen, bedingen durch ihre spezifische Art der Zubereitung nur wenig von diesen Stoffen. Es wird kein Kreislauf gestört, kein Vorrat erschöpft, kein Schatz ausgebeutet, und es werden auch keine fremden Substanzen in die natürlichen Bereiche eingebracht. *Einklang und Gleichgewicht* ist eine Botschaft der Homöopathie vom ersten Tag an — und es nimmt nicht wunder, daß diese Botschaft gerade jetzt immer besser verstanden wird.

„Müsset im Naturbetrachten
immer eins wie alles achten:
Nichts ist drinnen, nichts ist draußen,
denn was innen, das ist außen.
So ergreifet ohne Säumnis
heilig öffentlich Geheimnis“

(Johann Wolfgang v. Goethe)

„Du mußt, dachte ich, die Arzneien beobachten, wie sie auf den menschlichen Körper einwirken, wenn er sich auf dem ruhigen Wasserspiegel seiner Gesundheit befindet.“

(Samuel Hahnemann in einem Brief „an einen Arzt von hohem Rang“, 1808)

Als Hahnemann 1790 seinen Chinarinden-Versuch unternahm, sozusagen sein „Schlüsselerlebnis“ für die Erschaffung der Homöopathie hatte, stand er damit nicht nur am Anfang des Weges zum Ähnlichkeitsprinzip, sondern auch an dem zu einem weiteren Gesetz der Homöopathie — nämlich die Prüfung der Arznei am Gesunden.

Genaugenommen bedingt das eine das andere, so daß die homöopathische Arzneimittelprüfung und das Ähnlichkeitsprinzip eigentlich ein Ganzes sind, aber aus Gründen der Übersichtlichkeit und des besseren Verständnisses wegen wurde hier eine Teilung der Erklärung vorgenommen.

Hahnemann postuliert im Paragraphen 108 seines „Organon“: *„Es ist also kein Weg weiter möglich, auf welchem man die eigentümlichen Wirkungen der Arzneien auf das Befinden des Menschen untrüglich erfahren kann, und es gibt nur ein einziges, sicheres und natürliches Mittel zu diesem Zweck: Daß man die einzelnen Arzneien versuchsweise gesunden Menschen in mäßiger Menge eingibt, um zu erfahren, welche Veränderungen, Symptome und Zeichen ihrer Einwirkung jede für sich im Befinden des Leibes und der Seele hervorbringt. Das bedeutet also, welche Krankheitselemente sie zu erregen fähig und geneigt ist.*

Meines Wissens kam in mehr als 2000 Jahren kein Arzt auf diese Idee, außer dem großen, unsterblichen Albrecht von Haller, obgleich dieser kein Arzt war. Aber niemand beachtete seine unschätzbaren Winke.“*
Somit hatte Hahnemann den Gegenpol zu seiner phaenomenologischen Betrachtung der Krankheit gefunden: Die Krankheit, die *„wahre und einzig denkbare Gestalt der Krankheit“*, äußert sich durch Abweichungen vom gesunden, früheren Zustand in Form von *„wahrnehmbaren Veränderungen im Bereich des Leibes und der Seele“* — also durch das, was in der Homöopathie als *„Totalität der Symptome“* bezeichnet wird.
Dieser „Totalität der Symptome“ stellt Hahnemann die Totalität der Arzneisymptome, ermittelt bei Prüfungen am Gesunden, gegenüber und vereint diese Schau im Ähnlichkeitsprinzip.
Was so einfach, zwingend und logisch erscheint, ist tatsächlich ein Quantensprung im Bereich der Medizin. Hahnemann wendet sich, in einer genialen Gedankenfolge, gegen die bloße Teilsicht, gegen die Abstraktion einer Krankheit, bezeichnet oft auch noch mit falschem Namen, gegen die herkömmliche medizinische Behandlung *(Contraria contrariis = mit Gegensätzlichem zu heilen versuchen)*, und gegen die bisher verwendeten Medikamente, die lediglich bei bereits Erkrankten spekulativ zur Anwendung kommen und nur zur Unterdrückung von Symptomen taugen. *„Es muß einen Weg geben, auf dem sich Krankheit in richtigem Gesichtspunkt ansehn und mit Gewißheit heilen lasse, einen nicht in endlosen Abstraktionen und phantastischen Grübeleien versteckten Weg“* — und diesen Weg verfolgte Hahnemann seit 1790 mit unbeirrbarer Hartnäckigkeit.
Alle Substanzen, auf die er im Rahmen seiner Übersetzertätigkeit stieß und die ihm als Heilmittel möglich erschienen, prüfte er am eigenen Leib, bei seinen Familienmitgliedern und später auch bei Freunden und Schülern: *„Ich machte es mir zum eifrigen Geschäfte, mehrere Arzneistoffe am gesunden Körper zu probieren“*, so schreibt er über diese Tätigkeit, die für ihn die einzige Möglichkeit war, *„diese im Inneren der Arzneien verborgene, geistartige Kraft, das Befinden umzuändern und daher Krankheiten zu heilen“*, aufzuspüren.
Dazu führt er im Paragraphen 21 des „Organon“ aus:
„Es kann nun niemand leugnen, daß das heilende Wesen in Arzneien an sich nicht erkennbar ist. Auch bei reinen Versuchen kann selbst vom scharfsinnigsten Beobachter, an Arzneien sonst nichts, (was sie zu Heilmitteln machen könnte) wahrgenommen werden als jene Kraft, im

* Albrecht von Haller, Schweizer Mediziner, Forscher und Dichter, 1708—1777; Werke u. a. über „Versuche und Theorie zur Muskelerregbarkeit“, „Physiologische Elemente“ (eine Zusammenfassung der physiologischen Kenntnisse) in 8 Bänden. Hahnemann übersetzte Hallers „Pharmacopoea“ (Arzneimittellehre) 1805/1806 ins Deutsche.

menschlichen Körper deutliche Änderungen seines Befindens hervorzubringen. Besonders den gesunden Menschen kann sie in seinem Befinden umstimmen und zahlreiche, bestimmte Krankheitssymptome in und an demselben erzeugen.
Daraus folgt, daß, wenn die Arzneien als Heilmittel wirken, sie ebenfalls nur durch diese ihre Kraft, das Befinden mittels Erzeugung eigentümlicher Symptome umzustimmen, ihr Heilvermögen ausüben können. Wir haben uns daher nur an die krankhaften Zufälle, welche die Arzneien im gesunden Körper erzeugen, als die einzig mögliche Offenbarung ihrer innewohnenden Heilkraft zu halten, um zu erfahren, ***welche Krankheitserzeugungskraft jede einzelne Arznei besitze. Das heißt zugleich, welche Heilkraft sie hat.***"
Und die Entdeckung dieser „Krankheitserzeugungskraft", die gleichzeitig eine spezifische Heilkraft ist, bleibt bis heute das Kernstück homöopathischer Arzneimittelforschung. Hahnemann selbst war ein heroischer Prüfer, der auch körperliche Schädigungen auf sich nahm, um die Wirkung der verschiedenen Substanzen zu beobachten, zu registrieren und aufzuschreiben. Denn dies ist das Wesen einer solchen Arzneimittelprüfung: Der sensible Gesunde (und Hahnemann muß besonders sensibel und besonders gesund gewesen sein) berichtet über alle Empfindungen, Veränderungen und Reaktionen, die sich nach Einnahme eines bestimmten Mittels zeigen.
Natürlich ist ein solcher Bericht, zumindest teilweise, subjektiv — aber das soll er auch sein. Es sind ja auch Beschwerden subjektiv und trotzdem vorhanden. Überdies wird durch die Zahl der Probanden und durch die Wiederholung der Prüfung eine gewisse **„Objektivierung der Subjektivität"** erreicht: Bestimmte Symptome treten immer wieder auf, auch bei einer Wiederholungsprüfung nach 70 oder 100 Jahren, andere Symptome verdeutlichen sich, und neue Symptome kommen hinzu — das Arzneimittelbild gewinnt zunehmend an Schärfe, Plastizität und an Gewicht. Im „Organon" (§ 135) heißt es dazu:
„Der Inbegriff aller Krankheitseffekte, die eine Arznei zu erzeugen vermag, wird erst durch vielfache Beobachtungen, die an vielen, dazu tauglichen, verschiedenartigen Körpern von Personen beiderlei Geschlechts angestellt wurden, der Vollständigkeit nahegebracht.
Erst dann kann man sicher sein, eine Arznei ausgeprüft zu haben auf die Krankheitszustände, die sie erregen kann, wenn die folgenden Versuchspersonen wenig Neues mehr von ihr bemerken können und fast immer nur dieselben, schon von andern beobachteten Symptome an sich wahrnehmen."
Natürlich ist auch der „sensible Gesunde" nicht als unbewegliche Größe anzusehen; auch Gesundheit ist subjektiv, latent „Krankhaftes" ist in je-

dem vorhanden. Und eben deshalb entspricht auch in dieser Beziehung die homöopathische Arzneimittelprüfung dem Menschen und seiner Realität: ein Prüfer mit einer schlummernden Erkrankungsdisposition wird auf ein Mittel, das in diese, seine Richtung wirkt, besser ansprechen. Mithin wird er wertvollere und zahlreichere Symptome liefern — und, mag sein, am Ende der Arzneimittelprüfung sogar als Geheilter daraus hervorgehen. Vielleicht ist dies auch der Grund, warum Hahnemann selbst in voller Rüstigkeit das Alter von 88 Jahren erreichte: Seine rege Forschungstätigkeit auf dem Gebiet der Arzneiprüfung hat wohl manche Krankheit, noch bevor sie auftreten konnte, durch eine von der Prüfung provozierte „Kunstkrankheit" gemäß den homöopathischen Regeln gesetzmäßig beseitigt.
In der homöopathischen Arzneimittelprüfung findet und bestätigt sich — durch die Wiederholung von Prüfungen, durch die Verschiedenartigkeit der Teilnehmer und durch die Vielzahl von subjektiven Empfindungen — die Einmaligkeit in der Mannigfaltigkeit: Jede Arznei wird einmalig für eine einmalige Person in einer erfahrbaren und bestimmbaren Zustandssituation.

Die homöopathische Arzneimittelprüfung — eine Begegnung zwischen Mensch und Arznei

Samuel Hahnemann jedenfalls ging *„den einzig vernehmlichen Lauten, den Veränderungen, die jede Arznei im gesunden Organismus hervorbringt"*, und *„der reinen positiven Kraft, mit der sie den Körper umzustimmen vermag"*, sehr entschieden nach. In seiner Schrift *„Fragmenta de viribus medicamentorum positivis, sive in sano corpore humano observatis"*, erschienen im Jahr 1805, beschreibt er bereits 27 Arzneimittel, vorwiegend pflanzlicher Herkunft. Hahnemann hat insgesamt über 100 Arzneimittel selbst geprüft und dabei eine Methodik erarbeitet, die im wesentlichen auch heute noch gültig ist. Seine Berichte enthielten die Beschwerden, die sich bei der Prüfung am Gesunden offenbart hatten, Beobachtungen bei Vergiftungen und am Krankenbett und Angaben aus der Literatur. Gereiht waren sie in der anatomischen Ordnung des auch heute noch gebräuchlichen Kopf-zu-Fuß-Schemas. Hahnemann betrachtete eine solche Sammlung erst dann als vollständig, wenn sich keine neuen Symptome mehr ergaben, er forderte sich und seine Mitarbeiter immer wieder zu neuen Prüfungen und Beobachtungen auf. Zum Beispiel wurden bei der Arznei „Belladonna" (Tollkirsche) in den „Fragmenta" 103 Symptome aufgezählt, sechs Jahre später waren es bereits 650, und nach weiteren 19 Jahren hielt Hahnemann bei 1440 Belladonna-Symptomen — ein Musterfall einer gründlich ausgeprüften homöopathischen Arznei.

Die homöopathische Arzneimittelprüfung ist sozusagen der **„Spiegel der Arznei“**, in dem sich dann der kranke Mensch erblicken läßt: Im Umkehrschluß läßt sich aus den Aufstellungen der verursachten Arzneisymptome jenes Heilmittel herausfinden, das den *„auffallenderen, sonderlichen, ungewöhnlichen und charakteristischen Zeichen und Symptomen“* einer Krankheit analog bzw. weitestgehend ähnlich ist. Ihre Bedeutung für das innere Wesen der Homöopathie und für die Anwendungssicherheit ist so hoch einzuschätzen, wie es Samuel Hahnemann in den Paragraphen 119 bis 120 des „Organon“ formuliert:
„Jede Pflanzenart ist in ihrer äußeren Gestalt, in der eigenen Weise ihres Lebens und Wuchses, in ihrem Geschmack und Geruch von jeder andern Pflanzenart und Gattung verschieden. Jedes Mineral und jedes Salz ist sowohl in seinen äußeren als auch inneren, physischen und chemischen Eigenschaften (welche allein schon alle Verwechslungen verhüten sollten) von den andern verschieden. Ebenso gewiß sind sie alle unter sich in ihren krankmachenden — also auch heilenden — Wirkungen verschieden und voneinander abweichend, so daß es unter ihnen, in arzneilicher Hinsicht, durchaus keine gleichbedeutenden Mittel, keine Surrogate, geben kann.
Jede dieser Substanzen wirkt auf eine eigene, verschiedene, jedoch bestimmte Weise, die alle Verwechslungen verbietet, und erzeugt Abänderungen des Gesundheitszustands und des Befindens der Menschen.
Also müssen die Arzneien, von denen Leben und Tod, Krankheit und Gesundheit der Menschen abhängen, sorgfältig genau voneinander unterschieden werden. Sie müssen deshalb durch sorgfältige, reine Versuche auf ihre Kräfte und wahren Wirkungen im gesunden Körper geprüft werden, um sie genau kennenzulernen und bei ihrem Gebrauch in Krankheiten jeden Fehlgriff vermeiden zu können. Nur eine treffende Wahl derselben kann das größte der irdischen Güter, das Wohlbefinden des Leibes und der Seele, bald und dauerhaft wiederbringen.“
Wie in allen wesentlichen Bereichen „seiner“ Lehre begnügt sich Hahnemann auch bei der Arzneimittelprüfung nicht mit pauschalen Anweisungen, sondern gibt präzise Vorschriften für ihre Durchführung, von deren Befolgung *„die Gewißheit der ganzen Heilkunst und das Wohl aller folgenden Generationen“* abhängt.
Beinahe ein ganzes Kapitel des „Organon“ beschäftigt sich mit der genauen Anlage einer Arzneimittelprüfung — von der Zubereitung der Substanz über die Gabenmenge bis zur Niederschrift der beobachteten Erfahrungen. *(„Kann die Person nicht schreiben, so muß sie der Arzt jeden Tag darüber befragen, was und wie es sich ereignet hat. Es muß dann aber hauptsächlich nur freiwillige Erzählung der Versuchsperson sein, nichts Erratenes, nichts Vermutetes und so wenig wie möglich Ausgedachtes, was man als Befund niederschreiben will.“)*

Auch die Methodik der Prüfung selbst hat Hahnemann vorgegeben, so zum Beispiel das Verlangen nach einer Versuchsperson, die *„vor allen Dingen als glaubwürdig und gewissenhaft bekannt sein muß"* und die Absage an die *„fremden, unbekannten Personen, die sich dafür bezahlen lassen, Arzneien zu probieren"*. Wohl werden jetzt die Auswerter (aber nicht die Prüfer!) einer solchen Arzneimittelprüfung bezahlt. In Österreich zum Beispiel vom Ludwig-Boltzmann-Institut für Homöopathie, in der Bundesrepublik Deutschland unter anderen von der „DHU", der Deutschen Homöopathie-Union, einem der bedeutenden Erzeuger homöopathischer Arzneien, wobei man versucht, primär nur interessierte und gutwillige Versuchspersonen dafür zu finden.

Anlaß für eine Prüfung heute ist, wie auch zu Hahnemanns Zeiten, ein deutlicher Hinweis auf die mögliche Heilwirkung einer Pflanze, eines Minerals oder einer tierischen Substanz, jetzt meistens aus der Volksmedizin Südamerikas, Asiens oder Afrikas stammend. (Daneben gibt es auch Wiederholungsprüfungen und Nachprüfungen bereits bekannter Arzneien.)

Einer der früheren Brüder Schwabe — ihre Firma betrieb die älteste deutsche homöopathische Apotheke — war zum Beispiel damit beschäftigt, Expeditionen durchzuführen, um an Ort und Stelle zu erkunden, welche Mittel bei bestimmten Erkrankungen von den dort Ansässigen verwendet werden. Diesem abenteuerlustigen und aufopfernden Manne verdankt man u. a. „Rauwolfia" (Reserpin), das er aus dem Himalayagebiet mitgebracht hatte und das nun auch von der Schulmedizin in Zusammenhang mit hohem Blutdruck eingesetzt wird. Oder „Harungan", das er in Südamerika gefunden hatte und das heute in der Homöopathie bei Erkrankungen im Bereich der Bauchspeicheldrüse wertvolle Dienste leistet.

Oder ein anderes Beispiel: Da die österreichischen Homöopathen ein hohes Interesse an „Ambra", das aus dem Sekret des Pottwals gewonnen wird, hatten, schlugen sie es für eine Prüfung vor, die dann auch durchgeführt wurde und die das erste genauere Bild eines wichtigen homöopathischen Heilmittels lieferte. *(Wien scheint überhaupt ein guter Boden für die Homöopathie und für Arzneimittelprüfungen zu sein, wenn man an die erste Wiener Schule der Homöopathie [um 1840] denkt, die nach Hahnemann und Hering die namhaftesten Arbeiten auf diesem Gebiet durchführte.)*

Der Ablauf einer homöopathischen Arzneimittelprüfung

Zuallererst wird vom Initiator der Prüfung ein Prüfungsleiter bestellt, der mehrere Prüfungsgruppen einsetzt. Jede Gruppe besteht aus 10 bis 20

Personen, ist es eine kleinere Prüfung, so sind es 4 bis 5 solcher Gruppen; ist die Prüfung für den gesamten deutschsprachigen Raum angelegt, so können es 20 bis 30 Prüfungsgruppen sein. (Hahnemann arbeitete meist mit einer kleinen Prüfergruppe, bei der er ihre Möglichkeiten der Reaktion schon kannte.)

Der Proband wird vorher untersucht, sein Status erhoben, und dort, wo Arzneien geprüft werden, die einen Einfluß auf Blutbild und Stoffwechsel erwarten lassen, ermittelt man auch die klinischen Laborbefunde. Selbstverständlich wird eine intensive homöopathische Anamnese durchgeführt, deren Daten und Angaben bei der späteren Auswertung interessante Rückschlüsse auf konstitutionelle Zuordnungen eines Heilmittels erlauben.

Die Prüfer sollten — relativ — gesunde Menschen sein; ihre möglichen Anfälligkeiten mit allen psychischen und physischen, objektiven und subjektiven Symptomen, die allerdings nicht akut sein sollen, geben ebenfalls wertvolle Hinweise für zukünftige Indikationen. Und die Prüfer sollten ernsthafte, verantwortungsbewußte Menschen sein, die auch noch ein Gefühl für Beobachtung und Selbstbeobachtung haben — und die dazu notwendige Zeit und Ausdauer.

Aus allen diesen Gründen ist eine homöopathische Arzneimittelprüfung gewiß keine einfache oder leichte Aufgabe. Begonnen wird mit einer nicht deklarierten Placebo-Vorprüfung, die meist 14 Tage dauert, um eine gewisse Einstimmung zu erreichen und um zu erkennen, wie reagierfreudig und reagierfähig die Prüfer sind. Hahnemann spricht von *„von Krankheit freien Personen, welche zärtlich, reizbar und empfindlich sind"*, heute ist für eine Arzneimittelprüfung der *„sensible Gesunde"* die erwünschte Norm.

Nach diesen 14 Tagen des Placebo-Vorversuches erhält der Prüfungsleiter eine Arznei, die ihm unbekannt ist. Er wird nur über mögliche Nebenwirkungen oder Reaktionen informiert, und für den Fall, daß es zu solchen kommt, über etwaige Gegenmaßnahmen. *(Hahnemann selbst war bei seinen Arzneimittelprüfungen keinesfalls so behutsam: Er verabreichte — vor allem bei seinen früheren Prüfungen — eine massive Erstgabe und wartete ab. Traten keine Symptome auf, folgte nach wenigen Stunden eine zweite Gabe. Gab es hier und bei einer etwaigen dritten Gabe beim Prüfer keine Befindensänderung, so wurde er aus der Gruppe ausgeschieden.)*

Bei der heutigen Arzneimittelprüfung ist das Arzneikontingent unterteilt in Placebo- und Verumarznei *(Placebo = arzneilose Zubereitung, Verum = die wahre Arznei)*, um mit Sicherheit jeden scheinbaren Effekt ausschließen zu können. Im übrigen wurde bei einer Untersuchung von Dr. Georg Bayr und DDr. Walter Geyer nachgewiesen, daß zwischen Placebo-Symptomen und Verum-Symptomen ein signifikanter und qualitativer Unterschied besteht.

Der Prüfungsleiter (er kennt lediglich Placebo oder Verum) übergibt nun dem Gruppenleiter die entsprechend codierten Fläschchen mit der Anweisung, sie an die Probanden weiterzugeben. Ansonsten erhält der Gruppenleiter keine weiteren Informationen über die Arznei.

Nach einer gewissen Zeit, meistens sind es 4 Wochen, erhalten jene Prüfer, die zuerst die Fläschchen mit dem Placebo erhielten, die Verum-Arznei und umgekehrt, so daß sich nach Abschluß der Prüfung, die zumindest 2 Monate dauern sollte, ein ausgewogener Versuchsquerschnitt ergibt. (Hahnemann gab seinen Prüfern für den Zeitraum des Versuchs genaue Diätvorschriften: *„Junge, grüne Erbsen, grüne Bohnen, über Wasserdampf gesottene Kartoffeln und allenfalls Mohrrüben sind zulässig, als die am wenigsten arzneilichen Genüsse“*, heute wird im allgemeinen darauf verzichtet, um nicht „falsche“ Prüfungssymptome durch eine Veränderung der Ernährungsgewohnheiten zu bekommen.) Der Proband führt während der gesamten Zeitdauer der Arzneimittelprüfung ein Protokoll, in das er jede Empfindung, Reaktion, Beschwerde oder Beobachtung einträgt, die einer Veränderung des Allgemeinbefindens entspricht, wobei auch noch die Tageszeit der Wahrnehmung und sonstige Begleitumstände vermerkt werden sollten. Wenn z. B. häufig angemerkt wird *„Verschlimmerung bei Vollmond“* oder *„Besserung im Liegen“*, so sind dies wertvolle Angaben — bei diesen Beispielen sogenannte *„Modalitäten“* —, die das zukünftige Bild der zu prüfenden Arznei sehr prononciert ausfallen lassen.

Die Prüfer sollten heute bei homöopathischen Arzneimittelprüfungen neben den Veränderungen des Allgemeinbefindens, neben sichtbaren Krankheitszeichen und Symptomen subjektiv erlebter Krankheitserscheinungen (wie z. B. Kopfschmerz) bei ihrem Auftreten auch auf folgende Modalitäten achten: Verschlimmerungen und Besserungen durch . . .; im weiteren Sinne auch Abneigungen gegen . . . und Verlangen nach . . .:

1. **Thermische Modalitäten:** allgemein oder lokal; Kälte, Wärme; Abkühlung, Zugluft, Baden; Sonnenbestrahlung, Zimmerwärme, warme Kleidung, Bettwärme.
2. **Meteorologische Modalitäten:** Wind, Regen, Gewitter; Aufenthalt am Meer, im Gebirge; feuchte Umgebung.
3. **Sensorische Modalitäten anderer Art:** Berührung, Druck, Beengung durch Kleidung; Gerüche; Erschütterung, Fahren.
4. **Soziale Modalitäten:** Gesellschaft, Alleinsein; Ehe, Kinder.
5. **Psychosomatische Modalitäten anderer Art:** Angst bei . . ., Furcht vor . . .; Kummer, Sorgen, Freude.

6. **Motorische Modalitäten:** Ruhe, Bewegung; Bewegung im Freien, körperliche Anstrengung.
7. **Positionelle Modalitäten:** Gehen, Stehen, Sitzen; Zusammenkrümmen, Ausstrecken; Liegen, Seitenlagen, Liegen auf schmerzhaften Stellen.
8. **Nutritive Modalitäten:** Süßes, Saures, Fleisch, Eier, Fett, Brot, Salz, Pikantes.
9. **Ex- und sekretorische Modalitäten:** Nasensekretion, Schweiß, Erbrechen; Harn-, Stuhl-, Blähungsabgang.
10. **Temporäre Modalitäten:** Tageszeit, vor oder nach Mitternacht; Jahreszeit; Periodizität.
11. **Hormonelle Modalitäten:** Vor, während, nach der Regel, Klimax.
12. **Kontaktile Modalitäten:** Wasser, Waschen, Wolle.

(Tabelle nach Dr. Georg Bayr, Friesach)

Weiters sollen die Prüfer etwaige Schmerzzustände in einer siebenstufigen Skala *(von „plötzlich anfallsartig" bis „nagend, durchdringend")* angeben, andere Beschwerden und Empfindungen in plakativen „Als-ob"-Sätzen. Es ist wichtig, daß der Prüfer alles angibt, was er beobachtet, nichts von sich aus wegläßt und etwaige Vermutungen über die Ursache von Verbesserungen oder Verschlechterungen am Rande des Protokolls vermerkt.
Im Grunde ist das Führen dieses Prüfprotokolls (für das es auch Vordrukke gibt, die leichter zu führen sind als das freie Protokoll) nichts anderes als jene Tätigkeit, die Hahnemann mit den Worten beschrieb: *„Die Versuchsperson muß mit gutem Willen genaue Aufmerksamkeit auf sich selbst richten und dabei ungestört sein. In ihrer Art gesund an Körper, muß sie auch den nötigen Verstand besitzen, um ihre Empfindungen in deutlichen Ausdrücken benennen und beschreiben zu können."* („Organon")
Leider ist eine Arzneimittelprüfung heute etwas schwieriger als zu Hahnemanns Zeiten, in der die Menschen von sich aus mehr Disziplin hielten und auch eher bereit waren, Unbequemlichkeiten für eine Aufgabe hinzunehmen. Obwohl man über das Interesse der — freiwilligen — Prüfer nicht klagen kann, wird während der Versuchsdauer großer Wert auf Motivation gelegt. Es wird auf die Verantwortung hingewiesen, die man mit der Teilnahme an einem solchen Versuch auf sich nimmt, und auf die Wichtigkeit echter und erfahrener Ergebnisse. Auf diese Weise soll die Aufmerksamkeit und der Ernst der Prüfer geschärft werden, um möglichst wenige Zufallssymptome in die Prüfung zu bekommen. Nicht zuletzt aus diesem Grunde ist heute auch die Zahl der Prüfer größer als zu Hahnemanns Zeiten: Bei 50 bis zu 300 Teilnehmern wird das Ergebnis der Prüfung repräsentativ sein — vielleicht nicht das, was man „statistisch-re-

präsentativ“ nennt, aber für den erfahrenen Prüfungsleiter doch eindeutig unterscheid- und verwertbar.

Hahnemann selbst prüfte lange Zeit mit Substanzen in *„ganz einfacher, ungekünstelter Form“*: Mit Pflanzen, deren frisch ausgepreßter Saft mit etwas Weingeist vermischt wurde; mit in Wasser aufgelösten Salzen; mit getrockneten Pflanzen als Tee-Aufguß. Erst später, im Besitz von *„neueren und neuesten Erfahrungen“*, ging er zur Prüfung mit der 30. Potenz über, wie sie auch heute noch vielfach praktiziert wird. (Üblicherweise setzt man dazu noch tiefe und mittlere Potenzen ein.)

Wie zuverlässig eine homöopathische Arzneimittelprüfung in ihren Ergebnissen sein kann, zeigt das Beispiel der Colocynthis-Prüfung (Citrullus colocynthis, ein nordafrikanisches Kürbisgewächs), die Samuel Hahnemann an sich selbst, seinem Sohn Friedrich und an 6 weiteren Mitarbeitern vornahm und die etwa 20 Jahre später von einer Gruppe von 15 Wiener Ärzten wiederholt wurde. In den Prüfprotokollen konnte man lesen:

Friedrich Hahnemann: *„Stechender Schmerz in der Nabelgegend, der ihn vorwärts, krumm zusammen sich zu biegen nötigt.“*

Dr. Hausmann aus der Wiener Gruppe: *„Das Schneiden im Unterbauch wird durch laute Winde erleichtert.“* Hier ist die bekannte Kolikwirkung der Droge aufgetreten, neu hingegen für die Toxikologie waren diese — übereinstimmenden — Neuralgiesymptome:

Hornburg, ein Mitarbeiter Hahnemanns: *„Von der rechten Halsseite bis über das Schulterblatt herunter arger Schmerz, als wären die Nerven gewaltsam gezerrt.“*

Dr. Hausmann aus der Wiener Gruppe: *„In der rechten Rippenweiche ein pressender Schmerz, der den Atem beklemmt.“*

Ebenfalls aus dieser Prüfung gibt es ein Beispiel für die vorher erwähnten „Modalitäten“:

Dr. Wurmb aus der Wiener Gruppe: *„Das Bauchkneipen ist zuweilen eher heftig und nötigt zum Vorwärtsbeugen“* — also, wie bei Friedrich Hahnemann, *„Besserung durch Beugen oder Krümmung“*, eine Beobachtung, die typisch wurde für Colocynthis und die diese Arznei deutlich gegen ähnliche Arzneien für ähnliche Beschwerden abgrenzt.

Die Prüfungsauswertung

Nach dem Ende der Arzneimittelprüfung werden die Protokolle dem Prüfungsleiter übergeben, und ein Auswertungsteam übernimmt die Aufgabe, die Erfahrungen, die hier gemacht und niedergelegt wurden, zu sichten, zu ordnen und zu reihen. Samuel Hahnemann stellt hierzu im § 138 des „Organon“ fest: *„Wenn die Bedingungen eines guten reinen*

Versuchs beachtet wurden, rühren alle Beschwerden, Zufälle und Veränderungen des Befindens der Versuchsperson während der Wirkungsdauer einer Arznei bloß von dieser her und müssen, als eigentümlich und zugehörig, als ihre Symptome angesehen und aufgezeichnet werden . . .“
Heute stellt Dr. Georg Bayr für das Vorliegen einer „wahrscheinlich echten Wirkung“ eines Prüfstoffes die folgende Liste von 16 Punkten auf, wobei zumindest zwei oder drei dieser Kriterien eintreten müssen, um ein Symptom als tatsächliches Prüfungsergebnis verifizieren zu können:

1. Die Objektivität des Symptoms
2. Die Intensität des Symptoms
3. Die Übereinstimmung der wechselnden Intensität des Symptoms mit der wechselnden Dosis des Prüfstoffes
4. Die Erstmaligkeit oder Ungewohntheit des Symptoms
5. Die jahrelange Latenz des Symptoms vor der Prüfung
6. Das Anhalten des Symptoms über mehrere Tage der Prüfung
7. Das Überdauern des Symptoms nach Absetzen des Prüfstoffes
8. Das wiederholte Auftreten des Symptoms während der Prüfung
9. Die Reproduzierbarkeit des Symptoms nach Unterbrechung der Prüfung
10. Das Auftreten des Symptoms bei mehreren Prüfern
11. Die Beobachtung einer gegensinnigen Nachwirkung
12. Eine paradoxe Begleiterscheinung oder Modalität des Symptoms
13. Das Fehlen von Erwartungssymptomen während der Placebophase
14. Besserung des Symptoms bei einem anderen Prüfer, bei welchem dieses Symptom bereits vor der Prüfung oder zu Beginn der Prüfung vorhanden war
15. Das Vorliegen derselben physiologischen Grundlagen bei einem anderen Prüfungssymptom
16. Das Vorliegen eines vergleichbaren Symptoms bei chemisch, botanisch oder zoologisch verwandten organischen bzw. im periodischen System benachbarten anorganischen Stoffen.

Ungefähr ein Jahr lang arbeitet dieses Team nun daran, die aufgetretenen Zeichen und Symptome zu ordnen. Dazu fließen die Ergebnisse der Nachprüfungen ein (manche Symptome zeigen sich erst nach dem Absetzen der Arznei und werden beim Schlußgespräch mit dem Prüfungsleiter eingebracht); dann kommen — je nach Ausgangsstoff — die botanischen, chemischen oder zoologischen Arzneidaten hinzu, ebenso wie die Ergebnisse der toxikologischen* und pharmakologischen Untersuchungen und die

* Die bekannten homöopathischen Arzneien sind genauestens erforscht; neu zu prüfende Substanzen werden vorher nach möglichen toxischen Wirkungen untersucht, obwohl ihre Dosierung (z. B. in der 30. Potenz) eine Intoxikation ausschließt.

Erfahrungen der Volksmedizin. Es ergeben sich Hinweise und Anregungen für bestimmte *„vorläufige Indikationen"*, denen bei Erkrankten — von ausgewählten Ärzten und mit Einverständnis der Patienten — nachgegangen wird. Diese therapeutischen Ergebnisse aus der Arzneimitteltestung und die Heilerfahrungen liefern die nächsten — und wichtigsten — Ergänzungen zum Prüfungsbild: Allmählich entwickelt sich ein Arzneimittelbild, das Wertvollste und Kostbarste in der homöopathischen Therapie. **Alle Arzneiwirkungen, die zu diesem Bild führen, sind das Ergebnis menschlicher Erfahrungen und menschlicher Empfindungen und nicht Resultate un-menschlicher apparativer Techniken und unwürdiger Praktiken am Tier. Der Prüfer und der Kranke sprechen die gleiche Sprache, ihre Erfahrungen und ihre Beschwerden und Leiden finden übereinstimmenden Ausdruck in der Wahrheit des beobachteten Symptoms.**
Bei der Auswertung der Prüfungsprotokolle werden heute — von Hahnemann nicht in dieser Form beachtet — auch die konstitutionellen Merkmale des Prüfers für die Wirksamkeit einer Arznei mit in Betracht gezogen. Über die Erhebung des klinischen Status nämlich läßt sich eine gewisse Zuordnung nach den familiären Vorbelastungen und damit nach den möglichen Krankheitsdispositionen treffen; das heißt, wenn die Familie nieren- oder leberbelastet ist, dann wird der — durchaus gesunde — Arzneimittelprüfer wahrscheinlich zu Arzneien, die auf diese Organe wirken, eine besondere Affinität haben. Bei der großen österreichischen Prüfung mit der Berberitze ließ sich diese Hypothese auch objektiv nachweisen, wie sich überhaupt durch das Denken in „Konstitution" (dem vorgegebenen geistig-seelisch-körperlichen Rahmen eines Individuums) eine genauere Differenzierung der homöopathischen Arzneimittel erzielen läßt. Schon Wilhelm Folkert und auch andere Homöopathen wollten eine Unterscheidung der Prüfer nach ihrer „Grundstruktur" vorgenommen wissen — eine Anregung, die in Theorie und Praxis der Arzneimittelprüfung zunehmende Bedeutung gewinnen wird.

Der ärztliche Selbstversuch

Eine Aufgabe, die schon Samuel Hahnemann dem Arzt aufgetragen hat, ist die des Selbstversuches: *„Doch bleiben diejenigen Arzneiprüfungen, welche der gesunde, vorurteilslose, gewissenhafte und feinfühlige Arzt an sich selbst mit aller ihm hier gelehrten Vorsicht und Behutsamkeit anstellt, die vorzüglichsten. Er weiß am sichersten, was er an sich selbst wahrgenommen hat . . . Alle Beobachtungen an anderen haben bei weitem nicht das Anziehende wie die an uns selbst angestellten."* Aus dieser Feststellung im § 141 des „Organon" rührt auch der sogenannte **„Pflicht-**

versuch" her, den jeder, der heute in Österreich und in der BRD Homöopathie praktizieren will, unternehmen soll. Auch hier wieder der fundamentale Unterschied zur Schulmedizin, die den Arzt sich von den Arzneien weit entfernen ließ, so weit, bis sie zu beliebig austauschbaren Artikeln im großen Supermarkt der Pharmazie wurden.
Homöopathie heißt „ähnlich leiden" und bedeutet auch „mit-leiden" — die Teilnahme an einer Arzneimittelprüfung läßt den Arzt als Prüfer leiden und eröffnet ihm einen ganz anderen Zugang zur Arznei und zum Patienten. Hahnemann, der geradezu fanatische „Selbst-versucher", notiert auch den praktischen Nutzen einer solchen Tätigkeit, die im übrigen viele homöopathische Ärzte zur Gewinnung individueller Erkenntnisse öfter unternehmen, und schließt seinen § 141 mit den Feststellungen: *„Auch haben diese Selbstversuche für ihn noch andere, unersetzliche Vorteile. Erstens wird ihm dadurch die große Wahrheit, daß das Arzneiliche aller Substanzen — worauf ihre Heilkraft beruht — in jenen von den selbstgeprüften Arzneien erlittenen Befindensveränderungen und den an sich selbst mittels derselben erfahrenen Krankheitszustände liege, zur unleugbaren Tatsache. Ferner wird er durch solche merkwürdigen Beobachtungen an sich selbst einesteils zum Verständnis seiner eigenen Empfindungen und seiner Denk- und Gemütsart gebracht, anderenteils aber zum Beobachter gebildet."* *
Diesem letzten Satz gemäß war auch Hahnemanns Handeln. Er war ein genialer Beobachter, ein genialer Selbstbeobachter und ein, allen Ergebnissen nach, idealer Prüfer, der eine Grundforderung an die Homöopathie selbst in die Tat umsetzte: *„Allerdings kann nur ein sehr ansehnlicher Vorrat dieser genau geprüften Arzneien uns in den Stand setzen, für jeden der unendlich vielen Krankheitszustände in der Natur ein homöopathisches Arzneimittel — ein passendes Analogon von künstlicher (heilender) Krankheitspotenz — zu finden."*
Zu den 27 Arzneien, die er 1805 in den „Fragmenta" beschrieb und die er auch später noch ausführlicher und gründlicher erforschte, kamen in den darauffolgenden Jahren viele weitere dazu.

Die „Materia medica"

Samuel Hahnemann schuf das Fundament der arzneilichen homöopathischen Medikation, seine „Materia medica": *„Hat man eine beträchtliche*

---

* Der Autor von diesem „Handbuch der Homöopathie" hat an einer Prüfung von „Sulfur" und an einer von „Rhus toxicodendron" teilgenommen, als Prüfungsleiter für eine neue Arznei, dem Osttiroler Bischkraut, fungiert sowie mehrfach als Auswerter von Prüfungsergebnissen mitgearbeitet. *„Die Erfahrungen daraus gehören zum Aufregendsten in 35 Jahren Homöopathie."*

Zahl einfacher Arzneien auf diese Art am gesunden Menschen erprobt und alle die Krankheitselemente und Symptome sorgfältig und treu aufgezeichnet, welche sie von selbst als künstliche Krankheitspotenzen zu erzeugen fähig sind, so hat man dann erst eine wahre Materia medica. Sie ist eine Sammlung der echten, reinen, untrüglichen Wirkungsarten der einfachen Arzneistoffe für sich, ein Codex der Natur. Darin stehen von jeder so erforschten, kräftigen Arznei eine ansehnliche Reihe besonderer Befindensänderungen und Symptome aufgezeichnet, wie sie die Aufmerksamkeit des Beobachters an den Tag brachte. In diesen sind die (homöopathischen) Krankheitselemente mehrerer, natürlicher, dereinst durch sie zu heilender Krankheiten in Ähnlichkeit vorhanden. Mit einem Wort, es sind künstliche Krankheitszustände enthalten, die für die ähnlichen, natürlichen Krankheitszustände die einzig wahren, homöopathischen — das heißt spezifischen — Heilwerkzeuge zur gewissen und dauerhaften Genesung darstellen. " („Organon" § 143)

In den Jahren 1811 bis 1821 legte Hahnemann seine *„Reine Arzneimittellehre"* in sechs Bänden vor, der 1822 bis 1827 eine zweite „vermehrte" Auflage folgte, die insgesamt 66 geprüfte Arzneien enthält und heute noch den Grundstock für den homöopathischen Arzt bildet.

„Von einer solchen Arzneimittellehre soll alles Vermutete, bloß Behauptete oder gar Erdichtete gänzlich ausgeschlossen sein; sie soll die reine Sprache der sorgfältig und redlich befragten Natur sein" — und Hahnemann verstand diese Sprache, die sich ihm über die Prüfung an sich selbst oder über andere Prüfer offenbarte, sehr gut: Bei der Arznei „Belladonna" (Tollkirsche) oder bei „Nux vomica" (Brechnuß) hat er über 1000 Symptome festgehalten. Sie in ihrer Vielzahl und ihrer Tiefe zu begreifen und damit die Arzneien für die Praxis zu verstehen, ist eine lebenslange Aufgabe für den Homöopathen. Noch dazu, wo es nicht nur Hahnemanns „Reine Arzneimittellehre" gibt (an ihrer dritten Auflage arbeitete Hahnemann in den Jahren 1830 bis 1833, stellte jedoch nur 3 Bände fertig), sondern auch ganz vorzügliche Werke, die Hahnemann ergänzen und auch von ihm nicht geprüfte Arzneien enthalten. Hier seien nur Hering, Dewey, Allen und Hughes, Stauffer, Leeser und vor allem Kent als Verfasser großer Arzneimittellehren genannt, die die homöopathische Arzneikunde bereichern, erweitern und vervollkommnen. Sie sollte der wahre Homöopath immer und immer wieder zur Hand nehmen, nicht nur zur Mehrung, sondern auch zur Vertiefung seines Wissens. Herbert Fritsche vergleicht in seinem Buch „Die Erhöhung der Schlange" dieses Bemühen mit dem Umgang eines Priesters mit der Bibel: *„Der homöopathische Therapeut muß mit der Arzneimittellehre — mit dem Buch, in welchem sie aufgezeichnet steht — umgehen, wie der römische Priester mit einem Brevier: Täglich zu mehreren Zeiten werden, stets wieder von vorn begin-*

nend, und nach einigen Wochen beim letzten Mittel endend, an das sich dann abermals das erste anschließt, die einzelnen Mittel wiederholt, werden auswendig (vom Gedächtnis her) und inwendig (von der Schau her, die sich daraus ergibt, daß man sie meditiert) gelernt, werden verlebendigt Woche um Woche, Jahr um Jahr, Jahrzehnt um Jahrzehnt.“

In *„gesichteten Arzneimittellehren“* (die bedeutendsten stammen von Hering, Farrington, Nash, Stauffer und Mezger) ist — aus der Sicht der Autoren — Überflüssiges weggelassen; die einzelnen Arzneien, die beschrieben werden, treten klarer, faßbarer und übersichtlich geordnet hervor. Der Homöopath hat nicht mehr bis zu 17 Seiten Symptome zu studieren, wie er es zum Beispiel bei dem Mittel „Arsenicum“ in der Arzneimittellehre von Kent zu tun hat, sondern er findet die Quintessenz der Arznei auf kürzerem Raum zusammengefaßt.

Sind, nach obigem Vergleich, die großen Arzneimittellehren die „Bibel“ des Homöopathen, so sind die sogenannten *„Symptomenverzeichnisse“* (Repertorien) dann die „Concordanz“ des homöopathischen Arztes. Hier schlägt er nach, wenn er von einem Symptom, von einer Beschwerde her, den Weg zum Patienten und zur Arznei finden will. Es scheint dies die einfachere Methode zu sein — aber niemals kann ein Repertorium das Studium der Arzneimittellehren ersetzen, denn nur sie zeigen eine Arznei immer in ihrer umfassenden Gesamtheit, die immer plastischer wird, je mehr man die verschiedenen Beschreibungen der verschiedenen Autoren liest. Und von allen Autoren wird das grundsätzliche Bild einer Arznei immer ähnlich gezeichnet; die persönlichen Auffassungen und Erfahrungen runden es zur Vollständigkeit hin ab.

Schon zu Hahnemanns Zeiten hat sein Mitprüfer G. Jahr ein „Handbuch der Hauptanzeigen für die richtige Wahl der homöopathischen Heilmittel“ („Grand Manual“) herausgegeben; Hahnemann selbst lobte seinen Lieblingsschüler Regierungsrat Freiherr von Bönninghausen sogar für die Herausgabe eines solchen Registers, und auch Hahnemann selbst verwendete sein persönliches Repertorium, das er immer auf dem letzten Stand seiner Beobachtungen hielt.

Obwohl auch heute jeder Arzt „sein“ Symptomenverzeichnis anlegen sollte, bedient man sich vor allem vorgefertigter Werke, die aber gerade den vielen neu hinzukommenden homöopathischen Ärzten die notwendige Sicherheit und Bestätigung bei ihrer Arzneimittelwahl geben. Der große amerikanische Homöopath J. T. Kent hat das wohl am meisten verbreitete Repertorium geschrieben, die Verzeichnisse von Clark, Bönninghausen, Stauffer und Dorcsi gehören ebenfalls zu den Standardwerken auf diesem Gebiet. Der erfahrene Homöopath wird sich, gemäß Hahnemanns Anweisungen, immer an den *„auffallenderen, sonderlichen, ungewöhnlichen und charakteristischen Zeichen und Symptomen“* orientieren;

er pendelt geradezu gedanklich hin und her zwischen Krankheitssymptom und Arzneisymptom — und bei diesem Vorgang der Arzneifindung sind Repertorien ungemein hilfreich.
Dieses „Pendeln" zwischen zwei sich formenden Bildern entspricht einer Eigenart der Homöopathie, die manche Patienten in Erstaunen versetzt: Der homöopathische Arzt forscht ja nicht nach einer klinisch zu benennenden Krankheit, sondern nach der Ähnlichkeit zwischen Beschwerdesymptomen und Arzneimittelsymptomen. Und deshalb mündet eine homöopathische Behandlung auch nicht in einer Krankheitsdiagnose, sondern in einer Heilmitteldiagnose — für den Homöopathen bedingt der spezielle Fall dann eben „Pulsatilla" oder „Nux vomica" oder „Lachesis" als Entsprechung. Fühlt der Arzt eine hochgradige, ja deckungsgleiche Übereinstimmung — vermeint er also, das Simile gefunden zu haben —, so drückt sich diese Entsprechung oft auch in der Formel aus, „er" (der Patient) „**ist** Pulsatilla". *(Natürlich werden heute das zeitgemäße Wissen über die Krankheit und ihre Namen auch in der Homöopathie berücksichtigt — aber das Endziel und der Endzweck der homöopathischen Therapie ist immer das Finden der analogen Arznei.)*
Zur besseren Gewichtung der Arzneien werden in den meisten der Symptomenverzeichnisse Wertigkeiten angeführt — wenn also eine bestimmte Arznei bei mehreren Arzneimittelprüfungen und bei vielen Probanden die gleichen Symptome hervorgerufen hat, dann gilt sie (und die Symptome für die Arznei) als dreiwertig; für Symptome, die sie weniger häufig hervorgebracht hat, als zweiwertig und bei selten erwähnten Symptomen als einwertig. Dies darf jedoch nicht als alleinige qualitative Bestimmung aufgefaßt werden, da gerade die seltenen, nur manchmal erwähnten und im Gegensatz zur Norm stehenden Symptome wertvolle Hinweise sein können, um zur entsprechenden Arznei zu finden.
Nicht zuletzt deshalb, weil die Wahl des richtigen homöopathischen Heilmittels Feinfühligkeit, Wachsamkeit, Beobachtungsgabe, Intuition und viel Wissen um die „Materia medica" erfordert, gilt — auch das schon von Hahnemann begründet — diese Medizin als Kunst, und er bezeichnet denjenigen, der versteht, ***„aus klaren Gründen das Heilende der Arzneien dem, was er als unzweifelhaft krank erkannt hat, so anzupassen, daß Genesung erfolgen muß"*** als ***„ECHTEN Heilkünstler"***.

Die Beschreibung der Arznei „Aristolochia clematitis" in einer „gesichteten Arzneimittellehre"

Wie sieht nun die Beschreibung einer Arznei aus, die sich aufgrund der in den vorhergehenden Abschnitten beschriebenen Prozedur als ein „gutgeprüftes homöopathisches Heilmittel" bezeichnen läßt? Als Beispiel dafür sei hier die Arznei Aristolochia (Osterluzei) aus Mezgers „Gesichteter homöopathischer Arzneimittellehre"* auszugsweise vorgestellt (die vollständige Arzneimitteldarstellung umfaßt immerhin 14 Seiten). Bei der Lektüre der vielen negativ anmutenden Zustände ist zu bedenken, daß diese Beschwerden ausschließlich eine von mehreren Gruppen von Personen gelieferte Beschreibung von Krankheitszeichen, Symptomen und Befindensveränderungen verkörpern.

Herkunft des Mittels

Aristolochia clematitis, Osterluzei, ist im südlichen Europa heimisch, wächst jedoch auch in Süddeutschland in sonnigen Weinbergen. Möglicherweise ist sie aus mittelalterlichen Arzneigärten der Klöster verwildert, denn sie wurde, wie der Name sagt, schon im Altertum als Heilpflanze bei der Geburt und im Wochenbett gebraucht, dann aber wieder völlig vergessen. Sie gilt als giftig und ruft nach Lewin Nierenschädigungen an den Harnkanälchen und Blutharnen hervor. Der Tod der Tiere erfolgt durch Atemstillstand. Das wirksame Prinzip „Clematin" soll mit dem Aristolochin oder Serpentarin der Serpentaria sowie mit der unreinen Aristolochiasäure identisch sein. In Südamerika werden mehrere Aristolochia-Arten als Heilmittel gegen Schlangenbiß gebraucht und genießen großen Ruf, wie Rüber berichtet.
Nach Gessner führt die Aristolochiasäure zu Menorrhagien und bei Schwangeren zu Abort, ferner zu einer schweren tubulären Nierenentzündung und Leberverfettung; auch besitzt sie zentrale Wirkung. Sie wurde als ausgesprochenes Kapillargift bezeichnet und ist eine Nitroverbindung. Zur Eigentümlichkeit der Nitroverbindungen gehört die Querschnitterweiterung der Kapillaren, auf welcher zum großen Teil die Heilwirkung beruhen dürfte. Wegen der Wirkung auf den Darm kann sie mit dem ebenfalls Stickstoff enthaltenden Colchicin verglichen werden. Auch bei parenteraler Zufuhr wurde die Darmwirkung festgestellt.

Arzneimittelprüfung und Toxikologie

(Hier berichtet der Autor über die Organisation der unter seiner Leitung durchgeführten Arzneimittelprüfung am Gesunden und über toxikologische Untersuchungen, bei denen „außerdem Allantoin, Cholin und eine antibiotische Substanz festgestellt wurden".)

---

* Der Verfasser dankt dem Karl F. Haug Verlag, Heidelberg, für die freundliche Genehmigung, einen Auszug aus diesem Werk verwenden zu dürfen.

Hauptrichtung

(Hier berichtet Mezger ausführlich über die möglichen Verwendungszwekke dieses Mittels. Seine Eindrücke und Wertungen wurden wesentlich verkürzt und zusammengefaßt.)

. . . die Hauptrichtung von Aristolochia liegt in einer intensiven Beeinflussung der Nieren und Harnwege mit ausgesprochenem Harndrang. Parallel dieser Reizung der Harnwege geht eine starke Anregung der ovariellen Funktion, welche sich bei dem einen Teil der Prüferinnen durch emmenagoge (die Regel aktivierende) Wirkung, beim anderen Teil in einer Abschwächung der Regel zu erkennen gibt. Diese Organotropie zu den weiblichen Geschlechtsorganen hat ihre klinische Bestätigung bei sekundärer Amenorrhoe, bei Oligomenorrhoe und Hypomenorrhoe, bei verspäteter Menarche, bei den Störungen der Wechseljahre, bei klimakterischen Arthropathien, bei Beschwerden der Schwangerschaft und zur Erzielung eines normalen Verlaufs der Geburt gefunden. Man kann sehr wohl die Hormonbehandlung des weiblichen Organismus in nicht wenigen Fällen durch Aristolochia-Verordnung ersetzen.

Eine wertvolle Indikation für die Aristolochia ist in der Behandlung von klimakterisch bedingten Arthropathien der Kniegelenke zu sehen ... bei Magen-Darm-Katarrhen scheint Aristolochia eine gute Verwendungsfähigkeit zu besitzen . . . an den männlichen Geschlechtsorganen hat die Aristolochia bisher Hilfe gebracht bei chronischer Nebenhodenentzündung und bei Prostatitis . . . bei der Prüfung haben einzelne Prüfer die schlechte Heilung kleiner unbedeutender Hautwunden beobachtet. Diese Beobachtung zusammen mit der in den alten Kräuterbüchern übermittelten Tradition als Wundheilmittel gab mir Veranlassung, diesen Faden weiter zu verfolgen . . . offenbar sind es Wunden durch Schürfen, Druck und Quetschung, die sehr günstig auf Aristolochia ansprechen . . . chronische Geschwüre und Eiterungen an Händen und Füßen heilen in wenigen Tagen, wenn man die kranken Stellen täglich im Dekokt der Osterluzei badet.

Bei frischen Wunden beugt die Aristolochia einer Infektion vor und regt die Heilung stark an.

Bei Verbrennungen der Haut, alsbald aufgebracht, beugt die Aristolochia-Salbe der Entstehung von Brandblasen vor.

Nicht übergangen werden darf die Aristolochia in ihrer Beziehung zum venösen System. Die heilsame Wirkung bei Krampfadern konnte einige Male, wenn auch nicht regelmäßig, bestätigt werden. Es hat sich eine tiefgehende Ähnlichkeit zur Pulsatilla (Kü[h]chenschelle) ergeben . . . wir finden bei beiden Mitteln eine Besserung durch eintretende Absonderungen, Besserung durch Bewegung, besonders in der kühlen Luft, während

andererseits lokale Wärme an den erkrankten Organen bessert. Aristolochia ist wie Pulsatilla unter die kalten Mittel zu zählen, sie leiden unter kalten Gliedern und allgemeiner Frostigkeit.
Die seelische Depression ist nicht wie bei Pulsatilla gutmütig und für Zuspruch leicht zugänglich, sondern hat eine mehr verdrossene und ärgerliche Art.

Arzneimittelbild

Leitsymptome: Starke organotrope Beziehung zu den weiblichen Geschlechtsorganen, ferner zu den Harnwegen und Nieren, zum venösen System und zur Haut.
Die Regelblutung tritt sehr verspätet ein oder setzt ganz aus; sie ist dabei sehr schwach und kurzdauernd.
Verschlimmerung aller Beschwerden vor und nach der Regel, dagegen Besserung aller Beschwerden während der Regel. Auch andere Absonderungen, wie der Eintritt eines Schnupfens und eines Ausflusses, haben eine Besserung des gesamten Befindens zur Folge.
Besserung durch lokale Wärme und Verschlimmerung durch Kälte wird bei Gesichtsschmerz, Zahnschmerz und Husten beobachtet und darf wohl auf alle Organe übertragen werden. Nur der mit Kongestionen zum Kopf verbundene Kopfschmerz und auch der Schnupfen bessern sich an der frischen Luft.
Die meisten Beschwerden sind mit Frieren, Frösteln und allgemeiner Frostigkeit verbunden, die Glieder sind kalt, es besteht Neigung zu abgestorbenen Fingern und Frostbeulen.
Bewegung bringt eine Besserung der Gliederschmerzen infolge einer Behebung der Blutstauung.
Besserung durch Eintritt einer Sekretion (zum Beispiel Schnupfen oder Regelblutung) bzw. Verschlimmerung durch Ausbleiben einer Sekretion.
Die Verschlimmerungszeit ist auf die Zeit von 2 bis 4 Uhr anzusetzen (Schlaf um diese Zeit unterbrochen, Hustenanfall). Desgleichen ist das Befinden morgens nach dem Aufstehen schlechter (Kopfweh und Schnupfen).
Allgemeines: Große Müdigkeit und Zerschlagenheit. Umgekehrt auch viel frischer, spannkräftiger und leistungsfähiger als gewöhnlich! Gewichtszunahme. Große Elendigkeit mit Schwindel und Frieren, daß sie selbst durch äußere Wärme kaum warm werden kann; Hungergefühl und Heißhunger, muß essen trotz der Übelkeit. Geist und Gemüt: Wochenlang gedrückte Stimmung mit Neigung zu weinen; Angstgefühl, so daß sie nicht unter die Leute will. Nachdem eine kurze Regelblutung aufgetreten war,

besserte sich die depressive Stimmung.
Schlaf: Schlaf meist schlecht und unruhig, besonders auch vor der Regel. Mehrere Prüfer erwachen um 2 oder 3 Uhr nachts und können erst um 4 oder 5 Uhr wieder einschlafen.
Kopf: Vielerlei Kopfschmerzen, besser an der frischen Luft und durch kühle Umschläge, schlimmer durch Bücken und nach der Regel. Die Kopfschmerzen bessern sich mehrfach durch Ingangkommen eines Schnupfens.
Augen: Kratzendes Gefühl, mit Brennen und Tränenfluß, sich steigernd beim Lesen und bei hellem Licht.
Ohren: Ohrensausen mit Kopfschmerzen und Schmerzen in den Ohren.
Nase: Schnupfen mit verstopfter Nase und Kopfschmerzen, besser in der kühlen Luft. Rasendes Kopfweh, das sich bei Einsetzen von Schnupfen bessert. Wäßriger, sehr reichlicher Schnupfen mit viel Niesen, immer morgens um 8 bis 9 Uhr.
Verdauungsorgane: Mund und Zähne: Risse an den Mundwinkeln, Herpes an den Lippen. Zahnschmerzen mit Schwellung der Wurzelpartie, schlimmer durch kalte Speisen und besser durch Wärme.
Rachen und Gaumenmandeln: Trockener Hals mit Schmerzen in der Gegend der Gaumenmandeln beim Schlucken. Gelblicher Belag auf den Mandeln mit Fieber. Heiserkeit.
Magen und Darm: Riesenappetit oder verminderter Appetit. Wenn sie nicht ißt, wird ihr elend. Die Affektionen des Magens und des Darms sind von lebhaften Schmerzen, öfters auch von heftigem Frieren begleitet.
Harnorgane: Schmerzen in der Gegend der Harnblase mit häufigem Harndrang. Leichte Schmerzen in der Harnröhre beim Wasserlassen. Auffallend häufiger Drang zum Harnlassen, muß oft 2mal in 1 Stunde austreten.
Männliche Geschlechtsorgane: Keine Prüfungssymptome.
Weibliche Geschlechtsorgane: Regelkrämpfe, Bauchschmerzen vor der Regel. Die infolge Klimakteriums mit langen Pausen eintretende Regel wird bei einer Prüferin wieder pünktlich.
Im allgemeinen ist die Regel verstärkt, mit großen Blutklumpen, seltener schwächer und kürzer als gewöhnlich. Periode verstärkt oder ganz aussetzend. Fluor schleimig, auch bräunlich, vor der Regel. Vor und nach der Regel Verschlimmerung des Allgemeinbefindens, der Gemütsverfassung, des Kopfwehs, der Gliederschmerzen, der geschwollenen Beine; mit Eintritt der Periode durchgreifende Besserung dieser Fernsymptome. Die Schmerzen im Unterleib sind während der Periode teils gebessert, teils auch verschlimmert.
Schmerz und Härtegefühl in der linken Brust.
Vor der Regel sind die Füße bis zu den Knöcheln geschwollen.

Glieder, Muskeln und Gelenke: Stechende und reißende Schmerzen in allen Gelenken, besser durch Eintritt der Regel oder durch den Eintritt eines starken schleimig-blutigen Ausflusses. Bewegung bessert die Gliederschmerzen, während Ruhe verschlimmert. Mit Eintritt der Regel geht die Schwere und Schwellung der Beine zurück. Spannen in den Krampfadern vor der Regel. Eine Prüferin, die seit etwa 30 Jahren an Schwellungen der Unterschenkel wegen hochgradiger Krampfadern leidet, verliert diese Schwellungen für dauernd.
Haut: Pickel und Bläschen im Gesicht und an verschiedenen Körperstellen. Ausgedehntes Ekzem am Hals, juckend und brennend. Ekzem an den Unterarmen, besonders an deren Innenseite. Krustiges Ekzem in den Kopfhaaren, an den Schamlippen mit heftigem Jucken.
Kleine Verletzungen an den Fingern heilen schlecht.
Wärmeregulation: Frösteln durch den ganzen Körper, Nachtschweiße. Frieren bei der Regel, Fieber bei Angina lacunaris.

Im Anschluß an die Symptome referiert Mezger dann noch über folgende Punkte:
Dosierung *(üblicherweise empfiehlt er die D 5);* Vergleichsmittel und typische Behandlungsbeispiele *(Julius Mezger war auch ein bekannter homöopathischer Arzt),* bei denen in seiner Praxis Aristolochia erfolgreich eingesetzt werden konnte.

Samuel Hahnemann war der Begründer der Homöopathie und zugleich ihr fruchtbarster und bedeutendster Arzneimittelprüfer. Außer in seinen „Fragmenta" und in der „Reinen Arzneimittellehre" findet dieses Bemühen auch in Hahnemanns drittem Hauptwerk „Die chronischen Krankheiten" (1. Auflage 1828—1830/2. Auflage 1835—1839) seinen Niederschlag. Der größte Teil dieses mehrbändigen Werkes enthält wieder ausführlichste Beschreibungen von insgesamt 49 in der Hauptsache neu für die Zwecke der Homöopathie gefundenen Arzneien; geprüft von Hahnemann, seiner Familie und seinen damals bereits zahlreicher gewordenen Mitarbeitern.
Und: Samuel Hahnemann war auch der bedeutendste Pharmakologe der Homöopathie. Denn er hat — eben bei seinen vielen Prüfungen und in seinem ärztlichen Alltag — erkannt, erlitten und erfahren, daß es einer speziellen Aufbereitung der Grundsubstanz einer Arznei bedarf, um ihre Wirkung als homöopathisches Heilmittel voll zu erschließen.

„Den Leib vermindre,
mehre deine Gnade!“

(Shakespeare)

„Die milde Macht ist groß“

(Constantin Hering, Schüler Hahnemanns und Pionier der Homöopathie in Nordamerika)

„Die neueren und neuesten Erfahrungen haben gezeigt, daß die Arzneisubstanzen in ihrem rohen Zustand . . . lange nicht so den vollen Reichtum der in ihnen verborgen liegenden Kräfte äußern, als wenn sie in hohen Verdünnungen durch gehöriges Reiben und Schütteln potenziert . . . eingenommen werden. Durch diese einfache Bearbeitung werden die in ihrem rohen Zustand verborgenen und gleichsam schlafend gelegenen Kräfte bis zum Unglaublichen entwickelt und zur Tätigkeit erweckt.“
So schreibt Samuel Hahnemann für die sechste Auflage seines „Organon“ in den Anweisungen zur homöopathischen Arzneimittelprüfung, und er legt damit eine Erkenntnis nieder, die ein weiteres Prinzip der Homöopathie darstellt:
Die Potenzierung *(oder Dynamisierung)* **der homöopathischen Arznei.**
Was in diesem § 128 so lakonisch und, bei unvoreingenommener Betrachtung, so plausibel klingt, ist gleichermaßen die geistige Vollendung der medizinischen Lehre der Homöopathie, der Quantensprung, mit dem sich die Homöopathie endgültig über die damals — und heute — geltenden Regeln der Physik erhob.

Dabei ist diese Entdeckung Hahnemanns von der Wirksamkeit immaterieller Arzneizubereitungen kein theoretisch erdachtes Dekret zur Abrundung einer Philosophie und kein spekulatives Postulat zur Differenzierung von der Schulmedizin, sondern — wie alles bei Hahnemann — das Ergebnis von Beobachtungen, Versuchen und Erfahrungen.
Denn seine letzten Erkenntnisse über diese Materie *(„jetzt lasse ich, um diese Kraftentwicklung am besten zu bewirken . . .")* hat Hahnemann im Jahr 1842 — ein Jahr vor seinem Tode — beschrieben, ungefähr 45 Jahre, nachdem er sein „neues Princip" der Heilkunst erstmals veröffentlicht, ungefähr 30 Jahre, nachdem er sein erstes „Organon" publiziert und ebenfalls ungefähr 30 Jahre, nachdem seine „Reine Arzneimittellehre" zu erscheinen begonnen hatte.

Von der „Verdünnung" zur Potenzierung

Hahnemanns Grundlage in der Behandlung von Erkrankungen in all den Jahren war sein „neues Princip" — also das Gesetz der Ähnlichkeit von *„dem zu Heilenden und dem Heilenden"*. Wiewohl er nie ein Freund großer Dosen war, verwendete er in seinem ärztlichen Alltag die damals üblichen Gran-Dosen (ein Gran = 0,060—0,073 g) und widmete sich in der Hauptsache der Auffindung und Nutzbarmachung sowie der Prüfung neuer Arzneisubstanzen. Schon 1801 allerdings läßt Hahnemann für die Behandlung von Scharlachfieber einen Teil rohen Mohnsaft mit 20 Teilen verdünntem Alkohol mischen und von dieser Tinktur einen Tropfen mit 500 Tropfen stark verdünntem Alkohol erneut *„innig mischen"*. Nach der Wiederholung dieses Vorgangs, der mit der Anweisung *„sorgfältig durcheinander schütteln"* endet, gibt er einem 4jährigen Kind einen, einem 10jährigen Kind zwei Tropfen von der Endsubstanz. Ebenfalls aus diesem Jahr stammt die Beschreibung Hahnemanns zur Herstellung einer „Belladonna"-Arznei:
„Aus einem Belladonna-Dicksaft läßt man zunächst den Alkohol abdunsten, verreibt dann ein Gran des Rückstandes mit 100 Tropfen destilliertem Wasser in einem kleinen Mörser, schüttelt die Suspension in ein Unzenglas, spült mit 300 Teilen verdünntem Alkohol nach. Das ist die starke Belladonna-Auflösung. Von jener wird ein Tropfen mit 300 Tropfen gewässerten Weingeistes verdünnt und minutenlang geschüttelt. Das ist die mittlere Belladonna-Auflösung. Dann wird nun ein Tropfen mit 200 Tropfen in gleicher Weise minutenlang geschüttelt, was die schwache Belladonna-Auflösung ergibt. Jeder Tropfen dieser letzten Dilution enthält nun 1/24 000 000 eines Grans Belladonna-Saft."

Von „Potenzierung“ oder „Dynamisierung“ war zu dieser Zeit noch nicht die Rede. Er prüfte — und behandelte auch noch teilweise — mit „Urtinkturen“ *, also den frischen Pflanzensaft mit Weingeist und Wasser vermischt, getrocknete Pflanzen und Mineralien in Wasser aufgelöst und schwach wirkende getrocknete Pflanzen als Absud, und hatte damit in seiner Praxis durchaus Erfolg.
Jedoch lenkten die teilweise sehr heftigen Reaktionen auf die Arzneimittel bei den Prüfungen und das auch heute noch beobachtbare Phaenomen der „Erstverschlimmerung“ nach der Gabe einer homöopathisch richtig gewählten Arznei Hahnemanns Interesse zunehmend auf die Frage der Dosierung.
Obwohl die Dosen, die Hahnemann gab, durch die — hier noch bewußt so bezeichnete — „Verdünnung“ unbedenklich waren, und er außerdem ein genauer Kenner der Toxikologie und der Pharmakologie war, zeigte sich insbesondere in Fällen, wo das arzneiliche Simile passend gewählt war, eine oft nachdrückliche Erstverschlimmerung. *(Heute spricht man in solchen Fällen von einer „Homöopathizität“ — d. h., die erkrankte Person ist so besonders für ihre Krankheit und für die analoge homöopathische Arznei „disponiert“, daß sie auch besonders reagiert: Bei richtiger Dosiswahl durch nahezu unverzügliche Besserung und Heilung, bei „zu kräftiger Gabe“ zuerst durch eine merkbare Verstärkung der Beschwerden, der erst dann die Heilung folgt.)*

Allmählich wuchs das Wissen Hahnemanns um die Wirkung verdünnter Arzneien, er tastete sich sozusagen an seine spätere Potenzierung heran. 1810, in der ersten Ausgabe und Auflage des „Organon“, schreibt er bereits über den Sinn der Anwendung „größter Verdünnungen“ und macht die dezidierte Angabe, daß *„ein einzelner Tropfen jener Tinktur mit einem Pfunde Wasser durch starkes Umschütteln innig gemischt“* werden soll.
Hahnemann, der von der Voraussetzung ausging, daß *„jede wahre Arznei zu jeder Zeit und unter allen Umständen auf jeden lebenden Menschen wirkt“* (ein Gedanke, der ihn gewiß auch in Hinblick auf eine mögliche Fehlmedikation bewegt haben mußte!), war also zunehmend bestrebt, die Dosis seiner Arzneien immer weiter zu verkleinern, ihre Wirkung jedoch zu vergrößern. Und er fand jene Arzneiaufschließung, die — im übertragenen Sinne — ein „Simile“ seiner Gesundheits- und Krankheitslehre war:

* Urtinkturen sind die Mischungen, bzw. der Ansatz von Pflanzen-Preßsaft oder zerkleinerter Pflanzenmasse mit Alkohol (Äthanol), meist im Verhältnis 1:1 oder 1:10. Sie dienen als Grundlage für die weitere Potenzierung, werden aber auch in entsprechenden Fällen als Arznei gegeben.

A) „Im gesunden Zustand waltet die geistartige, als Dynamis den materiellen Organismus belebende Lebenskraft unumschränkt." („Organon" § 9)

B) „Wenn der Mensch erkrankt, so ist ursprünglich nur diese geistartige, in seinem Organismus überall anwesende, selbsttätige Lebenskraft durch den lebensfeindlichen, dynamischen Einfluß eines krankmachenden Agens verstimmt . . . — was wir Krankheit nennen." (§ 11)

C) „Und auf ähnliche Weise ist die Wirkung der Arzneien auf den lebenden Menschen zu beurteilen. Die Natursubstanzen, die sich uns als Arzneien beweisen, sind nur Arzneien, insofern sie (jede eine eigene spezifische) Kraft besitzen, das menschliche Befinden zu ändern durch dynamische, geistartige Einwirkung auf das geistartige, das Leben verwaltende Lebensprinzip." (Anmerkung zu § 11)

„Die kleinste Gabe der auf beste Art dynamisierten Arzneien — worin sich nach angestellter Berechnung nur so wenig Materielles befinden kann, daß dessen Kleinheit vom besten arithmetischen Kopfe nicht mehr gedacht und begriffen werden kann —, äußert im geeigneten Krankheitsfalle bei weitem mehr Heilkraft, als große Gaben derselben Arznei in Substanz. Jene feinste Gabe kann daher fast einzig nur die reine, frei enthüllte, geistartige Arzneikraft enthalten und nur dynamisch so große Wirkung durchführen, als von der eingenommenen rohen Arzneisubstanz, selbst in großer Gabe, nie erreicht werden kann." (Anmerkung zu § 11)

Ergo faßt Hahnemann (im § 16) zusammen:

D) „Von schädlichen Einwirkungen auf den gesunden Organismus durch die feindlichen Potenzen, welche von der Außenwelt her das harmonische Lebensspiel stören, kann unsere Lebenskraft als geistartige Dynamis nicht anders als auf geistartige (dynamische) Weise ergriffen und affiziert werden. Alle solche krankhaften Verstimmungen (die Krankheiten) können auch durch den Arzt nicht anders von ihr entfernt werden als durch geistartige (dynamische) Umstimmungskräfte, welche die dienlichen Arzneien auf unsere geistartige Lebenskraft haben und die durch den im Organismus allgegenwärtigen Fühlsinn der Nerven perzipiert werden."

Der Kreis ist geschlossen, die arzneiliche Entsprechung zur *„dynamischen Lebenskraft"* und zur *„dynamischen Verstimmung der Lebenskraft"* ist gefunden — das *„dynamische Heilmittel"*.

Was hier allerdings wie ein sich logisch entfaltendes Lehrgebäude und wie ein in allen Stufen übergreifendes Theoriemodell wirkt, ist das Ergebnis unbeirrbaren Strebens, unendlicher Bemühungen, die Frucht von Versuch und Erfolg.

Für seine These über die „künstliche Krankheitsaffektion“, die die Lebenskraft ergreift, um die ähnliche natürliche Krankheit quasi zu überstimmen — und die etwas stärker sein muß als jene —, hatte Hahnemann, nach den entsprechenden Arzneisubstanzen, auch die Umsetzung für das „etwas stärker“ gefunden — die Dynamisierung. Als Ergebnis der Anwendung aller seiner Erkenntnisse und Anweisungen formuliert er dann in den §§ 154 und 155: *„Eine Krankheit von nicht allzu langer Dauer wird demnach gewöhnlich durch die erste Gabe* (der homöopathisch gewählten und potenzierten Arznei) *ohne bedeutende Beschwerden aufgehoben und ausgelöscht. Ich sage: Ohne bedeutende Beschwerden. Denn beim Gebrauch der passendsten homöopathischen Arznei sind nur die den Krankheitssymptomen entsprechenden Arzneisymptome des Heilmittels in Wirksamkeit. Letztere nehmen die Stelle der ersteren, schwächeren im Organismus — das heißt im Gefühl der Lebenskraft — ein; sie vernichten sie so durch Überstimmung.*

Die oft sehr zahlreichen, übrigen Symptome der homöopathischen Arznei, welche in dem vorliegenden Krankheitsfall keine Anwendung finden, schweigen dabei gänzlich. Es läßt sich in dem Befinden des sich stündlich bessernden Kranken fast nichts von ihnen bemerken, weil die geringe homöopathische Arzneigabe ihre übrigen — nicht zu den ähnlichen gehörenden — Symptome in den von der Krankheit freien Teilen des Körpers zu äußern viel zu schwach ist. Folglich kann sie nur die homöopathischen auf die von den ähnlichen Krankheitssymptomen schon gereizten und erregten Teile im Organismus wirken lassen, um so die kranke Lebenskraft nur die ähnliche, aber stärkere Arzneikrankheit fühlen zu lassen. Dadurch erlischt die ursprüngliche Krankheit.“

Als „homöopathische Erstverschlimmerung“ läßt Hahnemann nur mehr *„in der ersten oder den ersten Stunden nach der Einnahme eine Art kleine Verschlimmerung“* gelten, der er eine *„sehr gute Vorbedeutung“* attestiert, in Hinblick darauf, daß *„die akute Krankheit meist von der ersten Gabe beendet sein wird“*. Außerdem weist Hahnemann auch noch auf mögliche Nebenwirkungen *„bei nur teilweiser Übereinstimmung der Symptome zwischen Arznei und Krankheit“* hin und auf die daraus resultierenden *„Nebenbeschwerden“*, die aber der Heilung keinen Abbruch tun. Ausgenommen von dieser „Gesetzmäßigkeit“ bei der homöopathischen Heilung sind nur die *„alten oder sehr alten Siechtümer“*, die chronischen Krankheiten, bei deren Kur sich *„keine solchen anscheinenden Erhöhungen der ursprünglichen Krankheit“* zeigen dürfen. (Sondern eher ein Zurückgehen der Symptome durch alle Stadien der Krankheitsentwicklung bis in die Anfänge, was später als „Heringsches-Gesetz“ bezeichnet wurde.)

Die potenzierten homöopathischen Arzneien

Überhaupt scheint es die Arbeit am Wesen der chronischen Krankheiten gewesen zu sein, die Hahnemann bei der Vertiefung des Potenzier-Gedankens und bei der Findung der Potenzier-Technik wesentliche Impulse gab. Jedenfalls gibt es eine bezeichnende zeitliche Übereinstimmung seiner Beschäftigung mit diesen Leiden — worauf an anderer Stelle dieses Buches noch ausführlich eingegangen werden wird — und der Entwicklung der potenzierten Arznei.

Im Jahr 1818 wird im vierten Band seiner „Reinen Arzneimittellehre" über die Verreibungstechnik (von Gold) folgendes festgehalten: *„Das feinste Blattgold wird mit hundert Teilen Milchzucker eine gute Stunde lang gerieben, zur Anwendung für den innerlichen ärztlichen Gebrauch."* Auch die ganze pharmazeutische Vorgangsweise für die Herstellung aller Substanzen wird in diesem Werk festgelegt und zum ersten Mal die Herstellung einer „centesimalen Verdünnungsreihe" genau beschrieben.

Im Jahre 1822, in der zweiten Auflage der „Reinen Arzneimittellehre", die von diesem Jahr an erscheint, schreibt Hahnemann bereits von einer *„Entwicklung der geistigen Arzneikräfte"* im Zusammenhang mit einer Quecksilberzubereitung: *„Ein Gran mit hundert Gran Milchzucker eine Stunde lang im Mörser gerieben und von dieser hundertfachen Verdünnung abermals ein Gran mit hundert Gran frischem Milchzucker durch gleiches Reiben verdünnt, und so fort. So entsteht nach solchen Verdünnungen (eigentlich: Entwicklung der geistigen Arzneikräfte des Quecksilbers) eine Quadrillionverdünnung . . ."*

Er hielt damals bei 12 dieser „Verdünnungsschritte", hatte aber noch keinen speziellen Ausdruck für dieses Verfahren gefunden, obwohl er schon in der ersten Ausgabe des „Organon" (1810) von „arzneilichen Potenzen" spricht. 1827 aber gebraucht Hahnemann erstmals den Begriff von den ***„potenzierten Heilmitteln"*** und von den ***„Potenzen"*** — ein Jahr, bevor die erste Auflage seines letzten großen Werkes, „Die chronischen Krankheiten, ihre eigentümliche Natur und homöopathische Heilung", erscheint. In der Arzneimittellehre dieses Buches werden bereits 49 „hochpotenzierte Arzneien" beschrieben und so präzisiert: *„Homöopathische Dynamisationen sind wahre Erweckungen der in natürlichen Körpern während ihres rohen Zustandes verborgen gelegenen arzneilichen Eigenschaften, welche dann fast geistig auf unser Leben, das ist, auf unsere empfindende (sensible) und erregbare (irritable) Faser einzuwirken fähig werden."*

Was sind nun diese „hochpotenzierten homöopathischen Arzneien", an denen sich — auch heute noch — die Gemüter erhitzen; jene „geistartig dynamischen Substanzen", die einer am materiell Faßbaren und am na-

turwissenschaftlich Nachweisbaren orientierten Welt so viele Rätsel aufgeben, solche Widerstände abringen und solch Unverständnis — ja, Feindschaft — provozieren?
Hahnemann geht — wie beschrieben — von der Voraussetzung aus, daß in einem, vom Einfluß eines dynamischen Agens *(= Krankheit)* gestörten Organismus *(= Verstimmung der geistartigen Lebenskraft)* Harmonie und Ordnung nur durch eine dem Wesen der Störung und der Lebenskraft ähnliche Qualität wiederhergestellt werden können. Diese Qualität ist die der *„geistartigen, dynamischen Arzneien"* (die nach dem Ähnlichkeitsprinzip gewählt sein müssen), die der Krankheit auf derselben Ebene begegnen.
Also nicht nur nachweisbare Wirkstoffe oder toxikologisch prüfbare Substanzen bewirken — im Verein mit dem Ähnlichkeitsprinzip — den therapeutischen Effekt, sondern vor allem deren Erhöhung mittels Dynamisation macht erst aus Heilmitteln die gültigen homöopathischen Arzneien.
Die Kraft *(denn „Dynamis" heißt Kraft)* **nimmt zu, während die Materie abnimmt** — dieses „Geheimnis" mag fürwahr einem nur an der Quantität Interessierten paradox erscheinen, überhaupt, wenn er zum Beispiel erfährt, daß die von Hahnemann bevorzugt verwendete Potenz „C 30", im herkömmlichen physikalisch-mathematischen Sinn betrachtet, einer „Verdünnung von 1 zu einer Eins mit sechzig (!) Nullen" entspricht.
„Die homöopathische Heilkunst entwickelt zu ihrem besonderen Zweck die inneren, geistartigen Arzneikräfte der rohen Substanzen mittels einer ihr eigentümlichen, bis zu meiner Zeit unversuchten Behandlung zu einem früher unerwarteten Grad. Dadurch werden sie erst recht ‚durchdringend' wirksam und hilfreich, selbst diejenigen unter ihnen, welche in rohem Zustand nicht die geringste Arzneikraft im menschlichen Körper äußern.
Diese merkwürdige Veränderung in den Eigenschaften der Naturkörper durch mechanische Einwirkung auf ihre kleinsten Teile — durch Reiben und Schütteln — während sie durch Dazwischentreten einer indifferenten Substanz trockener oder flüssiger Art voneinander getrennt sind, entwikkelt die latenten, vorher unmerklich wie schlafend in ihnen verborgen gewesenen dynamischen Kräfte, welche vorzugsweise auf die Lebenskraft und auf das vegetative System Einfluß haben. Man nennt daher diese Bearbeitung derselben ***Dynamisieren oder Potenzieren*** *(Entwickeln der Arzneikraft) und die Produkte davon Dynamisationen oder Potenzen in verschiedenen Graden."* — Das ist, in Hahnemanns eigenen Worten im § 269 des „Organon", die Beschreibung der Potenzierwirkung.
Eine naturwissenschaftliche Erklärung für dieses Phaenomen existiert auch heute noch nicht.
Es gibt eine Art Erklärung von Hahnemann selbst *(„ungemein wahrscheinlich wird es, daß die Materie mittels solcher Dynamisationen sich*

zuletzt gänzlich in ihr individuelles, geistartiges Wesen auflöst und daher in rohem Zustand eigentlich nur aus diesem ***unentwickelten*** *geistigen Wesen bestehend, betrachtet werden muß");* es gibt Theorien (die Lehre von den Feinstoffgebilden von Fritz Quade z. B.), und es gibt Definitionen wie die von Pierre Schmidt mit einem Zitat von Portie in Künzlis „Zur Theorie der Homöopathie":

„Die Entfernung der Moleküle voneinander und ein weit getriebener Abbau der Materie sind die notwendigen, fundamentalen Bedingungen für Medikamente, welche auf die wichtigsten, so spezialisierten Funktionen wirken sollen, wie wir sie beim Menschen antreffen. Dank der extremen Materieverteilung weit abgebauter homöopathischer Produkte, die wir als oligomolekular bezeichnen können, wirken selbige vor allem aufs Nervensystem; hier lösen sie Modifikationen aus, die ihre beste Wirkung anbahnen; auf diese Weise wirken sie optimal; die so subtil gemachte Materie kann quasi eintreten, ohne anklopfen zu müssen, ‚im Gegensatz zu massiven Dosen, vor denen sich die Türen schließen, während das toxische Agens doch eindringt, klopft das therapeutische vergebens an die Tür'."

Festzustehen scheint auch heute noch das, was schon Samuel Hahnemann als „Finesse" seiner Potenzierung im „Organon" anmerkte: *„Man hört noch täglich die homöopathischen Arzneipotenzen bloß Verdünnungen nennen. Sie sind aber das Gegenteil derselben, nämlich wahre Aufschließung der Naturstoffe und Zutageförderung der in ihrem Inneren verborgen gelegenen, spezifischen Arzneikräfte, durch Reiben und Schütteln bewirkt."*

Tatsächlich scheint es so zu sein, daß die Auflösung der festen Form, die ständige Verringerung der Teilchengröße, die Aufhebung des Stoffzusammenhalts, also die fortschreitende Entstofflichung der Ausgangssubstanz durch Verreibung oder durch Verschüttelung und ihre Begegnung mit einer Trägersubstanz (Milchzucker oder Alkohol oder ein Wasser-Alkohol-Gemisch) und die durch Schütteln oder Reiben bei jeder Potenzierstufe entstehende Bewegungs- und Übertragungsenergie eine neue Qualität der Arzneimittelgrundlage ergibt. (Was dann auch Hahnemann — und nicht Graham — zum Entdecker des Kolloidalzustandes macht.)

Der Potenziervorgang

Hahnemann, der übrigens auch genaue Anweisungen gab, welche Teile von Pflanzen *(„frische, im Aufblühen begriffene Blüte")* oder von Mineralien als Ausgangssubstanzen verwendet werden sollen und der, darüber hinaus, auch ihre weitere Behandlung vorschrieb — Vorschriften, die im wesentlichen auch heute noch durch das „Homöopathische Arzneibuch"

gewährleistet sind —, legte auch fest, wie das Potenzieren vorzunehmen sei.
Grundsätzlich geht die Prozedur in Schritten vor sich, wie sie hier in Hahnemanns Potenziermaß, der „C-Potenz" (C steht für „centesimal", also 100) beschrieben werden soll: Man nimmt zum Beispiel von der Urtinktur einer flüssigen homöopathischen Arznei (zu gleichen Teilen aus frischem Preßsaft und Alkohol bestehend) 2 Tropfen, fügt 98 Tropfen Alkohol dazu und gibt dem verschlossenen Fläschchen einige starke Schüttelschläge. Auf diese Weise hat man die erste Centesimal-Potenz, die C 1, erreicht. Bei der heute gebräuchlichen Dezimal-Potenz (nach Constantin Hering, später von Vehsemeyer als allgemeines Verfahren eingeführt) geht man genauso, jedoch nach der Zehnerskala vor. (Bei der D 1 also werden 2 Tropfen Urtinktur mit 8 Tropfen Alkohol verschüttelt.)
Nun wird 1 Tropfen der C 1 in ein Fläschchen mit 99 Tropfen Alkohol getan (es darf, der besseren Verschüttelung wegen, dann höchstens zu 2 Drittel voll sein und muß — um Rückstände zu vermeiden — immer ein neues Glas sein). Wieder wird kräftig geschüttelt — die C 2 ist fertig, die nun schon einem Verhältnis Ausgangssubstanz : Trägersubstanz von 1:10 000 entspricht. Die C 3 wird durch einen erneuten Potenzierschritt bereits in ein Verhältnis von 1:1 000 000 gehoben, setzt man in dieser Weise bis zur gewünschten C 30 fort, so hat man eine Arznei in der 30. Potenz im Verhältnis der vorhin erwähnten 1 zu Eins mit sechzig Nullen.

Der Potenziervorgang bei festen Ausgangssubstanzen

Bei festen Substanzen geht die Potenzierung der Arznei (es ist durchaus erlaubt, auch von Dynamisierung zu sprechen) analog vor sich. Der Perfektionist Hahnemann hat im „Organon" eine genaue, bis ins letzte Detail reichende Anweisung dafür gegeben, die wir im Anschluß wörtlich zitieren.
Nachdem also die Mineralien (oder die Metalle) gemahlen und pulverisiert wurden, schreibt Hahnemann vor:
„Man trägt den dritten Teil von 100 Gran Milchzucker-Pulver in eine glasierte, porzellanene, am Boden mit feinem, feuchtem Sande mattgeriebene Reibeschale und tut dann oben auf dies Pulver einen Gran von der zu bearbeitenden, gepulverten Arzneisubstanz. Der zur Dynamisation anzuwendende Milchzucker muß von jener vorzüglich reinen Gattung sein, welche an Fäden kristallisiert, in Form rundlicher Stangen zu uns kommt. Einen Augenblick lang mischt man Arznei und Pulver mittels eines Spatels von Porzellan zusammen und reibt etwa 6—7 Minuten lang mit dem, unten matt geriebenen, porzellanenen Pistill, die Mischung ziemlich stark; darauf scharrt man vom Boden der Reibeschale und unten vom

ebenfalls unten matt geriebenen Pistill die Masse wohl auf, um sie gleichartig zu machen, binnen etwa 3—4 Minuten; sechs bis sieben Minuten lang fährt man dann wieder, ohne Zusatz, mit der Reibung in gleicher Stärke fort und scharrt während 3—4 Minuten vom Boden des Mörsers und unten vom Pistill das Geriebene auf, worauf man das zweite Drittel des Milchzuckers hinzutut, einen Augenblick lang das Ganze mit dem Spatel umrührt, mit gleicher Stärke 6—7 Minuten lang reibt, darauf etwa 3—4 Minuten lang wieder aufscharrt, das Reiben 6—7 Minuten lang ohne Zusatz wiederholt und 3—4 Minuten lang aufscharrt; ist dies geschehen, so nimmt man das letzte Drittel Milchzucker, rührt mit dem Spatel um, reibt wieder 6—7 Minuten lang stark, scharrt während etwa 3—4 Minuten zusammen und schließt endlich mit der letzten 6—7 minütlichen Reibung und sorgfältigsten Einscharrung. Das so bereitete Pulver wird in einem wohl zugepfropften, vor Sonne und Tageslicht geschützten Fläschchen aufbewahrt, welches man mit dem Namen der Substanz und mit der Aufschrift des ersten Produkts 100 (= C 1) bezeichnet. Um nun dieses Produkt bis zu 10000 zu erheben, nimmt man einen Gran des Pulvers 100, trägt ihn zweimal mit einem Dritteil von 100 Gran gepulverten Milchzukkers in die Reibeschale, mischt das Ganze mit dem Spatel zusammen und verfährt dann wie oben angezeigt, indem man jedoch sorgfältig jedes Drittel zweimal stark verreibt, jedesmal während etwa 6—7 Minuten und unterdessen während etwa 3—4 Minuten aufscharrt, bevor man das dritte und letzte Dritteil des Milchzuckers dazu tut. Wenn alles beendigt ist, tut man das Pulver in ein wohl verpfropftes, mit der Aufschrift 10000 (= C 2) versehenes Fläschchen. Wenn man nun in derselben Art mit einem Gran dieses letzten Pulvers verfährt, so erhebt man dasselbe, also auf die millionste Potenz dergestalt, daß jeder Gran dieses Pulvers den millionsten Teil eines Grans der ursprünglichen Substanz (= C 3) enthält. Demnach erfordert eine solche Pulverbereitung für drei Grade sechsmal 6—7 Minuten zur Verreibung und sechsmal 3—4 Minuten zum Aufscharren, was folglich eine Stunde für jeden Grad bedingt.“

Tatsächlich werden auch heute die homöopathischen Arzneien genau nach dieser Anleitung Hahnemanns hergestellt, seine Vorschriften finden sich präzise in den Bestimmungen im deutschen „Amtlichen Homöopathischen Arzneibuch“, das bindende Grundlage für die Zubereitung homöopathischer Arzneien ist und auch für Österreich Gültigkeit besitzt (größere Mengen einer Arznei dürfen allerdings — anders als zu Hahnemanns Zeiten — mit einer der Handverreibung adäquaten Maschinenverreibung hergestellt werden; höhere Potenzen als C 4 oder D 4 werden bei der weiteren Potenzierung nicht mehr eine Stunde lang, sondern mit jeweils einem Drittel des Arzneiträgers nur mehr „bis zur Homogenität“ vermischt).

Diese beiden Potenziertechniken — **Verschüttelung und Trituration** *(Verreibung)* — sind einander in ihren Auswirkungen auf die Ausgangssubstanz sehr ähnlich: Eigenschaften wie Farbe, Geschmack und Geruch sind schon nach einigen Potenzierschritten nicht mehr feststellbar, der Grundstoff wird sozusagen „leibfrei". Sie waren Hahnemanns Vehikel zur homöopathischen Heilung, bei der *„nur ungemein kleine Arzneigaben nötig sind, die nur so eben hinreichen, um durch Ähnlichkeit ihrer Symptome die ähnliche Kunstkrankheit zu überstimmen und aus dem Gefühl des Lebensprinzips zu verdrängen"*.

Die Wechsel-Techniken

Es sind in der Homöopathie auch feste Zubereitungen aus flüssigen Ausgangsstoffen ebenso wie flüssige Zubereitungen aus festen Ausgangsstoffen möglich und gebräuchlich.
Im ersteren Fall wird die flüssige Arznei — meist bereits in der entsprechenden Potenz — mit Milchzucker vermischt, bis eine homogene Masse entsteht, die, als getrocknetes Pulver oder in Tabletten gepreßt, verabreicht wird.
Ebenso dienen die homöopathischen Globuli (Streukügelchen aus Rohrzucker, laut Hahnemann *„von der Sorte, von der 100 ein Gran wiegen"* und *„unter eigenen Augen vom Zuckerbäcker aus Stärkemehl und Rohrzucker zu verfertigen")* als „festes Arzneivehikel" für flüssige — oder flüssiggemachte — Arzneien. Dabei werden 100 Teile solcher Globuli mit einem Teil Dilution gleichmäßig befeuchtet und an der Luft getrocknet. (Hahnemann selbst hat in seiner ärztlichen Praxis gerne Globuli gegeben; übrigens kommen von den heute meist gebräuchlichen immer noch 100 auf ein Gran — allerdings stammen sie nicht mehr, und nicht mehr unter eigenen Augen verfertigt, vom Zuckerbäcker.)
Im zweiten Fall — dem der Verflüssigung fester Arzneigemische — wird die bereits dynamisierte Verreibung ab C 4 (oder D 4) als die meist erste auflösbare Potenz zur Ausgangsgrundlage genommen, ein Teil in 99 (bei C-Potenzen) oder 9 Teilen Wasser (bei D-Potenzen) aufgelöst und verschüttelt; ein Tropfen dieser Lösung dann in 99 oder 9 Teile Alkohol gelöst und erneut verschüttelt, so daß die C 6 (oder D 6) entsteht. Demnach kann es in solchen Fällen keine flüssige Arznei unterhalb der C 6 oder D 6 geben.

Das Nichts

Natürlich muß ein solcher Sprung über alle Grenzen des Meßbaren Widerspruch, Zweifel und Ablehnung erfahren: Auch mit den heute verfeinerten Prüfmethoden lassen sich analytische Nachweise der Arzneisubstanz ab der C 3 (oder der D 6) nur mehr schwer erbringen; rechnerisch kann man davon ausgehen, daß etwa ab dem 12. Potenzierungsschritt in der Centesimalskala (ab dem 23. Potenzierungsschritt in der Dezimalskala)* kein Molekül der Ausgangsgrundlage mehr im homöopathischen Heilmittel enthalten sein kann. Also — wie Herbert Fritsche es ausdrückt — arbeitet der Homöopath in diesen Fällen mit dem Nichts, das aber trotzdem heilt.

Jeder Arzt, der diese Arzneien einsetzt, kann immer wieder deren Heilwirkung erleben; eine bereits stattlich große Zahl von Patienten, die sich diesem Phaenomen vertrauensvoll hingaben, können seine Wirkung bestätigen; Hahnemanns unwiderlegbarer Feststellung im „Organon", *„die kleinste Gabe der auf beste Art dynamisierten Arzneien, worin sich nach angestellter Berechnung nur so wenig Materielles befinden kann, daß dessen Kleinheit vom besten arithmetischen Kopfe nicht mehr gedacht und begriffen werden kann, äußert im geeigneten Krankheitsfalle bei weitem mehr Heilkraft als große Gaben derselben Arznei in Substanz"* ist auch heute nichts hinzuzufügen.

Verständlich, daß der erklärungshungrige und erklärungsgewohnte Mensch am Ende des „fortschrittlichsten aller Jahrhunderte" nach einer der Vernunft zugänglichen Interpretation dieses Mirakels heischt, vielleicht sollte man es aber auch in diesem Bereich mit Hahnemann und der Phaenomenologie halten, die nicht nach Erklärungen hinter den Erscheinungen sucht, sondern die Erscheinung selbst als ihre eigene Ursache wertet.

Einige der Versuche, das — möglicherweise — Unerklärbare zu erklären, wurden hier schon erwähnt, dazu gehören auch noch das „kybernetische Steuerungsmodell" von G. Bayr, das einen zeitgemäßen Ansatz dafür liefert (auf jeden Fall über die Wirkung des hochpotenzierten Arzneimittels), ebenso wie die Experimente des vor kurzer Zeit verstorbenen Wiener Universitätsprofessors Gottfried Kellner über „Arzneiregulation und Zellfeld", die nachwiesen, *„daß ein Feld auch vom Polymer des Lösungsmittels bestimmt werden kann, wenn es eine geeignete Struktur annimmt"*. Damit schließt sich der Kreis zu Samuel Hahnemann, der seinerseits bereits vor ungefähr 145 Jahren erkannte: *„Das arzneilich gewordene Streukügelchen wird Arzneiträger und bekundet in dieser Verfassung die Heilsamkeit jener unsichtbaren Kraft im Körper."* Es entsteht dem-

* Beim Vergleich zwischen Dezimal- und Centesimalpotenz sollte, vor allem in den höheren Potenzen, nicht die arithmetische Konzentrations-Gleichheit bewertet werden (C 30 = D 60), sondern die Zahl der Potenzierungsschritte, von denen eigentlich die Wirkung der Arznei abhängt. Somit wären C 30 und D 30 absolut vergleichbar.

nach im Zuge des Potenzierens und der damit fortschreitenden Entstofflichung der Arzneiausgangssubstanz gleichzeitig auch die Übertragung auf das Trägermedium, eine durch Bewegungsimpulse immer höher getriebene Wechselwirkung von Volumensverminderung bei gleichzeitiger („schwerelos“ machender) Oberflächenvergrößerung.
Das Wesen der hochpotenzierten Arznei jedenfalls ist immateriell — und vielleicht mag dies auch der Grund für das Erschrecken sein, mit dem die Naturwissenschaften und mit ihnen die Schulmedizin der Homöopathie begegnen: Läßt ihre durch nichts zu leugnende Wirkung nicht die Existenz einer ganz anderen Sphäre als die der Erscheinungswelt ahnen? Ist der „Kern“ des Menschen vielleicht von ganz anderer Struktur als der des Stofflichen, Leiblichen?

Die Potenzwahl

Nun werden in der Homöopathie — sowohl zu Hahnemanns Zeiten als auch heute — nicht nur Hochpotenzen verwendet. Es ist üblich, zwischen dem Einsatz von tiefen Potenzen (Urtinktur bis zur D 4), mittleren Potenzen (D 6 bis D 12) und Hochpotenzen (alles über D 30)* zu differenzieren. Hahnemann selbst setzte vorwiegend die C 30 ein, fand in seinen letzten Schaffensjahren aber zu modifizierten, höheren Dynamisationsgraden. In der sechsten Auflage des „Organon“ faßt er seine Erfahrungen — *„nach vielen mühsamen Versuchen und Gegenversuchen“* gewonnen — in den sogenannten „LM-Potenzen“ (LM = die römische Zahl für 50 000) zusammen. Er geht dabei von der Potenzstufe C 3 (Verhältnis 1:1 000 000) aus, die auf die schon beschriebene Weise im Porzellanmörser bereitet wird. Dann weist er an, daß *„zuerst ein Gran dieses Pulvers in 500 Tropfen 20prozentigen Alkohols aufgelöst und hiervon ein einziger Tropfen in ein Fläschchen getan* (wird). *Hierzu fügt man 100 Tropfen guten Alkohol, womit das Potenzierungsfläschchen zu zwei Drittel gefüllt sein soll und gibt dann dem zugepfropften Fläschchen 100 starke Schüttelschläge mit der Hand gegen einen harten, aber elastischen Körper, z. B. ein in Leder eingebundenes Buch. Dies ist die Arznei im ersten Dynamisationsgrad.*
Feine Zuckerkügelchen ... von denen 100 Stück ein Gran wiegen ... werden erst gut mit der ersten Dynamisation befeuchtet, dann schnell auf Fließpapier zum Trocknen ausgebreitet und in einem zuge-

---

* Man geht dabei heute üblicherweise bis zur D 200, nicht selten ist auch der Einsatz einer D 1000. J.T. Kent, der amerikanische Homöopath, behandelte auch mit einer C 13 000 000 „mit feststellbarer Wirkung“.

pfropften Fläschchen aufbewahrt, mit dem Zeichen des ersten Potenzgrades. Hiervon wird ein einzelnes Kügelchen zur weiteren Dynamisierung genommen. Man tut also . . . ein einziges Kügelchen in ein neues Fläschchen, mit einem Tropfen Wasser, um es aufzulösen. Dann wird es mit 100 Tropfen Alkohol mittels 100 starker Schüttelschläge dynamisiert. Mit dieser Arzneiflüssigkeit werden wiederum Streukügelchen benetzt, auf Fließpapier getrocknet und in einem verstopften Glas vor Hitze und Tageslicht verwahrt (2. Potenzgrad).

So fährt man fort, bis durch gleiche Behandlung ein aufgelöstes Kügelchen XXIX mit 100 Tropfen Alkohol und mittels 100 Schüttelschlägen eine geistartige Arzneiflüssigkeit gebildet hat. Damit befeuchtete Streukügelchen erhalten den Dynamisationsgrad XXX.“

Diese Quinquagintamillesimalpotenzen (= lat. für 50 000 = LM) entsprechen Hahnemanns Erkenntnis, daß *„die Gabe eines homöopathisch gewählten hochpotenzierten Heilmittels in der Regel nie so klein bereitet werden kann, daß es nicht noch stärker als die natürliche Krankheit wäre“.*

Auf dem Gebiet der Potenzwahl haben sich in der Homöopathie verschiedene Richtungen und Schulen herausgebildet — auf der einen Seite die leidenschaftlichen Verfechter der Hochpotenzen, ihnen gegenüber die gemäßigten Vertreter der tiefen und mittleren Potenzgrade —, zwischen denen oft recht heftige Diskussionen, sehr zum Schaden der Homöopathie, geführt wurden und werden. Vielleicht sollte man hier Hahnemanns Organonparagraphen 277 als Grundlage und Richtschnur des Handelns nehmen, der unter anderem den Satz enthält, daß *„eine Arznei, deren Wahl passend homöopathisch getroffen war“* (zuerst muß also eine Arznei dem homöopathischen Ähnlichkeitsprinzip entsprechen!) *„um so heilsamer sein* (muß), *je mehr ihre Gabe zu dem für sanfte Hilfe angemessenen Grad von Kleinheit herabsteigt.“* Hahnemanns Bestreben war es — und dies war auch der Weg, der ihn zum Ziel der „geistartigen, dynamischen Arznei“ geführt hatte —, die Gabe wegen der von ihm beobachteten Erstverschlimmerungen (die nichts anderes als die Symptome der Arzneikrankheit sind) immer mehr zu verkleinern, ohne dabei an arzneilicher Wirkung einzubüßen. Er ist dabei auf ein „Geheimnis“ gestoßen — die arzneiliche Wirkung nahm sogar zu.

Die Minimierung einer möglichen Erstverschlimmerung und die Vermeidung einer toxischen Wirkung (wie sie z. B. bei der Urtinktur durchaus erfolgen kann) — also die *„rechte Gabe“* — sind daher für den homöopathischen Therapeuten von heute ebenfalls wichtige Voraussetzungen zur Erzielung des Heilungserfolges.

Die Arzneidosis

Ganz abgesehen davon, daß der oft gebrauchte Ausdruck von der *„homöopathischen Dosis“* im heutigen Sprachgebrauch meist falsch verwendet wird — „homöopathisch“ ist eine Dosis nicht deshalb, weil sie klein ist, sondern weil sie entsprechend dem Ähnlichkeitsprinzip gewählt wurde —, gibt es auch über die Frage der Dosis in Hinblick auf die Wiederholung einer Arzneigabe ähnliche Diskussionen wie über die Potenzwahl. Hahnemann selbst gibt dafür ganz konkrete Anweisungen, deren Grundsatz er (im § 246 des „Organon“) so formuliert:
„Jede bei einer Kur merklich fortschreitende und auffallend zunehmende Besserung schließt, solange sie anhält, jede Wiederholung irgendeines Arzneigebrauchs durchgängig aus, weil alles Gute, was die eingenommene Arznei auszurichten fortfährt, hier seiner Vollendung zueilt.“
In einer Zeit, in der die Qualität eines Medikamentes nicht zuletzt von seiner Quantität her beurteilt zu werden pflegt, mag diese „Einmalgabe“ geradezu ketzerisch wirken, und so gibt es heute in diesem Bereich oft Usancen, die sehr an die Bräuche der Schulmedizin erinnern. Freilich — Hahnemann hat ebenfalls Ausnahmen von seiner Regel *(„ganz dieselbe unabgeänderte Gabe der Arznei . . . zu wiederholen, bleibt ein unausführbares Vorhaben“)* gemacht, vor allem bei chronischen Krankheiten, die er in vielem von den akuten unterschied. *„Schnellere Heilung“* in solchen Fällen versprach er sich von seiner, ebenfalls in den letzten Schaffensjahren entwickelten *„Plus-Methode“*, einem Weiterdynamisierungsverfahren. Sie lehrt einen fortgesetzten Gebrauch der ursprünglich verordneten Arznei, bei dem das Streukügelchen in Wasser aufgelöst und mit einigen Schüttelschlägen neu — und höher — potenziert wird. So kann *„dieselbe, wohlgewählte Arznei täglich und, wo nötig, monatelang fortgebraucht werden“*, nach Verbrauch dieser Arzneiauflösung wird ein Kügelchen der nächsten Dynamisationsstufe derselben Prozedur unterzogen, weil — so Hahnemann im § 246 des „Organon“ — *„der Potenzgrad jeder Gabe von dem der vorhergehenden und nachfolgenden Gaben um etwas abweichen* (muß), *damit die zur ähnlichen Arzneikrankheit umzustimmende Lebenskraft sich nie zu widrigen Gegenwirkungen angeregt fühle; dies geschieht nämlich bei unmodifiziert erneuerten Gaben, besonders, wenn sie schnell hintereinander wiederholt werden.“*
Auch die Größe der Gabe selbst legt Hahnemann fest: *„Ein solches Kügelchen trocken auf die Zunge gelegt, ist eine der kleinsten Gaben für einen mäßig schweren, soeben entstandenen Krankheitsfall. Ein gleiches Kügelchen, in viel Wasser aufgelöst und vor jedem Einnehmen kräftig geschüttelt, ergibt eine weit stärkere Arznei zum Gebrauch auf viele Tage“* — womit er den Medikamentengläubigen unserer Zeit doch noch ein klei-

nes Hintertürchen eröffnete, auf daß sich zur Qualität des Arzneimittels auch noch die Quantität geselle.
Keinen Pardon allerdings kennt Hahnemann bei zusammengesetzten Arzneien, wie sie jetzt im vermehrten Maße angeboten werden: *„Es ist nicht einzusehen, wie es nur dem mindesten Zweifel unterworfen sein könnte, ob es naturgemäßer und vernünftiger sei, nur einen* ***einzelnen, einfachen und wohlbekannten*** *Arzneistoff auf einmal in einer Krankheit zu verordnen oder ein Gemisch von mehreren, verschiedenen. In der Homöopathie, der einzig wahren, einfachen und naturgemäßen Heilmethode, ist es durchaus unerlaubt, dem Kranken zwei verschiedene Arzneisubstanzen auf einmal einzugeben."* Und er fährt fort: *„Gesetzt, die einfachen Arzneien wären auf ihre reinen, eigentümlichen Wirkungen am Menschen in gesundem Zustand völlig ausgeprüft, so ist es doch unmöglich vorauszusehen, wie zwei und mehr Arzneistoffe zusammen in ihren Wirkungen auf den menschlichen Körper einander hindern und abändern können. Dagegen hilft ein einfacher Arzneistoff bei seinem Gebrauch in Krankheiten, deren Symptomeninbegriff genau bekannt ist, schon vollständig und allein, wenn er homöopathisch gewählt war."* („Organon", §§ 273/274)
Es muß also auch zu Hahnemanns Zeiten bereits „Kombinationsmittel" gegeben haben, oder es müssen zumindest manche Ärzte solche verabreicht haben, weil Hahnemann hier so dezidiert jede Vermischung zurückweist. Und tatsächlich: Wiewohl manche Substanzen in Kombinationsmitteln durchaus zueinander passen mögen, gleicht eine solche Arznei doch dem Schießen mit dem Schrotgewehr, von dem man hofft, daß von mehreren Kugeln eine dann schon treffen werde. Ganz gewiß ist die Unsitte der Kombinationsmittel keine homöopathische Medikation, ihr einziger Vorteil mag lediglich darin liegen, daß sie die Verwendung oft bedenklicher chemotherapeutischer Präparate zu vermeiden hilft.
Überhaupt hat Hahnemann das Schicksal seiner Arzneien immer mit seinem eigenen verbunden, waren sie doch das einzige, das seine Lehre von der Homöopathie immer wieder bestätigen konnte, quasi das Werkzeug der von ihm entdeckten unwandelbaren Naturgesetze zur Heilung von Krankheiten. Jede Schmälerung der Arzneimittelkraft schmälerte auch den Erfolg seiner ärztlichen Tätigkeit und die Richtigkeit seiner Thesen über die Homöopathie. Also stellt Samuel Hahnemann seine Arzneien selbst her und kämpft zeit seines Lebens um dieses „Selbstdispensierrecht": *„Um dieses wichtige Grundprinzip meiner Lehre aufrechtzuerhalten, habe ich seit dem Beginn ihrer Entdeckung viele Verfolgungen erduldet"* — so beschreibt Hahnemann selbst diesen wahrhaften Leidensweg.
Schon 1795 in Braunschweig, kurz vor der Findung seines Ähnlichkeitsprinzips, beginnt er, seine Arzneien — die er als niedergelassener prakti-

scher Arzt braucht — selbst zuzubereiten. Er zieht sich die Gegnerschaft der Apotheker zu, bis ihm die Regierung das Selbstdispensieren verbietet. 1796 praktiziert er in Königslutter, hier wird sein „Similia similibus“ geboren und das Problem hochwertiger Arzneien damit noch vordringlicher. 1799 muß Hahnemann Königslutter verlassen — natürlich wieder deshalb, weil er seine Arzneien selbst hergestellt hatte. Bis 1805 ist Hahnemann auf Wanderschaft — Altona, Hamburg, Mölln, Leipzig, Machern, Eilenburg, Wittenberg, Dessau —, bis er schließlich in Torgau seßhaft wird, die erste Ausgabe des „Organon“ schreibt und sich 1811 in Leipzig niederläßt, sich habilitiert und 1820, beinahe mit Polizeigewalt, aus der Stadt entfernt worden wäre. Natürlich wegen des Selbstdispensierens.
Erst in Köthen-Anhalt wird ihm 1821 dieses Recht von vornherein zugestanden, so daß er erstmals keine Schwierigkeiten mit Apothekern und der Obrigkeit dieser Praxis wegen zu befürchten hatte.
Eine solche, bis zum Äußersten getriebene, immer persönlich gezogene Konsequenz in bezug auf die Qualität der homöopathischen Arzneien steht — einerseits — dem Schöpfer der Homöopathie wohl zu, andererseits läßt sie auch tief in mögliche Apothekergebräuche zu dieser Zeit blikken. Herbert Fritsche erzählt in seinem Buch „Die Erhöhung der Schlange“ folgende Schnurren zu diesem Thema aus nachhahnemannischer Zeit: „Da wurde zum Beispiel — ohne Kontrollabsicht! — ein Diener in die Apotheke geschickt, einige homöopathische Arzneien zu holen. Auf dem Zettel, der ihren Namen und die gewünschte Potenz enthält, steht noch eine Notiz für eine weitere Besorgung in einem Wollgeschäft, wo der Diener Estremadura-Wolle, Stärke 5, einkaufen soll. Der Apotheker liest diese Notiz mit und verabfolgt ein weiteres Arzneifläschchen mit dem Etikett ‚Estremadura 5‘. Dieser Zufall kommt den um ihr Selbstdispensierrecht kämpfenden homöopathischen Ärzten gelegen. Sie schreiben mehrfach ‚Estremadura 5‘ auf Rezepte und lassen diese Rezepte in verschiedenen Apotheken herstellen. Stets wird die Arznei, die es überhaupt nicht gibt, prompt geliefert. So noch 1901.
Oder: Man verordnet — um das Selbstdispensierrecht behalten und den Apothekerbetrug nachweisen zu können — mineralische Arzneien in flüssigem Zustand auf einer Potenzstufe, auf der sie nach geltendem Arzneibuch nur als Verreibung lieferbar sind, z. B. Cuprum D 3. Selbstverständlich wird auch das — und mithin eben etwas anderes, nämlich reiner Alkohol — geliefert. Oder: Man verordnet homöopathische Mittel, z. B. Lindenholzkohle als Verreibung in der Potenz D 2, deren korrekte Herstellung sich noch ohne weiteres mikroskopisch kontrollieren läßt. Was der Apotheker verabfolgte, erwies sich als Milchzucker ohne jeden Zusatz der arzneilichen Ausgangssubstanz. Endlich: Man verschreibt Phantasienamen, z. B. ‚Gusselia‘ in irgendeiner Potenz. Der Apotheker liefert dies.

Man ist weit witziger noch gewesen und hat ‚Madaroma fraudulosus' aufs Rezept geschrieben. Der Apotheker liefert ohne weiteres das Fläschchen, auf dessen Etikett besagtes Wort steht, das — aus dem Latein ins Deutsche übersetzt — ‚betrügerischer Glatzkopf' heißt. Josef Schier, der als ärztlicher Kämpfer um die Beibehaltung des Selbstdispensierrechts dies in einem Dutzend Apotheken durchexperimentieren ließ, konnte feststellen, daß 11 Apotheker das Verlangte verkauften und sich taxgemäß bezahlen ließen; ein einziger Apotheker lediglich teilte mit, daß er diese Arznei nicht am Lager habe." Welche Schwierigkeiten mag da erst Samuel Hahnemann, etwa 80 Jahre vorher, gehabt haben!
Nicht umsonst wollte Hahnemann alle Teile seiner Arznei — angefangen bei der frischen Pflanze bis hin zur fertigen Potenz — selbst überprüfen, zubereiten und auch verabreichen; nicht umsonst dekretierte er (§ 264 und § 265 im „Organon"): *„Der wahre Heilkünstler muß die vollwertigsten, echtesten Arzneien in seiner Hand haben, um sich auf ihre Heilkraft verlassen zu können. Er muß selbst erkennen können, ob sie echt sind."*
Und er setzt fort: *„Es ist eine Gewissensfrage für ihn, in jedem Falle unbedingt überzeugt zu sein, daß der Kranke jederzeit die richtige Arznei einnehme. Deshalb muß er die richtig gewählte Arznei dem Kranken aus seinen eigenen Händen geben und sie auch selbst zubereiten, bis der Staat dereinst, von der Unentbehrlichkeit vollkommen zubereiteter homöopathischer Arzneien überzeugt, diese durch fähige, unparteiische Personen anfertigen lassen wird."*
Auch hier kommen wir wieder in einen Gegensatz zur heutigen Zeit. Nicht, daß etwa das Selbstdispensieren unmöglich wäre — manche homöopathischen Ärzte in der Bundesrepublik Deutschland besitzen die Befugnis dazu —, aber die Durchführbarkeit einer solchen Tätigkeitserweiterung bei den vielen Ärzten, die sich zunehmend für die Homöopathie entscheiden, darf doch bezweifelt werden.
Sicher mag es, und vielleicht gar nicht so wenige, geben, die Hahnemanns Beispiel folgen möchten; sicher gibt es aber auch viele, die dafür nicht begabt sind und ihre Zeit lieber voll den Patienten widmen wollen. Die *„fähigen, unparteiischen Personen"*, von denen Hahnemann spricht, sind zwar nicht (und schon gar nicht von Staats wegen!) installiert, das „Homöopathische Arzneibuch" der Bundesrepublik Deutschland ist jedoch als amtliche Publikation eine Art Vorstufe zu dieser Utopie von Hahnemann. Zwar gibt es einige Punkte, z. B. die Erlaubnis zur maschinellen Herstellung von homöopathischen Spezialitäten, die keinen Bezug mehr zu einer Anweisung von Hahnemann haben können, jedoch ist sichergestellt, daß auch diese Tätigkeit im Sinne der Vorschriften Hahnemanns abläuft. Natürlich ist eine Mischmaschine kein Ersatz für eine porzellanene Reibeschale und für ein porzellanenes Pistill, und schon gar nicht für

die menschliche, tätige Hand, die Hahnemann in allen Bereichen so hoch einschätzte — aber es kann jedenfalls für die Zubereitung der homöopathischen Arzneien angenommen werden, daß die Apotheken und pharmazeutischen Betriebe alle wesentlichen Anordnungen des „HAB“ befolgen. Übrigens wird in diesem Kodex — eine positive Neuerung gegenüber Hahnemanns Zeiten — für die Ausgangssubstanzen eine genaue Identitäts- und Reinheitsprüfung vorgesehen, so daß die Forderung nach *„vollwertigsten, echtesten Arzneien“* über Chromatographie und Identitätsreaktionsmessungen erfüllt erscheint.
Leider sind heute schon einige Stufen der Entfremdung zwischen der Hand des homöopathischen Pharmazeuten, der *„heilenden Hand“* des homöopathischen Arztes und dem Patienten entstanden. Gerade die heilende Hand des homöopathischen Arztes kann aber fürwahr eine große Bedeutung haben und eine hilfreiche Rolle bei der Heilung spielen.
Von diesem Ideal ist man heute weit entfernt.
Andere Stellen, andere Zeiten, andere Gelegenheiten der Medikamenteneinnahme haben hier Distanzen geschaffen, haben die Intimität verloren gehen lassen, die mit zum Ritual des Gesundwerdens gehören sollte.
Hahnemann hatte recht — und es ist nur eine kleine Rückkehr zu seinen ursprünglichen Lehren, wenn heute in vielen homöopathischen Praxen dem Patienten am Schlusse der Ordination ein *„Abschiedsgeschenk“* in Form der *„mitmenschlichen Gabe“* einer Arznei verabreicht wird, die der Arzt als besonders stimmig zur Situation seines Patienten empfindet. Immerhin deutet dieser Brauch an, daß man das nicht vergessen will — auch, wenn man in einigen, vielleicht nicht so hauptsächlichen Bereichen gegen einzelne Postulate Hahnemanns verstößt, ja verstoßen muß — was Hahnemann seinem „Organon“ als Motto voransetzte: *„Macht's nach — aber macht's genau nach!“*

„Du gleichst dem Geist,
den Du begreifst."

(Johann Wolfgang v. Goethe)

„Ich nenne es Psora, um einen allgemeinen Namen dafür zu haben."

(Samuel Hahnemann, „Die chronischen Krankheiten")

Eines der meist umstrittenen, meist diskutierten, aber auch tiefstschürfenden und weitestreichenden Kapitel der Homöopathie ist die Miasmenlehre Samuel Hahnemanns. (*„Miasma"* leitet sich aus dem Griechischen ab und meint *„Befleckung"* oder *„Schandfleck"*. Man kann es auch mit der „Befleckung der Menschheit", also mit dem Sündenfall gleichsetzen; im damaligen medizinischen Sprachgebrauch wurde damit ein die Menschen umgebender Krankheitsstoff bezeichnet.)
Wie immer bei Hahnemann waren es Erfahrungen, Beobachtungen, Nachdenken und Versuche, die ihn hinführten zur Erkenntnis eines Ur-Ursächlichen als Grund für chronische Erkrankungen: *„Diese höchst ernste Aufgabe beschäftigte mich seit den Jahren 1816, 1817 bei Tag und Nacht und — siehe! der Geber alles Guten ließ mich allmählich in diesem Zeitraume durch unablässiges Nachdenken, unermüdete Forschung, treue Beobachtungen und die genauesten Versuche das erhabene Rätsel zum Wohle der Menschheit lösen"* — so beschreibt Hahnemann seine Bemühungen um die Ergründung eines Phaenomens, das ihm — just, während er seine Lehre von der Homöopathie perfektioniert zu haben glaubte —, immer wieder begegnete.

Es — *„das erhabene Rätsel“* — war die Entdeckung, daß viele seiner Patienten trotz bester homöopathischer Behandlung nicht endgültig gesundeten.
Akute Krankheiten, plötzlich auftretendes Übelbefinden und sonstige „Verstimmungen der Lebenskraft“ konnten zwar — in Anwendung des Ähnlichkeitsprinzips und der entsprechenden homöopathischen Arznei — geheilt werden, die chronischen Krankheiten jedoch widersetzten sich seinen Anstrengungen. Ihr akutes Aufflammen konnte Hahnemanns homöopathisches Bemühen zwar besänftigen, doch die Krankheit kam — oft in anderer Symptomengestalt — wieder; für Hahnemann mußte es scheinen, als jage er einem Phantom nach.
Dabei war Samuel Hahnemann zu dieser Zeit — erstmals in seinem Leben — etabliert. Er lehrte als Universitätsprofessor in Leipzig, unternahm ausgedehnte Arzneimittelversuche und führte eine gutgehende Praxis, die ihm eben jene irritierenden Erkenntnisse vom Verlauf gewisser Erkrankungen, nicht zuletzt am Beispiel des von ihm zuerst erfolgreich behandelten Fürsten Schwarzenberg, vermittelte.
In Köthen schließlich, wo er sich nach dem wüsten Streit mit den Leipziger Apothekern um das Selbstdispensierrecht 1821 als Arzt niederließ, nimmt der Kampf um das bisher noch Unerklärbare seltsame Züge an: Hahnemann zieht sich immer mehr von den Menschen, mit Ausnahme seiner Patienten und seiner Familie, zurück; er wird bald „der Einsiedler von Köthen“ genannt und wirkt an jenem Entwurf, den er 1828 in dem Buch „Die chronischen Krankheiten, ihre eigentümliche Natur und homöopathische Heilung“ für die Öffentlichkeit freigibt.

Das Bild, das Hahnemann in diesem Werk zeichnet, zeigt Syphilis, Sykosis und Psora als Ursache der chronischen Erkrankungen.

Er definiert im § 78 des „Organon“ (in den letzten Ausgaben waren auch schon die späten Erkenntnisse Hahnemanns miteingearbeitet): *„Die wahren chronischen Krankheiten sind die von einem chronisch wirkenden Infektionsstoff entstandenen. Wenn sie sich selbst überlassen bleiben und man gegen sie nicht spezifische Heilmittel gebraucht, nehmen sie immer mehr zu, steigern sich selbst beim besten, geistig und körperlich diätetischen Verhalten und quälen den Menschen mit fortwährend erhöhtem Leiden bis ans Ende des Lebens.*
Außer jenen, durch falsche ärztliche Behandlung erzeugten, sind diese die allerzahlreichsten und größten Peiniger des Menschengeschlechts, indem auch die robusteste Körperanlage, die geordnetste Lebensweise und die tätige Energie der Lebenskraft nicht im Stande sind, sie zu vertilgen.
In den blühendsten Jünglingsjahren und beim Anfange geregelter Menstruation, gepaart mit einer für Geist, Herz und Körper wohltätigen Le-

bensweise bleiben sie oft viele Jahre unkenntlich. Die davon Ergriffenen scheinen in den Augen ihrer Verwandten und Bekannten völlig gesund und als wäre die ihnen durch Ansteckung oder Vererbung eingeprägte Krankheit völlig verschwunden. Sie kommt aber in späteren Jahren bei widrigen Ereignissen und Verhältnissen im Leben unausbleiblich aufs Neue zum Vorschein. Sie nimmt dann desto schneller zu und gewinnt einen desto beschwerlicheren Charakter, je mehr die Lebenskraft durch schwächende Leidenschaften, Gram und Kummer, besonders aber durch unzweckmäßige medizinische Behandlung zerrüttet worden war.“

Hier bringt Hahnemann erstmals sich nicht sofort offenbarende Faktoren wie *„Ansteckung und Vererbung“* in die Homöopathie ein, ebenso Ursachen, die sich nicht — oder zumindest nicht durch die Erscheinung — phaenomenologisch erfassen lassen, und eine neue Einsicht in das Wesen, die Entstehung und den Verlauf von Krankheiten.

Die Krankheiten

Hahnemann unterscheidet nun zwischen *„schnell vorübergehendem Übelbefinden“* und *„normalen akuten Krankheiten“* (wie z. B. einem erkältlichen Fieberschub); zwischen *„festständigen Krankheiten“* (Krätze, Masern, Pocken) und zwischen *„Krankheiten, die sich durch die Entfernung einer sie unterhaltenden Ursache beheben lassen“* (feuchte Behausung, falsche Lebensführung, schlechte Ernährung etc.); zwischen *„epidemisch auftretenden Krankheiten“* und oft auf ziemlich ähnliche Weise wiederkehrenden Erkrankungen wie Cholera und Pest; zwischen *„iatrogenen Krankheiten“* (durch die herkömmliche medizinische Behandlung verursachte *„Verhunzungen des menschlichen Befindens“*, die er als *„unheilbar“* bezeichnet) und zwischen den *„chronischen Krankheiten“*, die er in „akut chronische“ und „langwierige chronische“ unterteilt. Als Differenzierung in diesem Fall dient der Krankheitsverlauf: Akute Miasmen, in die er auch die meisten Geist- und Gemütserkrankungen miteinschließt, zeigen sich im dreistufigen Verlauf „Prodomalstadium — Periode des Anstiegs — Erlöschen“, während die chronischen Miasmen als dritte Phase in einen schlummernden, latenten Zustand übergehen, der eine ganze Fülle von dadurch ausgelösten Beschwerden verursachen kann.

Die chronischen Krankheiten

Hahnemann zerreißt also den Schleier, hinter dem sich bisher für ihn das Geheimnis der Siechtümer und der Hinfälligkeit verborgen hatte: **Syphilis**

— nicht primär als akute Infektion, sondern als eine durch Menschengenerationen weitergetragene, selbstgewählte „Befleckung"; **Sykosis** (Feigenwarzen-Krankheit als Folge von Gonorrhoe) — ebenfalls eine weit zurückreichende, *„von der Lebenskraft unvertilgbare"*, chronische Ansteckung mit fortdauernden Krankheitsfolgen; **Psora** — als die *„älteste und unheilvollste, verderblichste und am meisten verkannte, allgemein verbreitete"* (nicht venerische) chronische Infektionskrankheit.

„So verbreiten sie all das namenlose Elend, die unglaubliche Menge chronischer Krankheiten, welche das Menschengeschlecht seit Jahrhunderten und Jahrtausenden quälen . . ." — so urteilt Hahnemann über diese drei Miasmen, die nun — gemäß homöopathischen Prinzipien — bekämpfbar geworden sind. Während die Auswirkungen der Syphilis in der Generationenfolge — wenn auch nur in einem engen Spektrum — allgemein anerkannt sind, so postuliert Hahnemann mit den Folgen der Gonorrhoe eine weitere, bisher unbeachtete generelle Belastung der Menschheit. Vor allem aber mit der Psora, die er als das wichtigste der drei Miasmen erkennt, erschließt er eine Dimension, in die man ihm, damals wie heute, nur zögernd folgen will:

„Unermeßlich ausgebreiteter, folglich weit bedeutender als die beiden genannten, ist die chronische Infektion der Psora. Bei ihr beurkundet sich das innere, ungeheure, chronische Miasma ebenfalls erst nach vollendeter innerer Infektion des ganzen Organismus durch den eigenartigen, zuweilen nur in einigen wenigen Blüten bestehenden Hautausschlag mit unerträglich kitzelndem, wollüstigem Jucken und spezifischem Geruch.

Zwölf Jahre brachte ich damit zu, um die Quelle jener unglaublich zahlreichen Menge langwieriger Leiden aufzufinden, um diese der ganzen Vor- und Mitwelt unbekannt gebliebene, große Wahrheit zu erforschen, um sie zur Gewißheit zu bringen und um zugleich die vorzüglichsten, antipsorischen Heilmittel zu entdecken, welche diesem Ungeheuer von Krankheit in seinen so sehr verschiedenen Äußerungen und Formen in den meisten Fällen gewachsen wären.

Die Psora ist jene wahre Grundursache und Erzeugerin fast aller übrigen, unzähligen Krankheitsformen, welche unter den verschiedensten Namen in den Pathologien als eigene, abgeschlossene Krankheiten figurieren. Es gehören dazu: Nervenschwäche, Hysterie, Hypochondrie, Manie, Melancholie, Geistesschwäche, Raserei, Fallsucht und Krämpfe aller Art, Knochenerweichung, Scrophulose, Skoliosis und Kyphosis, Knochenfäule, Krebs, Blutschwamm, Afterbeschwerden, Gicht, Hämorrhoiden, Gelbsucht, Blausucht, Wassersucht, Amenorrhoe und Blutungen aus der Gebärmutter, Magen, Nase, Lunge und Harnblase, Asthma und Lungenvereiterung, Impotenz und Unfruchtbarkeit, Migräne, Taubheit, grauer und schwarzer Star, Nierensteine, Lähmungen, Defekte der Sinnesorgane, Schmerzen tausenderlei Art etc.“

In diesem § 80 des „Organon“ rechnet Hahnemann, wie vorher schon in den „Chronischen Krankheiten“, gewissermaßen mit dem *„tausendköpfigen Ungeheuer Psora“* ab; sie ist für ihn, weitaus mehr als Syphilis und Sykosis, der Ursprung allen Übels; sie ist die Hauptursache dafür, daß die Krankheiten den Boden finden, auf dem sie gedeihen.*

Man könnte sagen, Psora ist eine Epidemie, von der die Menschheit befallen ist, die der Krankheit sogar die Individualität raubt und deshalb eine beinahe verallgemeinernde *„antipsorische“* Behandlung erfordert: *„Ehe ich mit dieser Kenntnis im Reinen war, konnte ich die sämtlichen chronischen Krankheiten nur als abgesonderte, einzelne Individuen behandeln lehren. Um wieviel zufriedener kann man heute sein, indem für die aus Psora hervorkeimenden chronischen Leiden noch weit spezifischere homöopathische Heilmittel mitgeteilt wurden, unter denen der echte Arzt diejenigen wählt, deren Arzneisymptome der zu heilenden chronischen Krankheit am meisten homöopathisch entsprechen und so fast durchgängig vollständige Heilungen bewirken.“*

Was bedeutet nun „Psora“ eigentlich? Psora kommt aus dem Griechischen und heißt „Krätze“. Hahnemann nimmt das Wort aus dem Hebräischen (Altes Testament, Moses 3,13 und 3,21), wo es als „bösartige Krätze“ bezeichnet wird, und spielt damit auf eines der ältesten Miasmen der Menschheitsgeschichte an, nämlich auf die Aussatz- und Krätzeerkrankungen.

Natürlich hat Hahnemann — früher als die meisten seiner Kollegen — gewußt, daß die normale Krätze von Milben hervorgerufen wird (*„ich vermute nebst Anderen einen lebendigen Stoff als Krankheitsursache“* schrieb Hahnemann schon 1791, ein Jahr später lieferte er eine präzise wissenschaftliche Abhandlung über die Krätzmilbe), aber er sagt dennoch: *„Ich nenne es Psora, um einen allgemeinen Namen dafür zu haben.“* Und: Dieser „allgemeine Name“ war vielleicht nicht ohne Symbolgehalt gewählt. Denn scheinbar schon von Anfang an war der Mensch durch die Krätze verwundbar: Schon Hiob wurde mit bösem Geschwür von der Fußsohle bis zum Scheitel geschlagen und *„nahm eine Scherbe, um sich damit zu schaben“,* wobei „schaben“ (psao) demselben Wortstamm wie „Psora“ entspringt.

Man könnte nun auch noch über das Bibelwort von dem „bösen Geschwür“ in Hinblick auf bestimmte heutige chronische Erkrankungen philosophieren; jedenfalls hat Hahnemann mit seinen Vorstellungen von

---

* Deshalb wird Hahnemanns Miasmenlehre auch vielfach als „Psoralehre“ bezeichnet.

dem, was er „Psora“ nennt, eine höchst aktuelle Deutung einer ubiquitären, nahezu alle Menschen betreffenden Infektion bzw. Infektionsbereitschaft gegeben: *„Dadurch, daß dieser uralte Ansteckungsstoff nach und nach, in einigen hundert Generationen, durch viele Millionen menschlicher Organismen ging und so zu einer unglaublichen Virulenz gelangte, wird es einigermaßen begreiflich, wie er sich nun in so unzähligen Krankheitsformen bei dem großen Menschengeschlecht entfalten konnte. Dabei müssen wir noch besonders in Betracht ziehen, welche Menge von Umständen zur Bildung dieser großen Verschiedenheit chronischer Krankheiten (sekundäre Symptome der Psora) beizutragen pflegen. Außerdem besteht eine unbeschreibliche Mannigfaltigkeit der Menschen in ihren angeborenen Körperkonstitutionen, welche schon für sich so unendlich voneinander abweichen.*
Es ist also kein Wunder, wenn auf so verschiedene, vom psorischen Infektionsstoff durchdrungene Organismen so viele von innen und außen einwirkende Schädlichkeiten auch unzählbar verschiedene Mängel, Verstimmungen und Leiden hervorbringen. Diese wurden unter einer Menge eigener Namen fälschlich als für sich bestehende Krankheiten in der alten Pathologie geführt. Wie viele mißbräuchliche, vieldeutige Namen gibt es darin nicht, unter deren jedem man höchst verschiedene, oft nur in einem einzigen Symptom sich ähnelnde Krankheitszustände bezeichnet!“ („Organon“, § 81)

Das Erscheinungsorgan der chronischen Krankheiten

Als **„Leitmotiv“** der drei großen Miasmen Syphilis, Sykosis und Psora kann man die Haut bezeichnen. Syphilis zeigt sich auf ihr durch die, dieser Krankheit eigenen, Dermatosen („venerischer Schanker“); Sykosis wird durch „blumenkohlartige“ Auswüchse auf der Haut angezeigt; Psora manifestiert sich an ihr, wie schon in Hahnemanns eigenen Worten beschrieben, durch einen *„oft nur in einigen wenigen Blüten bestehenden Ausschlag“* —, aber in jedem Fall ist es die Haut, die reagiert, die — wenn man der Miasmenlehre folgt —, aus-drückt, daß vom Inneren her ein miasmatischer Prozeß nach außen verlagert wird.
Nicht zufällig spricht Hahnemann von *„innerer Syphilis“*, *„innerer Sykosis“* und *„innerer Psora“*, *„die im Besitze des ganzen Organismus waren und ihn schon in allen seinen Teilen durchdrungen hatten, ehe dessen primäres, stellvertretendes und den Ausbruch der Krankheit verhütendes Lokalsymptom zum Vorschein kam“*.
Das „Innen ist Außen und Außen ist Innen“ hier in einer sinnfälligen Umsetzung, die Haut als Eindrucks- und Ausdrucksorgan, als Schild und als

Spiegel. Sie grenzt zum einen den Menschen nach außen ab, wehrt Einflüsse, Eindringendes und Eindrückendes ab; zum anderen umschließt sie sein Inneres und drückt den dort herrschenden Zustand aus. Die Krankheit „schlägt sich aus" (von innen nach außen, eben in Form eines „Ausschlags"); der Mensch „wehrt sich seiner Haut" — aber „er kann nicht aus seiner Haut heraus". Er „steckt in keiner guten Haut" und er „fühlt sich nicht wohl in seiner Haut". Nach Hahnemanns Erklärungen dürfen solche Gefühle nicht wunder nehmen: *„So ward die Psora die allgemeinste Mutter der chronischen Krankheiten"*, schreibt er in dem nach ihnen benannten Werk, *„sie bringt wenigstens sieben Achtel aller chronischen Siechtume hervor".*

Besonders begünstigt werden ihre Auswirkungen dadurch, daß man sie *„ihrer stellvertretenden und das innere Allgemeinleiden beschwichtigenden Lokalsymptome durch äußere Mittel beraubt. So müssen unausbleiblich die vom Urheber der Natur jedem bestimmten, eigentümlichen Krankheiten früher oder später zur Entwicklung und zum Ausbruch kommen."*

Und diese Grundvoraussetzung, die Hahnemann für das Auftreten der durch die Psora (das gilt gleichermaßen für die beiden anderen Miasmen) bedingten chronischen Krankheiten namhaft macht, ist damals wie heute aktuell und mehr als diskussionswürdig — nämlich die Unterdrückung äußerer Krankheitsmanifestationen: *„Keine derselben* (der chronischen Krankheiten) *wäre so häufig zur Existenz gekommen, hätten die Ärzte diese drei Miasmen — ohne ihre äußeren Symptome anzutasten — durch die inneren homöopathischen Arzneien gründlich zu heilen und im Organismus auszulöschen sich bemüht."*

Auch heute, gerade heute, wird der Ausschlag, das Ekzem, die Pustel „zugeschmiert" — ob man nun die Psora wahrhaben will oder nicht, fällt es nicht schwer, mit Hahnemann zu schlußfolgern: *„Dennoch ist es schon bei geringem Nachdenken einleuchtend, daß kein — ohne sonderliche Beschädigung von außen entstandenes — äußeres Übel ohne innere Ursachen entstehen kann . . . Keinen Lippenausschlag und kein Nagelgeschwür gibt es ohne vorgehendes und gleichzeitiges inneres Übelbefinden des Menschen."*

Mit dieser Feststellung leitet Hahnemann im „Organon" eine detaillierte und weitreichende Abhandlung über die Betrachtung und die Behandlung des sogenannten *„Lokalübels"* ein, die er — im § 203 — so beendet:

„Wenn die innere, miasmatische Krankheit nicht geheilt wird, bedeutet jede äußere Behandlung solcher Lokalsymptome, sie nur von der Oberfläche des Körpers wegzuschaffen, also den Krätzeausschlag durch Salben von der Haut zu vertilgen, den Schanker äußerlich wegzubeizen und die

Feigwarze einzig durch Wegschneiden, Abbinden oder glühendes Eisen auf ihrer Stelle zu vernichten.
Diese bisher so allgewöhnliche, verderbliche, äußere Behandlung ist die allgemeinste Quelle aller unzähligen, benannten oder unbenannten chronischen Leiden geworden, worüber die Menschheit so allgemein seufzt."

Die chronischen Krankheiten und ihre homöopathische Behandlung

An ihrem Anfang steht der Auftrag, den Hahnemann dem homöopathischen Arzt in Form einer besonders gründlichen, *„individualisierenden Untersuchung"* erteilt. Sie dient zur Erkundung auch weit zurückreichender Beschwerden, um vor allem früheren Affektionen der Psora auf die Spur zu kommen; ebenso weist Hahnemann besonders auf den möglicherweise *„psorischen Hintergrund"* von akuten Krankheiten als *„vorübergehende Aufloderung latenter Psora"* hin; bezieht Gemüts- und Geisteskrankheiten als psorische Übel in eine antipsorische Behandlung ein und dehnt die Symptomenerforschung auch auf Lebensumstände, Gefühle, Vorlieben und Abneigungen des Kranken, auf erschütternde Ereignisse, Sorgen und Süchte aus, womit er die Grundlage für die heutige homöopathische Anamnese schafft.
Zu guter Letzt stellt er auch für die Behandlung der so allgemein anmutenden Psora die Übereinstimmung mit den homöopathischen Prinzipien her, indem er im „Organon"-Paragraphen 82 festlegt: *„Die Heilkunst ist zwar durch die Entdeckung jener großen Quelle der chronischen Krankheiten (der Psora) jetzt der Natur der Mehrzahl der zu heilenden Krankheiten um einige Schritte nähergekommen, auch im Hinblick auf die Auffindung der spezifischeren, homöopathischen Heilmittel. Es bleibt jedoch zur Bildung der Indikation bei jeder zu heilenden (psorischen) Krankheit für den homöopathischen Arzt die Pflicht sorgfältiger Aufnahme der erforschbaren Symptome und Eigenheiten derselben so unerläßlich als vor jener Erfindung. Denn es kann keine echte Heilung dieser, sowie aller übrigen Krankheiten stattfinden, ohne strenge* ***Individualisierung jedes Krankheitsfalles."***
Denn Hahnemann bleibt auch in diesem Fall, der Behandlung von chronischen Erkrankungen, die durch die drei großen Miasmen, namentlich die Psora entstanden, dem von ihm gefundenen Prinzip *„Similia similibus curentur"* treu. Obwohl hier ein beinahe epidemisches Erkrankungsmuster vorliegt, wird es — einmal erkannt — als Phaenomen betrachtet, ohne nach den weiteren Ursachen oder Hintergründen zu fragen. *(Viele Autoren betrachten es auch als die Erbsünde, der Hahnemann in der Ge-*

stalt der Psora begegnet ist — jenem Übel, das der Menschheit seit dem Sündenfall anhaftet, das ihre Verletzlichkeit begründet hat, das sich durch die Jahrtausende in den Menschen angehäuft hat, vermehrt weitergegeben wurde und das sich nun in beinahe jedem niedergelassen hat. „Ich nenne es Psora, um einen allgemeinen Namen dafür zu haben" — ist ihr wirklicher Name nicht „Erbsünde", jenes Ereignis, das den Verlust der göttlichen Natur des Menschen bewirkte? Für den, der eine Krankheit nicht als eine Störung im Zusammenflug atomistischer Teile sieht, ist dies ein Gedanke, der durchaus seine — ins Grenzüberschreitende führende — Berechtigung hat.)

Jedenfalls hat Hahnemann dieses nun gefundene Ur-Urübel eingeordnet in sein „nach den ewigen Naturgesetzen" ablaufendes Naturheilgesetz und es ebenfalls dem Ähnlichkeitsprinzip unterworfen. Denn er machte die allgemeine, scheinbar epidemische Psora durch die Entdeckung, durch die Prüfung und durch die daraus gewonnenen Krankheitssymptome, durch die „antipsorischen Arzneien", wieder individuell behandelbar und heilbar.

Diese Aufgabe unternahm er mit dem Werk „Die chronischen Krankheiten, ihre eigentümliche Natur und ihre homöopathische Heilung", das ja nur zum kleineren Teil ein theoretisches Werk ist. Zum größeren Teil ist es eine Arzneimittellehre.

Hahnemann hat also, nachdem er erkannt hatte, gehandelt. Er prüfte wieder Arzneien, brachte neue Substanzen ein (davon viele anorganische, mineralische Stoffe, gleichsam, wie um mit dem Ur-sprungsmaterial die Urkrankheit bekämpfen zu wollen), und beschrieb insgesamt 49* Arzneien zur Heilung der Psora (und der beiden anderen Miasmen), die er „antipsorische Arzneien" nannte. Analog dem *„tausendköpfigen Ungeheuer Psora"*, das auch in ungezählten, wechselnden Beschwerden manifest wird, umfassen seine aus *„der Behandlung von sehr vielen einzeln derart chronisch Kranken"* und aus den Arzneimittelprüfungen gewonnenen Erfahrungen bei verschiedenen Arzneien (zum Beispiel „Sulfur") bis zu 2000 Symptome, die — gemäß dem Ähnlichkeitsprinzip — Aufschluß über den individuellen Einsatz als Heilmittel geben.

„Soweit ein einzelner Arzt deren (aus innerer Psora entstandenen chronischen Krankheiten) *innere Heilung nach vieljährigem Nachdenken, Beobachtung und Erfahrung an den Tag zu bringen vermochte, habe ich mich bemüht, sie in meinem Buch ‚Die chronischen Krankheiten' darzulegen"* — so verwies Hahnemann im „Organon" auf dieses Werk, das wegen sei-

* 17 davon sind auch in der „Reinen Arzneimittellehre" enthalten, wurden aber unter den neuen Gesichtspunkten gesehen, geprüft und beschrieben.

ner verschlungenen, dem Thema auf eine auffällige Art (man betrachte nur die direkte, unmißverständliche Sprache im „Organon“!) angepaßten Artikulation und wegen der oft über viele Seiten reichenden Symptomenaufzählungen bei einzelnen Arzneien als „schwerer Brocken“ gilt.

Und noch etwas fand man in jenem Buch:
Nämlich die hochpotenzierte homöopathische Arznei.

Hahnemann hatte sich — es wurde schon an anderer Stelle darüber berichtet — erst allmählich in den Bereich der unwägbaren, immateriellen Heilmittel vorgetastet. Es ist sicher kein Zufall, daß er erst 1827, zu einem Zeitpunkt, zu dem die zweite Auflage seiner „Reinen Arzneimittellehre“ fast vollständig erschienen war und „Die chronischen Krankheiten“ knapp vor der Fertigstellung sein mußte, den Begriff und die Technik von der *„Potenzierung“* kundtat — die Erkenntnis von der zunehmenden Heilkraft einer immer höher dynamisierten Arznei. Sie war sein adäquates Instrument geworden gegen den *„lebensfeindlichen, dynamischen“* Einfluß *„eines krankmachenden Agens“,* insbesondere aber gegen die *„dynamische Ansteckung durch einen chronisch wirkenden Infektionsstoff“,* gegen jenen *„uralten Ansteckungszunder“,* gegen die Psora.
Hahnemann hatte nun zur Heilung und Eindämmung der Auswirkungen der Psora die Mittel gefunden — die antipsorischen Arzneien; und er fand die Form dafür — die Ent-Stofflichung durch hohe und höchste Dynamisation: *„Bei dieser weit vollkommener dynamisierten Arzneibereitung kann man . . . in Behandlung chronischer Krankheiten am besten mit den niedrigsten Dynamisationsgraden den Anfang machen und, wo nötig, zu den höheren Graden übergehen, den immer kräftiger werdenden, obgleich stets nur gelind wirkenden.“*

„Die chronischen Krankheiten“ und ihre Folgen

Hahnemann, der seine Lehre immer als Dogma verstand, hatte nun mit seinem Werk über die Entstehung der chronischen Krankheiten und mit seinen hochpotenzierten Arzneien eine Welt betreten, in die ihm nur mehr wenige seiner damals zahlreichen Freunde und Anhänger folgen konnten. Während man ihm noch anläßlich seines 50jährigen Doktorjubiläums anno 1829 huldigte und mit *„Beweisen der Güte und Liebe überschüttete“* (darunter die Gründung einer „Gesellschaft homöopathischer Ärzte“ und die Sammlung eines beträchtlichen Geldgeschenkes zur Errichtung eines homöopathischen Krankenhauses); während er 1831 durch seine erfolgreichen Ratschläge zur Bekämpfung der damals grassierenden Cholera-

Epidemie der Homöopathie neues Ansehen warb, bahnte sich das Schisma an.
Hie die Reinheit der Lehre, die nicht wechselnden Moden unterworfen sein konnte — da die alerten, geschäftstüchtigen Epigonen, die *„Halbhomöopathen"* und *„Afterhomöopathen"*, die die erprobten (und im Prinzip unveränderlichen) Grundlagen verwässern, klinischen Strömungen anpassen und sich mit der Schulmedizin arrangieren wollten. Eine „liberale", „naturwissenschaftlich-kritische" Richtung der Homöopathie spaltet sich von Hahnemanns *„ewigem, natürlichem Gesetz"* ab, es kommt zu wüsten Angriffen in den Zeitungen — nicht zuletzt auch wegen der Grundsätze, nach denen das homöopathische Krankenhaus in Leipzig geführt werden solle —; der Streit eskaliert — und Hahnemann zieht sich grollend mit einigen Getreuen zurück.
Die *„Psoraballade"* (Fritsche) jedoch, deren in den Urgrund zurückreichenden Strophen man nicht folgen wollte, wird von Hahnemann weitergewebt. 1835 bis 1839 erscheint die 2., fünfbändige Ausgabe der „Chronischen Krankheiten" und in der letzten Fassung, der 6. Ausgabe seines „Organon" (fertiggestellt 1842), faßt Hahnemann neben den anderen Grundsätzen der Homöopathie auch die wesentlichen und neugewonnenen Erkenntnisse in der Behandlung chronischer Krankheiten — vor allem in der Begegnung mit der Psora — noch einmal zusammen. Neben den bereits zitierten Kernsätzen sind es die Einführung der LM-Potenzen (siehe Seite 75f.), dann die Regeln über die Gabenwiederholung *(„vorsichtshalber muß der Potenzgrad jeder Gabe von dem der vorgehenden und nachfolgenden Gabe etwas abweichen, damit die zur ähnlichen Arzneikrankheit umzustimmende Lebenskraft sich nie zu widrigen Gegenwirkungen angeregt fühle")*, was Hahnemann als *„Plusmethode"* bezeichnet, bei der *„selbst Arzneien von langer Wirkungsdauer auch in chronischen Krankheiten in kurzen Zeiträumen wiederholt werden können"*. Er erklärt den Einsatz *„mehrerer, oft nacheinander anzuwendender antipsorischer Heilmittel"* nach jeweils neuer Symptomenaufnahme; bringt die Gemüts- und Geisteskrankheiten in die Psoralehre ein (als entweder aus Körperkrankheiten entstandene Auswirkungen der Psora oder als echte psychische Erkrankung, der ein Psoramiasma zugrunde liegt) und beschreibt auch Wechsel- und alternierende Krankheiten *(„wo gewisse Krankheitszustände wiederkehren, bzw. sich mit Krankheitszuständen anderer Art abwechseln")* als *„chronische, rein psorische"* Erscheinungen.
J. T. Kent, der große amerikanische Homöopath, bezeichnet die Psora als *„die Grundursache **aller** Krankheiten der Menschheit"*, und definiert sie als *„Ordnungsstörung im Inneren des menschlichen Organismus"*. Diese — an Hahnemann orientierte — Aussage verdeutlicht in aller Klarheit,

welch weites Land Hahnemann mit seiner Psoralehre betreten hatte. Den Ur-urgrund hatte er zu schauen vermeint, das Phaenomen hinter den Phaenomenen hatte er entdeckt. Und jenseits aller Interpretationsversuche, Mißverständnisse und Fehldeutungen gilt — damals und besonders heute — der Satz Hahnemanns über die Allgegenwart der Psora und der von ihr ausgelösten chronischen Krankheiten: *„Der Einsiedler auf dem Montserrat entgeht in seinem Felsenneste ihr ebensowenig als der kleine Prinz in den batistnen Windeln."*

„Wir wissen aber,
daß denen, die Gott
lieben, alle Dinge
zum Besten dienen."

(Paulus)

„Handle so, daß Du die Menschheit sowohl in Deiner Person als in der Person eines jeden anderen jederzeit zugleich als Zweck, niemals bloß als Mittel brauchest."

(Kant)

„Ich bin ... von dem gewöhnlichen Weg in der Heilkunde abgegangen ... ich machte mir ein empfindliches Gewissen daraus, unbekannte Krankheitszustände mit unbekannten Arzneien zu behandeln, die leicht das Leben in Tod verwandeln oder neue Beschwerden und chronische Übel herbeiführen können, welche oft schwerer als die ursprünglichen zu entfernen sind. Auf diese Art ein Mörder oder ein Verschlimmerer des Lebens meiner Mitbrüder zu werden, war mir der fürchterlichste Gedanke, so fürchterlich und ruhestörend, daß ich in den ersten Jahren meines Ehestandes die Praxis ganz aufgab und fast keinen Menschen mehr ärztlich behandelte, um ihm nicht noch mehr zu schaden, und bloß ... mich mit der Chemie und Schriftstellerei beschäftigte."

Hahnemanns Bruch mit der herrschenden Lehrmeinung in der Medizin erfolgte um das Jahr 1784. Seine Beweggründe dafür schilderte er, Jahre später, in dem eingangs zitierten Brief an den Arzt Christoph Wilhelm Hufeland und in seiner, 1805 erschienenen, kritischen Auseinandersetzung mit dem Arztberuf „Äskulap auf der Waagschale": *„Nach Entdekkung der Schwäche und Mißgriffe meiner Lehrer und meiner Bücher sank ich in einen Zustand von trübsinniger Indignation, die mir das Studium der Arzneikunde beinahe völlig verleidet hätte."*

Die Medizin des ausgehenden 18. Jahrhunderts verfügte über kein einheitliches Lehrgebäude, die Ausbildung war schlecht und konfus. Widersprüchliche Theorien über die Behandlung des Kranken, teils auf Entdekkungen im Bereich der Naturwissenschaften fußend, teils auf dem antiken Gedankengut der Säftelehre und Alchimie basierend, mündeten stets in „Ausleerungskuren", in Aderlaß, Purgieren, Klistieren, Brechmitteln, Ziehpflastern, dem Schröpfen und dem Ansetzen von Blutegeln. Daneben verabreichte man Arzneien und Arzneimischungen, nicht selten in lebensbedrohend hohen Dosen, ohne jegliche theoretische und methodische Grundlage.
Hahnemann war, als er vorläufig vom Arztberuf Abschied nahm, 29 Jahre alt, seit zwei Jahren mit Henriette Küchler, der Stieftochter des Besitzers der „Mohrenapotheke" zu Dessau, verheiratet und Vater einer Tochter, nach der Mutter Henriette genannt. Im Herbst 1784 übersiedelte Hahnemann mit seiner noch kleinen Familie nach Dresden und trug sich dort als „privatisierender Gelehrter" ein. Die rege Übersetzertätigkeit, mit der er seine Familie mehr schlecht als recht ernährte, führte ihn schließlich zum Buch des schottischen Arztes und Hochschullehrers W. Cullen „Abhandlungen über die Materia medica", das er nicht nur übersetzte, sondern auch überprüfte. Der Chinarindenversuch, 1790 (drei Kinder und drei Übersiedlungen später), wurde für ihn zum Schlüsselerlebnis: *„Da jagt ihm eine Intuition durch Herz und Hirn. Was braucht der Arzt, um sichere Kenntnis der Arzneiwirkung eines bestimmten Mittels zu erlangen? Er braucht Einblick in die Auseinandersetzung der Kräfte dieses Mittels mit dem Menschen. Das Kraftfeld der Arznei muß studiert werden am Bild des Menschen . . . Der Stötteritzer Familienvater ohne Amt und ohne Geld ergreift, durchfiebert vom Symptomenbild des Chinaselbstversuchs, ohne Säumen das heilig öffentliche Geheimnis der Krankheit: Sie ist identisch mit ihren Erscheinungsreihen . . . Die Krankheit ruft Symptome hervor, die der Arzt Wechselfieber nennt. Die Chinarinde wirkt auf den gesunden Menschen, indem sie ähnliche Symptome hervorruft. Die Chinarinde heilt Wechselfieber. Ein ähnliches Leiden — die Erscheinungsreihe, die die Chinarinde erzeugt — wird gegen ein ähnliches Leiden, gegen die Erscheinungsreihe des Wechselfiebers, antagonistisch eingesetzt. Homöopathie, ärztliche Arbeit mit Hilfe des ähnlichen Leidens!" (H. Fritsche,* „Idee und Wirklichkeit der Homöopathie" *)

* Der Verfasser dankt dem Verlag Ulrich Burgdorf, Göttingen, für die freundliche Genehmigung, Auszüge aus diesem Werk verwenden zu dürfen.

Hahnemanns Jugend

„Wage, weise zu sein!“ stand als Leitspruch über dem Portal der Meissener Fürsten- und Landesschule für sächsische Landeskinder aller Stände „St. Afra“; „Wage, weise zu sein!“ wurde zum bestimmenden Motiv in Hahnemanns Leben.

Im November 1770 trat der damals 15jährige in St. Afra ein. Die deutschen Dichter Gellert und Lessing waren vor ihm Zöglinge an dieser Schule gewesen.

Der Vater Hahnemanns, Christian Gottfried, Porzellanmaler wie auch schon sein Vater zuvor, hatte den Sohn für eine Krämerlehre vorgesehen. Die Familie lebte in kärglichen Verhältnissen, die durch den Siebenjährigen Krieg (1756 bis 1763) und dessen Folgen noch ärmlicher wurden; die Mittel für eine höhere Schulbildung des Sohnes fehlten.

Hahnemann brannte seinem Lehrherren jedoch durch, und schließlich willigte der Vater in den Schulbesuch ein. In St. Afra fand Hahnemann einen Förderer und Gönner, einen Magister Müller, der ihm eine Freistelle in seinem Haus gewährte. Seinem Alter in Fähigkeiten und Kenntnissen weit voraus, erlaubte ihm der Lehrkörper, nur jene Stunden zu besuchen, die ihm Neues boten. Neben den Fremdsprachen (Griechisch, Latein, Hebräisch, Italienisch, Französisch und Englisch) entdeckte Hahnemann hier auch seine Liebe zur Chemie und zur Medizin.

1775 schied er, dankbar, von St. Afra, um in Leipzig Medizin zu studieren.

In einem autobiographischen Fragment vermerkte er dazu: *„Ostern 1775 entließ er mich nach Leipzig mit der Unterstützung von zwanzig Thalern, dem letzten Gelde, das ich seitdem noch aus seiner Hand erhielt. Er hatte bei seinem kärglich zugemessenen Einkommen noch mehrere Kinder zu erziehen. Genug zur Entschuldigung des besten Vaters.“*

Der Erziehung durch den „besten Vater“ schrieb es Hahnemann zu, daß er *„allmählich zum Menschen ward“*, daß er begriff, *„was gut und des Menschen würdig genannt werden kann“* und daß er lernte, *„beim Lernen und Hören nie der leidende Teil zu sein“*. Und er dankte dem Vater auch: *„Keine erhabenen Begriffe von dem Urwesen der Schöpfung, der Würde der Menschheit und ihrer herzerhebenden Bestimmung schien er zu haben, die mit seiner Handlungsweise nur je im mindesten Widerspruche gestanden hätte. Dies gab mir die Richtung von innen.“* (R. Haehl, „Hahnemann. Sein Leben und Schaffen.“)

Wie in St. Afra fand sich auch in Leipzig ein Gönner, der erwirkte, daß der mittellose Student von den Kolleggeldern befreit wurde. Das Allernötigste verdiente er sich mit Sprachunterricht und bald auch mit Übersetzungen dazu.

Das Studium an der damals berühmtesten Universität Deutschlands enttäuschte ihn schwer. Allein „die Liebe zur praktischen Arzneikunde" hatte ihn zur Wahl des Studienfaches bestimmt, in Leipzig gab es dafür keine „Anstalt". Medizin wurde nur vom Katheder aus, nicht aber am Krankenbett unterrichtet.
Anfang 1777 kehrte Hahnemann Leipzig den Rücken und ging nach Wien.

Hahnemann in Wien

Beim Leibarzt der Kaiserin Maria Theresia, dem Freiherrn Dr. Joseph von Quarin, der auch das Spital der Barmherzigen Brüder leitete, fand Hahnemann, was ihm in Leipzig so sehr gefehlt hatte: Wissenschaftliche Medizin am Krankenbett und brüderliche Barmherzigkeit als oberstes Gebot ärztlichen Handelns. In Quarin erlebte Hahnemann auch seinen dritten großen Gönner. *„Er zeichnete mich aus, liebte und lehrte mich, als wenn ich der Einzige und Erste seiner Schüler in Wien und mehr noch gewesen wäre, und alles dies, ohne je von mir Vergeltung erwarten zu können."*
Quarin nahm Hahnemann sogar an das Bett seiner Privatpatienten mit. 1791 schrieb Hahnemann, in Erinnerung an seine Wiener Zeit: *„Dem großen praktischen Genie, dem Leibarzt von Quarin, verdanke ich, was Arzt an mir genannt werden kann."*
In Wien lernte Hahnemann aber auch die Arbeiten des Freiherrn Anton von Stoerck kennen, der damals eine völlig neuartige pharmakologische Arbeitsmethode entwickelt hatte:
1. Die Suche nach neuen Mitteln; 2. Die Herstellung des Pharmakons; 3. Der Tierversuch; 4. Der Selbstversuch; 5. Die Versuchsreihen an Kranken. Er begann mit einer Untersuchung des Schierlings und prüfte in einem Zeitraum von mehr als 10 Jahren 8, von ihm als „Medicamenta nova" bezeichnete Stoffe auf ihre therapeutische Wirksamkeit. Und zwar: *Conium maculatum* (Schierling), *Datura stramonium* (Stechapfel), *Hyoscyamus* (Bilsenkraut), *Aconitum napellus* (Blauer Eisenhut), *Colchicum autumnale* (Herbstzeitlose), *Flammula Jovis,* gleichbedeutend mit *Clematis recta* (Aufrechte Waldrebe), *Dictamnus albus* (Diptam oder Brennkraut) und *Pulsatilla nigricans* (Schwärzliche Kü[h]chenschelle). Alle diese Namen finden sich in der homöopathischen Materia medica wieder, 5 nahm schon Hahnemann in seine „Reine Arzneimittellehre" auf.
Stoerck erkannte, daß man auch aus hochgiftigen Pflanzen Heilmittel gewinnen konnte, wenn man die Dosis gering genug hielt. Er empfahl, bei der Herstellung frische Pflanzen zu bevorzugen, was später auch Hahne-

mann tat. Und er wählte neben dem Tierversuch auch den Selbstversuch — allerdings nicht, wie später Hahnemann, um die Wirkungsweise zu überprüfen —, sondern um die Unschädlichkeit nachzuweisen.
(Die Erinnerung an diese Methodik mag Hahnemann 1790 dazu angeregt haben, die Wirkung der Chinarinde am eigenen Körper zu beobachten.)
Die fruchtbare Wiener Zeit ging allzu rasch zu Ende — sie währte nur 9 Monate. Geld, das Hahnemann noch für Übersetzungen aus Leipzig zu erhalten hatte, blieb aus. Hahnemann klärte nie auf, was wirklich vorgefallen war. In seinen autobiographischen Fragmenten merkte er dazu nur an: *„Ein schlimmer Spaß aber, der mir mit meinem in Leipzig ausstehenden Verdienst gespielt wurde (Reue gebietet Versöhnung, und ich verschweige Namen und Umstände), war schuld, daß ich schon nach dreiviertel Jahren Wien wieder zu verlassen genötigt war.“* (R. Haehl, „Hahnemann. Sein Leben und Schaffen.“)
Quarin erfuhr von der Notlage seines Schützlings und verwendete sich für ihn beim Statthalter von Siebenbürgen, Baron von Brukenthal. Hahnemann folgte dem Baron, mit dem er nicht nur den Vornamen, sondern auch die Konfession teilte — beide waren Protestanten — in dessen Residenz nach Hermannstadt, wo der noch nicht promovierte Medizinstudent als Hausarzt und Bibliothekar Antstellung fand. Daneben wurde ihm auch gestattet, eine Praxis für Stadt und Land auszuüben.

Hahnemanns „Lehr- und Wanderjahre“

In Siebenbürgen lernte Hahnemann das Wechselfieber kennen, eine in Sachsen und Wien so gut wie unbekannte Krankheit. Ohne die Siebenbürger Erfahrungen wäre wahrscheinlich die Ideenverbindung niemals zustande gekommen, die 1790 von der Beobachtung eines Selbstversuches mit Chinarinde zur vergleichenden Betrachtung des Wechselfiebers und damit zur Homöopathie führte.
Im Frühjahr 1779, ein Jahr und 9 Monate waren mittlerweile vergangen, verließ Hahnemann Siebenbürgen, um an einer deutschen Universität seine Studien abzuschließen und den Doktortitel zu erlangen. Für eine große Universität fehlten wieder die Mittel, im kleinen Erlangen konnte er schon nach einem Semester das Doktorexamen ablegen. Sein Erstlingswerk, die Dissertationsschrift „Ursächliche und behandlerische Betrachtung krampfhafter Affekte“ fiel noch nicht aus dem Rahmen des herrschenden schulmedizinischen Denkens.
Hettstedt, eine kleine sächsische Bergarbeiterstadt unweit von Mansfeld, wurde zur ersten Station des jungen Arztes, der in der unruhigen Zeit seiner „Wanderjahre“ bald viele weitere folgen sollten. In Hettstedt verfaßte

er seine ersten Mitteilungen an die Kollegenwelt, die in den „Medizinischen Beobachtungen“ von Friedrich Christian Krebs veröffentlicht wurden. Er berichtete von zwei Fällen von Veitstanz, bei denen seine Behandlung versagt, die Anweisung einer heilkundigen Frau aus dem Volke aber geholfen hatte. Zwei grundlegende Einsichten, die ihn während seines gesamten ärztlichen Schaffens begleiten sollten, traten jedoch hier schon zutage: die hohe Wertschätzung hygienischer Gesichtspunkte und diätetischer Maßnahmen und das stete Bemühen, dem Patienten Schmerzen zu ersparen. Vor allem aus humanitären Gründen, aber auch deshalb, weil Schmerzen „die Lebensgeister verschwenden“, die zur Heilung benötigt werden.

Von Hettstedt wandte sich Hahnemann nach Dessau und freundete sich dort mit dem Apotheker Häseler, dem Besitzer der Mohrenapotheke an, in dessen Laboratorium er bald arbeiten durfte. Er erweiterte dort nicht nur seine Kenntnisse in Chemie, sondern verliebte sich auch in die 17jährige Stieftochter des Apothekers, Henriette Küchler. Nach einjähriger Verlobungszeit wurde, nachdem Hahnemann die Stelle als Physikus in Gommern bei Magdeburg zugesagt worden war, am 1. Dezember 1782 die Hochzeit gefeiert.

In Gommern kam 1783 auch die erste Tochter, Henriette, zur Welt, das Kind Hahnemanns, dem als einzigem ein stilles und ruhevolles Schicksal beschieden sein sollte.

Nun erschien auch das erste Buch: „Anleitung, alte Schäden und faule Geschwüre gründlich zu heilen“, worin Hahnemann wieder als energischer Hygieniker auftrat, gegen Alkohol und Kaffee kämpfte und vor Quecksilber- und Bleiarzneien warnte. Er bekannte sich darin auch zu dem, was er von Viehärzten und Laien gelernt hatte und ließ eine tiefe Unzufriedenheit mit der akademischen Medizinalgelehrsamkeit erkennen. Eine Unzufriedenheit, die sich mehr und mehr vertiefte.

Hahnemann war zu diesem Zeitpunkt zwar schon Mitglied einer Freimaurerloge — die Bewegung erlebte gerade einen großen Aufschwung — er war jedoch weder Mystiker noch Esoteriker. Im Gegenteil: Wie sein großer Zeitgenosse Goethe wuchs er mit den Ideen der Aufklärung heran.

Die „menschliche Vernunft“ wurde zum neuen Leitbild des Denkens und Handelns und löste den alten Glauben an Autorität und Tradition ab. Praktischen Reformen zur Verbesserung der Lebensbedingungen, der Pflege der „nützlichen Wissenschaften“ und der Erziehung der Menschheit hin zu Gleichheit, Freiheit, Brüderlichkeit galt das Hauptinteresse der Philosophen und Schriftsteller, deren Ideen begeistert von der neuen politischen Macht, dem Bürgertum, aufgenommen wurden.

Hahnemann und Goethe überwanden die durch die „Göttin Vernunft“ gesetzten, engen Grenzen der Aufklärung. Hahnemanns tiefe Neigung zur

Chemie mag jedoch ein Tribut an die zeitgemäße Sehnsucht nach der Wesenserkenntnis der Materie gewesen sein. Noch in Gommern begann er mit der Übersetzung eines im Auftrag der französischen Akademie von Demachy zusammengestellten Buches mit dem Titel: „Laborant im Großen oder die Kunst, die chemischen Produkte fabrikmäßig zu verfertigen". Als das zweibändige Werk, versehen mit Anmerkungen, Ergänzungen und Richtigstellungen Hahnemanns 1785 erschien, lebte der Übersetzer bereits in Dresden. Veröffentlichungen über die Arsenikvergiftung (worin er das Bild einer Heilkunde entwirft, „*. . . die zur elenden Brodklauberei, zur Symptomenübertünchung, zum erniedrigenden Rezepthandel . . .*" wurde), über Geschlechtskrankheiten, über Gallensteine folgten. Einiges Aufsehen erregte eine von ihm entwickelte neue Weinprobe, die in Preußen per Verordnung vom 7. September 1791 amtlich vorgeschrieben wurde: „*. . . es dienet selbige dazu, die tödtlichen Verletzungen der sauren oder sauer gewordenen Weine mit bleiischen Stoffen, als Bleizucker, Silberglätte auszuforschen, welche Materien der menschlichen Gesundheit äußerst nachteilig sind . . .*"

In Dresden gewann Hahnemann den Stadtphysikus Wagner, einen Gerichtsarzt von hohem Rang, zum Freund. Es war die letzte Ruheperiode vor den unsteten Wanderjahren. Hahnemanns Sohn Friedrich wurde hier, 1786, geboren, 1788 die zweite Tochter, Wilhelmine. In ihrem Geburtsjahr starb der Stadtphysikus Wagner. Hahnemanns berechtigte Hoffnungen, seine Nachfolge antreten zu können, wurden enttäuscht — er übersiedelte mit seiner Familie nach Lockwitz, in ein kleines Dorf in der Nähe Dresdens. Von der Französischen Revolution, die am 14. Juli 1789 ausbrach, bemerkte er hier kaum etwas. Er widmete sich weiter seinen chemischen Studien und Übersetzungen, die gerade das Nötigste zum Überleben abwarfen. Schon im Herbst desselben Jahres verließ er Lockwitz wieder, um sich in Leipzig niederzulassen.

Als Autor und Übersetzer genoß Hahnemann mittlerweile einen guten Ruf, was ihm die Mitgliedschaft bei der Leipziger „Ökonomischen Gesellschaft" und bei der „Mainzer Kurfürstlichen Akademie" eintrug. Eine Stelle bot man ihm jedoch nicht an.

Im Frühjahr 1790, das vierte Kind war mittlerweile zur Welt gekommen, konnte sich die Familie das Leben in der Universitätsstadt nicht länger leisten — das kleine Dorf Stötteritz wurde zum neuen Zufluchtsort. Dort, unter schwierigsten äußeren Bedingungen, erahnte er erstmals, beim Chinarindenversuch, das Ähnlichkeitsprinzip.

„Nun aber flieht Hahnemann aus der Welt der schulgemäßen Wissenschaft, ohne es zunächst zu wollen, heim in die Einfalt der Schau. Er vereinfacht sein Forschen, indem er die drei wesentlichen Größen des ärztlichen Problems unbefangen betrachtet. Die zentrale Größe ist der

Mensch in seiner wahren Gottesebenbildlichkeit, der Gesunde, der Normale. Um ihn geht es, er bleibt Maßstab. Daneben stehen zwei weitere Gegebenheiten, die es anzuschauen gilt. Wirkt Krankheit auf den Menschen ein, so geschieht das stets in Form von Erscheinungsreihen, die der Arzt kennen muß. Kennen, anschauen, erfassen zunächst — das ist wichtiger als alles Deuten. Wirkt Arznei auf den Menschen ein, so kommen ebenfalls Erscheinungsreihen zustande. Auch diese gilt es zu kennen. Zu kennen in ihrem Ausdrucksbild am gesunden, normalen Menschen, denn der Kranke ist für ein Studium der reinen Arzneiwirkung gleichsam verunreinigt durch die, infolge seiner Krankheit ohnehin vorhandenen, die Norm verzerrenden Erscheinungsreihen, die Symptome . . .
Hahnemann spürt, daß es das Wesen der Naturdinge in ihrem Erscheinungsbild zu erfassen gilt." (H. Fritsche, „Idee und Wirklichkeit der Homöopathie")

Der Weg zum Ähnlichkeitsprinzip

Bis zur Veröffentlichung dieser Erkenntnis als Grundlage einer neuen Heilkunst sollte es noch sechs Jahre dauern. Das neue Wissen erlaubte es Hahnemann jedoch, zum Arztberuf, wie er ihn verstand, zum Helfen und Heilen, zurückzukehren.
Vielleicht lehnte er aus diesem Grund eine Berufung als Professor an die Universität Wilna ab, eine Stelle, die ihm erstmals ein sicheres Einkommen geboten hätte.
Aber auch in Stötteritz hielt es ihn nicht länger — im Frühjahr 1792 brach Hahnemann mit seiner Familie nach Gotha auf. Er hatte sich mittlerweile mit der schrecklichen Situation der Geisteskranken beschäftigt, die, geschlagen und verwahrlost, in Narrentürmen dahinvegetierten. Die menschenwürdige Behandlung Geisteskranker — denen er *„seine ganze Zeit und alle seine Kenntnisse"* widmen wollte, die er *„durch gütliche Zuredungen und neuartige körperliche und seelische Behandlungsweisen"* heilen wollte — sollte auch den Lebensunterhalt für seine Familie sichern. Im Gothaer „Anzeiger", mit dessen Herausgeber R. Z. Becker er befreundet war, ließ er daher den „Vorschlag einer noch mangelnden Hilfs-Anstalt für wahnsinnige Standes-Personen" erscheinen. Der Aufsatz hatte bald Erfolg. Herzog Ernst von Sachsen-Gotha stellte einen Teil seines Schlosses Georgenthal bei Gotha für die Einrichtung einer Privatirrenanstalt zur Verfügung, und auch der erste Patient traf bald ein — der Geheime Kanzleisekretär Klockenbring aus Hannover, der wahnsinnig geworden war, weil er in August von Kotzebues Posse „Doktor Bahrdt mit der eisernen Stirn" auf niedrigste Art und Weise geschmäht worden war. Die

Kur dauerte vom Sommer 1792 bis zum Frühjahr 1793. Der Geheime Kanzleirat konnte als geheilt entlassen werden, Hahnemann erhielt dafür 1000 Taler.

In dieser Zeit veröffentlichte Hahnemann auch den „Freund der Gesundheit“, eine Abhandlung, in der er sich mit der persönlichen Gesundheitspflege (fleischarme, unverfälschte Kost, keine Genußmittel) und mit öffentlicher Hygiene auseinandersetzte (Hahnemann wies schon mehr als 80 Jahre vor Kochs Beschreibung des Milzbrandbazillus darauf hin, daß *„die Trennung der Kranken von den Gesunden“* das einzige Mittel sei, *„Epidemien in ihrer Geburt zu ersticken“*).

Der Erfolg, das erzielte Honorar, die Unterstützung des Herzogs, der steigende Ruhm brachten erste Neider auf den Plan. Zum endgültigen Bruch mit der etablierten Ärzteschaft führte dann ein Artikel Hahnemanns, den er ebenfalls in Beckers „Anzeiger“, nach dem plötzlichen Tod Kaiser Leopold II. von Österreich veröffentlichte. Er griff darin den Leibarzt des Kaisers, und mit ihm den gesamten Berufsstand, in vehementester Weise an, warf ihm vor, den Kranken durch Aderlässe unzulässig geschwächt zu haben *(„Die Kunst fragt, wie man . . . einem abgemagerten, durch Anstrengung des Geistes und langwierigen Durchlauf entkräfteten Manne 4 mal binnen 24 Stunden den Lebenssaft abzapfen dürfe, immer, immer ohne Erleichterung. Die Kunst erblaßt.“),* er bezweifelte die Richtigkeit der Diagnose und zieh den kaiserlichen Leibarzt der Unehrlichkeit bei der Abfassung der Krankengeschichte. Kurz, er rechnete an einem einzigen Beispiel brutal mit der gesamten Zunft und ihren kanonisierten Methoden ab. Die Standesgenossen verziehen Hahnemann diese Vorwürfe nie und erschwerten ihm von nun an das Leben, wo immer sie konnten.

Im Sommer 1793, der Herzog wollte wieder ganz über sein Schloß verfügen, und neue geisteskranke Patienten stellten sich nicht ein, machte sich die Familie Hahnemann wieder auf den Weg. Das Dorf Molschleben, unweit Gothas, wo 1794 das sechste Kind zur Welt kam, sollte nur Zwischenstation auf dem Weg nach Pyrmont, einem berühmten Bad sein, wo Hahnemann eine Praxis aufmachen wollte. Nahe Mühlhausen kam es jedoch zu einem Unfall, bei dem Hahnemanns jüngstes Kind so schwer verletzt wurde, daß es bald darauf in Göttingen starb. Erst im Herbst konnte man nach Pyrmont weiterreisen, das den traurigen Anblick eines Kurortes außerhalb der Saison bot. Hahnemanns fünfte Tochter, Friederike, wurde geboren, 1795 wechselte die Familie, mit jeweils nur kurzen Aufenthalten, von Braunschweig nach Wolfenbüttel, von Wolfenbüttel nach Königslutter. Wieder erwartete Frau Hahnemann ein Kind.

Trotz der Mißlichkeit seiner Lebensumstände hatte Hahnemann mittlerweile die arzneilichen Selbstversuche weitergeführt, auch seine Frau und seine Kinder mußten mitarbeiten. Er verfügte nun schon über eine beachtliche Liste der durch die Arzneien am und im gesunden Organismus herbeigeführten Erscheinungsreihen. Patienten und auch briefliche Anfragen stellten sich ein — die Heilerfolge übertrafen seine Erwartungen bei weitem. Hahnemann war sich nun der Richtigkeit seiner Erkenntnisse gewiß und trat damit an die Öffentlichkeit.

Vom Ähnlichkeitsprinzip zur Homöopathie

1796 war es, als seine Arbeit „Versuch über ein neues Princip zur Auffindung der Heilkräfte der Arzneisubstanzen, nebst einigen Blicken auf die bisherigen“ in Hufelands „Journal der praktischen Arzneikunde“ erschien.

Hahnemann hatte nun zwar Sicherheit in der Heilkunst gewonnen, seine Lebensumstände gestalteten sich jedoch unsicherer denn je. Seine Bewerbung als herzoglicher Leibarzt in Gotha hatte keinen Erfolg, eine neuerliche Berufung an eine Universität schlug er selbst aus, in Königslutter konnte er nicht länger bleiben, weil ihm aufgrund der Klage eines Apothekers das „Selbstdispensieren“ (eigene Herstellung und Ausgabe der Arzneien) verboten worden war.

1799 führte der Weg zuerst nach Hamburg, dann nach Altona. Dort hauste die achtköpfige Familie äußerst beengt in einer kleinen Mietwohnung. Das Geld war knapper denn je, und so sah sich Hahnemann genötigt, neuerlich eine „wahnsinnige Standes-Person“ in Pflege zu nehmen: Johann Karl Wezel, Sohn eines fürstlichen Reisemundkochs. Der Geisteskranke, der sich selbst als „Gott Wezel“ bezeichnete, machte mit seinem tollen Treiben allen das Leben zur Qual. Man übersiedelte mit ihm wieder nach Hamburg, der Zustand wurde unhaltbar, Hahnemanns Heilungsversuche scheiterten. Im September des Jahres 1800 wurde Wezel wieder abgeholt, Hahnemann brach nach Mölln auf. An seinen Freund Becker schrieb er über die bittere Zeit: *„Hier will ich wieder an das Ruder meines kleinen Schiffleins der Schriftstellerei treten und nur beizu kurieren, was der Himmel beschert. Beinahe hätten mich die unerbittlichen, nur mächtige Fahrzeuge hebenden, niedrige Boote aber stürzenden Wogen des großen Hamburgs verschlungen. Gott sei Dank, der mich noch so eben ans Land warf.“*

Doch schon traf ihn ein neuerlicher Schicksalsschlag. Im Zuge seiner chemischen Studien glaubte er, ein neues Laugensalz, von ihm „Alkali pneum“ genannt, gefunden zu haben.

In einem in Beckers „Reichsanzeiger“ abgedruckten Artikel bot er es der gelehrten und medizinischen Welt als Neuheit von hohem Nutzen für einen Friedrichs-d'or pro Unze an. Bei einer Überprüfung stellte sich jedoch heraus, daß es sich um gewöhnliches Borax handelte, Hahnemanns Preisforderung dafür viel zu hoch war. Hahnemann ließ sich sofort von seinem Irrtum überzeugen, widerrief ihn öffentlich, verteilte das eingenommene Geld an die Armen Leipzigs, doch der Makel, er habe sich auf unlautere Weise bereichern wollen, blieb noch jahrelang an ihm haften. Die Ärzteschaft und Apothekerzunft sorgten dafür, daß der Vorfall nicht in Vergessenheit geriet.

Gescheitert als Irrenarzt, gescheitert als Chemiker, verlor Hahnemann durch eine Broschüre über die Bekämpfung des Scharlachfiebers auch noch seinen Ruf als Arzt. Er empfahl dort Belladonna, Tollkirschensaft, in einer geringen Verdünnung. Man schrieb das Jahr 1801.

Die Familie lebte mittlerweile in Machern bei Leipzig. Auch hier war der Aufenthalt nur kurz, Eilenburg an der Mulde, wo das siebente Kind geboren wurde, Wittenberg und Dessau folgten, ehe man sich in Torgau niederließ.

Torgau sollte nun fünf Jahre lang zur Heimat werden, die erste längere Rast nach den mühevollen Wanderjahren. Zwei weitere Kinder wurden geboren, Hahnemann erwarb ein kleines Haus. Allmählich setzte nun im Leben des Fünfzigjährigen der Umschwung ein.

Im Streit um seine Arznei gegen das Scharlachfieber behielt er, aufgrund der vielen Heilerfolge, recht; die Praxis erweiterte sich von Tag zu Tag; Hahnemanns Abhandlungen fanden mehr und mehr Beachtung. Christoph Wilhelm Hufeland, als Arzt Goethes, Schillers, Wielands und Herders einer der berühmtesten Ärzte seiner Zeit und als Herausgeber von „Hufelands Journal der praktischen Arzneikunde“ maßgebend für die Aufnahme oder Ablehnung neuen medizinischen Gedankenguts, interessierte sich für Hahnemanns Erkenntnisse, veröffentlichte sie und trug viel zu ihrer Verbreitung bei.

In „Hufelands Journal“ war es auch, wo Hahnemann erstmals auf *„die Kraft kleiner Gaben der Arzneien“* hinwies.

Drei Veröffentlichungen waren für die Torgauer Zeit bestimmend. In „Äskulap auf der Waagschale“ (1805) rechnete Hahnemann schonungslos mit der traditionellen Medizin *(„man wollte die Krankheiten nicht mehr sehen, wie sie waren, sich nicht begnügen mit dem, was man sah, sondern man wollte immer a priori eine Quelle derselben aufsuchen“)*, mit der Anatomie *(„die Anatomie zeigt uns wohl das Äußere aller der Theile, die das Messer oder die Säge oder die Mazeration trennen kann, aber in das Innere verstattet sie uns nicht zu sehen, auch wenn wir das Eingeweide aufschneiden, so sehen wir bloß das Äußere dieser inneren Fläche“)*, mit der Chemie *(„anmaßender jedoch als die Chemie hat sich keine Priliminarkenntnis des Arztes aufgeführt“)* und mit der Apothekerzunft ab *(„um das Maß der Täuschungen und Mißgriffe bei der Anwendung der*

Hilfsmittel gegen Krankheiten vollends zu machen, ward das neuere Apothekerwesen eingeführt, eine Gilde, deren Existenz auf vielfach gemischte Arzneien berechnet ist").

Ebenfalls 1805 erschien die „Heilkunde der Erfahrung", in der Hahnemann darlegte, daß alles Heilen auf den idealen, gesunden Menschen abziele und daher auch von ihm ausgehen müsse (Arzneiprüfung am Gesunden). Im Gegensatz zum Tier sei der Mensch, als Geistgeschöpf, von der Natur nicht mit Mitteln ausgestattet, die sein Leben und Überleben sichern. Also muß er vom Geist her seinen Weg und seine Waffen finden — auch in der Medizin. Es genüge nicht, Naturvorgänge zu unterstützen (durch Aderlässe, schweiß- und harntreibende Mittel, Erbrechen etc.), sondern menschengemäß sei alleine die Kunstheilung, die auf einem vom Menschengeist erkannten Gesetz beruhe und auf dem „Geistartigen" der Arznei basiere. *„Die Heilkunde ist eine Wissenschaft der Erfahrung; sie beschäftigt sich mit der Tilgung der Krankheiten durch Hilfsmittel. Die Kenntnis der Krankheiten, die Kenntnis der Hilfsmittel und die Kenntnis ihrer Anwendung bilden die Heilkunde."*

1810 dann veröffentlichte Hahnemann, als Krönung seiner Torgauer Jahre, das „Organon der rationellen Heilkunde" — das Lehrbuch der Homöopathie. (Den Begriff Homöopathie hatte Hahnemann erstmals 1807 in einem Aufsatz in „Hufelands Journal" verwendet, um seine Heilkunst von der Allopathie [Behandlung mit der Krankheit entgegengesetzten Mitteln] abzugrenzen.)

Die Bibel der Homöopathie

Das Organon ist keine Abhandlung, sondern ein Gesetzeswerk, in dem Hahnemann in 271 Paragraphen (bis zur 6. Auflage wurden es 291 Paragraphen), streng logisch aufgebaut, seine Vorschriften zur Behandlung Kranker, seine Einsichten und Erfahrungen bekanntgab. *(„Macht's nach, aber macht's genau nach!")* Er schuf damit der ärztlichen Kunst die Grundlagen für ein sicheres Handeln.

Das „Organon" sollte fünf weitere Auflagen erleben. Hahnemann, der ein steter Forscher und Experimentator war, ergänzte und erweiterte es fortlaufend nach seinem jeweiligen Wissensstand. Schon ab der 2. Auflage (1819) strich er die Worte „rationell" und „Heilkunde" aus dem Titel. 1824 erschien die 3. Auflage, 1829 die 4., 1833 die 5. Auflage. Die 6. Auflage stellte Hahnemann 1842 fertig, sie wurde jedoch erst 1921 veröffentlicht.

Auf dem Weg zu Ansehen

1811 ging die Torgauer Zeit zu Ende. Politische Umstände (Napoleon ließ die Stadt befestigen, Soldaten rückten ein) ließen einen Umzug ratsam erscheinen. In einem Brief vermerkte Hahnemann dazu: *„Ich lebe (fast 56 Jahre alt) im Zirkel einer mir theuern Familie — einer Frau von seltener Güte und sieben fast erwachsener, froher, unterrichteter, folgsamer, unschuldvoller Töchter, die mich auf Händen tragen und mir mein Leben (auch schon durch Musik) versüßen — zudem kann ich, was sich mir an Kranken anvertraut, fast ohne Ausnahme schnell, leicht und auf die Dauer heilen und so eine Menge Menschen glücklich machen — durch den, der die wunderbaren Mittel schuf und in meine Hand legte. Bin ich nicht fast zu beneiden? Aber, siehe, schon macht man alle Anstalten, um Torgau zu einer großen, fürchterlichen Festung umzugestalten, in welcher die Meinigen sich nicht getrauen, in Ruhe zu leben. Ich muß mein liebes bequemes Freihaus verkaufen — und von dannen ziehen — unentschlossen — wohin? Sehen Sie, lieber Freund! So legt die allweise Vorsehung Kummer in die andre Waagschale, wenn die eine ein so großes Übergewicht erhalten will.“*

Zum dritten Mal in Hahnemanns Leben führte ihn nun, im Herbst des Jahres 1811, sein Weg nach Leipzig. Im selben Jahr, in dem auch seine „Reine Arzneimittellehre“ erschien, ein umfangreiches Werk, das die bisher von ihm festgestellten Symptome von 66 geprüften Stoffen enthielt.

Um seine Lehre an junge, noch unverbildete, angehende Ärzte weitergeben zu können, bemühte sich Hahnemann um eine Dozentur an der medizinischen Fakultät der Leipziger Universität. 50 Taler und die „Verteidigung“ einer Dissertation waren dafür erforderlich. Am 26. Juni 1812 verteidigte Hahnemann, laut Vorschrift, seine Habilitationsschrift, am 29. September 1812 begann er mit seinen Vorlesungen, die, den Schilderungen seiner Schüler zufolge, immer gleich verliefen: *„Alles sitzt auf den Bänken und wartet gespannt. Auf einmal hört man jenseits der für den Dozenten bestimmten Eingangstür ein Räuspern, dann fährt laut und energisch der Schlüssel zweimal im Schloß herum, die Tür öffnet sich und Hahnemann tritt, gemessenen Schrittes, ein, um sich feierlich zum Rednerpult zu begeben . . . Nach drei wohlabgemessenen Schritten hat Hahnemann das Katheder erreicht, begrüßt seine Hörer mit unmerklichem Kopfnicken und setzt sich dann voller Pathos auf seinen Stuhl, nachdem die Schöße seines Fracks sorgsam auseinandergeschlagen worden sind. Jetzt öffnet er sein ‚Organon‘, legt die Uhr daneben und beginnt, den gerade an der Reihe befindlichen Paragraphen getragen vorzulesen. Bei der anschließenden Besprechung gerät er mehr und mehr in Ek-*

stase, ‚bei funkelnden blitzenden Augen und hoher Röthe der Stirn und des Gesichts'. Er verdammt die alten Heilmethoden donnernd in den Orkus und legt die Wahrheit des Simile mit der Glut eines Beschwörers dar. Die Studenten grinsen, brüllen und toben. Einige wenige machen sich eifrig Notizen. " (H. Fritsche, „Idee und Wirklichkeit der Homöopathie")
Die wenigen Ernsten und Gutwilligen sammelte Hahnemann auch zu Hause um sich, setzte sie für seine Arzneiprüfungen ein und lehrte sie, nun im freundschaftlichen Gespräch, die Homöopathie.
Hahnemanns Praxis nahm einen großen Aufschwung, der ungewohnte Reichtum änderte an seiner kargen Lebensführung jedoch kaum etwas. Mit seinen Honorarforderungen hielt sich Hahnemann stets an der oberen Grenze des Üblichen, und er bestand auf Barzahlung.
Hausbesuche machte er ausschließlich bei ernsthaft bettlägrigen Kranken. Nur wo er echte Not erkannte, verzichtete er auf eine Bezahlung. Er vertrat die Auffassung, daß die Wiedererlangung der Gesundheit dem Kranken ein merkliches Opfer wert sein sollte, sonst bliebe ihm der tiefere Sinn der Krankheit, der Ruf nach Umkehr, Demut und Neubeginn, verborgen.
Hahnemanns Ruhm mehrte sich noch, als ihm während der Typhusepidemie des Jahres 1813 von 180 Typhuspatienten nur ein, schon sehr betagter Kranker, starb. Den Typhus hatten Napoleons Soldaten vom fehlgeschlagenen Rußlandfeldzug mitgebracht. Als Napoleon vom 16. bis 19. Oktober 1813 vor den Toren Leipzigs vernichtend geschlagen wurde, registrierte dies Hahnemann kaum. Der Sieger der Völkerschlacht bei Leipzig, der österreichische Generalfeldmarschall Fürst Schwarzenberg, sollte sieben Jahre später zu Hahnemanns berühmtestem Patienten werden. Die Leipziger Jahre waren dem Ausbau der „Reinen Arzneimittellehre" (1811 bis 1818, sechs Bände), der Lehre und Heranbildung von Schülern, in erster Linie aber dem Heilen gewidmet.

Der Fall „Schwarzenberg"

Da Hahnemann sich geweigert hatte, nach Wien zu reisen, suchte ihn 1820 der schwerkranke Fürst Schwarzenberg in Leipzig auf. Einer seiner Militärärzte, Doktor Marenzeller, stand der Homöopathie nahe und hatte dem schwerkranken Fürsten geraten, sich von Hahnemann direkt behandeln zu lassen. Schwarzenberg, ein starker Esser und Trinker, litt seit drei Jahren an den Folgen eines Schlaganfalles, an Schlaflosigkeit, Lähmungserscheinungen und Bewußtseinstrübungen. Hahnemanns Behandlung und seine strengen Verhaltensvorschriften schlugen anfangs äußerst gut an. Bald hielt sich der Kranke jedoch nicht mehr an die Diätvorschriften, worin ihn sein Leibarzt Joseph von Sax noch bestärkte. Als Hahnemann eines Tages dazukam, wie am Fürsten gerade ein Aderlaß durchgeführt wurde, brach er die Behandlung sofort ab. Fünf Wochen später verstarb der Fürst — für Hahnemanns große Gegnerschaft ein willkommener Anlaß, ihn und die Homöopathie dafür verantwortlich zu machen.

Nicht nur die Ärzte, auch die Apotheker gingen nun zum Großangriff über. Hahnemann, der Arzt mit dem großen Zulauf, der alle Arzneien selbst herstellte und verabreichte, schmälerte ihr Einkommen empfindlich. Sie reichten gegen ihn die Klage beim Rat der Stadt Leipzig ein mit der Begründung, er verletze ihre privilegierten Rechte durch das Selbstdispensieren. Das Gericht stellte sich auf die Seite der Apotheker, Hahnemann, auf den beinahe die Polizei gehetzt worden wäre, mußte Leipzig verlassen.

Als nächsten und letzten Aufenthaltsort in Deutschland wählte der 66jährige die Stadt Köthen, weil ihm Herzog Ferdinand von Anhalt-Köthen, ein ehemaliger Patient, das Recht auf Selbstdispensieren zugesichert hatte.

Das reife Werk

In den vierzehn Jahren seines Köthener Aufenthalts (1821 bis 1835) vollendete Hahnemann die Homöopathie mit der 2. Ausgabe seiner „Reinen Arzneimittellehre", mit der Schaffung „vollkommener, potenzierter" Arzneien und mit seinem großen Lehrgebäude von den drei Miasmen.

„Köthen bringt die Wendung von der Lehre zum Leben, von der Kunde zur Kunst, von dem Ringen um einen großen geistigen Aktionsradius zur einsamen Meisterschaft. Die Geschichte der Homöopathie als einer lehrbaren Angelegenheit für Rationalisten bleibt mit der Mehrzahl der Schüler an Leipzig haften, während in Köthen das System verwirrt zu werden scheint, in Wahrheit aber hier erst weit genug wird, um auch dem Abgrund gewachsen zu sein. Es ist der Abgrund, aus dem die Natura naturans quillt und in dem zugleich das innerste Geheimnis aller Krankheit wurzelt. Der Theologe spricht von der Kraft Gottes und von der Erbsünde, wenn er dort hinabblickt. Hahnemann, der Arzt, hält sich auch hier an die Phaenomene, nicht an ihren Hintergrund: Den Hochpotenzen seiner Arzneien glaubt er ihre mit physischen Mitteln unfaßliche Kraftgestalt, weil sie sich im Leibe sichtbarlich offenbart, und die glimmende Verderbnis des Leibeslebens durch den ‚uralten Ansteckungszunder' der chronischen Siechtümer verdeutlicht er sich am Bilde der ‚Psora'. Er wagt, das Unaussprechliche auszusprechen, er setzt Worte und Bilder ein, wo das Wesenhafte waltet, das sich selbst verschweigt. Damit schränkt er den Kreis derer, die ihm folgen können, bewußt ein. Ganz deutlich sieht er

sich im Auftrag des ‚höchsten Wesens', ganz deutlich ist aus der einst ‚rationellen Heilkunde' ein Geschenk der Offenbarung geworden . . .“
(H. Fritsche, „Idee und Wirklichkeit der Homöopathie“)

1827 sprach Hahnemann zum ersten Mal vom Potenzieren. Schon lange vorher war ihm aufgefallen, daß er mit seinen hoch- und höchstverdünnten Arzneien die besten Heilerfolge erzielte. Das bloße Verdünnen konnte dafür nicht verantwortlich sein, also mußte es am *„Entwickeln der inneren Arzneikräfte“* liegen. Durch das Verreiben und das Verschütteln, so seine Erklärung, wird etwas Dynamisches frei, „Virtus“, die „Tugend“ des Stoffes. Die C 30, in der sich nicht einmal mehr die geringste Spur des Ausgangsstoffes finden läßt, wurde zu Hahnemanns bevorzugter Potenz. Viele seiner Schüler konnten diesen Schritt nicht mehr nachvollziehen. Ein Arbeiten mit Arzneien, in denen „nichts mehr drin ist“, schien ihnen gegen jede Vernunft gerichtet. Noch weniger bereit waren sie, seiner Miasmenlehre zu folgen.
Den berühmten Arzt in Köthen suchten in erster Linie chronisch Kranke auf. Kranke, deren Symptomenbild sich alle paar Tage änderte. Waren es einmal Bläschen am Mund, so waren es beim nächsten Mal Durchfälle, über die der Patient klagte. Kalte Füße und Hände wurden von Stirnschweiß abgelöst, Nasenbluten von einem Ekzem. Alle, in ihrem Auftreten flüchtigen Symptome veränderten immer wieder das ganzheitliche Erscheinungsbild und machten eine neue Mittelwahl erforderlich. Die Heilung blieb aus.
Jahrelang sann Hahnemann über dieses Problem nach, beobachtete, forschte, dann hatte er für sich die Erklärung gefunden: Drei Ur-Übel (sinnbildlich als Psora, Sykosis und Syphilis bezeichnet), begleiten die Menschheit seit ihrem Anbeginn, werden von Generation zu Generation weitergegeben. 1828 präsentierte Hahnemann seine Erkenntinsse über die „chronischen Siechtümer“ der Öffentlichkeit. Sein drittes großes Werk „Die chronischen Krankheiten, ihre eigenthümliche Natur und homöopathische Heilung“ erschien.
Dem äußeren Anschein nach führte Hahnemann in Köthen das Leben eines Spießbürgers mit streng geregeltem Tagesablauf. Zeitgenössischen Schilderungen zufolge stand er im Sommer täglich um 6 Uhr, im Winter um 7 Uhr auf und begann den Tag mit einem Glas warmer Milch und einem Gartenspaziergang. Dann erledigte er seine umfangreiche Post. Pünktlich um 9 Uhr begann die Sprechstunde, unterbrochen von einer kurzen Pause um 10 Uhr, in der Hahnemann etwas Obst zu sich nahm. Um 12 Uhr wurde das Mittagessen eingenommen, auf das ein einstündiges Mittagsschläfchen folgte. Dann abermals Sprechstunde. Um 7 Uhr

abends ein einfaches Abendbrot. Bei gemeinsamen Spaziergängen schritt Frau Henriette am Arm ihres Mannes, die sechs noch im Haus lebenden Töchter folgten, in Dreiergruppen, im genau abgemessenen Respektabstand.

Glanz, Trauer und Abschied

Dem „Einsiedler von Köthen" standen noch schwere Auseinandersetzungen um die „Reinheit seiner Lehre" bevor. Sie begannen bald nach einer glanzvollen Feier zum „goldenen" fünfzigjährigen Doktorjubiläum Hahnemanns, das am 10. August 1829 in Köthen begangen wurde. Zum letzten Mal demonstrierte hier der große Schülerkreis Hahnemanns Einigkeit. Aus Geldspenden, die von dankbaren Patienten und Ärzten aus aller Welt eingetroffen waren, finanzierte man eine Büste und ein Portrait des Jubilars, sowie eine Münze mit Hahnemanns Profil. Den Großteil der Summe aber, 1250 Taler, widmete man für die Errichtung eines homöopathischen Krankenhauses. Ferner beschlossen die Festgäste, an Ort und Stelle eine „Gesellschaft homöopathischer Ärzte" zu gründen, die jährlich am 10. August zusammentreffen sollte. *„Ich kann doch viel Freud und Leid vertragen"* ließ Hahnemann einen treuen Freund wissen, *„aber fast hielt ich die Überraschung von so vielen und starken Beweisen der Güte und Liebe meiner Schüler und Freunde nicht aus, womit ich am 10. August überschüttet ward."*

Hahnemanns Frau Henriette, über die Jahre der Entbehrungen und Enttäuschungen zur Xanthippe geworden, ewig zeternd, ein Gegenstand der Abneigung und des Spottes für die Schüler und Anhänger des Meisters, überlebte den Triumph ihres Mannes nur kurz. Sie starb am 31. März 1830.

In den 48 Jahren ihrer Ehe hatte sie nur wenige frohe Zeiten erlebt. Sie wurde an seiner Seite zur rastlosen Landfahrerin, manchmal beinahe Bettlerin. Sie hatte drückende Armut kennengelernt, mit Irren gemeinsam hausen müssen, ihre und ihrer neun Kinder Bedürfnisse mußten stets hinter denen des Arztes zurückstehen. Außerdem hatte Hahnemann als Vater völlig versagt. Nichts von dem, was ihm sein eigener Vater einst auf den Weg mitgegeben hatte, konnte er an seine Kinder weitergeben. Der Sohn Friedrich, homöopathischer Arzt wie der Vater, war unter mysteriösen Umständen in Amerika verschollen, die Töchter, einige mit gescheiterten Ehen hinter sich, waren zu schwierigen, jammernden, beschränkten Kleinstädterinnen geworden. Zwei von ihnen sollten, Jahre später und un abhängig voneinander, von Mörderhand sterben.

Hahnemann dankte seiner Frau für die Treue und Opferbereitschaft bis an ihr Lebensende, das übersehend, was seine Schüler wohl bemerkten: *„So streng Hahnemann auf kindlichen Gehorsam hielt, so wenig hatte er das Regiment als Ehemann in den Händen. Seine große, wohlbeleibte Gattin, die ihm, wie einst Agnes Frei dem edlen Maler Albrecht Dürer, manche bittre Stunde machte, übte den nachtheiligsten Einfluß auf ihn aus . . . Sie war es, die ihn selbst oft mit seinen treuesten Schülern in Zwietracht setzte, sobald diese der Frau Doktorin nicht mit dem tiefsten Respect begegneten. Demungeachtet pflegte Hahnemann diese keifende Xanthippe, die ihre Freude daran fand, wenn sie plötzlich ein rechtes Donnerwetter im Hause erregen konnte, die edle Gefährtin seines Künstlerlebens zu nennen."* (Ernst von Brunnow)
Nun lag Henriette *„mit der heitersten Miene von der Welt im Sarg"*.
Vier Monate später starb auch der hohe Beschützer, Herzog Ferdinand. Hahnemanns Gegner scharten sich sofort um den neuen Herzog Heinrich, um ihn gegen die Homöopathie einzunehmen. Eine Choleraepidemie, bei der Hahnemann mit einer nicht ganz den homöopathischen Regeln entsprechenden Campher-Behandlung Großartiges leistete, brachte kurzen Aufschub. Dann ließ Herzog Heinrich den „Aufruf an denkende Menschenfreunde über die Ansteckungsart der asiatischen Cholera" verbieten. Zur gleichen Zeit setzte in allen deutschsprachigen Ländern eine großangelegte Verfolgungswelle gegen die Homöopathie ein.
Kampf nach außen, Zwist im Inneren! — Hahnemann war, wenn es um die Reinheit der Lehre ging, zum unbeugsamen Dogmatiker geworden, der von seinen Nachfolgern unbedingten Gehorsam forderte. Viele seiner Schüler wußten, wie schon erwähnt, mit der Miasmenlehre und den potenzierten Arzneien nichts anzufangen, so mancher wollte neue medizinische Erkenntnisse in die Homöopathie einbringen, so mancher suchte eine Annäherung an die Allopathie.
Leipzig wurde zum Zentrum der „liberalen Strömung" in der Homöopathie. Es begann damit, daß dort 1832 „Die Allgemeine Homöopathische Zeitung" gegründet und die Schriftleitung an Dr. Franz Hartmann übertragen wurde, der mit seinem Buch „Therapie akuter Krankheiten" Hahnemanns Unwillen erregt hatte. Der Meister witterte, daß damit ein Konkurrenzblatt zum „Archiv für homöopathische Heilkunst", das Dr. Stapf, ein treuer Anhänger Hahnemanns, redigierte, herausgegeben werden sollte.
Eine ähnliche Tendenz erblickte Hahnemann auch in der Tatsache, daß die Tagungen der Gesellschaft homöopathischer Ärzte nicht, wie ursprünglich geplant, in Köthen, sondern in Leipzig abgehalten wurden.
Zum offenen Konflikt mit den Leipzigern kam es schließlich, als Dr. Moritz Müller — ein Typus, *„zu dem die maßgeblichen Menschenkreise Ver-*

trauen haben; vorurteilsfrei, vermittlungsfreudig, als Arzt immer angenehm und anpassungsfähig, als Staatsbürger loyal und bei auftretenden Schwierigkeiten elastisch" (H. Fritsche) — bei der Behandlung einer Schwerkranken Blutegel einsetzte, was Hahnemann zu Ohren kam.

In einem scharf abgefaßten Artikel, der am 3. November 1832 im „Leipziger Tagblatt" erschien, distanzierte sich der Meister von den „Halbhomöopathen" in Leipzig:

„Ich höre schon lange mit Widerwillen, daß einige, die sich in Leipzig für Homöopathen ausgeben, es ihren Kranken freistellen, ob sie homöopathisch oder allöopathisch behandelt sein wollen — sei es nun, daß sie noch nicht in den wahren Geist der neuen Heilkunst eingedrungen sind, oder daß es ihnen an echter Menschenliebe fehlt, oder daß sie wider besserer Überzeugung schnöden Gewinnes wegen ihre Kunst so zu entehren kein Bedenken tragen. Sie werden mir nicht zumuthen, daß ich sie für meine echten Nachfolger anerkennen soll."

Doch obwohl Hahnemann in seinem Artikel *„feierlichst gegen Anstellung eines solchen Bastard-Homöopathen theils zum Lehrer, theils zum Krankenbehandler"* protestierte, wurde die Leitung des 1833 eröffneten homöopathischen Krankenhauses in Leipzig an Moritz Müller, Hartmann und Haubold übertragen.

Damit begann die Spaltung der Homöopathie in eine naturwissenschaftlich-kritische und eine orthodoxe Richtung.

Den mehr oder weniger heftigen Auseinandersetzungen folgte im Jahr 1834 eine kurze Phase der Versöhnung, die Hahnemann damit beendete, daß er kurzerhand und statutenwidrig erklärte, die Leitung des Krankenhauses selbst übernehmen zu wollen. Das kurze Zwischenspiel scheiterte. (1842 mußte übrigens das erste homöopathische Krankenhaus unrühmlich seine Pforten schließen.)

Noch einmal, als der beinahe 80jährige glaubte, alles verloren zu haben, nahm sein Schicksal eine jähe Wendung.

Neubeginn und Ende

Eine junge Pariserin, Melanie d'Hervilly-Gohier, Malerin, hübsch, oberflächlich, exzentrisch, besuchte den greisen Hofrat, um sich von einem leichten Leiden befreien zu lassen. Wenige Monate später, am 18. Januar 1835, heiratete das ungleiche Paar, und Hahnemann ließ in einem Brief seinen treuen Freund Bönninghausen wissen: *„Für mich habe ich nur soviel hier auf Zinsen gelegt, daß ich allenfalls davon leben kann mit meiner seit dem 18. Januar mir zu Theil gewordenen Gattin Marie Melanie von Hervilly, genannt Gohier, einer ausgezeichnet vortrefflichen Dame aus*

Paris, die dort in hohem Ansehen steht, von den reinsten Sitten, vielen Kenntnissen, hellem Verstande und dem besten Herzen, gegen die ich zuerst die vollkommenste Liebe empfunden und die sie mir im vollsten Maße erwidert, vom schönsten Wuchse, 32 Jahre alt . . . Bis jetzt fühle ich mich sehr glücklich und munter in meiner neuen Einrichtung, zu welcher ich unzählige Schwierigkeiten zu überwinden hatte . . ."
Am 7. Juni 1835 verließ das Ehepaar Köthen und traf am 21. Juni in Paris ein, einer Stadt, in der die Homöopathie gerade einen großen Aufschwung erlebte. Hahnemann wurde ein rauschender Empfang bereitet, anders als in der deutschen Heimat ehrte man ihn hier als verkündenden Propheten.
Bald schon eröffnete er eine große, elegante Praxis, in der Melanie, eine gelehrige Schülerin, mitarbeitete. Auch die äußeren Lebensumstände änderten sich nun radikal.
„*Nicht mehr trägt Hahnemann sein familiärväterliches Käppi, der Schlafrock mit den hinterdreinschleifenden Quasten ist in Köthen geblieben . . . Ein eleganter Greis, der für alles offen ist, gern am Leben der jungen Generation teilnimmt und, so oft er Zeit hat, Gemäldegalerien, Konzerte und Theater besucht, ist an die Stelle des einstigen Honoratioren der Kleinstadt getreten. Das ist seine dritte große Metamorphose: Zuerst ein dunkel genialer Adept, der sich zwingt, als Rationalist aufzutreten, sodann ein Rebell, der den Spießbürger mimt, um nicht aus der Haut zu fahren; endlich ein vom Glück berauschter, in der großen Sendung aufflammender Magier, ein Wundertäter beinahe, der sich zum Weltmann und wohlausgewogenen Lebenskünstler zügelt.*" (H. Fritsche, „Idee und Wirklichkeit der Homöopathie")
In einer Schilderung der amerikanischen Schauspielerin Anna Kora Mowatt, die 1839 Hahnemanns Pariser Praxis aufsuchte, wird die Änderung in Hahnemanns Leben und Wirken noch deutlicher: „*Um so früh wie möglich zu einer Audienz zugelassen zu werden, bestieg ich bald nach 9 Uhr einen Fiacre, und nach einer halben Stunde hielt der Kutscher an, doch ohne abzusteigen. Ich fragte ihn, ob wir am Ziele angelangt seien. Er antwortete: Nein, Madame, wir sind noch nicht an der Reihe, wir müssen noch ein wenig warten. Dort ist Hahnemanns Wohnung, sagte er, indem er auf ein palastähnliches Gebäude deutete, das in einiger Entfernung sichtbar war. Ungeduldig wegen dieses Aufenthalts lehnte ich aus dem Wagen hinaus und erblickte eine lange Reihe von Kutschen vor uns, welche nacheinander zum Tore hineinfuhren und wieder herauskamen, sobald die Insassen ausgestiegen waren. Hinter uns erblickte ich eine ähnliche Reihe von Equipagen, welche mit jeder Minute sich mehrte. So war ich unbewußt in eine Prozession geraten . . . 3 oder 4 Livreebediente, die in der weiten Halle beisammen waren, führten die Ankömmlinge nach der*

breiten Haupttreppe. Oben angekommen, wurden sie wiederum von einigen aufgeputzten Herren in Empfang genommen und in einen eleganten und splendid möblierten Salon eingelassen . . . Der Diener öffnete die Türe, rief laut meinen Namen und zog sich zurück. Ich stand jetzt vor Herrn und Frau Hahnemann. Hahnemann saß in einem komfortablen Lehnstuhl zurückgelehnt auf einer Seite des Tisches. Seine dünne und kleine Gestalt war in einen Schlafrock voller Blumen von reichem Material eingehüllt . . . Den Scheitel seines schönen, wohl proportionierten Hauptes bedeckte ein schwarzes Sammetkäppchen, unter welchem spärliche Silberlöckchen sich hervorstahlen, die seine edle Stirn umrahmten und sein hohes Alter verrieten, welchem sonst die ihm gebliebene frische, blühende Gesichtsfarbe zu widersprechen schien.

Seine Augen waren dunkel und tiefliegend, aber leuchtend und voller Leben. Nach zahlreichen Fragen gab mir Frau Hahnemann Arznei nebst Anweisungen zu deren Gebrauch, sowie auch einen Zettel, der diätetische Vorschriften enthielt." (Zitiert nach M. Stübler, „Documenta Homoeopathica, Band 3, 1980)

Hahnemann fühlte sich in seinen letzten Lebensjahren *„gesund und munter"* — wie er in mehreren Briefen an Freunde betonte, und *„freute sich seines Lebens"*.

Feierlich wurde sein 60. Doktorjubiläum begangen, feierlich sein 88. Geburtstag, der 10. April 1843.

Zwei Tage später befiel Hahnemann ein Luftröhrenkatarrh, zu dem sich Durchfall gesellte. *„Diesen Anfall werde ich nicht überleben, meine irdische Hülle ist verbraucht"* — kommentierte er die Rettungsbemühungen seiner Frau.

Von Dr. Jahr, einem treuen Schüler Hahnemanns, den Melanie an das Krankenbett gerufen hatte, wurden des Meisters letzte Worte überliefert. Auf Klagen Melanies, daß die Vorsehung Hahnemann einen Erlaß seiner Leiden schuldig wäre, weil er so viel Leid gelindert hatte, anwortete der Sterbende: *„Mir? Warum denn mir? Jeder auf dieser Welt wirkt nach den Gaben und Kräften, die er von der Vorsehung empfangen, und findet ein Mehr oder Weniger nur vor dem Richterstuhl der Menschen, nicht aber vor dem der Vorsehung statt; die Vorsehung ist mir nichts, ich aber bin ihr viel, ja alles schuldig."*

Hahnemann verstarb in den Morgenstunden des 2. Juli 1843.

Was nun folgte, sollte erst Jahrzehnte später eine Erklärung finden. Melanie ließ den Leichnam einbalsamieren, verschickte keine Todesanzeigen und schloß sich neun Tage lang mit dem Toten in ihrer Wohnung ein. Am 11. Juli ließ sie ihn am Friedhof Montmartre beisetzen, ohne Priester,

ohne Grabreden, ohne Trauergäste, ohne Blumen. Sie gab keinen Gedenkstein in Auftrag und besuchte das Grab nie.
Erst 55 Jahre später, als man das Grab öffnete, um den Schöpfer der Homöopathie nun würdig am Friedhof „Père Lachaise“ zu bestatten, fand man im Sarg eine Erklärung, einen Brief Melanies, der beider letzten Wunsch enthielt:

„Christian Friedrich Samuel Hahnemann,
geboren in Meissen in Sachsen am 10. April 1755,
gestorben in Paris am 2. Juli 1843.
Seine Frau Marie Melanie d'Hervilly
wird sich im Grab mit ihm vereinen
wie er es gewünscht hat,
und man wird die Worte darüber setzen,
die von ihm stammen:
Hoc nostro, cinere cinis, ossibus ossa, sepulcro
Miscentur, vivos ut sociavit amor.“

(„In diesem Grabe sind Asche mit Asche, Gebeine mit Gebeinen vereint, wie die Liebe die Lebendigen vereinigt hielt . . .“)

DIE WIENER SCHULE DER HOMÖOPATHIE, IHR AUFBAU, IHRE PRAXIS UND IHR WERDEN

„Das Wahre ist schon längst gefunden,
Hat edle Geisterschaft verbunden,
Das alte Wahre, faß es an!"

(Johann Wolfgang v. Goethe)

„Bis der Staat dereinst, von der Unentbehrlichkeit vollkommen zubereiteter homöopathischer Arzneien überzeugt, ... sie dann den Ärzten ... unentgeltlich verabfolgen lassen wird, damit sie sie ihren Kranken, reichen und armen, ohne Bezahlung geben können."

(Samuel Hahnemann, § 265 „Organon")

So war Hahnemanns Vorstellung von der Zukunft der Homöopathie. Ohne Zweifel und Vorbehalte, völlig selbstverständlich und, wie immer, von dem überzeugt, was er dachte und schrieb, sprach er in dieser Zukunftssicht auch von *„fähigen, unparteiischen Personen"*, denen als einzigen der Staat die Anfertigung homöopathischer Arzneien überlassen würde; von homöopathischen Ärzten, die in *„homöopathischen Hospitälern praktiziert und sich durch eine theoretische und praktische Prüfung legitimiert"* haben müßten.

Leider ist es so nicht gekommen.

Dies muß aber nicht bedeuten, daß es so nicht kommen könnte.

Sieht man von der idealistischen Sicht des Staates ab, die Hahnemann — ein Sohn seiner Zeit — hatte, so braucht der überzeugte Homöopath nicht zu resignieren. Im Gegenteil und heute vielleicht weniger denn seit vielen Jahrzehnten: Die Vorzeichen stehen günstig, die Zeit hat der Homöopathie den Boden bereitet. Immer jedoch war es für das Gedeihen der Homöopathie notwendig, daß es Ärztepersönlichkeiten gab, die Schüler ausbildeten; daß das gemeinsame Interesse an der Homöopathie Richtungs-

konflikte und Sektierertum überwand; daß Homöopathie gelehrt, geübt und praktiziert werden konnte.
Es hat — zugegeben — seinen Reiz, als einzelner Weiser und großer Alter, irgendwo zurückgezogen und dennoch bekannt, Homöopathie kunstvoll und beinahe mystisch auszuüben, aber die Homöopathie käme damit Hahnemanns Utopie keinen Schritt näher. Die Homöopathie muß dort gelehrt werden, wo der angehende Arzt Medizin lernt, die Ausbildung muß begreifbar und auf die Praxis umlegbar sein, die Homöopathie muß als vollwertige Medizin akzeptiert und damit auch „krankenhausfähig" werden.
Deshalb gibt es, seit beinahe 25 Jahren, die **„Wiener Schule der Homöopathie"**.
Über ihre Entwicklung und über das, was sie erreicht hat, wird an anderer Stelle berichtet; ihr grundsätzliches Bemühen war — und ist — es, der Homöopathie den ihr zustehenden Platz in der Medizin von heute zu bereiten. Eine Methode, die sich seit 190 Jahren in Generationen von Ärzten und in der ganzen Welt nach den gleichen Grundsätzen gegenüber vielen vergänglichen — und vergangenen — Anschauungen und medizinischen Moden bewährt hat, kann den Anspruch erheben, als auf wissenschaftlicher Grundlage beruhende und ärztlich praktizierte Medizin anerkannt zu werden.
Dafür muß die Homöopathie die Ideen, die Prinzipien und die Regeln Hahnemanns nicht verlassen.
Den späteren Lehr-Persönlichkeiten, den Schulen nach Hahnemann und ihren Ausbildungsformen wird gerne der Vorwurf gemacht, die Lehren von Hahnemann zu verwässern oder sie sogar aufzugeben, bloß um der Anerkennung von seiten der Schulmedizin willen.
Die „Wiener Schule der Homöopathie" ist keine orthodoxe und jeden Buchstaben der Anweisungen Hahnemanns befolgende Richtung. War doch auch der Schöpfer der Homöopathie zeit seines Lebens ein forschender Geist, der das Neue, das er als richtiger und zielführender erkannt hatte, stets akzeptierte und in sein Werk einarbeitete. *(Beispiele für diese Offenheit, Veränderungen Raum zu geben, gibt es noch bis zu einem Jahr vor seinem Tode, im Alter von 87 Jahren.)*

Es gibt heute ein Wissen, das Hahnemann noch unzugänglich war.
Es gibt heute Erkenntnisse, um die Hahnemann rang, die er aber nicht finden konnte.
Und es gibt heute Methoden, die damals nicht zur Verfügung standen.

Die Prinzipien der Homöopathie jedoch bleiben zeitlos gültig.
Zusätzliche Entwicklungen können die Homöopathie nur erweitern, sie bereichern und vielleicht für manche zugänglicher machen — Hahne-

manns Grundsätzlichkeit und das „Unsterbliche“ an seinem Werk wird nicht angetastet; seine Lehre wird — so kann man es sehen — mit dem vervollständigt, was auch er, der Gründer, hinzugefügt hätte.
Denn Hahnemann sah die Homöopathie gewiß nicht in der Erstarrung.
Er wollte — und er fand sie stark und tragfähig genug dazu —, daß sie sich durchsetze.
In der Isolation, im Ghetto, ist dies nicht zu schaffen.
Eine so aktuelle medizinische Richtung wie die Homöopathie braucht Lehrer, Schüler, auf daß sie sich verdientermaßen verbreite; auf daß Hahnemanns Utopie erfüllt werde — die Menschen und Patienten wären reif dafür.
Das Bild der Homöopathie in unserer Zeit schließt den „einsamen, weltabgewandten Homöopathen“ genauso ein wie den homöopathischen Arzt in der normalen Praxis und am Krankenhausbett; Fanatismus, Dogmatismus und Intoleranz jedoch behindern nur das Erbe von Hahnemann. Überall dort, wo die Voraussetzungen von guten Lehrern genützt wurden und der Idee Hahnemanns neue Impulse gegeben wurden, blühte die Homöopathie auf. Überall dort, wo Rückzug aus der Welt und Richtungsstreitigkeiten entstanden, kam es zum Stillstand, wenn nicht sogar zum Niedergang der Homöopathie.
Man sagt, die didaktische Aufbereitung einer Lehre und ihre Weitergabe läuft auf die „Zugänglichmachung an Unbegabte“ hinaus. Das mag im Ansatz nicht unrichtig sein, aber bei den Ausbildungswilligen sondert sich ohnehin schnell und auf natürliche Weise die Spreu vom Weizen. Begeisterungsfähigkeit, seelische und geistige Kräfte und die Gabe, Widerstände zu überwinden und an ihnen zu reifen, sind Voraussetzungen, die der „Unbegabte“ meist ohnehin nicht besitzt (der sehr Begabte hingegen mag sich ungestört über den Durchschnitt erheben).
Aber: Die Homöopathie darf keine Allopathie* mit anderen Mitteln werden.
Solchen Bestrebungen muß man fürwahr schon in den Anfängen wehren — weite Verbreitung, wachsende Beliebtheit und mähliche Anerkennung

* „Allopathie“ kommt aus dem Griechischen und bezeichnet die medizinische Methode, der Krankheit entgegengesetzte Heilmittel zu benutzen. Hahnemann schreibt darüber: *„Die alte Medizin (Allopathie) setzt bei Behandlungen der Krankheiten teils nie vorhandene Blutübermenge, teils Krankheitsstoffe und Schärfen voraus. Sie läßt daher das Lebensblut abzapfen und bemüht sich, die eingebildete Krankheitsmaterie teils auszufegen, teils anderswo hin zu leiten . . . sie greift den Körper mit großen, oft lange und schnell wiederholten Gaben starker Arzneien an, deren langdauernde, nicht selten fürchterliche Wirkungen sie nicht kennt . . . wo sie die Möglichkeit hat, sich beim Kranken beliebt zu machen, verordnet sie Mittel, welche die Krankheitsbeschwerden durch Gegensatz zwar sogleich auf kurze Zeit unterdrücken und bemänteln, aber den Grund zu diesen Beschwerden, die Krankheit selbst, verschlimmert hinterlassen.“* („Organon“)

dürfen nicht mit der Aufgabe von Grundsätzen erkauft werden. Die Homöopathie grenzt sich in allen ihren wesentlichen Merkmalen deutlich und unmißverständlich von der Schulmedizin ab; deshalb braucht sie aber nicht als mystische Geheimwissenschaft am Rande der oft obskuren „Naturheilmethoden“ dahinzuvegetieren. *(Die Homöopathie betrachtet sich seit Hahnemann zwar als natürliche Heilmethode, hat aber durch ihren gesetzmäßigen Aufbau, durch ihre ärztlichen Prinzipien und durch ihre spezifische Pharmakologie mit den heute üblichen naturheilerischen Verfahren nichts gemeinsam.)*

Die „Wiener Schule der Homöopathie“ hat die Voraussetzungen dafür geschaffen, um — am dämmernden Ausgang des naturwissenschaftlichen Zeitalters — erwarten zu können, daß sie im Sinne der Pluralität medizinischer Methoden ernst genommen wird. Viel bescheidener als Hahnemann will die Homöopathie heute nicht als die allein richtige Medizin gelten, sondern sie will nichts anderes als — gleichberechtigt sein.

„Alles ist hier Weg
des prüfend hörenden Entsprechens,
Weg ist immer in Gefahr,
Irrweg zu werden."

(Martin Heidegger)

„Der Weg zur Erkenntnis der Person
geht über die Äußerungen der Person."

(Karl Lugmayer, 1956)

Eine Medizin, die sich wie die Homöopathie eine *„personotrope Medizin"* oder eine *„Medizin der Person"* nennt, geht davon aus, den Menschen in seiner Gesamtheit in den Mittelpunkt ihrer Arbeit zu stellen.
Grundlage für dieses Bemühen ist eine auf den Erkenntnissen der Phaenomenologie und der Seinslehre aufbauende *„personotrope Anthropologie"*.
Erforscht man in vielen Bereichen die menschlichen Entwicklungs- und Lebensformen (es gibt unter anderem die biologische Anthropologie als Lehre von der Abstammung des Menschen; die theologische Anthropologie als Lehre von der Bestimmung des Menschen; die philosophische Anthropologie als Lehre vom Sinn des menschlichen Seins), so bleiben alle diese spezialisierten Deutungen dem Homöopathen die Antwort auf die Frage nach seinem Standort und nach seiner Perspektive zum großen Teil schuldig.
Eine „personotrope Anthropologie", die den Menschen als Ganzheit von Körperlichkeit, Individualität und Personalität begreift (und dabei die Erkenntnisse der anderen anthropologischen Wissenschaften miteinbezieht), versucht, den Menschen als Lebewesen in seinen seelischen, biolo-

gischen, chemischen und physikalischen Gesetzmäßigkeiten, phaenomenologisch aus seinen Taten, Werken, Leistungen und sonstigen Äußerungen zu erschauen und ihn auch als nicht wahrnehmbare, nicht faßbare, nicht meßbare Person (als „Sein“) zu betrachten.
Der Philosoph Helmut Plessner („Zwischen Philosophie und Gesellschaft“) beschreibt die phaenomenologische Methode als *„das kindliche Staunen, ja, das Erschrecken vor den Erscheinungen, die sie zu fassen sucht. Nicht mit ungeduldig aus bestimmten metaphysischen Vorurteilen zusammengetragenen Begriffen die Dinge zu übergießen, zu verformeln, sondern die unmittelbare Anschauung der Phaenomene sprechen zu lassen, ist das Anliegen der Phaenomenologie.“*
Diese Schau ergibt jenen Unterbau, der dem der Hahnemannschen Lehre entspricht, sie zwar — mag sein — „verformelt“, dafür aber zugänglicher macht:
Die phaenomenologische Betrachtungsweise *(„Krankheitserscheinungen meinen Vorkommnisse am Leib, die sich zeigen und im Sichzeigen etwas indizieren, was sich selbst nicht zeigt“)* trifft Hahnemanns Prinzipien und Anweisungen genauso wie der damit implizierte Schluß auf eine „immaterielle Person“, in der man — reduziert betrachtet — Hahnemanns „geistartige Dynamis“, die Lebenskraft, erkennen kann.

Das Menschenbild der Homöopathie

Der Wiener Philosoph Karl Lugmayer trifft über die Aufgabe seiner Disziplin im Buch „Philosophie der Person“ eine bemerkenswerte Feststellung: *„Die Aufgaben der Philosophie sind also umfangreich genug . . . Ihre eigentliche Aufgabe ist es, Wächter und Schützer dieser menschlichen Person zu sein; Grenzüberschreitungen abzuweisen, wenn sie aus dem einen oder anderen Wissensgebiet erfolgen, wie sie bei den Naturwissenschaftern, nicht bei den Naturwissenschaften, nicht selten vorkommen, und zwar aus allen Gebieten, aus der Mathematik sowohl wie aus der Psychologie; Abirrungen richtigzustellen, wie sie bei den sogenannten Geisteswissenschaften oft vorkommen, die, weil sie gemischte Gebiete betreuen, Gebiete, in denen die menschliche Person auf die Erscheinungswelt wirkt, häufig Gefahr laufen, die Person zu vergessen und den Menschen nur als Erscheinung zu behandeln, als ein gesetzmäßig ablaufendes Lebewesen.“*
Dieser Vorwurf an alle naturwissenschaftlichen Richtungen — Lugmayer könnte auch die Medizin namentlich erwähnt haben —, sollte für die Homöopathie von heute Mahnung und Aufforderung sein, sich niemals von ihm betroffen fühlen zu müssen.

Wiewohl von Hahnemann schon grenzüberschreitend angelegt und von Anfang an Bereiche des Immateriellen miteinschließend, muß sich die Homöopathie (und der homöopathische Arzt) ihres Standortes und ihres Standpunktes bewußt sein und bewußt bleiben: Wir setzen in der Begegnung mit dem Menschen das Verborgene, das ihn vom „Nur-Lebewesen" Unterscheidende, das nichtmaterielle Prinzip der Person voraus und versuchen, es zu verstehen, ohne es erklären zu wollen. Wir treten also unseren Patienten mit einer geistigen Haltung entgegen, die, erstens, die Anerkennung der **Ganzheit des Menschen** beinhaltet.

Der Mensch ist eine unteilbare Einheit, die mehr ist als die Summe der Teile, wohingegen der Atomismus die Zerlegung bis in die kleinste (vorläufig) nicht mehr teilbare Kleinstheit lehrt. Schon vor 2000 Jahren wurde (vom Arzt Asklepiades) formuliert: *„Alle Krankheit ist nichts als eine Störung in der Bewegung der Atome."* Diesem Denken folgt die Medizin bis heute — sowohl in ihrem unentwegt die Ursache suchenden Kausalstreben, als auch in den dafür entwickelten Diagnosemethoden, die sich — laut Thure Uexküll, einem Kritiker heutiger medizinischer Gebräuche — *„mit großen Mikroskopen vergleichen lassen: je stärker die Vergrößerung wird, die die optischen Apparaturen liefern, um so genauer wird zwar das Bild, um so enger aber auch der Ausschnitt und um so größer die Gefahr . . . den Zusammenhang aus dem Auge zu verlieren."*

Und dies ist ja nun tatsächlich eingetreten: In der Jagd der naturwissenschaftlich orientierten Schulmedizin nach der „Causa", angetrieben von der Hoffnung, bei der nächsten Zerlegung in den nächstkleineren Teil — endlich! — Klarheit über eine Ursache zu gewinnen, sie — endlich! — sehen und benennen zu können, wird der Molekularpathologie zwangsläufig die „Atomarpathologie" folgen.

Mit dem jetzt schon vorhersagbaren Resultat, daß sich das Wesen der Ursache auch dann noch in Dunkel hüllen wird. Den *„Sinn"*, der alles ordnet und zielend vereint, den *„einsichtsvollen Willen, der alles durch allen hindurchsteuert"*, wird man nicht finden können.

Zweitens respektiert die Homöopathie die **Einmaligkeit** des Menschen.

Jeder Mensch ist ein Einzelwesen und als solches einmalig. Selbst, wenn zwei Menschen einander vollkommen gleich wären, gleich alt, gleich groß, gleich schwer, und selbst, wenn sie sich aus den gleichen Mengen Eiweiß, Kohlenhydraten und Fett zusammensetzten, so wären sie doch verschieden. Nicht nur in ihrem Streben und Wollen; in ihrem Unterscheiden und Entscheiden; in ihrem Fühlen und Denken — sondern sie wären auch schon a priori verschieden. Nämlich in jenem immateriellen Bereich, der das Streben und Wollen, das Fühlen und Denken, das Unterscheiden und Entscheiden als Erscheinung nach außen trägt.

Jeder Mensch unterscheidet sich *dem Grunde nach* von jedem anderen, jeder ist einzigartig, unverwechselbar und unwiederholbar — woraus sich für die Medizin der Schluß ableiten läßt, daß es seine Krankheiten und Beschwerden genauso sein müßten.
Die Homöopathie geht von Anfang an von dieser Voraussetzung aus. Behandlung und Arzneien entziehen sich jedem Versuch der Schematisierung, der Katalogisierung und dem heute üblichen Denken in standardisierten Kategorien. Wiewohl Leiden, Beschwerden und Symptome einander ähnlich sein können, so treten sie — als Erscheinungen — doch immer an einem anderen Menschen auf und sind deshalb individuelle Phaenomene, die auch nur individuell betrachtet und behandelt werden können.

Und drittens akzeptiert die Homöopathie die **Besonderheit** des Menschen. Der Mensch ist — trotz der physikalisch-chemischen Gesetzmäßigkeit, nach der im beseelten Leib Funktionsvorgänge ablaufen — weder ein mehr oder weniger kompliziertes Aggregat, noch ist er ein arrivierter Affe.
Der Mensch, der sich *„aufsteigend aus unbewußten Tiefen lebendiger Natur zur Bewußtheit menschlicher Existenz . . . fühlend und handelnd in Willensentscheidungen, Wertungen und Zielsetzungen, in Urteilen und geistigen Stellungnahmen mit der Welt auseinandersetzt und ein erfaßbares Gepräge seines individuellen Daseins erhält" (Lersch),* ist zu einer dauernden Auseinandersetzung mit sich und dem, was er als Bedingungen seiner Existenz vorfindet, veranlaßt und aufgefordert. Friedrich Schiller spricht über die Rolle — und Aufgabe — des Menschen in „Über Anmut und Würde" so:
„Bei dem Tiere und der Pflanze gibt die Natur nicht bloß die Bestimmung an, sondern führt sie auch allein aus. Dem Menschen aber gibt sie bloß die Bestimmung und überläßt ihm selbst die Erfüllung derselben. Der Mensch allein hat als Person unter allen bekannten Wesen das Vorrecht, in den Ring der Notwendigkeit, der für bloße Naturwesen unzerreißbar ist, durch seinen Willen zu greifen und eine ganz frische Reihe von Erscheinungen in sich selbst anzufangen. Der Akt, durch den dieses wirkt, heißt vorzugsweise eine Handlung."
Das Leben kann also — einem Gedankengang des homöopathischen Arztes G. Mattitsch folgend — als eine Frage definiert werden, die der Mensch durch seine Handlungen zu beantworten hat. Dies schafft die Besonderheit des Menschen, daß er — biologisch unfertig und mangelhaft ausgestattet, daher aber auch anpassungs- und entwicklungsfähig — auf das Entfernte, auf das Nichtgegenwärtige in Zeit und Raum strebt. Er lebt, im Gegensatz zum Tier, nicht im Hier und Jetzt, sondern für die Zukunft. Der Verlauf dieser Entwicklung — das Leben — formt zusammen

mit den ihm mitgegebenen Anlagen sein Schicksal; schlußendlich ein frei gewähltes, individuell erfahrenes Schicksal.
Auch diese besondere Stellung des Menschen kann die Homöopathie als „personotrope Medizin“ in ihre Therapie miteinschließen. Seelische (geistige) Entwicklungen, „schicksalshafte“ Auslösungen stellen für sie genauso Möglichkeiten des Zugangs zur Person dar wie das Angeborene und Erworbene, das seelisch-geistig-körperliche Vermögen und der angeborene und erworbene seelisch-geistig-körperliche Mangel.
Sieht man nun den Menschen in seiner Ganzheit, seiner Einmaligkeit und in seiner Besonderheit, so hat man sich auch seiner **Würde** bewußt zu sein. Das Annehmen des Menschen als unwiederholbare Einheit kann weder ein Akt der Bevormundung, noch ein gewolltes „Hinunterbeugen“ zu einem „Bemitleidenswerten“ sein, sondern muß vom Bewußtsein der gleichen Begegnungsebene getragen sein: Die Erkenntnis, daß Streben, Ringen, Opfern und Leiden ursächlicher, transzendentierter Ausdruck der Person sind — eine Tatsache, die auch in der Medizin nicht mehr beachtet wird — bedingt das Wissen um die Würde der Person.
Das Wort „Homöopathie“ stammt von den griechischen Worten *„homoios“* und *„pathos“* ab und bedeutet ihrem Ursprung nach *„ähnlich leiden“*. Es wäre mit dem arzneilichen Ähnlichkeitsprinzip der Homöopathie nur unvollständig interpretiert, denn es schließt nach unserer Auffassung auch das „Ähnliche“, ja in diesem Fall sogar das „Gleiche“ der Personen ein: Der homöopathische Therapeut sieht sich nicht als Überlegener, sondern weiß um die Schwierigkeiten bei der menschlichen Aufgabe, die Welt zu durchdringen. Er leidet mit, weil er ähnlich leidet.

Der Aufbau der Person

Natürlich sehen wir in diesem Menschenbild den Menschen auch differenziert, ohne ihn deswegen reduzieren zu wollen: Der Wirkungskreis der Homöopathie umfaßt zwar immer die Ganzheit, richtet sich aber auch spezifisch auf einzelne Strukturen, die man als *„Schichten im Aufbau der Person“* bezeichnen könnte. (Sie sind jedoch nur als Vorstellungsmodell aufzufassen, denn die einzelnen Bereiche sind voneinander abhängig und gehen ineinander über.)

Die Person

Das Zentrum des Menschen ist die Person. In der Person wird dem Menschen seine Innerlichkeit gegenüber allem, was außen ist, bewußt, das sind die Seele, der Leib und die Umwelt.

Das Wort Person dürfte aus dem Etruskischen stammen und bedeutete ursprünglich „Maske“, im Sinne von „Rolle“ oder auch „Type“, im klassischen Latein gewinnt es die Bedeutung „dargestelltes Wesen“. Übertragen könnte man darunter verstehen, *„was hindurchtönt, aus der Maske herauskommt“ (= personare).*
Es steht also ein Handelnder hinter der Maske, der seine Rolle spielt oder zu spielen hat, der dabei getrieben wird oder der sich mit seiner Rolle aufdrängt und durchsetzt. Karl Lugmayer definiert die Person als das *„Ich“*, als das Geistwesen, das erkennt, entscheidet und will. Person ist ein Seinsbegriff vom Menschen und bezeichnet seine eigene Wirklichkeit und seine eigene Seinsstufe.
Person bedeutet demnach „Ichwesen“: „Ein seelisches Wesen, das der freien Selbstbestimmung fähig ist, dessen Ich also sich von sich aus durch sich selbst bestimmen kann.“ *(Remplein, „Psychologie der Persönlichkeit“)*
Dieses Ich ist Mittelpunkt des Bewußtseins, auf das alle bewußten Zustände bezogen werden; es ist aber auch dann da, wenn das Ich-Bewußtsein nicht vorhanden ist, zum Beispiel im Schlaf.
Als Personen sind alle Menschen gleich und alle Menschen frei. Ihr geistiges Tun ist außerräumlich und auch überzeitlich. *(Remplein)*
Das Ich ist unkörperlich, nicht an einer bestimmten Stelle des Großhirns lokalisiert. Der Mensch handelt letztlich vor einer ideellen Welt der gültigen Werte. Und in dem Maße, als der Mensch an der geistigen Wertordnung teilhat und gültige Werte setzt, ist er Persönlichkeit oder, besser, wird er Persönlichkeit. So ist jeder Mensch Person, aber nicht jeder eine Persönlichkeit. Als Person vermag sich der Mensch wiederzufinden, zu erkennen; als Person ist er ein nach „außen“ und „oben“ Geöffneter; ein Mensch in der Welt, die ihn prägt und die er in seiner Freiheit formt.

Die Konstitution

Als Teil der Natur ist uns die Struktur von Leib und Seele angeboren. Leib und Seele sind von der Person gesteuerte „Berührungsflächen“, mit denen kommuniziert und mit denen der Umwelt begegnet wird. Die Konstitution ist das Sichtbare, die Erscheinung, in der uns die Person entgegentritt, und in der wir sie erkennen können; in der wir der Welt entgegentreten und in der wir erkannt werden können.
Das erste, was uns auffällt, ist der Körper, das Körperhafte am Menschen. Wir sehen oder spüren, aktiv oder passiv, seine sinnlich wahrnehmbare Ausdehnung und Erfüllung eines begrenzten Raumes. Dieser Körper hat eine Vielzahl von Teilen und bildet eine bestimmte, dem Menschen eigenartige Form und Gestalt. Er baut sich, wie die übrige anorgani-

sche Welt, aus den 92 Elementen auf, die sich zu Molekülen oder Aggregaten verbinden bzw. locker zusammenfügen.
Nun ist es aber auch nicht schwer zu erkennen, daß der menschliche Körper (natürlich auch der tierische) noch eine Eigenschaft hat, die den übrigen Körpern (Steinen, Gestirnen usw.) nicht eigen ist. Er kann nämlich leblos oder lebend sein. Wir wollen den beseelten, das heißt lebenden Körper Leib nennen und damit den Unterschied zwischen leblos oder lebend kennzeichnen. Damit ein Körper zum Leib wird, muß etwas hinzutreten, was dem Gesetz des Körpers nicht entspricht, ein Prinzip *(Vitalismus)*, das ihn lebend macht. *(Der Leichnam ist genauso zusammengesetzt wie der Körper und lebt trotzdem nicht.)*
Auch der Leib des Menschen untersteht den Gesetzmäßigkeiten der anorganischen Natur, das heißt den physikalisch-chemischen Gesetzen. Hinzu kommt aber, wenn man ein Phaenomen als Leben bezeichnen möchte, daß es sich fortbewegt, sich mehrt und wächst, von der Umwelt Stoffe aufnimmt, einverleibt und solche an die Umwelt wieder abgibt *(Assimilation und Dissimilation)*. Die Gesetzmäßigkeiten des Leibes sind die Gesetze des Ganzheitlichen, des Fließend-Labilen, wie sie sich im menschlichen Organismus ver-körpern.
Zum menschlichen Organismus gehört aber auch der seelische Bereich, den man *„in die bekannten Erkenntnisgruppen der Empfindungen, Vorstellungen, Gefühle, Begehren; oder auch in den intellektuellen Bereich einerseits (Vorstellungen) und den emotionalen Bereich (Gefühle, Begehren) andererseits“ (Lugmayer)* teilen kann.
Somit umfaßt diese *„zweite Schicht im Aufbau der Person“* die Gesamtheit dessen, womit sie erscheint, sich ausdrückt, womit sie nach außen und nach innen wirkt; womit sie mit der Außenwelt verbunden ist und sich mit ihr verbindet.
Wie schon festgestellt, ist diese körperliche und seelische (= seelisch-geistige) Verfassung angeboren, sie ist aber auch erworben, sie ist wandelbar und wechselnd: Sie ist das individuelle Vermögen des Menschen in Hinblick auf seine Reaktionsbereitschaft, die wieder seine Leistungs- und Anpassungsfähigkeit bedingt.
Gleichzeitig ist sie ebenfalls der individuelle Mangel, eine vererbte, angeborene und erworbene Organschwäche und eine Systemminderwertigkeit; eine angeborene oder erworbene Disposition für Krankheitstendenzen und daraus abzuleitenden Krankheitsprozessen.
Für den homöopathischen Arzt offenbart sich die Konstitution in Habitus und Temperament, in Physiognomie, Mimik, Gestik und Gehaben; im Hörbaren, Sehbaren und Begreifbaren als Spiegel leiblicher oder seelischer Vorgänge genauso wie im Feststellbaren der persönlichen Herkunft und Vergangenheit. Die Konstitution ist das Resultat davon, wie der er-

wachsene Mensch die Herausforderung seiner eigenen Existenz angenommen und bewältigt *(oder nicht bewältigt)* hat — für den Homöopathen oft der Schlüssel zum Zugang für Erkennen und Heilen. *(Wobei Heilen hier die therapeutische Unterstützung und arzneiliche Hilfe bei jener Gabelung des Weges meint, der entweder zur Wandlung, Reifung und neuer Selbstfindung oder aber zur Auflösung, Entindividualisierung und Selbstzerstörung führen kann.)*

Die Funktionen

Wenn man den Menschen als Individuum versteht *(d. h. der „Unteilbare")*, so ist es dennoch erlaubt — mit der eingangs erwähnten Einschränkung von der „Modellhaftigkeit jeder Schichtung" —, ihn auch in seinen Funktionskreisen zu betrachten; also jene Gliederung des „Schaltwerkes" darzustellen, das die menschliche Person für ihre Zwecke benutzt. Wir unterscheiden drei Funktionsbereiche:

Die Bewußtseinsfunktionen

a) der intellektuelle Bereich
Die Gesamtheit der Bewußtseinsphaenomene aus Verstand, Vernunft, Intellekt, Intelligenz usw. Sie sind Ausdruck des Dranges zur Wertverwirklichung, ihre Ergebnisse sind die Wissenschaften, Künste; sind Religion, Technik, Industrie, Gesellschaft und vieles andere. Als Teilfunktionen kann man bezeichnen:
Die Auffassung: Eingliederung von Sinnesempfindungen und Wahrnehmungen in früher erworbene, analoge Komplexe unserer Erfahrung.
Begreifen: Verstehen, sich etwas erklären können, Werte erkennen und annehmen.
Lernen: Aktiv und passiv etwas aufnehmen, merken und erinnern.
Gedächtnis: Das Vermögen, Aufgefaßtes, Begriffenes und Gelerntes zu bewahren und bereitzuhalten.
Vorstellen: Wahrnehmung von Möglichkeiten (Inneres Sehen, Hören, Schmecken, Riechen, Tasten).
Phantasie: Schöpferische, reproduktive oder ungeordnete Vorstellungen.
Intuition: Hineinschauen, unmittelbare innere Wahrnehmung, schöpferischer Einfall, unbewußtes Erinnern *(C. G. Jung)*.
Inspiration: Schöpferischer Einfall, schöpferische Idee aus dem Unbewußten.
Denken: Zielbewußtes, begriffliches Vorstellen, Urteilen, Schließen, Auffassen, Begreifen. Produktiv auch Schaffung neuer Strukturen und neuer

Erkenntnisse. Reproduktiv: Identifikation, Zurückführung auf bestehende Erkenntnisse.
Erkennen: Das wahre und sichere Wissen um Sachverhalte.
Unterscheiden: Vermögen, zwei oder mehrere mögliche Sachverhalte auseinanderzuhalten.
Entscheiden: Nach vorausgegangenem Erkennen und Unterscheiden sich qualitativ entschließen.
Wollen: Sich von sich aus Ziele setzen und am Ziel festhalten. Ingangsetzung oder Blockierung von Handlungen, Steuerung der Antriebe.

b) Der emotionale Bereich
Die Gesamtheit der Bewußtseinsphaenomene aus Gefühl und Empfinden. Dazu gehören:
Empfinden: Einfachste seelische Wirkung, die einen Sinnesreiz auslöst.
Fühlen: Gefühl ist das unmittelbarste subjektive Erleben. Häufig kommt es zu einer ganzheitlichen, bewertenden Stellungnahme.
Wahrnehmen: Bewußtwerden eines Gegenstandes, Vorganges oder einer Situation durch Verbindung von Empfindung, Gefühl, Erinnern und Assoziation.
Triebe: Eine auf ein bestimmtes Ziel gerichtete, vom Körperlichen ausgehende vitale Tendenz nach biologischer Bedürfnisbefriedigung.
Streben: Ziel- und objektgerichteter, vorwiegend gefühlsmäßiger Handlungstrieb.
Verhalten: Verarbeitung einer bestimmten Situation durch deren Wahrnehmung und intellektuelle Erfassung, die zu einer Stellungnahme oder Entscheidung führen kann.

Die leiblichen Funktionen

Die Gesamtheit aller Systemleistungen des hierarchisch geordneten Organismus, z. B.: Appetit, Durst, Geschmack, Gravidität, Stuhl, Harn, Menses, Fluor, Schweiß, Schlaf, Traum, Sexus, Wärmeregulation u. a.

Die Organfunktionen

Die Einzelfunktionen und spezifischen Leistungen von Organen, z. B.: Kontraktion, Dilatation, Sekretion, Inkretion, Fermentation, Katalyse, Inflammation, Produktion, Degeneration u.a.

In diesem Aufbau, der immer das Ganze vor die Teile stellt, wird die Sicht reflektiert, mit der die Homöopathie dem Menschen — und dem Patienten — entgegentritt. Auch die Funktion von Organen, auch ein Organ

selbst, können Ansatzpunkt homöopathischer Therapie sein — aber das „Dahinterstehende" und das Prinzip, das ein Individuum verkörpert, sind das eigentliche Ziel unserer Bemühungen. Die Überbewertung des mechanistischen und materialistischen Fortschrittes hat dazu geführt, daß man zwar gut im Messen und Wägen, aber blind für die ganzheitlichen Zusammenhänge von Krankheiten geworden ist. Ehe man im Laboratorium Ergebnisse erfahren kann, lange, bevor man die Ursachen von Krankheiten finden könnte, ehe man wägbaren und sichtbaren Ursachen auf die Spur kommt, ist die Homöopathie schon in der Lage, vom Patienten seine Not, seine Unsicherheit, seine Angst und seine subjektiven Aussagen zu erfassen, um daraufhin helfend und heilend eingreifen zu können. Konstitutionelle Prägungen und Schicksale und seelische Vorgänge lassen sich nicht mit Verfahren ergründen, mit denen man Antikörper, Antitoxine oder Viren bestimmt.
Zum „Menschenbild der Homöopathie" und zum „Aufbau der Person" gehören jedoch noch zwei Bereiche, die zwar dem Menschen nicht unmittelbar als physischer Teil zugehörig sind, dennoch aber nicht von ihm zu trennen sind:

Die Öffnung nach außen

Der Mensch steht mit seiner Umwelt durch die Sinneswerkzeuge in Verbindung. Betrachten wir diese Einrichtungen, so stellt sich uns der menschliche Organismus als übersät von Reizempfängern dar:
Für den **Lichtsinn** hat er die Netzhaut als eigentlichen Reizempfänger mit 75 bis 170 Millionen Stäbchen und 6 bis 7 Millionen Zäpfchen.
Für den **Gehörsinn** das Labyrinthwasser mit 15 000 bis 20 000 Fasern der Schneckenmittelwand.
Für den **Geruchssinn** die Riechzellen und Riechhaare der Riechnerven.
Für den **Geschmackssinn** die Geschmacksknospen von der Zungenwurzel bis zum Kehlkopf.
Für den **statischen Sinn** die Bogengänge und Säckchen im inneren Ohr.
Für den **Tastsinn** 80 000 hochempfindliche und 640 000 weniger empfindliche Druckpunkte auf der ganzen Körperoberfläche.
Für den **Temperatursinn** die gesamte Körperoberfläche mit 250 000 Kältepunkten und 30 000 Wärmepunkten.
Für den **Schmerzsinn** die gesamte Körperoberfläche mit den Schmerzpunkten, durchschnittlich 170 im Quadratzentimeter.
Für den **Muskelsinn** die keulenförmigen oder eiförmigen Gebilde der Muskelspindelfasern.
Alle diese Millionen und Millionen von Reizempfängern gleichen Transformatoren oder Schaltwerken, durch die unablässig Eindrücke und

Wahrnehmungen durchfließen und über Reiz/Erregung/Empfindung in unser Bewußtsein geleitet werden. Im Bewußtsein des Menschen spiegelt sich die Umwelt — jene Umwelt, die den Menschen formt und die er zu formen hat.
Während der Organismus nur bestrebt ist, das — organische — Gleichgewicht mit der Umwelt zu erhalten, ist sie für die Person das Feld des Handelns, des personalen Verhaltens. In ihr sucht sie die Motive, die die Ursache unseres Strebens sind. Anpassung, Bewältigung und schöpferische Leistung; Werte schaffen, Taten setzen, Ordnung herstellen, Recht tun — all das ist spezifisch menschlich. All das vollzieht sich in Zeit und Raum, Faktoren, die bestimmend auf uns einwirken.
Der Mensch besitzt in hohem Maße die Fähigkeit, seinen Lebensraum zu wählen und zu bestimmen — ebenso wird er aber auch von ihm bestimmt. Dr. G. Mattitsch, homöopathischer Arzt, beschreibt in „Documenta Homoeopathica“, Band 4, diese Auseinandersetzung: *„Als weltoffenes Wesen ist der Mensch seiner natürlichen Umwelt enthoben. Er entbehrt einer tierischen Einpassung in ein Ausschnittmilieu. Die Umwelt der meisten Tiere ist das nicht auswechselbare Milieu, an das der spezialisierte Organbau der Tiere angepaßt ist, innerhalb dessen wieder die ebenso artspezifischen, angeborenen Instinktbewegungen arbeiten.*
Der Mensch hingegen hat eine deutliche Nichteingegrenztheit des Wahrnehmbaren, er hat nicht Umwelt, sondern ‚Welt‘. Diese ungemeine Reiz- oder Eindrucksoffenheit gegenüber Wahrnehmungen stellt eine erhebliche Belastung dar, die bewältigt werden muß. Der Mensch muß die ihn bedrohende Natur in lebensdienliche umarbeiten. Natur wird so zu Kultur, und die Kulturwelt ist die menschliche Welt. An genau der Stelle, wo beim Tier die Umwelt steht, steht beim Menschen die Kulturwelt, das heißt der Ausschnitt der von ihm bewältigten und zu Lebenshilfen umgeschaffenen Natur.
Sobald der Mensch diese Bewältigung nicht mehr schaffen kann, wobei die Bedingungen hierfür sowohl in der Schwäche seines Wesens als auch in der Übermacht seiner Außenwelt liegen können, nimmt die Umwelt bedrohenden Charakter an, schädigt ihn in physischer oder psychischer Hinsicht.“
Für den Homöopathen erlaubt das Wissen um die Bedeutung dieses Bereiches — insbesondere für den Menschen von heute, der immer mehr aus seinen Geborgenheitsstrukturen gelöst und die Umwelt als erratisch hervorragendes Einzelwesen neu zu erfahren hat — ärztliche Maßnahmen zur Bewältigung physischer und psychischer Traumata: Gesellschaft, Familie, Beruf, Kultur, Religion, Kränkung, Mißachtung als Entstehungsgründe für Krankheiten oder als sie begünstigende Umstände sind der Homöopathie nicht fremd, ebensowenig wie verbessernde oder verschlim-

mernde Einflüsse von Temperatur, Wetter, Klima, Licht, Lärm, Geruch und Druck.

Die Öffnung nach oben

Eine Darstellung über den „Aufbau der Person" wäre nicht vollständig, ohne die Position des Menschen zum Schöpfer zu beleuchten. Denn aus der „Öffnung nach oben" erhält der Mensch erst seine Tiefe, seine Innerlichkeit und seine Würde. *„Kein Tier kennt das Streben nach Gerechtigkeit, den Drang nach Wahrheit und Erkenntnis. Tiere haben keine Wissenschaft, keine Religion, keine Moral, kein Recht."* (Lugmayer)
Wie können wir unser Sein verstehen?
Da wir uns nicht zeitlos erkannt und gewollt haben und auch nicht die Erscheinungswelt gewollt haben, muß es einen geben, der uns und die Erscheinungswelt gewollt hat. Wir müssen also ein Sein voraussetzen, das sich zeitlos erkennt und will, das auch uns und die Erscheinungswelt mit der Zeit erkennt und will. Etwas mit der Zeit als Sein erkennen wollen, nennen wir schaffen oder erschaffen *(Lugmayer).* Dieses Ursein, das *„höchste, erste Wesen",* nennen wir Gott, das heißt *„das Angerufene".* Im Erkennen und Wollen sind wir diesem Gott ähnlich, als Person sind wir ebenbildlich. Der Mensch als Lebewesen stellt sich uns als Bindeglied der biologischen Entwicklung dar. Im menschlichen Organismus hat die menschliche Person das bestmögliche Werkzeug für ihr Handeln erhalten. In der „Öffnung nach oben" ist der Mensch seins-, erkenntnis- und willensmäßig ein Besonderer, ein gottähnliches und ebenbildliches Wesen.
So ist der Mensch an sich und in sich bewundernswert. Ein wunderbares Werk, herrlich anzusehen und zu lieben. In seiner Freiheit aber auch gräßlich *(das Böse veranschaulicht den Begriff der Freiheit)* und furchtbar.

„Das Widerstrebende zusammenfügen und
aus dem Unstimmigen die schönste Harmonie."

(Heraklit)

„Gesundheit ist der Zustand völligen körperlichen, seelisch-geistigen und sozialen Wohlbefindens, für dessen Höchstmaß jeder Mensch seine eigene Norm hat."

(Der Goße Brockhaus)

Den Gesunden gibt es nicht.

Wenn man die obige Kapitelüberschrift in ihrer neutralen Definition als Grundlage ärztlichen Handelns nimmt, so ist dies eigentlich nichts anderes als die Forderung nach einer personalen, persönlichen, individuellen und ganzheitlichen Medizin. Wenn nämlich *„Gesundheit"* in dieser Weise subjektiv interpretiert wird, so kann es sich demnach bei *„Krankheit"* auch nicht anders verhalten:

Denn es gibt die „Gesundheits-Norm" genausowenig wie es die „Norm-Krankheit" gibt. (Außer vielleicht bei Epidemien, die selbst der Krankheit tyrannisch die Individualität rauben.)

Jeder Mensch erkrankt anders — auf seine Art; jeder Mensch ist auch anders gesund, und wenn in diesem „Handbuch der Homöopathie" schon öfter festgestellt wurde, daß *„Krankheit nur der andere Pol der Gesundheit"* ist, so ist erneut zu erkennen, daß jede Krankheit den Menschen immer in seiner Gesamtheit betrifft. Sie ist nicht von ihm zu trennen, da er — egal, ob als Erkrankter oder Gesunder — immer derselbe ist. Der Unterschied besteht „nur" in einer Störung, einer Verstimmung, die sich — aus homöopathischer Sicht — in persönlichen Symptomen ausdrückt.

Zum Begriff „Gesundheit"

Es ist auffällig, daß die obige Definition der Gesundheit dem „Aufbau der Person" folgt, wie wir ihn auf den vorhergehenden Seiten dargelegt haben: Gesundheit ist eine umfassende, den ganzen Menschen betreffende, subjektive Qualität, die Ordnung innerhalb und außerhalb des Menschen voraussetzt.

Gesundheit ist eine Idee — nicht wägbar, nicht meßbar, nicht tastbar.

Erich Fromm, Psychoanalytiker und Sozialwissenschafter (und mit vielen seiner Ansichten der Homöopathie nahe), beschreibt in „Zen-Buddhismus und Psychoanalyse" seine Sicht dessen, was Gesundheit ist: *„Gesundheit bedeutet, affektiv mit den Menschen und der Natur völlig verbunden zu sein, die Isoliertheit und Entfremdung zu überwinden durch die Liebe, sich mit allem Existierenden eins zu fühlen — und doch mich als die separate Ganzheit, die ich bin, als das Individuum, das Ungeteilte, zu erleben. Gesundheit bedeutet, Freude und Traurigkeit unbeeinträchtigt empfinden zu können, aus dem Halbschlaf zu erwachen, hellwach zu sein. Sie bedeutet auch, schöpferisch zu sein, das heißt, als der wirkliche, ganze Mensch, der ich bin, auf mich, auf andere, auf alles Existierende, so wie er oder es wirklich ist, zu reagieren und einzugehen. In diesem wahren Eingehen liegt Schöpferkraft, es bedeutet, die Welt zu sehen wie sie ist, und sie gleichzeitig als meine Welt zu sehen, als die Welt, die durch mein schöpferisches Begreifen geschaffen und verwandelt wurde, so daß sie nicht mehr eine fremde Welt ‚dort drüben' ist, sondern zu meiner Welt wird. Gesundheit bedeutet endlich, daß man sein Ich fallenläßt, seine Habgier abstreift, nicht mehr der Erhaltung und Mehrung des Ich nachjagt, daß man ist, und sich selbst im Sein und nicht im Haben, Bewahren, Begehren und Benutzen erlebt."*

Dieses totale Bild der Gesundheit ist ebenfalls eine Idee, eine noch weiter reichende, als sie die Homöopathie formulieren darf — und dennoch stimmt es, nicht nur im Ansatz, damit überein, wenn wir feststellen: Demnach kann ein Amputierter, ein Blinder, ein Gelähmter oder ein Geisteskranker gesünder sein als der „Abwegige", der gehen kann; der Voyeur, der schauen kann; der Verbrecher, der seinen Verstand einsetzen kann.

Zum Begriff „Krankheit"

„Die Nichtigkeit übersinnlicher Ergrübelungen erkennend, welche sich durch die Erfahrung nicht beweisen lassen, wird auch der scharfsinnigste, aber vorurteilsfreie Beobachter an jeder Krankheit nichts feststellen als

äußerlich durch die Sinne wahrnehmbare Veränderungen im Befinden des Leibes und der Seele (Krankheitszeichen, Zufälle, Symptome), also Abweichungen vom gesunden früheren Zustand des jetzt Kranken, welche
1. dieser selbst fühlt,
2. seine Umgebung an ihm wahrnimmt,
3. der Arzt an ihm beobachtet.
Alle diese wahrnehmbaren Zeichen repräsentieren die Krankheit in ihrem ganzen Umfang, das heißt, sie bilden zusammen die wahre und einzig denkbare Gestalt der Krankheit." So definiert Samuel Hahnemann im § 6 des „Organon" die „Krankheit" und stellte sich schon damals gegen die kausalen Erklärungsversuche und, natürlich, auch gegen die dazugehörigen Methoden.

Wir sagen heute: Krankheit ist ein prozeßhaftes Geschehen am Menschen; Krankheit ist die Folge einer äußeren oder inneren Störung der personalen Ordnung, geoffenbart in Zeichen, Beschwerden und Symptomen.

Selbstverständlich kann Krankheit in unseren Tagen auch präziser definiert werden: Bei der akuten Reaktion ist das Organ, die Zelle oder das Molekül gestört; bei der chronischen Erkrankung gewinnt immer mehr die zentral-nervöse Steuerung die Oberhand, deren Indizien der rhythmische Verlauf, die Schübe, die Rückfallneigung und die vielfältige Skala psychosomatischer Ausdrucksformen sind. Bei diesen tritt noch mehr der Mensch als Ganzes „in Erscheinung" — sie zeigen die Transzendenz der Person.

Und deshalb scheinen auch die naturwissenschaftlichen Erklärungsversuche, die hinter dem sich zeigenden Symptom eine Ursache, eine meßbare und materielle „Causa" vermuten und suchen, eine Verdinglichung des Menschen und seiner Krankheit darzustellen; eine Reduktion eines ganzheitlichen Phaenomens auf die Skala und Sprache der heutigen Naturwissenschaften.

Samuel Hahnemann aber läßt das, *„womit so viele Ärzte Kräfte und Zeit ruhmsüchtig verschwendeten"*, nämlich *„das Zusammenspinnen leerer Einfälle und Hypothesen über das innere Wesen des Lebens-Vorganges und der Krankheits-Entstehungen im unsichtbaren Inneren zu sogenannten Systemen, oder die unzähligen Erklärungsversuche über die Erscheinungen in Krankheiten und die ihnen stets verborgen gebliebene nächste Ursache derselben" (Anmerkung zu § 1 des „Organon"),* Samuel Hahnemann also läßt dies als „Phaenomen" einfach unberücksichtigt und konzentriert sich auf das, was sich als *„wahre und einzig denkbare Gestalt der Krankheit"* zeigt. Seinen Ärzten gibt er — im § 3 des „Organon" — die Aufgabe,

a) „Deutlich ein(zu)*sehen, was an jedem Krankheitsfall zu heilen ist (Erkenntnis der Krankheit)"* und *b)* (zu) *„wissen, was an jeder Arznei das Heilende ist (Kenntnis der Arzneikräfte)“.*

Diese Übereinstimmung gilt es herbeizuführen. Bevor wir uns im nächsten Abschnitt mit dieser Theorie der Heilung beschäftigen, wollen wir die *„Erkenntnis der Krankheit“,* die *„deutlich einzusehen“* ist, dem eingangs zitierten Krankheitsbegriff gegenüberstellen: Die *„äußerlich durch die Sinne wahrnehmbaren Veränderungen im Befinden des Leibes und der Seele“* sind zu erkennen, sind wahrzunehmen. Keine Annahmen, Theorien, Hypothesen, Behauptungen, Spekulationen und Vermutungen — das Gegebene ist das zu Heilende und fällt zusammen mit dem Sein des Menschen. Es ist demnach nichts nur Körperliches, sondern ein Vorgang auf personaler Ebene.

Das erklärt auch, daß Menschen mit der „gleichen Krankheit“ verschieden leiden und verschiedene Prognosen haben können. Das zentrale und vegetative Nervensystem, das hormonal-humorale und das histiogene System sind nur die Örtlichkeit des Ablaufes, und das pathologisch-anatomische Substrat ist nicht die Ursache, sondern die Folge einer Desorganisation. Auf der einen Seite findet man bei Patienten krasse Gesundheitsstörungen mit Ausfallerscheinungen bestimmbarer Systeme ohne jeden positiven Laboratoriumsbefund. Auf der anderen Seite findet man an Leichen schwere destruktive Veränderungen, gleichsam als Nebenbefund des beschwerdefreien Patienten. So hat uns die lokalistisch-analytische Forschung, die glaubte, die Ursache gefunden zu haben, Einblick in gestörte Örtlichkeiten und ablaufende Funktionen gebracht. Immer wieder nahm sie an, der Krankheitserkenntnis nähergekommen zu sein — dabei griff man Schemata auf, denen man Namen gegeben hat. Es wurde das Verursachte behandelt und nicht der kranke Mensch, denn Krankheit ist ein qualitatives Geschehen.

Wir fassen die homöopathische Sicht der Krankheit und ihren Unterschied zur Krankheitsbetrachtung der klinischen Medizin am besten mit der Beschreibung des Schweizer Arztes W. Klunker zusammen:

„Wenn sich nämlich die Symptomatik eines Patienten unvoreingenommen als das eigentliche Kranksein erweist, dann ist es unnötig, überflüssig und abwegig, hinter diesem eigentlichen Kranksein nochmals eine Ursache als das Eigentliche des Krankseins zu suchen, wie das für die naturwissenschaftliche Medizin notwendig und konsequent sein mag. Positiv betrachtet stellen die Phaenomene des menschlichen Krankseins nichts Derivatives, Uneigentliches des wahren Krankseins dar, sondern nichts anderes als eben das Kranksein als das wahre und wirklich zu Heilende selbst.“

Zum Begriff „Heilung"

„Des Arztes höchster und einziger Beruf ist, kranke Menschen gesund zu machen, was man heilen nennt" — so beschreibt Samuel Hahnemann die Aufgabe des Arztes, ein Anspruch, der heute über die Reparatur- und Beschwichtigungsmedizin ins Hintertreffen geraten zu sein scheint.

„Das höchste Ideal der Heilung" — so präzisiert Hahnemann das weitere Behandlungsziel des Arztes — *„ist die schnelle, sanfte und dauerhafte Wiederherstellung der Gesundheit oder Behebung und Vernichtung der Krankheit in ihrem ganzen Umfang auf dem kürzesten, zuverlässigsten und unnachteiligsten Weg."* Auch diese Forderung klingt — vielleicht am deutlichsten dort, wo vom „unnachteiligsten Weg" gesprochen wird — geradezu wie eine Utopie, legt man als Maßstab dazu die Praktiken der heutigen Schul- und Klinikmedizin an.

Aber Hahnemann hat nicht nur die Forderung und den Anspruch nach einer solchen Heilung gestellt, er hat auch die diese Definition verwirklichende Methode geliefert — nämlich die Homöopathie mit den Voraussetzungen für eine im strengen Sinn **„wissenschaftliche Arzneiheilung"**. *(W. Klunker)*

Aus den im vorhergehenden Abschnitt zitierten Punkten, *a) . . . was an jedem Krankheitsfall zu heilen ist . . .;* und *b) . . . was an jeder Arznei das Heilende ist . . .* ergibt sich die homöopathische Conclusio geradezu zwangsläufig — c) die Heilung: *„Wenn der Arzt es versteht, aus klaren Gründen das Heilende der Arzneien dem, was er als unzweifelhaft krankhaft erkannt hat, so anzupassen, daß Genesung erfolgen* ***muß****."* So legt der § 3 im „Organon" die Voraussetzungen fest, unter denen das *„große und einzige Naturheilgesetz der Homöopathie"* in Wirkung tritt, und er verknüpft die erfolgreiche Heilung mit der Person des homöopathischen Arztes, des „Heilkünstlers", der mit den Instrumenten „Ähnlichkeitsprinzip" und „Arzneitherapie" eine vorherzusagende, gesetzmäßige — also wissenschaftliche — Heilung erreicht.

(Hahnemann selbst bezeichnet die Homöopathie als *„eine ganz einfache, sich stets in ihren Grundsätzen und ihrem Verfahren gleichbleibende Therapie"*. Und er fügt hinzu: *„Wie die Lehre, auf welcher sie beruht, erscheint sie wohlbegriffen, in sich völlig abgeschlossen und dadurch hilfreich.")*

Dazu paßt eine Geschichte, die die Behauptung von der „gleichbleibenden Methode" und der „vorherzusagenden Heilung" illustriert. Sie ereignete sich zwar nicht in unserer Zeit, aber es ist nicht zuletzt ein Ziel der „Wiener Schule der Homöopathie", daß sie sich auch heute noch so ereignen könnte. Constantin Hering, der berühmte deutsch-amerikanische Homöopath, erzählte also: „Auf meinen Reisen kam ich einst in ein Dorf.

Da ließ mich der Edelmann einladen, die Nacht, statt in der Schenke, bei ihm zu bleiben. Er war ein reicher Kauz, wie gewöhnlich krank dabei, hatte Langeweile und guten Wein. Als er hörte, daß ich ein junger Doktor sei, sagte er, er wolle lieber, daß sein Sohn Scharfrichter würde. Als ich mich dessen wunderte, brachte er ein großes Buch herbei und erzählte mir: Er sei vor zwanzig Jahren krank geworden, aber nicht am Verstande. Da hätten sich zwei berühmte Doktoren gezankt über seine Krankheit. Er habe keinen von beiden genommen und ihre Arzneien noch weniger, die Sache jedoch in ein Buch eingetragen. Hierauf sei er nun nicht gesund geworden, sondern auf Reisen gegangen, in der Absicht, drei Ärzte zu finden, die über ihn einig wären; ohne Absprache wollte er dann deren Kur gebrauchen, aber auch keine andere. Darum habe er fast alle berühmten Ärzte und auch einige unberühmte um Rat gefragt, und bei aller seiner Plage sei er dem ersten Vorsatz treu geblieben, habe jedesmal den guten Rat hier ins Buch eingetragen, aber noch keine Übereinstimmung gefunden, daher habe er auch keinen einzigen Rat befolgt; er sei zwar immer noch krank, aber doch wenigstens am Leben geblieben. Übrigens koste ihn das Buch ein schweres Geld.
Das Buch war wie ein Comptoirbuch eingerichtet. Da standen in der 1. Rubrik die Namen der Ärzte, alle numeriert, es waren ihrer 477. In der 2. standen die Namen seiner Krankheit: Es waren 313. In der 3. standen die vorgeschlagenen Mittel. Es waren 892 Rezepte, in denen 1097 Heilmittel verordnet waren. Er nahm eine Feder und fragte trocken: Wollen Sie mir nicht auch etwas raten? Ich will's eintragen unter Nr. 478. Ich hatte aber keine Lust und fragte ihn nur, ob Hahnemann denn nicht dabei wäre. Er schlug ihn lachend auf: Nr. 301. Krankheitsname: 0; Mittel: 0. Das ist der Gescheiteste von allen, rief er, der sagte: Der Name der Krankheit, der ginge ihn nichts an, und der Name des Mittels, der ginge mich nichts an, die Hauptsache sei nur die Heilung. Warum aber, fragte ich, er sich von diesem Gescheitesten denn nicht behandeln lasse? Er antwortete: Weil er nur einer ist, ich aber drei will, die eins sind.
Ich fragte, ob er wohl etliche hundert Taler an einen Versuch verwenden wollte, dann könnte ich ihm nicht drei, sondern 33 Ärzte namhaft machen, an ganz verschiedenen Orten, Ländern, Weltgegenden, die alle übereinstimmen würden. Er zweifelte, doch beschloß er, es zu wagen. Nun machten wir eine Beschreibung seiner Krankheit, und er schickte dieselbe, sobald die Kopien fertig waren, an 33 verschiedene homöopathische Ärzte, legte in jeden Brief einen Louis d'or und ersuchte, ihm die Mittel namhaft zu machen, welche ihm seine Krankheit, wenn nicht heilen, doch fürerst verbessern könnten.
Vor kurzem erhielt ich ein Faß Rheinwein von 1822. Zweiundzwanziger schicke ich Ihnen, schrieb er, denn 22 stimmten in ihren Antworten über-

ein. Da sah ich, daß Sie Recht hätten und es noch eine Sicherheit gäbe in der Welt! Ich schaffte mir die Werke an, um dahinter zu kommen. Unter fast 200 Mitteln wählten 22 Ärzte — und alle dasselbe. Mehr war nicht zu verlangen. Der Nächste behandelte mich, und ich schicke Ihnen den Wein, damit ich vor Freuden über meine zunehmende Gesundheit nicht zuviel trinke."

Gewiß ergeben sich aus der von Hahnemann definierten Verpflichtung des homöopathischen Arztes, kundiger Erkenner von Krankheitszeichen und von Heilmitteln zu sein, fundamentale Konsequenzen für den Homöopathen: Erstens ist die Gabe notwendig, unvoreingenommen, feinfühlig und umfassend den *„Inbegriff der Symptome"*, in dem sich die Krankheit zeigt, wahrzunehmen. Bei dem weiten Rahmen, den die „Wiener Schule der Homöopathie" dafür vorgibt, gehören besondere Fähigkeiten dazu — und die Liebe, einen Patienten wirklich anzusehen, wirklich anzuhören und wirklich verstehen zu wollen. Und zweitens braucht der homöopathische Arzt ein reiches, differenziertes und immer wieder ergänztes und vertieftes Wissen um seine Arzneien. Nur aus der Erfüllung dieser beiden Elementarforderungen kann Heilung für den Patienten erwachsen — diese Übereinstimmung vom *„zu Heilenden"* und dem *„Heilenden"* bringt als Resultat, *„daß Genesung erfolgen* ***muß****" (Hahnemann).*
Wir sagen heute — und schließen dabei an Erkenntnisse der beiden bedeutenden Physiologen Bernard und Cannon an: Man kann Heilung nur dann erreichen, wenn die Mittel dazu auf die Gesetze zur Erhaltung des biologischen Gleichgewichts *(Bernard)* und auf die Konstanz, mit der der Organismus sein inneres Milieu den verschiedenen Lebensbedingungen gegenüber aufrechterhält *(Cannon),* Rücksicht nehmen.
Selten werden wir einen Patienten finden, der nur an einer Störung leidet, meist werden es mehrere sein, von denen jede eine besondere Bedeutung im Ganzheitlichen hat, was bei der Spezialisierung übersehen wird. So kommt es, daß der Patient bei jedem Auftreten von Beschwerden entsprechende Medikamente wünscht und bekommt, ohne daß das natürliche Regulationsvermögen und Gleichgewichtsstreben des Organismus berücksichtigt wird. Eine menschengerechte Therapie wird nach unseren bisherigen Untersuchungen dem Aufbau der Person gerecht werden müssen. Das Ziel wäre die Wiederherstellung der personalen Harmonie durch eine Ordnungstherapie der Person.
Heilen ist die Wiederherstellung der Ordnung mit dem Schöpfer, mit der Umwelt, mit sich und in sich; Heilen ist die Wiederherstellung der personalen Harmonie — und damit jenes — so Hahnemann — *„heilbringende und beseeligende Unternehmen"*, das die Gesundheit wiederherstellt.

„Die Medizin beschäftigt
den ganzen Menschen, weil
sie sich mit dem ganzen
Menschen beschäftigt."

(Johann Wolfgang v. Goethe)

„Ihr sollt sehen auf den Grund des Menschen."

(Paracelsus)

Für die erste große Voraussetzung zur Heilung — **die vollkommene Erfassung des Kranken, seiner Zeichen, Zufälle und Symptome** — verlangt Hahnemann nichts als *„Unbefangenheit, gesunde Sinne, Aufmerksamkeit im Beobachten und Genauigkeit im Aufzeichnen des Bildes der Krankheit"*. Er hat damit — und mit den präzisierenden Anweisungen dafür — die Grundlage für die homöopathische Anamnese* geschaffen, von der Uexküll sagt: *„Seit 160 Jahren ist diese Anamnesetechnik unerreicht, erst in jüngster Zeit hat sich im Rahmen eines Versuchs der Psychosomatik eine Interviewform entwickelt, die ebenfalls Hahnemanns Grundforderungen erfüllt."*

Und in der Tat: Liest man die Bemerkungen, die Hahnemann zu den damals üblichen Erkundungspraktiken der Ärzte machte, so ist seine umfassende Erforschung des kranken Menschen als eine große Veränderung anzusehen, die auch heute immer noch die Homöopathie von den meisten

* Das Wort stammt aus dem Altgriechischen und bedeutet „Wiedererinnern". In der Medizin ist es die Bezeichnung für die Vorgeschichte einer Krankheit; in der Homöopathie meint es die Gesamtdarstellung einer Person einschließlich ihrer Erkrankung.

anderen medizinischen Schulen unterscheidet. Hahnemann schreibt also (in einer Anmerkung zum § 104 des „Organon“) über die ärztlichen Gebräuche zu seiner Zeit (Vergleiche mit der unseren sind dabei zwangsläufig nicht zu vermeiden):

„Die Ärzte alter Schule machten sich es hiermit in ihren Kuren äußerst bequem. Da hörte man keine genaue Erkundigung nach allen Umständen des Kranken, ja der Arzt unterbrach diese sogar oft in der Erzählung ihrer einzelnen Beschwerden, um sich nicht stören zu lassen bei schneller Aufschreibung des Rezeptes, aus mehreren von ihm nach ihrer wahren Wirkung nicht gekannten Ingredienzen zusammengesetzt. Kein allopathischer Arzt, wie gesagt, verlangte die sämtlichen genauen Umstände des Kranken zu erfahren und noch weniger schrieb er sich etwas davon auf. Wenn er dann den Kranken nach mehreren Tagen wieder sah, wußte er von den wenigen, zuerst gehörten Umständen (da er seitdem so viele verschiedene, andere Kranke gesehen) wenig oder nichts mehr; er hatte es zu dem einen Ohr hinein und zu dem anderen wieder hinaus gehen lassen.

Auch tat er bei ferneren Besuchen nur wenig allgemeine Fragen, tat, als fühlte er den Puls an der Handwurzel, besah die Zunge, verschrieb in demselben Augenblicke, ebenso ohne verständigen Grund, ein anderes Rezept oder ließ das erstere (öfters des Tages in ansehnlicheren Portionen) fortbrauchen und eilte mit zierlichen Gebärden zu dem fünfzigsten oder sechzigsten Kranken, den er denselben Vormittag noch gedankenlos zu besuchen hatte. So ward das eigentlich nachdenklichste aller Geschäfte, die gewissenhafte, sorgfältige Erforschung des Zustandes jedes einzelnen Kranken und die darauf zu gründende spezielle Heilung von den Leuten betrieben, die sich Ärzte, rationelle Heilkünstler, nannten. Der Erfolg war, wie natürlich, fast ohne Ausnahme schlecht; und dennoch mußten die Kranken zu ihnen, teils weil es nichts Besseres gab, teils aus Etikette und weil es so eingeführt war.“

Natürlich war Hahnemanns ausführliche Form der Erkundung nicht nur eine — wohltuende — Anteilnahme an der Person des Menschen, sondern auch und vor allem ein Grundpfeiler seiner Lehre der Homöopathie: Ohne genaue Kenntnis des zu Heilenden war sein Prinzip *„Similia similibus curentur“* nicht — oder nur mangelhaft — praktizierbar. Es ist für den homöopathischen Arzt eine geradezu zwingende Notwendigkeit, möglichst alles über seinen Patienten zu erfahren und zu wissen, weil nur auf diese Weise die arzneiliche Entsprechung zu allen Beschwerden und Symptomen zu finden ist. Deshalb trägt die „Wiener Schule der Homöopathie“ auch der Anamnese in besonderer Ausführlichkeit, Genauigkeit und Systematik Rechnung. Und dies zwar in etwas anderer Ordnung als bei Hahnemann, ansonsten jedoch seinen Regeln folgend, sie höchstens erweiternd und ausdehnend.

Immer basierend auf dem eingangs beschriebenen Menschenbild und dem Verständnis von der Ganzheit der Person versucht also der homöopathische Arzt durch die Anamnese „auf den Grund des Menschen zu sehen" — indem er den Kranken als Person, als individuelle Erscheinung mit subjektiven Empfindungen und ihm eigenen Beschwerden (als Phaenomen) annimmt und begreift.

Diese Begegnung — denn eine solche ist es — muß so gründlich wie möglich sein, das Aufschreiben und isolierte Betrachten von Symptomen allein ist zuwenig. Es wird auch die Fähigkeit verlangt, die Spur von dem zu finden, der sich hinter der „Maske" verbirgt und seine „Rolle" zu spielen hat. Es ist die Gabe vonnöten, ein lebendiges Spiegelbild des Menschen zu erahnen und sehen zu können — eines Menschen mit seinem ererbten und erworbenen Hintergrund, mit seinem Schicksal, mit seinen ihn bestimmenden Lebensereignissen und mit seinen seelischen und leiblichen Eigenheiten.

„Ohne Berücksichtigung der Ganzheit, Einmaligkeit und Besonderheit des jeweiligen Kranken gibt es auch keine echte Heilung für die gesamte Person; ohne die Fähigkeit, die Gestalt des Kranken als Ausdruck seiner Seele-Geist-Leib-Einheit zu deuten, gibt es keine Ganzheitstherapie", schreibt Volk in „Neuropersonale Diagnostik". Den naturwissenschaftlichen Lehren, denen sich auch die heute herrschende medizinische Richtung zugehörig weiß, ist eine Ursachenlehre, in deren Mittelpunkt nicht die einzelne, singuläre „Erscheinung" steht, sondern der abstrakte Begriff. Eine Krankheit z. B. wird von ihr nicht als Teil des Wesens, bei dem sie auftritt, angesehen, sondern als von ihm gesondertes „Ding" betrachtet, dessen Ursachen, Elemente, Kräfte und Eigenschaften es zu erforschen — oder zu behandeln — gilt.

Die naturphilosophische Lehre hingegen, der sich die Homöopathie verwandt fühlt und die vor allem das Handeln ihres Schöpfers Samuel Hahnemann bestimmte, hat Ganzheiten — Bilder, Gestalten, Wesen, wie sie vom Leben geschaffen werden — zum Inhalt. Nichts wird davon abgetrennt, nichts davon wird isoliert betrachtet — durch die unmittelbare Wahrnehmung wird eine in sich geschlossene Schau eines Phaenomens in seinen Zusammenhängen, mit seinen Polaritäten und in seiner Ordnung hergestellt.

Das also ist die Ausgangsgrundlage für die Bestrebungen des homöopathischen Arztes.

Als „Markierungen" bei der Erkundung im „Labyrinth Person" dienen ihm — in der Hahnemannschen Diktion — *„Zufälle, Zeichen, Symptome"*. Die besondere Methodik der „Wiener Schule der Homöopathie" macht nun eine leichtere Orientierung in diesem „Labyrinth" möglich: Im Mittelpunkt steht ein ausführlicher, umfassender und systematischer Fra-

gebogen und das ebenso ausführliche, umfassende und systematische Anamneseblatt. Ihre Gliederung folgt dem hier beschriebenen „Aufbau der Person“ und den Anweisungen Hahnemanns im „Organon“, daß für den homöopathischen Arzt *„die Daten der wahrscheinlichsten Veranlassung der Krankheit, die bedeutungsvollsten Momente aus der ganzen Krankheitsgeschichte, der Gemütszustand des Kranken und sein geistiger Charakter, seine Beschäftigungen, seine Lebensweise und Gewohnheiten, seine bürgerlichen und häuslichen Verhältnisse usw.“* zu berücksichtigen sind. Die homöopathische Anamnese erfüllt ebenfalls die Forderung von Hahnemann, *„daß ohne strenge individualisierende Untersuchung jedes Krankheitsfalles keine echte Heilung stattfinden kann“; „daß die Erforschung der Krankheitszeichen so sorgfältig und umständlich als möglich geschehen und bis in die kleinsten Einzelheiten gehen muß“;* und schließlich, *„daß die auffallenderen Symptome ins Auge zu fassen sind“.*
Wiewohl manche dieser Vorschriften *(sie beinhalten sogar Hinweise für den Umgang mit „Hypochondern“ und „trägen Personen“)* von Hahnemann nur für chronische Krankheitsfälle gegeben wurden, so haben wir aus seinen gesamten Erfahrungen um die Statuserhebung eines Patienten eine allgemein gültige Anamneseform gefügt, deren Grundzüge bereits in vielen anderen Ländern übernommen wurden.

Die homöopathische Anamnese

Die homöopathische Anamnese gliedert sich in
den Vorbericht,
den Spontanbericht,
den Lenkbericht
und den Befundbericht.
Sie fängt schon beim Namen des Patienten an — denn der Name ist etwas sehr Charakteristisches, sicher nichts Zufälliges. Schon in der Heiligen Schrift steht, daß jeder bei seinem Namen gerufen werden wird. Gott kennt mich beim Namen — ein großer Trost in schweren Stunden. *„Nomen est omen“,* der Name sagt alles, lautet nicht ohne Grund ein altes lateinisches Sprichwort. Mit dem Namen verbindet sich eine Herkunft, mit dem Wohnort, der Adresse, ein bestimmtes Milieu. Ähnlich wichtig ist der Beruf. Abgesehen davon, daß er Aufschlüsse über eine berufsbedingte Krankheit geben kann, informiert er den Arzt auch darüber, welche Rolle der Patient in der Umwelt spielt oder spielen muß.
Aus diesen wenigen Daten erfährt der geübte Arzt, der zu schauen und zu begreifen gelernt hat, bereits eine ganze Menge.

Der Vorbericht

Die erste Frage des Vorberichtes zielt auf die **Familienkrankheiten**, ob in einer Familie gehäuft bestimmte Krankheiten aufgetreten sind — was für die Nachkommen Folgen haben kann —, und ob sich bestimmte geistig-seelische oder soziale Verhaltensmuster durch die Familiengeschichte ziehen, die bewußt oder unbewußt prägend erhalten geblieben sind, etwa Alkoholismus, Suchtgiftprobleme oder Selbstmord. Zu den bedeutendsten Familienbelastungen zählen: Krebs, Tuberkulose, Geschlechtskrankheiten, Geisteskrankheiten, Epilepsie, Herz- und Gefäßkrankheiten, Schlaganfall, Herzinfarkt, Embolien, Stoffwechselkrankheiten, Zuckerkrankheit, Rheumatismus, Steinkrankheit, allergische Krankheiten, Asthma, Hautkrankheiten, Organminderwertigkeiten, Mißbildungen.

Die zweite Frage bezieht sich auf **Kinder- und Infektionskrankheiten:** Masern, Scharlach, Diphtherie, Keuchhusten, Mumps, Röteln, Feuchtblattern, Kinderlähmung, Tetanus, Ruhr, Typhus, Paratyphus, Cholera, Malaria, Tropenkrankheiten, Krebs, Tuberkulose, Geschlechtskrankheiten.
Kinderinfektionskrankheiten versucht man heute mit Hilfe von Impfungen soweit wie möglich zu verhindern. Eine Maßnahme, die nicht nur Vorteile hat: Denn jede überstandene Kinderkrankheit ist ein Training für das Immunsystem. Außerdem verhindern Impfungen den Ausbruch einer Erkrankung mitunter nicht gänzlich. Die Krankheit verläuft in abgeschwächter Form, wird nicht erkannt und daher nicht behandelt, und somit zu einer Dauerbelastung für den Organismus. Da auch Schäden nach Impfungen immer wieder, wenn auch viel seltener als früher, auftreten, richtet sich die dritte Frage des Vorberichtes nach den **Impfungen**, die der Patient erhalten hat. Und zwar: Pocken, Scharlach, Diphtherie, Keuchhusten, Tetanus, Kinderlähmung, Calmette (Tbc), Röteln, Masern.
In der älteren homöopathischen Literatur findet man immer wieder die strikte Ablehnung jeglicher Impfung, was teilweise durch die mangelhafte Qualität der damals zur Verfügung stehenden Impfstoffe erklärt werden kann. Der Arzt sollte dieses Problem nicht weltanschaulich lösen, sondern von Fall zu Fall eine Entscheidung treffen. Daß heute für jedes Kind der gleiche, fixe Impfplan vorgeschrieben wird, ist aber ebenso bedenklich wie die totale Ablehnung jeder Impfung. In der Homöopathie gibt es einige Arzneimittel, die vorbeugend gegen Impfschäden eingesetzt werden können oder schon bestehende Impfschäden beheben oder mildern.

Litten Sie als Kind an: Ekzemen, Warzen, Fieberblasen, Erkältlichkeiten, Asthma, Erfrierungen, Verbrennungen, Lymphdrüsenschwellungen, Fisteln, Medikamentenempfindlichkeit, Allergie? lautet die vierte Frage. Die alte Volksweisheit „Wenn Ekzeme vergehen, kommen sie als Krankheit an anderer Stelle zurück" bewahrheitet sich auch heute immer wieder. *„Ein besonders krasses Beispiel wird mir in diesem Zusammenhang immer in Erinnerung bleiben. Ein übergewichtiger Patient suchte mich wegen seiner Nierensteine in meiner Praxis auf. Im Verlauf der Anamnese ergab sich, daß er vor geraumer Zeit an Psoriasis gelitten hatte. Mit dem Verschwinden der Psoriasis begannen seine Nierenbeschwerden. Ich gab ihm eine Dosis Sulfur M (Korsakoff-Potenz), und schon am nächsten Tag war sein Körper von einer punktförmigen Psoriasis übersät. Mein Versprechen, daß in kurzer Zeit diese Arzneireaktion abklingen und sich auch sein Nierenproblem bessern würde, konnte ich einhalten."* *

Die fünfte Frage richtet sich nach den bisher aufgetretenen **Organerkrankungen.**

Operationen, Operationsfolgen sind Gegenstand der sechsten Frage. Jede Operation und jede Narkose kann für den Organismus eine oft auch lange nachwirkende Belastung sein. Denn während der Narkose ist der Mensch ausgeliefert. Er weiß nicht, wer er ist, er weiß nicht, was er tut, er ist nicht bei sich. Nicht selten offenbaren sich im Verlaufe der Anamnese Probleme, die erst hier zutage gefördert werden. Langwierige Rekonvaleszenzen wiederum können Aufschluß darüber geben, daß die Operation zwar gelungen ist, daß sich der Körper aber nur ungenügend auf das neue Gleichgewicht eingestellt hat — ein unter Umständen wertvoller Hinweis für den homöopathischen Arzt. Röntgen-, Radium- oder Kobaltbestrahlungen gehören ebenfalls in diesen Fragenkomplex. Die siebente Frage heißt: Welche **Verletzungen** haben Sie erlitten? Dazu zählen: Geburtstrauma, Gehirnerschütterung, Gehirnverletzung, Knochenbruch, Arbeitsverletzungen, Kriegsverletzungen, Erfrierungen, Verbrennungen, Verätzungen, Durchnässung, Unterkühlung, Überanstrengung, Erschöpfung, Schreck, Schock.

Die achte Frage schließlich betrifft die **medikamentöse Belastung**. Eine Frage, die zunehmend an Bedeutung gewinnt, denn es gibt kaum noch Patienten, die nicht mit einem Sack voll von Medikamenten in die Ordination kommen, mit 10, 20 und mehr Mitteln, die sie den Tag über einnehmen sollen. Darunter sind hochwirksame, teils gegensätzlich wirkende

* Diese und die folgenden persönlichen Anmerkungen stammen aus der langjährigen Praxis des Autors als homöopathischer Arzt.

Medikamente — etwa zur Beruhigung und zur Aufmunterung —, von deren Zusammenwirken im Organismus man noch so gut wie gar nichts weiß. Daß diese Vielzahl von chemischen Stoffen den Organismus schwer belastet und mitunter die auslösende Ursache für eine zusätzliche Krankheit sein kann, liegt auf der Hand. Schon Hahnemann schrieb darüber in einer Anmerkung zum § 74 des „Organon“:

„Dadurch wird die Lebenskraft teils unbarmherzig geschwächt, teils, wenn sie nicht unterliegt, nach und nach — entsprechend der Eigenart des besonderen, mißbrauchten Mittels — dergestalt anormal verstimmt, daß sie den Organismus verändern und diesem oder jenem Teil entweder die Erregbarkeit oder die Empfindung nehmen, oder sie übermäßig erhöhen, Teile erweitern oder zusammenziehen, erschlaffen oder verhärten, oder wohl gar vernichten und hier und da im Inneren oder Äußeren organische Fehler anbringen (den Körper im Innern und Äußern verkrüppeln) muß, um dem Organismus Schutz vor völliger Zerstörung des Lebens gegen die immer erneuerten, feindlichen Angriffe solcher ruinierenden Kräfte zu verschaffen.“

Der Vorbericht, dessen Rubriken am Fragebogen und am Anamnese-Blatt vorgegeben sind — weshalb er auch von einer Krankenschwester oder Ordinationshilfe aufgenommen werden kann —, ist nun abgeschlossen. Es folgt:

Der Spontanbericht

„Welche Sorgen und Beschwerden haben Sie“ — lautet hier die Eröffnungsfrage des homöopathischen Arztes. „Sorgen **und** Beschwerden“ deshalb, damit der Patient weiß, daß seine Sorgen genauso ernst genommen werden wie seine körperlichen Leiden. Je nach seiner eigenen Einschätzung beginnt er mit dem, was ihm die größten Probleme bereitet. Nun erfährt der Arzt, weswegen ihn der Kranke aufsucht, was er von ihm erwartet oder erhofft. Wichtig ist, daß sich der Patient in Ruhe ausreden kann, daß er das Gefühl hat, sich anvertrauen zu können und angenommen zu werden. Gerät seine Erzählung ins Stocken, leitet der Arzt über zum Lenkbericht.

Der Lenkbericht

Beginnend bei den Kopfschmerzen und endend bei den Krampfadern, Venen, folgen die Fragen dem Kopf-zu-Fuß-Schema. Nach dem Spontanbericht, der über die akuten Probleme und über den Grund für den Arztbesuch Auskunft gegeben hat, erhebt der Lenkbericht nun den körperlichen status quo. Diese Gliederung hat für beide Seiten Vorteile: Der Patient kann nichts vergessen, der Arzt nichts übersehen.

Damit ist vorerst der den Körper betreffende Teil der Anamnese beendet. Es folgt das eigentliche Kernstück — die Suche nach der Seele, dem Geist, dem Ich des Kranken und damit die Suche nach dem zentralen Lebensproblem, dem ursächlich Krankmachenden. Sie gipfelt in der Frage: *„Was ist das für ein Mensch?"*

Die am leichtesten zugängliche psychische Ebene ist die der Stimmung. Um dem Patienten die Antwort zu erleichtern, werden ihm, der „Wiener Schule der Homöopathie" folgend, Stimmungsbilder vorgegeben, denen er sich zuordnen kann:

„Sind Sie eher froh, heiter, lustig, gesellig, optimistisch?" oder *„. . . eher mißtrauisch, eifersüchtig, nachtragend?"* Diese Fragen nach der Stimmung sind der Beginn des roten Fadens, der zur Persönlichkeit führen soll. Aufgrund der Arzneimittelbilder steht dem homöopathischen Arzt hier eine Fülle von Zuordnungsmöglichkeiten zur Verfügung, die über jede Typenlehre hinausgeht.

„Dem Wesenskern näher und eine der fündigsten Fragen in der menschlichen Begegnung ist für mich: ‚Wie reagieren Sie auf Trost?' Eine sehr menschliche Frage. Denn stellen Sie sich vor, Ihnen ist noch nie im Leben Trost zugesprochen worden. Oder Sie sind getröstet und dabei ausgenutzt worden. Oder Sie brauchen keinen Trost, weil Sie alles mit sich alleine ausmachen. Das sind sehr charakteristische Verhaltensmuster. Habe ich nach dieser Frage das Wesen des Patienten noch immer nicht ausreichend erkannt, stelle ich ihm eine meiner Ansicht nach sehr gemeine und aggressive Frage: ‚Sind Sie glücklich?' Mögen die Antworten auch stereotyp sein, so entsprechen sie doch einem bestimmten Verhaltensmuster. Spätestens bei der Reaktion auf diese Frage weiß ich, wie es um den Menschen vor mir wirklich bestellt ist."

Tiefer reicht nur noch die Frage nach der Angst, nach der Bedrohung der Existenz. Angst leitet sich von Enge, Beengung ab. Sie beginnt mit dem Geborenwerden — der ersten Enge, durch die man sich bedrückt fühlt — und begleitet das ganze Leben bis zum Tod. Da sich der Mensch von heute mit dem Sinn des Lebens und des Leidens nicht mehr auseinandersetzt, steht er der Angst hilflos gegenüber. Sie treibt ihn letzten Endes in die Einsamkeit, in die Verlassenheit, in die Hoffnungslosigkeit. Der homöopathische Arzt kann sich glücklich schätzen, daß er auch Mittel gegen diese menschlichste Not schlechthin zur Verfügung hat.

„Ich erinnere mich etwa eines alten Mannes, an dessen Krankenbett ich gerufen wurde. Er war völlig erschöpft, nicht mehr ansprechbar und lag in den letzten Zügen seines Lebens. Nach einer Gabe Carbo vegetabilis D30 wurde er noch einmal ganz wach, sprach mit seinen Angehörigen, ordnete die letzten Dinge und schlief dann ruhig und friedlich ein. In der

Homöopathie finden wir große Hilfen für ein menschenwürdiges Leben und Sterben.“
Fragen nach Kummer, Sorgen, Kränkungen sowie Fragen nach intellektuellen Störungen (mangelnde Konzentration, Zerstreutheit, Vergeßlichkeit etc.) stehen am Ende dieses Anamneseabschnittes. Wie oft sind seelische Störungen die auslösende Ursache einer Krankheit, wie wichtig ist das Wissen um intellektuelle Störungen in der Kinderpraxis, bei Schulschwierigkeiten zum Beispiel, und bei der Behandlung alter Menschen.

Der nächste Teil des Anamnese-Blattes der „Wiener Schule der Homöopathie“ beschäftigt sich mit den leiblichen Funktionen und den von ihnen ausgehenden Beschwerden, die, klinisch betrachtet, von einem Organ verursacht werden oder einer Organstörung vorausgehen.
Appetit, Hunger, zum Beispiel, sind nicht nur Funktionen des Magens. Der Mensch hat auch Hunger oder Durst nach Gerechtigkeit und Weisheit. Tiefen Einblick erlauben auch die leiblichen Funktionen: *„Verlangen nach . . .“, „Abneigung gegen . . .“* und *„Unverträglichkeit von . . .“.* Verlangen nach Süßem ist immer ein Zeichen dafür, daß jemand unter mangelnder Liebe und Zuwendung leidet. Das Verlangen nach Saurem bedeutet immer, daß zuwenig Kraft vorhanden ist. Verlangen nach viel kaltem Wasser, nach Geräuchertem oder Eiern zum Beispiel, oder Abneigung gegen Milch, gegen Brot oder Gemüse etwa, oder die Unverträglichkeit gewisser Speisen, sind für den homöopathischen Arzt sehr wesentliche Symptome für die Arzneifindung.

„Wer die Obstipation (Stuhlverstopfung) *heilen kann, leert die Irrenhäuser“* — erkannte schon der große Wiener Arzt Wagner-Jauregg. Heute weiß man und kann es auch psychosomatisch erklären, daß die Obstipation zum Symptomenbild vieler chronischer Krankheiten gehört. Verstopfung, Durchfall oder der Wechsel von Verstopfung und Durchfall sind deutliche Hinweise für ein Verhaltensmuster, das sich durch alle Schichten der Person zieht (ähnliches gilt auch für den Harn).
Dann das Schwitzen, ebenfalls eine leibliche Funktion, die viel tiefer gedeutet werden kann. Man denke nur an die verschiedenen Arten des Schweißes, an den kalten Schweiß, den klebrigen Schweiß, den erschöpfenden Schweiß, den Angstschweiß, den Todesschweiß — und man versteht, daß sich hinter dieser Funktion etwas zutiefst Menschliches verbirgt.
Hahnemann hat sich, lange vor der offiziellen Medizin, systematisch mit Schlaf-, Traum- und Sexualsymptomen beschäftigt, weil sie einen oft direkteren Zugang zur Seele, zur Person ermöglichen — wenn jemand etwa

vor Kummer und Sorge nicht einschlafen kann, keinen ruhigen Platz findet, oder wenn Ängste das Einschlafen verhindern. Weitere wichtige Aufschlüsse in diesem Zusammenhang geben die Wärmeregulation, der Schlafrhythmus und die Schlaflage.

„Eltern kamen mit einem hirngeschädigten Kind in meine Praxis. Die Ursache für die Schädigung war nicht zu ergründen. Auch eine klinische Durchuntersuchung hatte keinen Anhaltspunkt ergeben. Als wir bei der Frage nach dem Schlaf angekommen waren, berichtete die Mutter: ‚Das Kind liegt so komisch, ich kann ihm das gar nicht abgewöhnen. Eigentlich liegt es gar nicht, sondern stützt sich auf die Knie und Ellbögen und schläft so hockend ein.‘ In seinem Buch ‚Kindertypen‘ beschreibt Borland seine Beobachtung im Royal Hospital in London, denen zufolge diese Schlaflage auf Kinder aus krebsbelasteten Familien hinweist. Ich konnte dies im vorliegenden Fall und in einer Reihe weiterer Fälle nachbeobachten. Denn nun erzählten mir die Eltern des Kindes von der enormen Krebsbelastung in der mütterlichen und väterlichen Linie.“

Die Traumdeutung reicht von den ältesten Kulturen bis zur Gegenwart. Für Sigmund Freud war der Traum der wichtigste Schlüssel zum Unbewußten. Der homöopathische Arzt wendet Träumen dann eine besondere Aufmerksamkeit zu, wenn sie der Patient in seinem Spontanbericht erwähnt, weil sie ihn nachhaltig beeindruckt haben, oder wenn sie immer wiederkehren. Sich häufig wiederholende Träume können wertvolle Hinweise auf eine Neurose oder andere Krankheiten liefern. So hat man z. B. festgestellt, daß Träume von Herzkranken meist kurz ablaufen, oft den Tod unter schrecklichen Umständen beinhalten und mit einem schreckhaften Erwachen enden. Viele homöopathische Arzneimittel, die bei herzkranken Menschen angezeigt sind, erweisen sich auch gegen „schreckliche Träume“ als hilfreich.

Mit den Fragen nach leiblichen Störungen, die sich auf sexuellem Gebiet äußern — übersteigerter oder mangelnder Sexualtrieb, Onanie, unterdrückter Sexualtrieb, abartiges Sexualverhalten — ist dieser Abschnitt der Anamnese beendet.

Der Aetiologie, der Erforschung der Ursachen einer Erkrankung, wird in der Homöopathie besonderes Augenmerk geschenkt. Viele Fragen der Anamnese zielen auf die auslösenden Ursachen, die in drei große Gruppen unterteilt werden:

das psychische Trauma (Trauma bedeutet soviel wie „Wunde“ oder „Schock“),

das physische Trauma und

die Umwelteinflüsse.

Auf das psychische Trauma *(die Krankheitsauslösung liegt im seelischen Bereich)* und das physische Trauma *(die Krankheitsauslösung liegt im leiblichen Bereich)* wird noch genauer eingegangen werden *(siehe Seite 158ff.)*.
Umwelteinflüsse schließlich können ebenfalls die auslösende Ursache für eine Erkrankung bilden — man denke nur an das Wetter.
Solche Umwelteinflüsse sind in der Homöopathie in zweifacher Hinsicht von Bedeutung: Zum einen sind sie wichtige Symptome zur Arzneimittelfindung; zum anderen erlaubt ihre Kenntnis dem Arzt, das Übel an der Wurzel anzugehen oder sogar seinen neuerlichen Ausbruch zu verhindern oder abzuschwächen.
„Ein einfaches Beispiel. Jeder weiß, daß eine Unterkühlung zu einer Erkältung, Verkühlung oder Schlimmerem führen kann. In der Krankheitsbezeichnung ist die auslösende Ursache, in diesem Fall ein Umwelteinfluß, schon erkennbar. Mit Aconit D 30 hat die Homöopathie ein Mittel zur Verfügung, das sich schon tausendfach bewährt hat. Es verhindert, gleich nach der Unterkühlung eingenommen, daß es überhaupt zum Ausbruch der Krankheit kommt. “
Diese äußeren Einwirkungen, in der Fachsprache Modalitäten genannt, wirken jedoch nicht immer auslösend, weit häufiger wirken sie auf ein Leiden verschlimmernd oder bessernd. Diesem Fragenkomplex ist der letzte Abschnitt der Anamnese gewidmet.
Veränderungen des Allgemeinzustandes werden dabei vom homöopathischen Arzt höher bewertet als die Besserung oder Verschlechterung lokaler Symptome.
Das menschliche Leben ist durch die Zeit begrenzt, die Zeit bestimmt den Lebensrhythmus. Nicht nur die Jahreszeit, die Mondphasen, der Tag und die Nacht, der Morgen und der Abend, auch die einzelnen Stunden spielen als charakteristisches Merkmal der Beschwerden eine große Rolle. Ebenso die Wärme und Kälte, die gut oder schlecht vertragen, wieder Rückschlüsse auf das Eigentliche, die Person zulassen. Ein Mensch, der unter Kälte leidet, sich nur in der Sonne richtig wohlfühlt, wird auch unter menschlicher Kälte, Gefühlskälte, leiden. Ein warmer Mensch ist ein aufnahmebereiter, gebender Mensch, ein kalter Mensch ist eher zurückgezogen, abweisend. Auch an den Modalitäten lassen sich diese Wesensmerkmale immer wieder überprüfen.
„Wie wichtig Modalitäten für die Arzneifindung sein können, zeigt folgendes Beispiel. Ein Patient suchte mich wegen seiner Ischiaslähmung im linken Bein auf. Bei der Anamnese erzählte er mir, daß es ihm große Erleichterung verschaffe, wenn er das Bein in einen Kübel mit eiskaltem Wasser stelle. Ein auffallendes, für diese Krankheit sonderliches Merkmal. Es ließ mich sofort an ‚Ledum‘ denken, eines der wenigen homöopa-

thischen Rheumamittel, das in seinem Arzneimittelbild ‚Besserung durch Kälte' enthält."

Ein weiterer wesentlicher Umweltfaktor ist, wie schon erwähnt, das Wetter; und heute — weil mehr und mehr Leute darunter leiden — die Zugluft.

Dann: Wie werden Druck, Berührung, Beengung empfunden? Wieder eine Frage, bei der das Äußere zum Inneren wird! Druckempfindlichkeit ist zwar ein äußerliches Merkmal, weist aber auf innerste Nöte hin; um die Brust wird man erdrückt, am Rücken wird man erpreßt.

Daß von Licht- und Lärmbelastungen und den sprunghaft gestiegenen Überempfindlichkeitsreaktionen (Allergien) immer mehr Menschen betroffen werden, hat der Homöopathie ein neues Betätigungsfeld eröffnet. Dieser Bereich wird ebenso den Modalitäten zugerechnet wie Besserung oder Verschlimmerung durch Bewegung, Reisen, Aufenthalt in frischer Luft oder im Zimmer.

Nun folgt, was man unter dem Begriff **„Befundbericht"** subsumieren könnte.

Patienten kommen heute eher mit zu vielen als zu wenigen Befunden in die Ordination. Der homöopathische Arzt — und daher ist die ärztliche Ausbildung sehr wichtig — muß auch die klinischen Daten in die Anamnese miteinbeziehen und sollte daher das Wäg- und Meßbare bewerten können. Da die Homöopathie bei manchen Standeskollegen noch immer als Außenseitermedizin gilt und die Verantwortung des homöopathischen Arztes daher ungleich schwerer wiegt, wird er klinische Befunde immer dann anfordern, wenn seine Diagnose damit dokumentiert werden muß und wenn sie für die Diagnose, die Prognose und die Kontrolle zielführend sind.

Der homöopathische Arzt hat nun den Patienten angesehen, angehört und, um ihn endgültig zu begreifen, schließt er meist eine gründliche körperliche Untersuchung (wie es früher für den Hausarzt selbstverständlich war) an seine Anamnese an.

„Bei allen Krankheiten erfordert es besondere Umsicht, Bedenklichkeit, Menschenkenntnis, Behutsamkeit und viel Geduld, ihr wahres Bild kennenzulernen."

(Samuel Hahnemann, § 98 „Organon")

„Das ist ein Arzt, der das Unsichtbare weiß, das keinen Namen hat, das keine Materie hat, und hat doch seine Wirkung."

(Paracelsus)

Diesen seherischen Satz von Paracelsus wollen wir als Ausgangspunkt nehmen für das Tun und das Ziel des homöopathischen Arztes, wie wir es verstehen. Denn die zitierten Worte, die Paracelsus wohl auf die Krankheit bezog (Paracelsus hat vieles — so auch die *„geistartige Krankheits-Affektion"* — vorausgedacht, was Hahnemann vollendete), kann man mit Fug und Recht auch auf ihren Gegenpol ausdehnen: Nämlich auf die homöopathische Arznei, die zwar einen Namen hat, aber ebenfalls *„unsichtbar"* ist und meist *„keine Materie hat und doch seine Wirkung"*.

Der homöopathische Arzt steht nun, nach der Anamnese, sozusagen zwischen zwei Erkenntnissen: Der einen, die er bereits im Begriffe zu gewinnen ist — der Erkenntnis über den kranken Menschen und dem „Unsichtbaren", das zu einer gesundheitlichen Verstimmung geführt hat; und der anderen Erkenntnis, die er noch gewinnen muß — jener über das Heilmittel, die homöopathische Arznei, die dem vom Patienten Erfahrenen entspricht.

Das *„zu Heilende"* und *„das Heilende"* rufen einander, die noch bestehende Distanz muß der Homöopath im Wege der Arzneifindung überbrücken.

In diesem „Heraufdämmern" — man kann es auch als Vorgang bezeichnen, der das „Einzelne zusammen sieht" — haben nun die heutige Homöopathie und die „Wiener Schule der Homöopathie" einige Faktoren

eingebracht, die dem Arzt für die individuelle Gewichtung der Symptome des erkrankten Menschen ordnende Hinweise und Aufschlüsse geben. Darüber hinaus werden auch neues Wissen und neue Erkenntnisse, die wir in den vergangenen Jahren und Jahrzehnten gesammelt und vertieft haben, dem Homöopathen eine tiefere Einsicht in die Person und einen besseren Zugang zu den Arzneien ermöglichen.
Die Systematik der Arzneifindung wird in einem später folgenden Abschnitt dargelegt werden, hier sind einige gewichtige Orientierungen und wesentliche Voraussetzungen für das Erfassen der Person — und das spätere Erfassen der richtigen homöopathischen Arznei — vorweggenommen.

Die „Schichten der Ähnlichkeit"

Wenn wir — modellhaft — von „Schichten im Aufbau der Person" gesprochen haben, so läßt sich diese Struktur auch auf die Ähnlichkeit umlegen, der mit dem homöopathischen Heilmittel entsprochen werden soll. In einer hierarchischen Ordnung kann man es auch so definieren: Die Funktionen laufen ab aufgrund der materiellen Gegebenheiten des Körpers, werden aber gesteuert von der seelisch-geistigen-leiblichen Verfassung und beruhen auf der individuellen Anlage — und das Ziel muß es sein, den Menschen in seiner Ganzheit zu erkennen. Aus diesem Wissen leitet sich auch die angemessene Ebene homöopathischer Behandlung ab: Es ist — vor allem bei einer akuten Erkrankung oder einem unmißverständlichen Organleiden — durchaus homöopathisch, nur organotrop, nach dem feststehenden Erscheinungsbild der Krankheit zu behandeln, weil damit schon das *„auffallendere Symptom"* (das ja zugleich auch die *„Totalität der Symptome"* darstellen mag) behoben werden kann. Wäre aber nun zum Beispiel diese akute Krankheit immer wiederkehrend, dann genügte diese Form einfachster homöopathischer Behandlung nicht mehr, dann könnte man ihre Heilung nur mehr von weiterreichenden Erkenntnissen über die Person her in Angriff nehmen. *(Wie dies auch bei allen chronischen und rezidivierenden Krankheiten üblich ist.)*
Diese Sicht von den Ähnlichkeiten in mehreren Bereichen, denen der homöopathische Arzt in seinem praktischen Vorgehen Rechnung trägt, hat der Schwarzwälder Arzt Dr. Breyer in einer kenntnisreichen und einfühlsamen Arbeit beschrieben. Er nennt die Zugangsmöglichkeiten zum Patienten — und damit zur Arznei — die **„7 Schichten der Ähnlichkeit"**, die uns folgende Wahl der Therapie lassen:
1) phytotherapeutisch *(durch die bekannten Heilkräfte der Pflanze)*
2) organotrop *(auf ein Organ bezogen)*
3) syndrombezogen *(auf ein Funktionssystem gezielt)*

4) modalitätengerecht
5) konstitutionell
6) eine Behandlung, die die Krankheit als lebenslanges, in der Person wurzelndes Ereignis begreift. *(Breyer vergleicht diese angestrebte Ähnlichkeit bereits „mit dem Bild eines großen Malers, das er — aus objektiver und subjektiver Schau — von einer Persönlichkeit entwirft" und mit dem er ihr gerecht wird.)*
7) ist jene Schicht der „kongenialen Identität" von Person und Arzneimittel, die das „Geheimnis" des einzelnen begreift und trifft. *(Eine Begegnung auf dieser Ebene bleibt, so Breyer, nur den* ***„Meistern der Homöopathie"*** *vorbehalten.)*

Man kann nun über diese „7 Schichten der Ähnlichkeit" diskutieren oder über andere, gleichartige Ordnungen — aber das alles überspannende Prinzip der Homöopathie ist und bleibt es, für jeden Menschen **seine** Arznei zu finden. Wenn sie nun auf einer „primitiven Stufe der Ähnlichkeit" zu finden ist *(wenn zum Beispiel nur eine Lebererkrankung vorliegt, dann braucht man eben ein Mittel mit besonderer Affinität zur Leber!),* so weicht das Individuelle in den Hintergrund. Es weicht jedoch nicht völlig, da auch bei der organotrop eingesetzten Arznei Differenzierungen nach der Konstitution des Patienten vorgenommen werden. (Überdies ist es nicht selten, daß die organotrop gewählte Arznei durch ihr Gesamtbild in der Arzneimittellehre weiter zu den höheren Schichten der Person führt.)
Für die Wiener Auffassung jedenfalls gilt die „primitive Schicht der Ähnlichkeit" genausoviel wie eine andere Schicht der Ähnlichkeit, zum Beispiel im seelischen Bereich. Wenn für einen Patienten die Leber das existentielle Problem ist — und nichts anderes —, dann hofft man, daß dieses Problem beseitigt werden kann.
Natürlich sind die meisten Erkrankungen heute ohnehin konstitutionell bedingt, so daß man in den Erkenntnissen über den Menschen höher steigen muß — aber, wenn Hahnemann definiert, *„der Arzt muß deutlich einsehen, was an jedem Krankheitsfall zu heilen ist",* so schließt dies auch die einfachste Schicht der Ähnlichkeit und ihre Projektion auf die entsprechende Arznei mit ein.

Der Anfang einer Krankheit, die Auslösung einer Krankheit (Aetiologie)

Wir werden im späteren Verlauf dieses Kapitels von *„Konstitution"* und von *„Diathese",* der angeborenen und erworbenen Verfassung und den

angeborenen und erworbenen Schwächen als den grundlegenden Bestimmungsmerkmalen für die Person und für die homöopathische Arznei, noch ausführlich sprechen.
Nun ist aber weder die Konstitution noch die Diathese unveränderlich fixiert, sondern — immer im Rahmen der individuellen Gegebenheiten — wandelbar, beeinflußbar und einer nicht nur biologischen Entwicklung unterworfen. Das Leben, das Lebensschicksal und der Lebensbereich, in dem die Person ihre Handlungen setzen — oder nicht setzen — kann, haben entscheidenden Einfluß auf Gesundheit und Krankheit; die „Öffnung nach außen" setzt den Menschen psychischen und physischen Einwirkkräften aus, die auf die Person bestimmend wirken.
Die herkömmliche Medizin (mit Ausnahme der psychosomatischen Disziplinen) kann sich erst mit dem Resultat dieses Einwirkens beschäftigen und kann nur die Folgen behandeln; die Homöopathie hingegen und mit ihr die „Wiener Schule der Homöopathie" praktiziert auch eine **„Therapie des Anfangs"**. Sowohl die Erfassung der Ganzheit der Person als auch der homöopathische Arzneischatz berücksichtigen den Ursprung einer Erkrankung, die **„auslösende Ursache"**, jenes Ereignis, *„mit dem alles angefangen hat"*.
Dieses Verständnis von einer Krankheit, die mit einem be-merk-enswerten Ereignis begonnen hat, wird als „Aetiologie" bezeichnet (Aetiologie kommt aus dem Griechischen: *aita = die Ursache, logos = das Wort, die Lehre)* und die Homöopathie räumt dieser — nur dieser — „Ursache" eine besondere Bedeutung im Rahmen der Anamnese und der Arzneifindung ein.
Auch hier gibt es den Rückbezug auf Samuel Hahnemann, der in seinen Anweisungen zur „Erforschung der Eigenheiten und Symptome" vor allem bei chronischen Erkrankungen unter anderen folgende Feststellungen traf (§ 93 des „Organon"): *„Wenn ein **merkwürdiges Ereignis** die Krankheit vor kurzem, oder bei einem langwierigen Übel vor längerer Zeit verursacht hat, so wird der Kranke — oder wenigstens die im geheimen befragten Angehörigen — es schon angeben, entweder aus eigenem Antrieb oder auf eine behutsame Befragung."* (Zu den „merkwürdigen Ereignissen" rechnet Hahnemann in einer längeren Aufzählung u. a. Vergiftung oder versuchten Selbstmord, unglückliche Liebe, Eifersucht, häuslichen Unfrieden, Ärger, Gram über ein Familienunglück, vereitelte Rache, gekränkten Stolz, Zerrüttung der Vermögensverhältnisse.)
Und an anderer Stelle führt er aus: *„Wie oft hat nicht schon ein kränkendes Wort ein gefährliches Gallenfieber, eine abergläubische Todes-Prophezeiung ein Absterben zur angekündigten Zeit, und eine jählinge, traurige, oder höchst freudige Nachricht den plötzlichen Tod zuwegegebracht?"*

Auch Hahnemann sieht also in der Entstehungsgeschichte einer Krankheit den Ansatzpunkt für ihre Heilung. Und wenn er, im bedeutungsvollen § 3 des „Organon", dem *„echten Heilkünstler"* aufträgt, *„deutlich einzusehen, was an jedem einzelnen Krankheitsfall zu heilen ist"*, so kann dies als Auftrag zu einer aetiologischen Therapie betrachtet werden, wie sie heute in der „Wiener Schule der Homöopathie" vorgenommen wird.
Denn die Homöopathie versteht sich — im Sinne des Gesetzes von „actio und reactio" — als Medizin zur Herstellung (oder Wiederherstellung) des Gleichgewichtes in allen Schichten der Person; und sie hat in ihren Arzneien, von denen viele auch als „Anfangsmittel" bezeichnet werden (sie enthalten in ihrem Bild solche auslösenden Ursachen*), auch die Mittel dazu. Man kann sagen, daß etwa 40% aller Praxisfälle von dieser Sicht her gesehen und behandelt werden können.
Neben den auslösenden Ursachen, die auf direkte Umwelteinflüsse (Wetter etc.) zurückzuführen sind und die bereits im Kapitel „Anamnese" dargestellt wurden, sind es vor allem zwei große Traumata, die als Ursprung von Krankheiten zu erkennen und zu berücksichtigen sind:

a) psychisches Trauma
Meist wird man hier die Angst und die ihr verwandten Empfindungen — Sorge und Furcht — dominierend antreffen: Angst ist, mehr denn je, zum ständigen Begleiter des Menschen geworden.
Neben den „Urängsten", der Angst vor dem Tod und vor der schweren Krankheit, ist eine Reihe neuer Ängste in unser Leben getreten: Die Angst vor der Zukunft, vor der Einsamkeit und dem Alleinsein, die Angst vor dem Armsein — und es mag der Tag gewesen sein, an dem man sie erstmals in aller Deutlichkeit, Unmittelbarkeit und Ausweglosigkeit empfand, wo „alles begann".
Angst ist in unserer Zeit ein unüberhörbares Signal für menschliche Leiden geworden; Angst ist, einmal greifbar entstanden, ein unabweisbares Element in den Lebensbemühungen, ein Element, das gehemmt, mutlos, verzweifelt — und krank machen kann.
Ähnliches gilt für den Kummer, insbesondere für jenen „innersten Kummer", der sich oft als Wurzel einer Krankheit erweist; es gilt auch für Kränkung (nicht zufällig steckt im Wort „Kränkung" das Wort „krank"), Gram, Tadel, Demütigung und Enttäuschung.
In das „psychische Trauma" werden auch noch aggressive Empfindungen gereiht, die — tiefsitzend und schwer beherrschbar — durch ihre Heftig-

* Z. B. weist das Arzneimittelbild von „Ignatia" (Ignatiusbohne) seit der ersten Arzneimittelprüfung von Hahnemann selbst (veröffentlicht 1828) die Indikation „Folge von Kummer" auf — ein Arzneisymptom, das sich bei Wiederholungsprüfungen und in der Therapie immer wieder bestätigt hat.

keit eine akute auslösende Ursache darstellen können — nämlich Ärger, Aufregung und Eifersucht.
Ebenso legen Heimweh, Ausschweifungen, Trunksucht (als Sucht der Verzweiflung) und jene Form der Überanstrengung, bei der ein Mensch seinen selbstauferlegten Ansprüchen nicht genügen kann, eine Spur von den „Anfängen“ zum heutigen Leiden eines Patienten.

b) physisches Trauma
Man darf gegenüber jenen traumatischen Ereignissen, die sich über die Seele (Geist, Gemüt) äußern, nicht die ebenfalls einschneidenden Erlebnisse vergessen, die sich aufgrund eines leiblichen Geschehens manifestieren. „Auslösende Ursache“ für Beschwerden und oftmals chronisch gewordene Krankheiten können Impfschäden aus der Kindheit, nicht ausgeheilte Krankheiten, Unterdrückung von Erkrankungen, Operationen (Narkoseschäden), frühere Verletzungen, ein physisches Geburtstrauma (durch unachtsame Geburtshilfe) und heute vor allem der Arzneimittelmißbrauch sein. Gerade für den letzten Bereich gibt es eine Reihe homöopathischer Arzneien, die die Folgen — von Erschöpfungszuständen über Darmstörungen bis zu Vergiftungserscheinungen — zu mindern oder zu beseitigen wissen.
Zum physischen Trauma kann man auch noch die Folgen von Überessen, Verheben, einer unbemerkt gebliebenen Gehirnerschütterung, von Insektenstichen, Überarbeitung und Überanstrengung zählen; für die meisten der hier angeführten Ereignisse lassen sich die entsprechenden homöopathischen Arzneien auch als folgenverhütende oder folgenvermindernde Erstmittel einsetzen. Macht man kundig von ihnen Gebrauch, so kann die Entstehung einer akuten Schädigung in Grenzen gehalten werden, der chronische Schaden fast immer vermieden werden.

Der Ursprung gibt Aufschluß: Auch Samuel Hahnemann spricht im „Organon“ davon, daß *„eine Krankheit bei widrigen Ereignissen und Verhältnissen im Leben unausbleiblich aufs Neue zum Vorschein kommt und dann desto schneller zunimmt und einen desto beschwerlicheren Charakter gewinnt, je mehr die Lebenskraft durch schwächende Leidenschaften, Gram und Kummer (besonders aber auch durch unzweckmäßige medizinische Behandlung) zerrüttet worden war“.*
Der Ursprung gibt Aufschluß: Verfolgt man Krankheiten zurück zu ihrem Entstehen, offenbart sich nicht selten ein aufschlußreicher „roter Faden“, der Organschäden und Organsystem-Störungen erklärt; die gegenwärtige Verfassung (Konstitution) plausibel macht und in der Betrachtung der Diathese seinen Kreisschluß erfährt. Jeder der Konstitutionen entspricht eine besondere Art, auf auslösende Ursachen zu reagieren, und ebenso

verschieden ist der Prozeß des krankhaften Geschehens bei den einzelnen Diathesen.

Der Ursprung gibt Aufschluß: Das Wissen um mögliche „auslösende Ursachen" einer Erkrankung versetzt die Homöopathie in die Lage, einen weiteren, aufschlußreichen Zugang zum Menschen und zu seinem Leiden finden zu können. Es führt den homöopathischen Arzt an den Beginn eines Patientenschicksals, dem er nun, in Kenntnis um den Ursprung, mit der entsprechend gewählten Arznei in allen Schichten der Person wirkungsvoll begegnen kann.

Die Bedeutung der Konstitution in der „Wiener Schule der Homöopathie"

Wenn der homöopathische Arzt — im Falle einer chronischen Beschwerde, einer tiefgreifenden Krankheit, die er aufgrund seiner ärztlichen Kenntnisse als solche erkennt — höher steigt im Wissen um seinen Patienten, betritt er ein Gebiet, das von Hahnemann erahnt und — teilweise — auch ausgearbeitet wurde, dessen Auslotung jedoch seinen Nachfolgern vorbehalten blieb und bleibt. Es geht um die Konstitution, also um die angeborene und erworbene seelisch-geistig-körperliche **Verfassung** eines Patienten und um seine angeborene und erworbene Adaptionsfähigkeit und Regulationsweise; es geht um seine **Anlage**, man kann es auch als sein **„Vermögen"** bezeichnen.

Überspitzt formuliert mag man auch feststellen dürfen: *„Dort, wo Hahnemann aufhören mußte, beginnt ein neuer, erweiterter Ansatz im homöopathischen Denken. Er wurde schon von einigen großen Homöopathen in der Vergangenheit verfolgt und wird heute vor allem von der südamerikanischen und der Wiener Schule entwickelt."*

In das Bild vom Patienten, das dem Arzneimittelbild entgegengehalten wird, fließen auch die charakteristischen Zeichen, Zufälle und Symptome der Konstitution ein — also Phaenomene des Erscheinungsbildes, die sich in den Beschreibungen der homöopathischen Mittel wiederfinden lassen.

Habitus, Temperament, Physiognomie, Mimik, Gestik, Stimmung sind ja ebenfalls wesentliche und besondere „Symptome" eines Menschen, sie sind sein Ausdruck, kennzeichnen seine Verfassung und ergeben die unverwechselbare Erscheinung einer Person.

Mit diesen Phaenomenen offenbart er sich — unausgesprochen —, aber deutlich:

Eine Gesamtheit von Anhören, Ansehen und Begreifen entsteht neben, mit und über der Ebene der konkreten Beschwerden, die den homöopathischen Arzt ebenfalls zur entsprechenden Arznei hinführen kann.

Obwohl in der Regel in Hahnemanns Original-Arzneimittelprüfungen solche konstitutionellen Faktoren noch nicht angegeben waren, gibt es doch auch bei ihm schon Ansätze solcher Betrachtungen. Grundsätzlich könnte man aus dem § 31 des „Organon" *(„Es besitzen die feindlichen Potenzen . . . welche man krankhafte Schädlichkeiten nennt, nicht unbedingt die Kraft, das menschliche Befinden krankhaft zu stimmen. Wir erkranken durch sie nur dann, wenn unser Organismus dazu* ***disponiert*** *und aufgelegt ist . . . sie machen* ***nicht jeden und zu jeder Zeit*** *krank.")* schon eine Differenzierung nach grundsätzlichen Verschiedenartigkeiten herauslesen. Darüber hinaus benützt Hahnemann in seiner „Reinen Arzneimittellehre" (1. Ausgabe, 1. Band, erschienen 1811) bei „Nux vomica" (Brechnuß) eine Charakterisierung in Hinblick auf den ihr besonders adäquaten Patienten: *„Bei der Anwendung dieses Mittels hat man einige praktische Kautelen zu wissen nötig, die in einer sorgfältigen und häufigen Praxis abstrahiert worden sind. Hierher gehört, daß sich Nux vomica nur für Personen eignet, welche feurigen, eifrigen, hitzigen Temperaments sind, auch wohl zu stürmischem Zorn aufgelegt; unter welche Zahl gewöhnlich diejenigen gehören, welche in gesunden Tagen viel Gesichtsröte haben. Höchst selten hingegen findet das Mittel Anwendung bei milden, stillen Gemütern von langsamer Besinnung und sehr nachgiebigem Charakter; diesen ist es dann nur selten dienlich."*
In zwei anderen, später erschienenen Bänden weist Hahnemann wieder auf solche Eigentümlichkeiten hin. Bei der Arznei „Pulsatilla" (Kü[h]chenschelle) fügt er — neben den Symptomen und Beschwerden, die es an gesunden Prüfern erzeugt hatte — hinzu: *„Am zweckmäßigsten ist die homöopathische Anwendung sowohl* ***aller übrigen Arzneien,*** *als im besondern der Pulsatilla, wenn nicht bloß die körperlichen Symptome der Arznei ähnlichen Körpersymptomen des Patienten entsprechen, sondern wenn auch die der Arznei eigenen Geistes- und Gemütsveränderungen ähnliche in der zu heilenden Krankheit antreffen oder doch in dem Temperament der zu heilenden Person sich finden. Es wird daher auch der arzneiliche Gebrauch der Pulsatilla um desto hilfreicher sein, wenn in Übeln, zu denen in Hinblick auf die körperlichen Symptome dieses Kraut paßt, zugleich ein schüchternes, weinerliches, zu innerlicher Kränkung und Ärgernis geneigtes, wenigstens mildes und nachgiebiges Gemüt im Kranken zugegen ist, zumal wenn er in gesunden Tagen gutmütig und mild, auch wohl leichtsinnig und gutherzig, schalkhaft war. Am besten, wenn auch Frostigkeit fehlt und Durstlosigkeit zugegen ist."*
Und beim Mittel „Ignatia" (Ignatiusbohne) schreibt Hahnemann:
„Soviel Ähnlichkeit man in ihren positiven Wirkungen mit denen von Nux vomica wahrnimmt, so findet doch beim Gebrauch beider eine große Verschiedenheit statt, da schon der Gemütszustand von Ignatia sehr von dem-

jenigen abweicht, wo Nux paßt. Nicht bei Personen oder Krankheiten, bei denen Zorn, Eifer, Heftigkeit herrscht, sondern wo eine schnelle Abwechslung von Lustigkeit und Weinerlichkeit oder die andern für Ignatia charakteristischen Gemütszustände vorliegen, kann Ignatia passen.“
Man kann sich demnach durchaus auf Hahnemann berufen, wenn man, wie es die „Wiener Schule der Homöopathie“ tut, zunehmend die grundsätzlichen psychischen und physischen Gegebenheiten des Patienten in das Symptomenbild aufnimmt, um damit der Simile-Arznei näherzukommen, zumal solche Symptome in vielen Arzneimittellehren und Repertorien — über die Beobachtung und Erfahrung in der praktischen Anwendung — bereits recht häufig aufscheinen. *
Überhaupt kann die Anfangsbemerkung in der Ausführung über Pulsatilla, in der Hahnemann einen Vergleich der Arznei mit dem Temperament des Patienten generell empfiehlt, eigentlich als direkte Aufforderung betrachtet werden, dieser Empfehlung sowohl in Arzneimittelprüfungen und in der Einbringung in bestehende Arzneimittelbilder als auch bei der Arzneifindung erhöhte Aufmerksamkeit zu schenken.
Nun, welche Merkmale werden zur Konstitutionsfindung herangezogen? Hahnemann selbst spricht oft von *„Temperament“* und gibt damit bereits einen bedeutsamen Hinweis zur Orientierung.
Schon in früheren Zeiten versuchte man, die Menschen nach verschiedenen Eigenarten einzuteilen, sie zu diagnostischen und therapeutischen Zwecken zu „typisieren“. Hippokrates lehrte die vier Kardinalsäfte *(Schleim/Blut/gelbe Galle/schwarze Galle),* die sich als die vier Temperamente erhalten haben, und ihre richtige oder unausgewogene Mischung *(Eukrasie : Dyskrasie).* Aristoteles nahm die Beschaffenheit des Blutes als Grundlage zur Unterscheidung von Menschentypen (leichtblütig = *Sanguiniker,* schwerblütig = *Melancholiker,* warmblütig = *Choleriker,* kaltblütig = *Phlegmatiker);* Kretschmer formulierte am Beginn unseres Jahrhunderts die Zusammenhänge zwischen genetischen Gesetzmäßigkeiten und den daraus abzuleitenden Erscheinungsformen *„Astheniker“* (Leptosomen), *„Pykniker“* und *„Athletiker“.* Kretschmer (und J. Bauer) wiesen als erste auf die Beobachtung hin, daß jedem Typus bestimmte Krankheiten zugeordnet werden können, quasi spezifische, anlagebedingte Reaktionen, die mit der „Keimblatt-Theorie“ erklärt wurden. (Daraus entstammt auch der Begriff „Diathese“, der — in einem anderen Sinn — in der Homöopathie große Bedeutung hat.)
Conrad hingegen beobachtete eine Proportionsveränderung vom Kleinkind zum Erwachsenen *(pyknomorph : leptomorph);* Curry und Lampert

* Insbesondere Rademacher und v. Grauvogel machten sich um die Differenzierung der Konstitutionstypen und ihre Beziehung zu den Arzneien schon früh verdient.

definierten die „vegetativen Reaktionstypen“ (A-Typ von Lampert = *Kältetyp,* B-Typ = *Wärmetyp,* und diverse Übergangsformen; K-Typ von Curry = *parasympathikotoner Mensch = Wärmetyp,* W-Typ = *sympathikotoner Mensch = Kältetyp),* die schon Möglichkeiten für verschiedene therapeutische Beeinflussungen eröffneten (Diät, Bäder, physikalische Kuren).

In der heutigen Betrachtung wird die Konstitution, diesen Pioniererkenntnissen folgend, nicht mehr nur morphologisch, also unveränderlich, angesehen, sondern durch die verschiedenen Möglichkeiten zur Reaktion und die verschiedenen Gegebenheiten zur Regulation als **wandelbar und veränderlich**. (Wenn der Organismus nicht mehr reagieren und schon gar nicht mehr regulieren kann — z. B. bei schweren degenerativen Erkrankungen —, sind die Grenzen der Homöopathie erreicht.)

Ausdrücklich sprechen wir deshalb in unserer Definition der „Konstitution“ auch von der „erworbenen“ Verfassung. Ein Mensch kann sich im Zuge seines Lebens in seiner Erscheinung wandeln, er kann sich zwar selbst nicht entfliehen, aber, in gewissen Grenzen, verändern. Positive wie negative Geschehnisse können sein Temperament beeinflussen *(er wird von cholerisch zu melancholisch);* Krankheiten und Leiden können seinen Habitus ändern *(ein Dünner wird dick);* Kränkungen, Mißerfolge und Fehlschläge wandeln sein Benehmen *(von sanft zu aggressiv);* Angst und Furcht können einen heiteren Menschen zu einem verschlossenen Menschen umgestalten — und mit diesen Veränderungen verändern sich auch die Reaktionsbereitschaft und das Regulationsvermögen einer Person.

Das Leben formt den Menschen — in der Konstitution findet der homöopathische Arzt auch die Antwort auf die Frage, wie jemand sein Leben bewältigt hat und wie er es bewältigt.

Dieser Standpunkt unterscheidet sich deutlich von jener Auffassung der Konstitution, wie sie in der Schulmedizin festgelegt ist, die individuelle, dynamische, tiefgreifende Prozesse — im Menschen in der Zeit ablaufend — weder berücksichtigen noch behandeln kann.

Das Temperament ist also einer der Ausgangspunkte zur Erfassung der einem Menschen eigentümlichen Konstitution. Ausgehend von Aristoteles’ Temperamentlehre und der hippokratischen Säftetheorie hat der Schweizer Homöopath R. Flury eine homöopathische Systematik geschaffen, mit einer Reihe von Kategorien — von der Stimmung bis zur Anpassungsfähigkeit —, die dem Arzt eine Temperament-Diagnose, und damit eine Konstitutionserfassung, möglich macht.

Einige dieser Kategorien werden auch in der „Wiener Schule der Homöopathie“ verwendet, wobei hier das Erscheinungsbild des Menschen nach Gegensatzpaaren differenziert wird: *Groß : klein; dick : dünn; kräftig : schwach; rot : blaß; warm : kalt; trocken : feucht; ruhig : unruhig;*

froh : traurig; heiter : ernst; gesellig : verschlossen; fleißig : faul; oberflächlich : gewissenhaft.

Aus dieser Sicht enthüllt sich, im Zuge des steten Zuordnens und Ausscheidens, die Konstitution eines Menschen im leiblichen und im seelisch-geistigen Bereich: Ein *„roter, warmer, feuchter, kräftiger"* Mensch wird andere Anfälligkeiten, Beschwerden und Leiden haben als ein *„blasser, kalter, trockener und schwacher"*; genauso wie sich ein *„froher, heiterer, lustiger und geselliger"* Mensch anders verhält als ein *„stiller, ernster, trauriger und verschlossener"*. Ein solches Gruppierungsverfahren, das auf Gegensätzlichkeiten beruht und sowohl Habitus und Benehmen als auch Gemütslage und Stimmung umschließt, erlaubt dem homöopathischen Arzt bereits eine weitreichende Beurteilung. Gemeinsam mit weiteren Symptomen wie dem seelisch-geistigen Verhalten und ebensolchen Verhaltensstörungen, wie den leiblichen Verhaltenscharakteristika sowie den Traum- und Sexusmerkmalen fügt sich das Bild einer Konstitution in allen wesentlichen, sie bestimmenden Eigenheiten zusammen.

Und: Es findet seine Entsprechung im Bild einer homöopathischen Arznei. Denn auch diese, nunmehr schon grundsätzliche Erkenntnis von der Person ist nicht psychologisierender Selbstzweck — homöopathische Arzneimittel beinhalten in ihren Daten *(und die „Wiener Schule der Homöopathie" in allen Teilen ihrer Systematik)* konstitutionelle Symptome, die die Ähnlichkeitsbeziehung zwischen Mensch und Arznei herstellen. Diese Mittel — vorwiegend Mineralien, Mineralsalze, Schwermetalle und Metalle, aber auch manche Pflanzen- und Tiergifte — haben ihren Angriffspunkt meist im zentral-biologischen Reaktionsgeschehen: Was beim Patienten konstitutionsbestimmend gewirkt hat, ist bei der Arznei die umstimmende Reizwirkung. Diese homöopathischen Arzneien — O. Leeser hat sie *„Konstitutionsmittel"* genannt — sind oft tiefgreifend und können ihre umgestaltende Wirkung bis in tiefe Ebenen der Person ausüben.

Die „andere Seite der Konstitution" — die Diathese

Die Verfassung, die Anlage, das — fließend-veränderliche — Vermögen des Menschen zu erkennen, so wurde im vorhergehenden Abschnitt festgestellt, vermittelt wesentliche Aufschlüsse über eine Person im Hier und Jetzt, aber auch über ihre gelebte Vergangenheit und darüber, wie sie ihr Vermögen benutzt und eingesetzt hat.

Das Bild der Person wäre aber nicht vollständig, ließe man das „Dahinterstehende" (manche sprechen auch vom Darüberstehenden, Übergeordneten) aus unserer Betrachtung — nämlich die, vor allem angeborene, aber

auch erworbene, Organschwäche und Systemminderwertigkeit, die einem Menschen eigen sind.
Dieser Teil der Konstitution wird als *„Diathese“*, als *„Krankheitsbereitschaft“* bezeichnet, und es wird dabei ein Begriff benutzt, der heute weitgehend in Vergessenheit geraten ist, in der zweiten Hälfte des 19. Jahrhunderts jedoch eine geläufige medizinische Bezeichnung war.
Man ordnete gewissen Diathese-Typen bestimmte Krankheiten zu, weil sie unter ihnen häufiger als bei anderen Personen anzutreffen waren. Man sprach von *„Stoffwechseldiathese“*, oder *„harnsaurer Diathese“* und meinte damit, daß ein Mensch aufgrund seiner spezifischen Merkmale zu diesen Erkrankungsdispositionen neige. „Diathese“ stellte einen verallgemeinernden Überbegriff dar, der zunehmend durch die exakten Bezeichnungen der Krankheiten, die die analytische und abstrakt vorgehende Medizin in ihren Ursachen erforscht zu haben glaubt, abgelöst wurde.
In der „Wiener Schule der Homöopathie“ wird der Diathese eines Patienten, insbesondere im Fall einer schweren chronischen Erkrankung, besondere Bedeutung als ein der Konstitution zugehöriges, charakteristisches Merkmal zugemessen. Das Wissen um jene grundlegende Krankheitsdisposition liefert zusätzliche Aufschlüsse über den Menschen und, im nächsten Schritt, über die ihm entsprechende Arznei. Die Daten für diese Beurteilung sind auffällige Krankheitsbelastungen der Familie und des Patienten selbst sowie der Krankheitsverlauf — eine nur auf den ersten Blick der phaenomenologischen Betrachtungsweise zuwiderlaufende Erhebung. Sie findet ihre Rechtfertigung in den Anweisungen von Hahnemann zur „Statuserhebung“ bei chronischen Siechtümern *(„die Erforschung der Krankheitszeichen muß so sorgfältig und umständlich als möglich geschehen und bis in die kleinsten Einzelheiten gehen“)* und in den Erkenntnissen von Hahnemann über die *„eigentümliche Natur“* der chronischen Krankheiten. Die Einbeziehung der Diathese in das Bild des Patienten kann als heutiger Blick auf das Hahnemannsche „Ur-Urübel“ aufgefaßt werden; als aufschlußgebende Sicht auf diese frappierenden Vorkommnisse, die Hahnemann beinahe an „seiner Homöopathie“ skeptisch werden ließen, wie er es in „Die chronischen Krankheiten“ beschreibt:
„Gewöhnlich aber blieben nach öfters versuchtem Besiegen des immer etwas abgeändert sich wieder hervortuenden Übels Beschwerden übrig, welche die bisher ausgeprüften, nicht wenigen, homöopathischen Arzneien ungetilgt, ja oft unvermindert lassen mußten — immer andere und andere Beschwerden, auch wohl immer beschwerlichere und in der Folgezeit bedenklichere — selbst bei tadelloser Lebensweise des Kranken und bei pünktlicher Folgsamkeit desselben. Das chronische Siechtum ließ sich durch alles dies im Grunde nur wenig in seinem Fortgange vom homöopathischen Arzt aufhalten und verschlimmerte sich dennoch von Jahr zu

Jahr. Dies war und blieb der schnellere oder langsamere Vorgang solcher Kur . . . Ihr Anfang war erfreulich, die Fortsetzung minder günstig, der Ausgang hoffungslos.“

Die Berücksichtigung der Diathese erlaubt uns ein neues Verständnis von Hahnemanns Miasmenlehre, wie er sie — als Erkenntnis aus seinen Zweifeln — im Werk „Die chronischen Krankheiten, ihre eigentümliche Natur und homöopathische Heilung“ 1828 *(„12 Jahre brachte ich damit zu, um die Quelle jener unglaublich zahlreichen Menge langwieriger Leiden aufzufinden . . .“)* niedergelegt hat.

Ermöglicht schon die vorher beschriebene konstitutionelle Betrachtung einen tieferen Einblick in die seelisch-geistig-leibliche Verfassung einer Person, so liefert die Schau der Diathese den sie ergänzenden Hintergrund.

Man kann das persönliche Miasma eines Patienten erkennen, **seinen** grundlegenden Mangel und **seine** individuellen Unzulänglichkeiten, Schwächen und Krankheitstendenzen.

Abgeleitet von den drei großen Miasmen Hahnemanns — Psora, Sykosis und Syphilis — spricht die Wiener Schule von *„lymphatischer Diathese“*, *„lithämischer Diathese“* und *„destruktiver Diathese“*, die folgendermaßen definiert werden:

Lymphatische Diathese (Psora)

exsudativ-lymphatisch-hypotonisch-hypotrophisch-tuberkulinisch.
Schwächlich-spärlich-unzulänglich-ängstlich-schüchtern-gehemmt.

Menschen mit dieser Diathese (sie entspricht der „tuberkulinischen Diathese“ nach Vannier) neigen zu Anfälligkeiten der Haut und der Schleimhäute sowie des Lymphsystems. In der „exsudativen Phase“ des Kindes zeigt sich die lymphatische Diathese an Veränderungen an der Kopfhaut, an Kontaktstellen *(Morbus Leiner)* und in Form von Windeldermatitis. Später kommt es zur Hypertrophie des Lymphsystems mit Lymphdrüsenschwellung, Anämie, Nabelkoliken, Mandelvergrößerung, Asthma („lymphatische Phase“ des Kindes, der dann die sogenannte „neuropathische Phase“ mit Schulschwierigkeiten und Charakterstörungen folgt. Sie geht bei ungehinderter Entwicklung in die „psychopathische Phase“ mit abnormen Trieb- und Charaktereigenschaften über).

Lithämische Diathese (Sykosis)

Produktiv-lithämisch-hypertonisch-hypertrophisch-genorrhoisch.
Stark-überschüssig-übertrieben-aufdringlich-prahlerisch-euphorisch.

Menschen mit lithämischer Diathese neigen zu rheumatischen Erkrankungen, zur Steinbildung (wie schon das Wort *„lithämisch“* aussagt) und zu Gefäß- und Stoffwechselerkrankungen. Zivilisationskrankheiten wie Fettsucht, Gicht, Diabetes, Bluthochdruck, Sklerose mit den Folgekrankheiten Apoplexie und Herzinfarkt können ebenfalls überwiegend dieser Diathese zugeordnet werden. Sie hat durch die Überernährung und die Fehlernährung in den Wohlstandsländern in den vergangenen Jahren eine besondere Bedeutung gewonnen.

Destruktive Diathese (Syphilis)

Destruktiv-dyskrasisch-atonisch-atrophisch-zerfallend-lesinisch.
Nervös-gereizt-zornig-gehässig-feindselig-zerstörerisch-läppisch.
Diese Diathese begünstigt Defektbildungen wie Degeneration, Atrophie, Nekrose; Bluterkrankungen, Psychosen, Präkanzerosen und Karzinome. Ihre Angriffspunkte sind das Zentralnervensystem, das Knochensystem und die blutbildenden Organe.

Sehr viel zur klaren Sicht dieser Gliederung hat die mexikanische homöopathische Schule um Ortega beigetragen. Er mißt dem Miasma, dem individuellen Miasma einer Person, die überragende Bedeutung bei der Entstehung und für die Heilung von Krankheiten bei. Ortega spricht von ***„Mangel“***, ***„Überschuß“***, und ***„Entartung“*** und ordnet der homöopathischen Behandlung eine *„Miasma-Diagnose“* über.
Ortegas Schule deutet die Miasmen als „Krankheit der Welt“ (womit sie eine Verbindung zur Kentschen Miasmentheorie von der „Erbsünde“ herstellt), die unter einem individuellen Prinzip, nämlich dem der jeweiligen Person, erscheint. In seiner homöopathischen Therapie versucht Ortega, durch eine umfassende Konstitutionsbetrachtung eine Persönlichkeitserfassung nach der jeweiligen und anteiligen miasmatischen Belastung zu praktizieren und dieser Ordnung durch eine entsprechende Einstufung der Heilmittel gerecht zu werden.

Hahnemanns Miasmenlehre und die Diathesenbetrachtung der Wiener Schule

Wenn man nun die Brücke zu Hahnemann schlagen will, so ist mit der obigen Gliederung der Diathesen eine mögliche und, wie die Praxis zeigt, durchaus gangbare Annäherung an die Miasmenlehre Hahnemanns erfolgt.
Durch diese zusätzliche Sicht der Konstitution kann auch ihr „krankhafter Teil“ mit in die Gesamtschau vom Patienten einbezogen werden — alle

jene (unsichtbaren) Phaenomene, die der Mensch von seinen Vorfahren mitbekam und die von seinem Leben und seinem Schicksal ausgeformt und belastet wurden.
Die prägenden Einflüsse auf das Menschengeschlecht — das, was Hahnemann bei der Psora als *„Ansteckungszunder"* bezeichnet hatte — sind in dieser Schau enthalten: **Die Psora in der lymphatischen Diathese,** bei der der „dynamische Infektionsstoff" nicht in der — auch von Hahnemann nur beispielhaft gewählten — Krätze liegt, sondern als die Folge von generationenlanger Tuberkulosebelastung gesehen wird; **die Sykosis in der lithämischen Diathese,** die das Symbol der „wuchernden Feigenwarzen" in die Vergröberungen und die Überschußproduktion der Stoffwechselkrankheiten übersetzt; und **die Syphilis** — ebenfalls ein großer „Umgestalter der Menschheit" — **in Form der destruktiven Diathese,** deren Krankheitserscheinungen wie ein Konzentrat der Syphilissymptome erscheinen mögen.
Die südamerikanische Schule der Homöopathie ergänzt und erweitert diese Struktur durch die Einbeziehung psychoanalytischer Elemente. Nach Pablo Paschero ist die Psora eine „Verdrängungs-Erscheinung", ein Zustand dauernder, allergischer Überempfindlichkeit, ausgelöst durch das Zurückdrängen des „Lebensstromes", von dem der Mensch erfüllt ist. Hier wird sozusagen Hahnemann mit Freudschen Erkenntnissen vereint: Die „Dynamis" (Lebenskraft) wird durch Unterdrückung verstimmt, ihre Energie schlägt in Krankheit um, die sich vom Geistigen zum Leiblichen hin entwickelt und — wie die psorische Affektion — von innen nach außen geht. Kann also der „Lebensstrom" nicht ungehindert fließen, sondern wird er gehemmt und behindert, so reagiert er mit Übersteigerung und nervösen Verkrampfungserscheinungen.
Diese „Veranlagung zur Überempfindlichkeit", die letztlich den Ursprung vieler chronischer Erkrankungen bildet, wird provoziert durch die Einengungen des menschlichen Daseins im leiblichen und seelischen Bereich, zum Beispiel in der Verdrängung der Libido oder im zunehmenden Verlust der Lebensfreude.
Auch hier gibt es wieder einen Berührungspunkt mit der Auffassung der „Wiener Schule der Homöopathie": Die Diathesenbeschreibung steht über den Leib-, Körper- und Organsymptomen, sie liefert eine personenbezogene Deutung. „Spärlich" oder „überschüssig" oder „zornig" sind ja keine meßbaren Symptome, sondern gehören qualitativ zu interpretierenden „Archetypen" an, in deren Umrissen auch seelisch-geistige Faktoren wie eben „Freude am Leben" oder „Unterdrückung" erfaßbar werden sollen.
Wieder zum besseren Verständnis des Kranken in seiner Ganzheit kann man also vom **„lymphatischen Menschen"** sprechen, der „zu wenig" hat,

zu wenig Kraft, zu wenig Substanz; ein Mensch, der sich fügt und eher still-ruhig-zufrieden ist.

Man kann weiters vom **„lithämischen Menschen“** sprechen, der von allem viel hat, der sprunghaft ist, euphorisch, wechselhaft und eher laut-unzufrieden.

Und schließlich kann man vom **„destruktiven Menschen“** sprechen, der derb ist, hart, zerfallend, gereizt, gehässig und — vor allem — starr.

Aus ärztlicher Sicht gibt es eine Differenzierung nach den drei Diathesemustern, die ihre Zuordnung erleichtert: Der Lymphatiker ist der *„liebenswerte Kranke“*, der Lithämiker der *„bedauernswerte Kranke“* und der Destruktive kann als der *„beklagenswerte Kranke“* angesehen werden — eine zutreffende und einsichtige Methode zur Diathesen-Erkenntnis eines Patienten.

Natürlich gibt es die ausschließliche Verkörperung solcher „Archetypen“ nur selten, die meisten Menschen weisen Züge von zwei oder von allen drei Diathesen auf, die ineinander übergehen und deren Gewichtung sich auch durch den Verlauf einer Krankheit bestimmt — genauso, wie der Verlauf einer Krankheit durch die ihr zugrundeliegende Diathese bestimmt wird. Denn die Homöopathie bringt auch den Faktor „Zeit“ in ihre Menschenbilder, in ihre Arzneimittelbilder und in ihre Therapie ein.

„Alles geschieht in der Zeit“: Krankheitsentstehung, Krankheitsentwicklung; Arzneimittelwirkung und Arzneimittelentfaltung.

Henri Voisin, ein bekannter, vor einigen Jahren verstorbener, französischer Homöopath, hat sich mit der „progressiven Entfaltung“ von Arzneimittelbildern beschäftigt und über Prüfungen und Beobachtungen am Krankenbett das „Fortschreitende in der Zeit“ studiert. Am Beispiel von „Sulfur“ (Schwefel) wird hier auch das „Fortschreitende der Krankheit in der Zeit“ offenbar:

Phase 1: Hauteruptionen, die ungenügend herauskommen.
Phase 2: Unklare, hartnäckige oder sich hinziehende Affektionen.
Phase 3: Störungen nach unzeitigem Rückgang einer Eruption oder Elimination.
Phase 4: Hautjucken, Eruption.
Phase 5: Leberbelastung infolge Autointoxikation.
Phase 6: Autointoxikation mit verschiedenartigen, alternierenden oder periodischen Eliminationen.
Phase 7: Der Bluthochdruck mit lokalisierten arteriellen Kongestionen. Der Hypotoniker.
Phase 8: Der sklerosierte, arthritische und magere Intoxikierte.

Dieser Verlauf — im übertragenen Sinn an einer lymphatischen Diathese dargestellt — demonstriert die Schicksalshaftigkeit einer diathetischen Determination; er zeigt aber auch gleichzeitig die Eingriffsmöglichkeiten

der homöopathischen Arznei in den einzelnen Phasen auf und damit die Möglichkeit zu einer positiven Veränderung des Krankheitsprozesses.
Denn mit dem Wissen um die diathetische Belastung steigt sowohl das Wissen um zu erwartende Krankheiten als auch jenes um den zu erwartenden Krankheitsverlauf. *Der Mangel, der Überschuß* oder *die Entartung* zeigen an, wie ein Erkrankungsprozeß fortschreitet, fortgeschritten ist, oder fortschreiten wird: *Zögernd-langsam, heftig-aufwallend* oder *entartend-starr.*
Eine vollkommene „Individualisierung“ der Arzneifindung ist auf diese Weise erreichbar: Das zu wählende homöopathische Mittel kann tatsächlich der Ganzheit einer Person entsprechen — es umschließt Organ, Funktionssystem, die Konstitution, die auslösenden Ursachen und auch die Diathese mit den von ihr abzuleitenden Kenntnissen um Krankheitsbereitschaft und Erkrankungsverlauf. Zum Symptomenbild gesellt sich auf diese Weise auch das Menschenbild — die Einheit findet sich in dem beiden entsprechenden Bild einer homöopathischen Arznei.
Wenn man in der homöopathischen Therapie auf die Diathese zielt, werden — wie bei der Konstitution — „tiefgreifende“ Heilmittel eingesetzt, von denen viele Hahnemanns „antipsorischen“ Arzneien entsprechen. Hinzugekommen sind zu den überwiegend mineralischen Mitteln einige Tiergifte und Nosoden (potenzierte Krankheitsprodukte), die sich mehr und mehr als wertvolle Bereicherung der konstitutionell-diathetischen homöopathischen Behandlung erweisen.

Von der Anamnese zur Arzneifindung

Wenn man, so wie wir es getan haben, zur „Erforschung des Kranken“ eine differenzierte und mehrschichtige Sicht vom „Aufbau der Person“ als Grundlage nimmt, so muß man dieser Gliederung auch bei der Erfassung des Patienten folgen. Eine solche „Ordnungs-Struktur“, der durch die besondere Berücksichtigung von Aetiologie, Konstitution und Diathese in der Anamnese Rechnung getragen wird, macht das Ziel der homöopathischen Behandlung — die Arzneifindung — eher erreichbar.
Hahnemann selbst, der vor allem in seinen späten Jahren viele der heutigen Ordnungsfaktoren ebenfalls zu seiner Menschenbild-Bestimmung heranzog (allerdings weniger systematisch), war ein genialer, feinfühliger Beobachter und konnte das Besondere an Situationen, Merkmalen und gewiß auch an Personen schnell und tief erschauen. Hahnemann begriff seine Patienten — und damit die ihnen entsprechenden Mittel — wahrscheinlich intuitiv so, wie wir es heute mit dem System der Wiener Schule nachvollziehbar machen wollen, das im nächsten Abschnitt beschrieben werden wird.

„Das Weiche siegt über das Harte.
Das ist die geheime Erleuchtung.“

(Lao-tse)

„Welche unter diesen, nach ihrer Kraft,
das menschliche Befinden zu verändern,
ausgeforschten Arzneien nun in ihren Symptomen
die meiste Ähnlichkeit aufweist,
diese Arznei wird und muß das passendste
und gewisseste homöopathische
Heilmittel derselben sein.“

(Samuel Hahnemann, § 147 „Organon“)

Die Anamnese hat dem homöopathischen Arzt eine Fülle von Symptomen geliefert, die er nun für die Arzneifindung sichten, beurteilen, bewerten und mit seinem Wissen ergänzen muß. Die Arzneimittelbilder in all ihrer Fülle sind gegenwärtig — der Arzt hat sie bei seiner Ausbildung zum Homöopathen kennengelernt, hat sein Wissen über sie durch den täglichen Umgang und eigene Arzneimittelprüfungen vertieft, hat sie vielleicht durch intensive geistige Beschäftigung in ihrem Wesen erfassen gelernt.
Das Bild des kranken Menschen muß von Fall zu Fall neu erfaßt werden.
Dem Ähnlichkeitsprinzip folgend, sucht nun der Arzt nach jenen Symptomen, die für den jeweiligen Kranken charakteristisch sind und sich in der Arznei wiederfinden müssen. Denn erst wenn Arzneimittelbild und Menschenbild übereinstimmen, ist das Simile gefunden, und es kann Heilung erfolgen.
Die Arzneifindung geht schrittweise vor sich.

1. Schritt: Das Explorieren

Hier prüft der Arzt, dem Schema der Wiener Schule folgend, die Antworten und Eindrücke aus der Anamnese nach den Gesichtspunkten:
Wo sind die Beschwerden? Ergebnis: *Ort, Ausdehnung und Aussehen der Beschwerden.*
Wie sind die Beschwerden? Ergebnis: *Die Art der Schmerzen, Empfindungen und Absonderungen.*
Wann treten die Beschwerden auf? Ergebnis: *Die Zeit und die Umwelteinflüsse, die die Beschwerden verbessern oder verschlimmern.*
Wer ist dieser Mensch? Ergebnis: *Die Konstitution, die Anlage, die Verfassung, das Vermögen.*
Was ist das für ein Mensch? Ergebnis: *Die Ängste, die Nöte, die Zwänge, das Schicksal.*
Die Fragen nach dem *Wer?* und *Was?* muß sich der Arzt selbst stellen und beantworten. Sie sind letzten Endes für seine Prognose ausschlaggebend. Es sind die Fragen nach dem ererbten, erworbenen und bewahrten Vermögen an Gesundheit, nach den persönlichen Fähigkeiten, mit der Krankheit und dem Schicksal fertig zu werden, aber auch die Fragen nach dem ererbten und erworbenen Mangel, dem persönlichen Unvermögen, das Schicksal und die Krankheit zu meistern. Im Wo?, Wie?, Wann?, Wer?, und Was? offenbaren sich die Natur der Störung und der Mensch.

2. Schritt: Das Hierarchisieren

Nun erfolgt das Bewerten der in der Anamnese ermittelten objektiven (vom Arzt eingebrachten) und subjektiven (vom Patienten mitgeteilten) Symptome. Wobei ein Symptom grundsätzlich nur dann für die Arzneifindung von Wert ist, wenn es eine gewisse Intensität, Dauerhaftigkeit und Regelmäßigkeit erreicht.
Samuel Hahnemann hat im § 153 seines „Organon" festgelegt, welche Symptome besondere Beachtung verdienen: *„Bei dieser Aufsuchung eines homöopathisch spezifischen Heilmittels sind allerdings die auffallenderen, sonderlichen, ungewöhnlichen und charakteristischen Zeichen und Symptome des Krankheitsfalles besonders und fast ausschließlich ins Auge zu fassen. Denn besonders diesen müssen sehr ähnliche in der Symptomenreihe der gesuchten Arznei entsprechen, wenn sie die passendste zur Heilung sein soll. Die allgemeinen und unbestimmten Symptome wie Appetitmangel, Kopfweh, Mattigkeit, unruhiger Schlaf, Unbehaglichkeit etc. verdienen in dieser Allgemeinheit, wenn sie nicht näher bezeichnet sind, wenig Aufmerksamkeit, da man so etwas Allgemeines fast bei jeder Krankheit und jederzeit sieht."*

Hahnemann folgend stehen daher in der homöopathischen Symptomatologie an erster Stelle:

Auffallende Symptome

Sie sind die für die Arzneifindung wertvollsten Symptome und können in allen Schichten der Person auftreten. Man versteht darunter jene Symptome, die für diesen speziellen Patienten charakteristisch sind. Das können sowohl Leitsymptome, paradoxe Symptome, „as if"—Symptome („als ob"—Symptome) als auch Schlüsselsymptome sein.

Zum Beispiel:

Phosphor: Verlangen nach viel kaltem Wasser, sodaß man in der Nacht aufstehen muß, um zu trinken.

Auslösende Symptome

Sie geben, wie bereits ausführlich dargestellt, über die auslösende Ursache der Erkrankung Aufschluß. Das psychische Trauma (Tod eines geliebten Menschen, familiäre, eheliche, soziale und wirtschaftliche Probleme, Angst, Kummer, Ärger, Sorge, Kränkung, Eifersucht, Mißtrauen, Einsamkeit etc.) und das physische Trauma (Operation, Verletzung etc.) führen, wenn sie nicht bewältigt werden, schließlich zur Krankheit. Auslösende Symptome nehmen in der Arzneifindung einen hohen Rang ein.

Modalitätensymptome

Hier werden alle Umwelteinflüsse erfaßt, die sich verschlimmernd oder verbessernd auf das Allgemeinbefinden und den Krankheitsprozeß auswirken. Also die Zeit, die Temperatur, das Klima, Ruhe, Bewegung, Druck, Berührung, Beengung, Lage, Licht, Lärm, Geruch und schließlich Einflüsse familiärer, ehelicher, beruflicher, sozialer Natur, die nicht auslösend, aber verschlimmernd wirken.

Die verschlimmernden oder verbessernden Symptome sind relativ leicht zu erfragen und geben wertvolle Aufschlüsse über die Eigenart der Person und den ablaufenden Krankheitsprozeß.

Konstitutionssymptome

Das, was im weitesten Sinn für den Menschen charakteristisch ist und über seine aktuellen Beschwerden hinausgeht, sind die „Symptome", die der homöopathische Arzt aus seiner Beurteilung der Konstitution und der Diathese des Patienten (siehe Seiten 160ff.) definiert. Über Temperament, Habitus, Benehmen, Auftreten und die Handhabung der Gegensatzpaare *(rot—blaß, warm—kalt etc.)* erschließt sich die Konstitution; über die familiäre Vorbelastung und die Erfassung des Menschen als *„lymphatisch"*, *„lithämisch"* oder *„destruktiv"* die Diathese, die hier beide unter dem Begriff „Konstitutionssymptome" subsumiert werden.

Seelische Symptome

Neben den großen seelischen Strukturen, die bereits über den gesamtheitlichen Blick in die Grundlagen zur Arzneifindung eingegangen sind, haben für den homöopathischen Arzt auch die sonstigen Merkmale im Verhalten, Ausdruck und Eindruck des kranken Menschen (Unsicherheit, Gehemmtheit, Verschlossenheit etc.) zur Vervollständigung des Patientenbildes eine nicht unerhebliche Bedeutung.

Geistige Symptome

Hierher gehören das Gedächtnis, der Verstand, das Lernen, die Auffassung, das Begreifen, das Erkennen, die Fähigkeit zu unterscheiden und zu entscheiden, die Konzentration, aber auch die Kreativität, die Phantasie und die Intuition.

Leibliche Symptome

Gemeint sind Beschwerden, die von leiblichen Fehlfunktionen ausgehen oder beeinflußt werden. Sie sind leicht und sicher festzustellen und bieten bei der Arzneifindung eine wesentliche Hilfe, so zum Beispiel das Verlangen, die Abneigung, der Hunger, der Durst.

Organsymptome

Sie sind meist der Anlaß für den Arztbesuch und häufig die Ursache der lokalen Beschwerden.

Pathognomonische Symptome

Darunter versteht man die krankheitsbedingten Symptome, zum Beispiel den großen Durst des Diabetikers oder den Reizhusten bei der Rippenfellentzündung.

Damit ist die der Anamnese vorangestellte Forderung nach der *„Totalität der Symptome“* erfüllt oder, um mit Hahnemann zu sprechen: *„. . . die Gesamtheit der Symptome muß für den Arzt das Hauptsächlichste, ja Einzige sein, was er an jedem Krankheitsfalle zu erkennen und durch seine Kunst wegzunehmen hat, damit die Krankheit geheilt und in Gesundheit verwandelt werde.“* (§ 7 „Organon“)

Den Symptomen des kranken Menschen stehen nun **Symptome der Arznei** gegenüber. Symptome, die über tradiertes Wissen, Vergiftungsfälle, Arzneimittelprüfungen und die ärztliche Erfahrung und Beobachtung einer bestimmten Arznei zugeordnet werden. Bei manchen Arzneien haben sich dabei so charakteristische Symptome herauskristallisiert, daß der Arzt, wenn er dieses Symptom auch von seinem Patienten erfährt, der entsprechenden Arznei bereits einen großen Schritt nähergekommen ist. Diese aufschlußreichen Arzneisymptome gliedern sich in:

Leitsymptome

Sie spiegeln das Wesentliche einer Arznei wider, geben ihr ein individuelles Gepräge und ziehen sich wie ein roter Faden durch das Arzneimittelbild. Viele große Homöopathen haben sich ausführlich mit den Leitsymptomen beschäftigt. Bei einer auf den ganzen Menschen abgestimmten

Behandlung müssen sich die Leitsymptome der gewählten Arznei zumindest teilweise beim Patienten wiederfinden — sonst ist das Mittel nicht angezeigt.

Der deutsche Homöopath Julius Mezger (1891—1976) zum Beispiel hat die Leitsymptome von „Silicea" (Kieselsäure) in seiner „Gesichteten homöopathischen Arzneimittellehre" so beschrieben:

Abmagerung und schlechter Ernährungszustand
Frostigkeit, Erkältungsneigung, Mangel an Eigenwärme
Alle Absonderungen nehmen einen üblen Geruch an, Neigung zu Schweißen, besonders am Kopf, nachts und früh
Beschwerden von unterdrückten Absonderungen
Schmerzhaftigkeit des ganzen Körpers — Überempfindlichkeit gegen Berührung
Überempfindlichkeit gegen alle Sinneseindrücke
Erschwerte Entleerung des Stuhls, der wieder in den Darm zurückgleitet
Verschlimmerung durch Kälte, Winter
Verbesserung durch Wärme und Wärmeeinhüllen

Schlüsselsymptome

Darunter versteht man Einzelsymptome, die nur für ein Arzneimittel typisch sind, die zur Arznei passen wie der Schlüssel zum Schloß. Die „Sonntagsmigräne", eine Migräne, die nur an arbeitsfreien Tagen auftritt, findet sich allein bei „Iris versicolor" (Schwertlilie) und ist somit ein echtes Schlüsselsymptom.

Paradoxe Symptome

Dabei handelt es sich um eigenartige, scheinbar unlogische und widersprüchliche Symptome, die auf eine tiefliegende Konfliktsituation hinweisen und bezeichnend für eine bestimmte Verhaltensweise sind. Einige Beispiele:

Calcium fluoricum: *„kann bei einem Trauerfall nicht weinen".*
Ignatia: *„Krampfhaftes Lachen auf traurige Mitteilungen", „Halsweh besser durch Schlucken", „Magenschmerzen besser durch Essen".*
Apis: *„Durstlosigkeit im Fieber und bei Ödem".*
Causticum: *„Abneigung gegen Süßigkeiten bei Kindern", „Besserung der rheumatischen Beschwerden im Regen".*
Ledum: *„Besserung von rheumatischen Gelenksbeschwerden durch Eintauchen in kaltes Wasser".*

„Als ob"-(„as-if")-Symptome

Diese Symptome haben einen besonders bildhaften Charakter, weil sie aus der unmittelbaren Erlebniswelt stammen.

Cimicifuga: *Gefühl, **als ob** sich die Schädeldecke öffnen und schließen würde.*
Sanguinaria: *Gefühl, **als ob** es die Augen aus den Höhlen triebe.*

Cactus: *Gefühl, als ob eine Faust das Herz umklammerte.*
Kalium carbonicum: *Gefühl, als ob das Herz an einem Faden hinge.*
Platin: *Gefühl, als ob alle Personen klein wären, man selbst aber groß und erhaben.*
Thuja: *Gefühl, als ob der Körper dünn und schwach wäre, als müsse er jede Bewegung vermeiden, um ein Auseinanderfallen der Körperteile zu verhindern.*
Argentum nitricum: *Gefühl, als ob man den Boden unter den Füßen verlöre.*

Seitensymptome

Für manche Arzneimittel hat sich im Rahmen der Prüfungen eine starke Affinität zur rechten oder linken, zur oberen oder unteren Körperhälfte herausgestellt. Viele dieser Beobachtungen haben sich dann am Krankenbett bestätigt. Auch bei Patienten trifft es zu, daß Erkrankungen oder Verletzungen überwiegend in einer Körperhälfte auftreten. Diese Seitensymptome können, wenn einige Arzneimittel zur Auswahl stehen, für die Arzneifindung ausschlaggebend sein.
Lachesis: *Linksseitig beginnende Angina. Linksseitige Wirkung betont. Die Symptome beginnen gern auf der linken Seite und gehen dann auf die rechte über oder treten auf der linken Seite verstärkt auf.*
Lycopodium: *Es gibt kein Mittel, das eine so sichere Rechtsbeziehung hat wie Lycopodium. Bevorzugt wird die rechte Seite befallen (Leber, Mandeln). Halbsichtigkeit, die rechte Hälfte des Gesichtsfeldes fällt aus.*

Repertoriumssymptome

Es müssen sich die Patientensymptome in den Rubriken des Repertoriums auffinden lassen. In den Rubriken wird die Wertigkeit des Mittels durch verschiedenen Druck ausgezeichnet, wobei kleine Rubriken mit einer geringen Anzahl von Arzneien wertvoller sind als große Rubriken mit einer Vielzahl von Arzneien.

Bewährte Indikationen

Sie sind ein Beitrag der Wiener Schule zur homöopathischen Praxis. Sie orientieren sich meist an auffallenden Symptomen und sind das Ergebnis der Erfahrung von Generationen von homöopathischen Ärzten. Bewährte Indikationen sind im Alltag immer wieder hilfreich.
Es ist bei der Beschreibung der einzelnen Symptome schon angeklungen, daß nicht alle Symptome eine gleich hohe Wertigkeit für die Arzneifindung besitzen. Im Gegensatz zu einer analytischen Strömung in der Homöopathie, die die Symptome zu isoliert betrachtet und schließlich das Mittel wählt, das mathematisch die höchste Wertigkeit erreicht, wählen wir den Weg der Synthese. Symptome sollten ein lebendiges Spiegelbild des Menschen sein, sollten verdeutlichen, wie er wirklich ist, lebt, leidet und hofft. Symptome sind nicht das Ziel der Anamnese, sondern nur Hil-

fen auf dem Weg zur Arzneifindung. Ziel bleibt immer der kranke Mensch in seiner Ganzheit, Einmaligkeit und Besonderheit. Erst in der Gesamtheit aller Befindensäußerungen wird das Leiden der Person erkennbar und somit heilbar.
In der Skala der Wertigkeiten nehmen die individuellen Symptome — die auffallenden, eigenartigen, sonderbaren, einmaligen und für das Individuum charakteristischen Symptome — den höchsten Rang ein. Ihnen folgen die konstitutionellen Symptome, die seelischen Symptome, die Geistsymptome und die leiblichen Symptome, die der Person am nächsten liegen. Das für die Findung der entsprechenden Arznei wesentliche Symptom kann jedoch aus jeder Schicht der Person stammen.
Als Ergebnis des Hierarchisierens erhält der Arzt eine kleine Anzahl wertvoller Symptome.

3. Schritt: Das Repertorisieren

Die beim Hierarchisieren gewonnenen, etwa 3—10 wertvollen Symptome schlägt der Arzt nun im Symptomenverzeichnis (Repertorium) nach und findet dort in den entsprechenden Rubriken Arzneimittel aufgelistet. Durch Unterschiede im Druck (Normaldruck, Kursivdruck und Fett- oder Großdruck) wird dort auf die Wertigkeit dieser Arznei für dieses spezielle Symptom hingewiesen. Die Wertigkeit ergibt sich aus der Anzahl der Prüfungen, der Häufigkeit, mit der das Symptom bei den Prüfungen auftrat; die Wertigkeit ergibt sich aber auch aus Erfahrungen, die große Homöopathen in die Symptomenverzeichnisse eingebracht haben. Die Skala reicht von 1 bis 3, wobei 3 die höchste Wertigkeit repräsentiert.
Die den Symptomen zugeordneten Arzneien werden daraufhin nach ihrer Wertigkeit und ihrer Häufigkeit in den Rubriken notiert.
Nach diesem Schritt bleiben 2 bis 3 Arzneimittel übrig, die einen hohen Rang erhalten haben.

4. Schritt: Das Analogisieren

Das Analogisieren ist wieder eine Besonderheit der Wiener Schule. Der Arzt studiert nun die Symptome der Arzneimittellehre und findet dabei oft zusätzliche Symptome, die der Patient bei der Anamnese vergessen oder verschwiegen hat. Darin offenbart sich einmal mehr die große Gesetzmäßigkeit der Homöopathie.

5. Schritt: Das Diagnostizieren

Die Arznei mit der größten Ähnlichkeit, das Arzneibild, das dem Zustandsbild des Patienten analog ist, das Simile, sollte nun gefunden sein.

„Zur Verdeutlichung und zum besseren Verständnis ein Beispiel aus meiner Praxis: Ein junges, zartes, verfrorenes und empfindliches Mädchen, das, von der Familie und Umwelt enttäuscht, einsam, verlassen und gehemmt geworden ist. Ihr nunmehriger körperlicher und seelischer Zustand ist sowohl für sie als auch für ihre Familie unerträglich geworden. Die Abmagerung als Folge der Appetitlosigkeit und das fettige, mit Akne übersäte Gesicht haben ihre Unsicherheit verstärkt, sie ist mißtrauisch und eifersüchtig auf ihre Schulkolleginnen.
Unbegabt in Sprachen und schlampig bei der Arbeit, hat sie auch in der Schule erhebliche Probleme. Körperlich und seelisch frostig und unsicher meidet sie immer mehr die Gesellschaft, schließt sich ab und kommt über die Kränkung und Demütigung nicht hinweg. Die Folge: Schwermut und Lebensunlust. Die Eltern kümmerten sich immer weniger um das Mädchen, von der Schule wurde eine Ausschulung empfohlen. Ein Krankenhausaufenthalt hatte keine nennenswerte Besserung gebracht. Zunächst war es schwer, mit ihr in Kontakt zu kommen, dann erzählte sie uns jedoch ihre ganze Leidensgeschichte. Von ihrer Angst vor der Zukunft, vor jedem Tag. Von ihrer Müdigkeit, ihrer Unfähigkeit zu arbeiten, ihrer Unlust. Von ihren Aufregungen und Kränkungen wegen ihres Aussehens und ihrer Untüchtigkeit, von der lieblosen Umgebung, der Angst vor der Schule, den Schularbeiten in Deutsch, den Aufsätzen und Redeübungen. Sie erzählte davon, daß man sie nirgendwohin mitnehme, obwohl sie sich in der frischen Luft wohler fühle. Nur einmal sei sie am Meer gewesen, habe aber schleunigst wieder nach Hause fahren müssen, weil sie das Salzwasser nicht vertragen habe. Nun wisse sie nicht, was ihr bevorstehe, was sie anfangen solle. Die Müdigkeit und Unlust seien unerträglich. Ihre einzige Freude sei es, Brot zu essen, viel Brot und Schlaf — mehr brauche sie nicht mehr. Morgens stehe sie schon erschöpft auf, weil sie jeden Tag um 2, 3 Uhr aufwache. Jede Kleinigkeit rege sie auf, sie könnte manchmal ihre Mutter ‚umbringen', weil sie sie dauernd reize. Weinend und schluchzend beendet sie ihre Erzählung mit den Worten: ‚Warum habe ich keinen Menschen, dem ich mich anvertrauen kann und der mich versteht? Ich will, aber ich kann einfach nicht.'"
Wir haben das Bild dieser Patientin, das eigentlich das Ergebnis der Anamnese ist, bewußt an den Anfang gestellt, damit nun schrittweise die Entstehung dieses Bildes mitverfolgt werden kann.*
(Die Beschwerden sind im folgenden Fragebogen Fettdruck hervorgehoben.)

* Dieses Patientenbeispiel wurde erstmals im Buch „Medizin der Person" (M. Dorcsi) im Karl F. Haug Verlag, Heidelberg, veröffentlicht. Der Auszug erfolgt mit freundlicher Genehmigung des Verlages.

Beispiel für eine homöopathische Arzneifindung

1. Wie groß sind Sie: 1,60 m Wie schwer: 55 kg
2. Wie alt sind Ihre Eltern: Vater: 44 Jahre Mutter: 44 Jahre
3. Welche Familienkrankheiten sind Ihnen bekannt:
   Krebs, **Tuberkulose,** Geisteskrankheit, Geschlechtskrankheiten, Selbstmord, Epilepsie, Herzkrankheiten, Gefäßkrankheiten, Schlaganfall, Asthma, Zuckerkrankheiten, **Rheumatismus,** Steinkrankheiten.
4. Welche Infektionskrankheiten haben Sie durchgemacht:
   Masern, Scharlach, Diphtherie, **Keuchhusten, Mumps, Röteln, Feuchtblattern,** Kinderlähmung, Tetanus, Ruhr, Typhus, Paratyphus, Malaria, Tropenkrankheiten, Tuberkulose, Geschlechtskrankheiten.
5. Welche Allgemeinkrankheiten haben Sie gehabt:
   Krebs, Lymphkrankheiten, Ekzeme, Warzen, Fieberblasen, Erfrierungen, **Erkältungen,** Medikamentenempfindlichkeit, Allergie.
6. Welche Impfungen haben Sie bekommen:
   Pocken, Masern, **Scharlach, Diphtherie,** Keuchhusten, Röteln, Tetanus, Polio, Calmette, Serum.
7. Welche Organerkrankungen haben sie durchgemacht:
   Kopf, Augen, Ohren, **Nase,** Nebenhöhlen, Kiefer, Zähne, **Hals,** Mandeln, Schilddrüse, Herz, **Lunge,** Bronchien, Asthma, Tuberkulose, **Magen, Darm,** Geschwüre, Leber, Gelbsucht, Gallenentzündung, Gallensteine, Bauchspeicheldrüse, Milz, Nierenentzündung, Nierensteine, Blase, Eierstock, Gebärmutter, Brustdrüse, Prostata, **Haut,** Haare, Nägel, Muskel, Gefäße, Krampfadern, Knochen, Gelenke, Wirbelsäule, Blut, **Anämie,** Drüsen, Nerven, Gemüt, Rheumatismus, Gicht.
8. Welche Operationen sind an Ihnen vorgenommen worden:
   Kopf, Augen, Ohren, Nase, Nebenhöhlen, Kiefer, Zahnsanierung, Mandeln, Kropf, Herz, Lunge, Magen, Darm, Blinddarm, Bruch, Gallenblase, Niere, Blase, Prostata, Eierstock, Gebärmutterentfernung, Bestrahlung, Hämorrhoiden, Krampfadern, Knie.
9. Welche Verletzungen hatten Sie:
   Geburtsverletzung, Gehirnerschütterung, **Schreck,** Knochenbrüche, Unfall, Kriegsverletzung, Erfrierungen, Verbrennungen.
10. Wann ist Ihre schlechteste Tageszeit:
    Erwachen, Aufstehen, Vormittag, Mittag, nach Tisch, Nachmittag, Abend, Vormitternacht, Nachmitternacht, Stunde.
11. Wann ist Ihre schlechteste Jahreszeit:
    Frühjahr, Sommer, **Herbst,** Winter.

12. Spielt bei Ihnen der Mond eine Rolle:
Vollmond, Neumond, Zunehmender, Abnehmender.
13. Wie fühlen sie sich:
Vor dem Essen, während des Essens, nach dem Essen.
14. Wie fühlen sie sich:
Vor der Regel, während, nach der Regel, Pubertät, Menopause (Wechsel).
15. Wie vertragen Sie die Wärme:
Verlangen, Abneigung, **gut,** schlecht, Sonne, Hitze, **Ofen,** Bäder, **Zimmer,** Kleider, warme Umschläge.
16. Wie vertragen Sie die Kälte:
Verlangen, **Abneigung,** gut, schlecht, **trockene,** feuchte, eisige, windige, kalte Umschläge.
17. Sind Sie wetterempfindlich:
Wetterwechsel, **Regen, Nebel,** Schnee, Wind, Sturm, Gewitter, Föhn, **Zugluft.**
18. Lieben Sie den Aufenthalt:
Meer, Gebirge, Zimmer, **Freien, frischer Luft, Reisen.**
19. Sind Sie sehr druckempfindlich, berührungsempfindlich:
Hartliegen, Anschlagen, Anfassen, Massieren, Waschen, enge Kleider, **Hals,** Brust, Taille, Hände, Füße, Genitale, Gelenke, Wunden.
20. Wie fühlen sie sich in:
Ruhe, Liegen, Sitzen, Stehen, Gehen, Anfangsbewegung, fortgesetzte Bewegung, Stiegensteigen, Bücken, Aufrichten, Umdrehen, Anstrengung, Verheben, Autofahren, Schiffahren, Aufzugfahren, Sesselliftfahren, Fliegen, Karussell.
21. Sind Sie empfindlich:
Licht, **Lärm, Geruch,** Geräusch.
22. Wie vertragen Sie das Alleinsein: **schlecht**
23. Wie fühlen Sie sich in der Gesellschaft: **gehemmt**
24. Wie reagieren Sie auf Trost oder Zuspruch: **sehr gut**
25. Wie ertragen Sie einen Widerspruch: **sehr schlecht**
26. Wie ertragen Sie eine Kränkung: **macht mich krank**
27. Wie reagieren sie bei Prüfungen: **wahnsinnig aufgeregt**
28. Wie reagieren Sie bei Freude: **gut, aber mißtrauisch**
29. Wie reagieren Sie beim Darandenken, Davonsprechen: **mit Weinen**
30. Kann man Sie von den Beschwerden ablenken: **ja, mit Verständnis, Musik, Zuspruch,** Arbeiten, Essen.
31. Wie ist Ihre Stimmung:
Extravertiert:
froh, heiter, gesellig, spielfreudig, kontaktfähig, optimistisch.

Introvertiert:
Still, ernst, verschlossen, gehemmt, grüblerisch, **pessimistisch.**
Exaltiert:
nervös, gereizt, **ungeduldig,** hastig, **aufbrausend,** jähzornig.
Deprimiert
empfindlich, beleidigt, gekränkt, weinerlich, verzweifelt, **lebensüberdrüssig.**

32. Wie ist das Benehmen:
ablehnend, albern, arbeitsscheu, begeistert, boshaft, eigensinnig, **argwöhnisch, eifersüchtig,** gefühllos, entschlußlos, feig, gehässig, gewissenhaft, geschäftig, geschwätzig, grimmassieren, herrisch, hochmütig, jammernd, kritisch, langweilig, **launenhaft, liebesbedürftig,** lügen, menschenscheu, **mißtrauisch,** mitfühlend, nachgiebig, nachtragend, pedantisch, phantastisch, rührselig, schadenfroh, schamhaft, schamlos, unfolgsam, ungeduldig, **unruhig,** unzufrieden, verträumt, zornig.
33. Haben Sie Angst:
Ahnungen, **Alleinsein,** Armut, Dunkelheit, Einbrecher, Erwachen, Geisteskrankheit, Geräusche, **Gesellschaft,** Gespenster, **Gewissen,** Gewitter, **Mißerfolge,** Platzangst, **Prüfungen,** Sterben, Tiere, Zukunft, **Schlangen, Spinnen, Mäuse.**
34. Haben Sie Sorgen:
Ärger, Aufregungen, Kummer, **Kränkungen,** Heimweh, Ehe, sexuelle.
35. Wie ist Ihr Gedächtnis:
Vergeßlichkeit, Namen, Zahlen, was Sie tun wollen, versprechen, verschreiben.
36. Wie ist Ihre Konzentration:
Zerstreut, interesselos, arbeitsscheu, schulschwierig, abgelenkt, **unkonzentriert, schlampig,** nachlässig, dumm, faul.
37. Wie geht es mit dem Lernen:
leicht, **schwer,** Verlangen, Abneigung, Unfähigkeit.
38. Leiden sie unter Einbildungen: **nein**
39. Haben Sie Wahnvorstellungen: **nein**
Besessenheit, Größenwahn, Menstruationswahn, religiöser Wahn, Säuferwahn, Verfolgungswahn.
40. Leiden Sie unter Zwangsvorstellungen: **nein**
Stehlzwang, Entkleidungszwang, Mordzwang, Wanderzwang, Brandstiftungstrieb.
41. Wie ist Ihr Appetit:
normal, gut, **schlecht,** Ekel, Heißhunger, nachts.

42. Was essen Sie besonders gerne:
süß, sauer, **pikant**, Salz, Fleisch, Fisch, Eier, Mayonnaisen, Fett, Milch, Käse, Brot, Teigwaren, Torten, Kartoffel, Obst, Gemüse, Salate; Alkohol, Kaffee, Tee, Nikotin.

43. Welche Speisen haben Sie gar nicht gerne:
süß, sauer, pikant, **Salz**, Fleisch, **Fisch**, Eier, Mayonnaisen, Fett, Milch, Käse, Brot, Teigwaren, Torten, Kartoffel, Obst, Gemüse, Salate; Kaffee, Tee, Nikotin.

44. Was vertragen Sie nicht:
süß, sauer, pikant, **Salz**, **Fleisch**, **Fisch**, Eier, Mayonnaisen, Fett, Milch, Käse, Brot, Teigwaren, Torten, Kartoffel, Obst, Gemüse, Salate; Alkohol, Kaffee, Tee, Nikotin.

45. Wie ist Ihr Durst:
normal, **viel**, wenig, **groß**, klein, warm, kalt, nachts, Fieber.

46. Wie ist Ihr Stuhlgang:
Täglich, jeden . . . Tag, normal, Verstopfung, Durchfall, Würmer, morgens, nachts, hell, dunkel, fettig, schleimig, blutig, übelriechend, geformt, knollig, hart, trocken, ziegenkotartig, bleistiftdünn, dünn, breiig, wäßrig, wegspritzend, schmerzlos, schmerzhaft, drängend, Drang ohne Erfolg, dranglos, krampfartig, stechend, wundmachend, zurückschlüpfend, Inkontinenz.

47. Wie ist Ihre Harnentleerung:
normal, viel, wenig, häufig, hell, dunkel, satzig, übelriechend, schmerzhaft, Inkontinenz, nachts.

48. Schwitzen Sie:
Total, partiell, schwer, leicht, **Aufregung**, Fieber, nachts, Kopf, Hinterkopf, Stirne, Gesicht, Brust, **Achsel**, Hände, Füße, Nacken, Rücken, warm, kalt, klebrig, übelriechend, verfärbend, erleichternd, unangenehm, erschöpfend, nachts.

49. Wann hatten Sie Ihre 1. Regelblutung: **14 Jahre**

50. Wann war Ihre letzte Regelblutung: **4. 12.**

51. Welchen Abstand haben Ihre Blutungen: **28 Tage**

52. Wie viele Tage dauert Ihre Blutung: **4**

53. Wie stark ist Ihre Regelblutung:
normal, stark, **schwach.**

54. Wie sieht Ihre Blutung aus:
hell, **dunkel**, klumpig, übelriechend.

55. Haben sie Schmerzen oder Beschwerden:
Vor Beginn, **während**, nach, Mittelzeit, Pubertät, Menopause, **Heiserkeit.**

56. Haben Sie einen Ausfluß:
keinen, wenig, stark, **weiß**, gelb, blutig, **schleimig**, dünn, dick, zäh, wundmachend, übelriechend.
57. Wie viele Geburten: — Fehlgeburten: —
58. Wie steht es mit Ihrem Schlaf:
gut, **schlecht**, kann nicht einschlafen, **nicht durchschlafen**, reden, **ruhig**, unruhig, aufschreien, hoch, flach, Rücken, Bauch, links, rechts, sitzend, kniend, ausgestreckt, **zusammengerollt, zugedeckt**, abgedeckt, Füße herausgestreckt, kalte Füße.
59. Haben Sie besondere, auffallende, immer wiederkehrende Träume:
angenehme, **ängstliche, schreckliche**, erotische, erschöpfende.
60. Wie ist Ihre Wärmeregulation:
Kalte Hände, kalte Füße, frostig,
Hitze, Wallungen, Schweiß,
Kälte, Frost, Schüttelfrost,
Fieberneigung, subfebril, hohes Fieber.
61. Welche Beschwerden und Sorgen haben sie jetzt?
Wo haben Sie die Beschwerden,
wohin strahlen die Beschwerden aus,
wie sind Ihre Beschwerden,
wann treten Ihre Beschwerden auf,
wodurch wurden Ihre Beschwerden ausgelöst,
wodurch werden Ihre Beschwerden besser oder schlechter?
62. Haben Sie **Kopfschmerzen?**
63. Haben Sie Schwindel?
64. Haben Sie **Augenbeschwerden?**
65. Haben Sie Ohrenbeschwerden?
66. Haben Sie **Nasenbeschwerden?**
67. Haben Sie Beschwerden in den Nebenhöhlen, Stirnhöhlen?
68. Haben Sie Zahn- oder Kieferbeschwerden?
69. Haben Sie **Hals- oder Mandelbeschwerden?**
70. Haben Sie **Schilddrüsenbeschwerden?**
71. Haben Sie **Halsbeschwerden?**
72. Haben Sie Beschwerden in der Lunge oder den **Bronchien?**
73. Leiden Sie unter Asthma?
74. Leiden Sie an Tuberkulose?
75. Haben Sie Bauchbeschwerden?
76. Haben Sie **Magenbeschwerden?**
77. Haben Sie Darmbeschwerden?
78. Leiden Sie an Hämorrhoiden?
79. Haben Sie Leber- oder Gallenbeschwerden? Gallensteine?
80. Haben Sie Bauchspeicheldrüsenbeschwerden?

81. Sind Sie zuckerkrank?
82. Haben Sie Nierenbeschwerden? Nierensteine?
83. Haben Sie Blasenbeschwerden?
84. Haben Sie **Eierstockbeschwerden?**
85. Haben Sie Regelblutungsbeschwerden?
86. Haben Sie Krämpfe?
87. Haben Sie **Ausfluß?**
88. Haben Sie Brustdrüsenbeschwerden?
89. Haben Sie Schwangerschaftsbeschwerden?
90. Haben Sie Prostatabeschwerden?
91. Haben Sie **Hautbeschwerden?**
92. Wie sind Ihre **Haare?** Wie sind Ihre **Nägel?**
93. Haben Sie Muskelbeschwerden?
94. Haben Sie mit den Knochen zu tun?
95. Haben Sie mit den Gelenken zu tun? Gicht?
96. Wie ist Ihre **Wirbelsäule?** Beschwerden?
97. Haben Sie Gefäßbeschwerden? Venen?
98. Wie ist Ihr **Blutbefund?**
99. Wie ist Ihr **Nervenzustand?**
100. Haben Sie Drüsenbeschwerden?

Nimmt man nun noch die Ergebnisse des Spontanberichtes und die vom Arzt erkannten „objektiven Symptome“ hinzu, dann ergibt sich folgende **Totalität der Symptome:**

Familienbelastung	Tuberkulose, Rheumatismus, Zuckerkrankheit, Gefäßkrankheiten, Asthma, Allergie.
Infektbelastung	Masern, Scharlach, Keuchhusten, Mumps, Röteln, Feuchtblattern, Herpes, Erkältungen.
Impfungen	Pocken, Scharlach, Diphtherie.
Krankheitsbelastungen	Allergischer Schnupfen, chronische Tonsillitis, chronische Adnexitis, chronische Appendicitis, chronische Tracheitis, Pharyngitis, Bronchitis, Seborrhoe, Akne, Anämie, Drüsenschwellungen, Struma.

Umweltbeeinflussung

Zeit	Erwachen, Aufstehen, Herbst, vor der Regel;
Temperatur	Wärmeverlangen, lokale Wärmeverschlimmerung, Kälteverschlimmerung;

Wetter	trockene, klare Kälte verschlimmert;
Aufenthalt	gerne im Gebirge, im Freien, in frischer Luft, gerne auf Reisen, ungern am Meer;
Druck	Berührungsempfindlichkeit um die Taille;
Lärm	Lärm- und Geräuschempfindlichkeit;
Geruch	Geruchsempfindlichkeit;
Alleinsein	Angst vor Alleinsein;
Gesellschaft	Hemmungen, feige, unsicher;
Trost	liebesbedürftig, wärmebedürftig, trostheischend;
Widerspruch	gibt eher nach;
Kränkung	kann schwer vergessen, nachtragend;
Prüfungen	aufgeregt;
Freude	freut sich gerne, würde sich gerne freuen;
Darandenken	davon erzählen, reißt Wunden auf;
Ablenkung	Trost, Musik.

Seelische Störungen

Stimmung	still, ernst, verschlossen, gehemmt, pessimistisch, nervös, gekränkt, lebensüberdrüssig;
Benehmen	eigensinnig, eifersüchtig, launenhaft;
Angst	Alleinsein, Dunkelheit, Mißerfolg! liebesbedürftig, mißtrauisch, unsicher; Prüfungen, Schlangen, Spinnen, Mäuse;
Sorgen	Aufregungen, Kränkungen, Zukunft.

Geistige Störungen

Verstand	Vergeßlichkeit, unkonzentriert, zerstreut, schlampig, entschlußunfähig.

Leibliche Störungen

Appetit	schlecht, Übelkeit, besonders morgens; Verlangen nach Brot, Süßigkeiten, pikanten Speisen, Obst, Kaffee; Abneigung gegen Saures, Salz! Unverträglichkeit von Salz!
Durst	viel, auf große Mengen kalten Wassers;
Stuhl	normal,
Harn	normal,

Schweiß	partiell, Achsel, Hände, Aufregung, Ärger, Schreck!
Menses	14/28/4 schwach, dunkel, pechschwarz, zu Beginn schmerzhaft,
Fluor	weiß, übelriechend;
Schlaf	schlecht, kann nicht einschlafen, erwacht gegen 2 bis 3 Uhr erschöpft, morgens müde, und tagsüber schläfrig;
Träume	unauffällig,
Wärmeregulation	kalte Hände und Füße, frostig.

Organstörungen

Kopf	Migräne, Blutandrang, Zugluftempfindlichkeit;
Schwindel	Aufwachen, Kopfschmerz, Blutandrang;
Müdigkeit	tagsüber, besonders morgens beim Aufwachen;
Augen	Schulasthenopie;
Nase	allergischer Schnupfen in Wärme, nach Weintrinken und Salzessen mit Niesanfällen abends um 10 Uhr in Gesellschaft;
Lippen	Herpesneigung um die Mittelzeit;
Hals	Häufige Anginen, Mandelabszesse, Pharyngitis, Tracheitis nach Überanstrengung und kalt trinken, Zugluft;
Schilddrüse	Struma nodosa; Hyperthyreose;
Herz	nervös, Drücken, Brennen bei Aufregung und Laufen;
Lunge	trockener, quälender Husten, besonders beim Niederlegen und Erwachen, im warmen Zimmer, Heiserkeit vor der Regel;
Magen	alles schlägt sich auf den Magen, drücken, Völle, Beengung, Krämpfe, kann in der Früh nichts essen;
Darm	chronischer Appendix, Durchfallneigung Mesenterialdrüsen;
Adnexe	Adnexitis chronica dextra;
Haut	fett, schmutzig, Gesichts-, Brust- und Rückenakne seit der Pubertät;
Haare	fett, haltlos;
Nägel	weich, brüchig, spaltend;

Gelenke	Knie und Sprunggelenke schwach, Unsicherheit beim Gehen;
Blut	Anämie, Chlorose;
Drüsen	Hals, mesenterial, Struma.

Konstitution

Habitus	asthenisch
Temperament	melancholisch
Diathese	anämisch-lymphatisch Tuberkulinie

Klinische Befundung

Asthenisch-anämisches Mädchen,
tuberkulinisch, melancholisch,
Hemikranie, Asthenopie, Rhinitis vasomot., Struma nodosa, Hyperthyreose, chronische Tracheitis, Pharyngitis, Appendicitis, Adnexitis, Gastroduodenitis, Seborrhoe, Akne vulgaris.

Hierarchisieren

1. Auffallende Symptome	Velangen nach Brot Pechschwarzes Menstrualblut Heiserkeit während der Menses
2. Auslösende Symptome	Angst vor Alleinsein Angst vor Verlassenheit Angst in der Dunkelheit Angst vor Mißerfolgen Angst vor Tieren Aufregung, Kränkung Schreckhaftigkeit Mißtrauen, Eifersucht. Tuberkulinie Masern, Scharlach, Herpes, Erkältlichkeit Fokaltoxikose
3. Verschlimmernde Symptome	Aufwachen, Aufstehen 2 bis 3 Uhr morgens,

	Herbst, vor der Regel trockene, kalte, klare Luft, Zugluft, lokale Wärme Meeraufenthalt Druck, Beengung, Widerspruch Lärm, Geruch, Geräusch, Davonsprechen, Daranerinnern.
4. Verbessernde Symptome	Wärme warme Zimmer, Gebirge, freie Luft Reisen, Trost, Zuspruch, Musik, Essen.
5. Konstitutionssymptome	asthenisch melancholisch lymphatisch tuberkulinisch allergisch
6. Seelische Symptome	still, verschlossen, ängstlich, gehemmt, eifersüchtig, mißtrauisch, enttäuscht, ohne Selbstvertrauen, einsam, unglücklich, verlassen, aussichtslos, lebensüberdrüssig, gereizt, explosiv.
7. Geistige Symptome	Vergeßlichkeit, zerstreut, unsicher, aufgeregt, mathematisch begabt sprachunbegabt schreibunbegabt
8. Leibliche Symptome	Verlangen nach Süßigkeiten Verlangen nach Pikantem und Brot Abneigung gegen Sauer, Salz Unverträglichkeit von Salz Durst groß und kalt Menses dunkel, pechschwarz Fluor schleimig, übelriechend Schlaf unruhig, erschöpfend

	Erwachen um 2 bis 3 Uhr Kalte Hände und Füße
9. Organsymptome	chronische Rhinitis chronische Pharyngitis chronische Tonsillitis chronische Duodenitis chronische Adnexitis chronische Appendicitis chronische Lymphadenitis Struma, Anämie, Seborrhoe Akne vulgaris
10. Klinische Symptome	Anämie Allergie Abmagerung Erschöpfung Struma Hyperthyreose Gastroduodenitis Fokaltoxikose

Als Ergebnis der Hierarchisierens bleiben demnach für diese Patientin folgende charakteristische Symptome:

Heiserkeit während der Regel
Pechschwarze Regelblutung
Verlangen nach Brot
Angst — Unsicherheit
Kränkung
Eifersucht
Widerspruch
Meeraufenthalt
Reisen
Sprachunbegabung
Erwachen gegen 2 bis 3 Uhr
Struma
Hyperthyreose
Anämie
Abmagerung
Tuberkulinie

Nach dem „Repertorisieren“ dieser Symptome, die aus Gründen der Anschaulichkeit so zahlreich gewählt wurden, folgt das „Analogisieren“ jener Arzneimittel, die für die Patientin in engere Wahl zu ziehen sind. Aufgrund des Vergleiches des Patientenbildes mit den verschiedenen in Frage kommenden Arzneimittelbildern erweist sich „Magnesium carbonicum“ als die Arznei mit der höchsten Entsprechung.

Diagnostizieren

Magnesium carbonicum LM VI, LM XII (= LM-Potenz in der 6. bzw. 12. Dynamisierung)

„Ich habe Tuberculinum D 200 *wegen der familiären tuberkulinischen Belastung und* Magnesium carbonicum *LM VI und LM XII wegen der Müdigkeit, Abmagerung, Erschöpfung und Arbeitsunlust gewählt, wegen des Brotverlangens, des Erwachens gegen 2—3 Uhr und der Heiserkeit während der Regelzeit. Außerdem fällt beim Durchlesen des Arzneimittelbildes bei Mezger, Kent, Dorcsi die weitgehende Ähnlichkeit sowohl in der Totalität als auch in der Wertigkeit der Symptome auf.“*

Mit der Wahl der entsprechenden Arznei ist der entscheidende Abschnitt der Arzneifindung beendet.

6. Schritt: Das Rezeptieren

Bei der **Wahl der Potenz** läßt sich der Arzt in erster Linie von der „Natur der Störung“ leiten. Liegt sie im Organ, sind tiefe Potenzen üblich; ist der Angriffspunkt eine Funktion, wird man mittlere Potenzen wählen, ebenso wie für das vegetative Nervensystem. Für das Zentralnervensystem sind hohe Potenzen die Norm. Weitere Kriterien bei der Potenzwahl können sein: Arzneiart *(Pflanzen tiefe und hohe Potenzen, Mineralsalze mittlere und hohe Potenzen, Metalle hohe Potenzen, Tiergifte hohe Potenzen);* Pathologie *(akute Krankheiten tiefe Potenzen, chronische Krankheiten hohe Potenzen)* und die Reaktionslage des Organismus *(hypergisch-mangelhaft: tiefe Potenzen; hyperergisch-überschüssig: hohe Potenzen).*
Diese groben Richtlinien treffen nicht in jedem Fall zu. Die Potenzwahl hängt stark von den persönlichen Erfahrungen des jeweiligen Arztes und seinem Fingerspitzengefühl ab. Für die Heilung hat sie, soferne die richtige Arznei gewählt wurde, nicht die ausschlaggebende Bedeutung.
Verordnet werden zur Zeit:
Urtinkturen (bezeichnet mit ∅)
Dezimalpotenzen: D 1, D 2, D 3 usw.

Centesimalpotenzen: C 1, C 2, C 3 usw.
LM-Potenzen *(siehe Seite 75f.)*
Korsakoffpotenzen
(Sie sind nach dem russischen Laienhomöopathen S. von Korsakoff benannt, der die Einglasmethode entwickelte. Er hatte durch genaues Wägen festgestellt, daß, selbst wenn man ein Glas kräftig ausschüttelte, noch ein volles Gran [60 bis 73 Milligram Wasser] zurückblieb. Auf die Arznei übertragen, ergibt sich als Rückstand ein Tropfen der ersten Verdünnung. Das Glas wird erneut mit 100 Gran reinem Wasser aufgefüllt, zweimal kräftig geschüttelt, ausgeleert, es bleibt ein Tropfen der zweiten Verdünnung. Ab der 30. Potenz nahm Korsakoff dann Alkohol anstelle von reinem Wasser. Diese 100 Tropfen Lösung bezeichnete Korsakoff als C 30. Korsakoffpotenzen werden mit einem K vor der römischen Ziffer gekennzeichnet.)

Nach der Potenzwahl muß sich der Arzt noch über die **Arzneiform** schlüssig werden.

Flüssige Form:	Urtinkturen und Dilutionen (Dil.) *(Hier ist zu beachten, daß Kinder und auch manche Erwachsenen den Alkohol nicht vertragen.)*
Kügelchen:	Globuli (Glob.) *(Die Rohrzucker-Kügelchen werden von allen gut vertragen und eignen sich, wegen der langen Haltbarkeit, gut für die Hausapotheke. Bei Kindern ist diese Arzneiform äußerst beliebt.)*
Tabletten:	Tabletten (Tabl.) *Hier muß manchmal mit Aversionen gegen die Tablettenform oder mit Schluckbeschwerden gerechnet werden.)*
Pulverform:	Triturationen (Trit.)
Salben:	Sie bestehen aus einem Teil Urtinktur und 10 Teilen Salbengrundlage.

Es werden in der Regel pro Gabe 5 Tropfen oder die annähernd gleiche Menge einer anderen Verabreichungsform verordnet. *(5 Tropfen = 1 Tablette = 1 Messerspitze = 5 Globuli).*

Bei der **Gabenfolge** gibt es ebenfalls eine Faustregel:

Tiefe Potenzen:	Als organotrope Arznei 3 mal täglich. Bei akuten Krankheiten und heftigen Schmerzen als Folge von Koliken oder Neuralgien Wiederholungsgaben in 10- bis 30minütigen Abständen, wobei die Arznei auch in Wasser aufgelöst, geschüttelt und löffelweise eingenommen werden kann.

Mittlere Potenzen:	Bei subakuten Zuständen 2—3 mal täglich.
Hohe Potenzen:	Sie bilden den Schwerpunkt bei der Behandlung chronischer Krankheiten und werden in seltenen Gaben, oft nur einmal, verabreicht. So lange eine Hochpotenz wirkt (bis zu 8 Wochen) sollte die Einnahme nicht wiederholt werden.

Bei tiefen und mittleren Potenzen wird die Arzneimenge in der Verschreibung so bemessen, daß der Patient bis zur nächsten Ordination damit sein Auslangen findet. Homöopathische Arzneien werden in Orginalverpakkungen meist zu 10 Gramm abgegeben und reichen für folgende Zeiträume:

Globuli:	3 mal 5 Globuli täglich — etwa 100 Tage
	1 mal 5 Globuli täglich — etwa 5 Monate
Dilutionen:	1 mal 5 Tropfen täglich — etwa 4 Wochen
Tabletten:	3 mal 1 Tablette täglich — etwa 14 Tage
	2 mal 1 Tablette täglich — etwa 3 Wochen
Triturationen:	3 mal 5 Messerspitzen täglich — etwa 14 Tage
	2 mal 5 Messerspitzen täglich — etwa 3 Wochen

Die Einnahme:

Homöopathische Arzneien sollen vor oder nach den Mahlzeiten eingenommen werden. Flüssige Arzneien schüttelt man vorher 10 mal kräftig, die Tropfen träufelt man auf den Handrücken und nimmt sie von dort auf. Triturationen, Tabletten und Globuli läßt man auf der Zunge zergehen. Bei Schmerzzuständen können Triturationen und Globuli auch in 1/4 Liter Wasser aufgelöst und löffelweise in kurzen Abständen genommen werden, bis eine Besserung eintritt.

7. Schritt: Das Kontrollieren

4—8 Wochen sind seit dem ersten Besuch beim homöopathischen Arzt vergangen, es folgt die „Zweitordination“. So mancher Patient hat sich vielleicht darüber gewundert, daß lediglich ein Fläschchen mit einer Arznei gegen alle seine Beschwerden helfen soll, so mancher Patient mag am Arzt gezweifelt haben, weil er ihn erst nach einem Monat oder nach zwei Monaten wiederbestellt hat. Dieser Zeitraum ist jedoch erforderlich, um die Reaktion des Organismus auf den Arzneireiz abschätzen zu können. Hinweise dafür müssen vom Patienten kommen. Für die Beurteilung des Therapieerfolges gibt es, in Anlehnung an Kent und Voisin, folgende Kriterien:

Der Zustand ist unverändert
„Wenn ein Patient bei der Türe hereinkommt und mir sagt, es hat sich nichts verändert, so ist das für mich die ärgste Enttäuschung." *
Dies kann folgende Bedeutung haben:
Pathologisch-anatomische Veränderungen
Die Natur der Störung wurde nicht richtig erkannt, mechanische Hindernisse (z. B. Nierensteine) oder krankhafte Veränderungen (z. B. Tumore), die eine homöopathische Regulation nicht zulassen, wurden übersehen.
Eine gründlichere Anamnese und eine klinische Untersuchung (nach mechanischen, toxischen, fokalen und anderen traumatischen Ursachen) sind nun erforderlich.
Reaktives Unvermögen des Organismus
Der Patient hat nicht mehr die Kraft, auf den Arzneireiz zu reagieren.
Eine Anregung über die Änderung der Potenz oder über das Zwischenschalten von tiefgreifenden Mitteln oder Nosoden (Sulfur, Psorinum, Tuberculinum etc.) ist erforderlich.
Falsch gewählte Arznei
Obwohl es eigentlich nicht vorkommen sollte, kann es passieren, daß man unechte Symptome, die mit der Natur der Störung eigentlich nichts zu tun haben, überbewertet hat. Eine neue Anamnese und eine tatsächlich entsprechende Arznei sind erforderlich.
Schlechte Arzneimittel
Der homöopathische Arzt ist auf die Gewissenhaftigkeit, Sorgfalt und Sachkenntnis des Apothekers bei der Herstellung der Arzneien angewiesen, er muß ihm vertrauen können.
Häufen sich Verdachtsmomente, so ist ein Wechsel der Apotheke angezeigt.
Der Patient will den Erfolg nicht zugeben
Auch der homöopathische Arzt muß sich manchmal mit Hypochondern, Hysterikern und Querulanten herumschlagen, die nicht gesund werden, weil sie nicht gesund werden wollen.
Fragt man dann jedoch die Beschwerden einzeln durch, erfährt man meist doch von positiven Veränderungen.
Verschlimmerung
„Nicht selten fühlen sich Patienten gefrozzelt, wenn ich mich sehr zufrieden darüber äußere, daß sich ihre Beschwerden nach Einnehmen der Arznei kurz verschlimmert haben."

---

* Diese und die folgenden persönlichen Anmerkungen stammen aus der langjährigen Praxis des Autors als homöopathischer Arzt.

Erstverschlimmerung der ursprünglichen Beschwerden

„Ein gutes Zeichen, da es beweist, daß die richtige Arznei gewählt wurde.“

Man kann nun das Mittel einige Tage absetzen, bis die Reaktion von selbst abklingt, und dann dieselbe Arznei erneut einnehmen. Man kann aber auch eine höhere Potenz oder seltenere Gaben verabreichen.

Verschlimmerung des Allgemeinzustandes

„Die Beschwerden sind schlimmer geworden, weil sich auch der Allgemeinzustand verschlechtert hat, das heißt, die Krankheit wurde nicht beeinflußt.“

Eine neue Anamnese und ein neues Mittel sind erforderlich.

Das Auftreten neuer Symptome

„Wenn ein Mittel zu lange und zu oft gereicht wurde, kann es zum Auftreten von Arzneimittelsymptomen kommen, der Patient macht — ungewollt — eine Arzneimittelprüfung durch.“

Die Arznei muß abgesetzt werden.

Arzneiunabhängige Verschlimmerung

„Sie können von einer neu beginnenden Erkrankung herrühren.“

Die neuen Symptome müssen beobachtet und bei einer neuerlichen Arzneifindung berücksichtigt werden.

Besserung

„Ein rascher Erfolg ist immer verdächtig!“

Die Beschwerden sind anfänglich besser geworden

„Ein rascher Erfolg, gefolgt vom neuerlichen Auftreten der alten Beschwerden, ist eine ungünstige Reaktion.“

Der Patient war von der gründlichen Anamnese, der Begegnung, beeindruckt — es handelt sich also nur um einen suggestiven Anfangserfolg ohne bleibende Wirkung. Ein passenderes Mittel muß gefunden werden.

Die Beschwerden sind eine Zeitlang besser geworden

„Haben sie dann aber wieder zugenommen, hat die Arzneiwirkung also nachgelassen.“

Man wählt die nächsthöhere Potenz, die nachhaltiger wirken sollte.

Die Beschwerden sind weniger heftig

„Der Patient fühlt sich wohler, die Beschwerden sind weniger häufig und schwächer.“

Auch hier wählt man eine andere, meist höhere Potenz.

Die Beschwerden werden allmählich besser

„Dieser Bericht ist ideal, denn er zeigt, daß die Regulation über den homöopathischen Arzneireiz erfolgreich ist.“

Heilung

„Die Beziehung zum Heilen ist, wie auch die Beziehung zum Sterben, in der modernen Medizin verlorengegangen. Denn man kuriert Symptome,

macht aber nicht den Menschen wieder heil. Heilen bedeutet für mich, daß die Harmonie wieder hergestellt wird, daß sich zuerst der Allgemeinzustand und dann die Beschwerden bessern. Geheilte Menschen verändern sich in ihrem Äußeren, in ihrem Wesen, fühlen sich wohl, sind wieder aktiv, können wieder Freude empfinden und freuen sich ihres Lebens.“

Phaenomenologisch betrachtet, erfolgt die homöopathische Heilung in dieser Abfolge:

Von oben nach unten — vom Gehirn zu den Zehen;

von innen nach außen, von lebenswichtigen zu weniger wichtigen Organen — vom Herz, von der Lunge, der Leber, der Niere zur Haut;

die Beschwerden verschwinden in umgekehrter Reihenfolge ihres Auftretens — also die zuletzt aufgetretenen Beschwerden zuerst, seit langem bestehende Beschwerden zuletzt. Constantin Hering hat, wie schon an anderer Stelle erwähnt, diese Gesetzmäßigkeit erkannt. Seine Beobachtung ist als *Heringsches Gesetz* in die homöopathische Literatur eingegangen.

8. Schritt: Das Dokumentieren

Von der naturwissenschaftlich orientierten Medizin wird der Homöopathie der Vorwurf gemacht, daß sie bisher den wissenschaftlich akzeptablen Nachweis der Wirksamkeit schuldig geblieben sei. Wissenschaftlich akzeptabel bedeutet unter anderem, daß die Ergebnisse objektivierbar und jederzeit nachvollziehbar sein müssen — im Tierversuch oder Doppel-Blindversuch etwa, bei dem nur eine Patientengruppe die Arznei, die Kontrollgruppe eine Scheinarznei erhält. Abgesehen davon, daß beide Untersuchungsmethoden schon aus ethischen Gründen abzulehnen sind, kann und will die Homöopathie, die jeden Menschen als Ganzen, Einmaligen und Besonderen sieht, einen solcherart „wissenschaftlichen“ Wirkungsnachweis ihrer Arzneien nicht erbringen. Sie hat jedoch, im Gegensatz zur klinischen Medizin, eine hohe innere Gesetzmäßigkeit, ein genau umrissenes Bild ihrer Arzneien und damit auch ihrer Patienten.

Wer heilt, hat recht.

Und Heilungserfolge können sehr wohl dokumentiert werden: Im Ludwig-Boltzmann-Institut für Homöopathie in Wien-Lainz legt man von jedem Patienten ein Blatt an, auf dem Daten der Konstitution, des Allgemeinzustandes und die Beschwerden vermerkt sind. Mit einer von 1 (sehr schlecht) bis 6 (beschwerdefrei) reichenden Skala werden die Beschwerden bewertet und die Behandlungsdaten und die Arzneien festgehalten. Bei jedem weiteren Besuch fragt man die Beschwerden ab und bewertet sie neu. Man kann beobachten, wie sich von Mal zu Mal die Ziffern 6 (beschwerdefrei) mehren, der Patient also immer gesünder wird. Wir haben durch diese Art der Dokumentation nicht nur eine von außen nachvollziehbare Kontrolle unserer Arbeit, sondern auch eine Kontrolle nach innen — ob die richtige, entsprechende Arznei gewählt wurde.

„Das höchste Ideal der Heilung ist die schnelle, sanfte und dauerhafte Wiederherstellung der Gesundheit oder Behebung und Vernichtung der Krankheit in ihrem ganzen Umfang auf dem kürzesten, zuverlässigsten und unnachteiligsten Weg. Die Behandlung soll nach deutlich einzusehenden Gründen erfolgen.“ (Samuel Hahnemann, § 2 „Organon“)

„Arzt sein, heißt
Patriot der Welt sein.“

(Viktor von Weizsäcker)

„Es wird sich zeigen, ob Ärzte, die es redlich
mit ihrem Gewissen und der Menschheit meinen ...
der heilbringenden Wahrheit
die Augen öffnen können.“

(Samuel Hahnemann im Vorwort zur 1. Auflage des „Organon“)

Die Verbreitung der Homöopathie in Deutschland

Hahnemanns scharfe Polemiken gegen die herrschende Medizin, seine Veröffentlichungen in „Hufelands Journal“, sein Kampf mit der Ärzte- und Apothekerschaft, seine Behandlung des Generalfeldmarschalls Fürst Schwarzenberg, hatten die Homöopathie bekannt gemacht. Die neue Heilkunst fand, neben vielen Gegnern, mehr und mehr Anhänger; Patienten in erster Linie, aber auch ältere Ärzte, die bereit waren, mit ihrer ärztlichen Tätigkeit im Geiste der Homöopathie neu zu beginnen. Sie und einige wenige „echte Jünger“ aus Hahnemanns Lehrtätigkeit an der Leipziger Universität sorgten nach Hahnemanns Tod für den Fortbestand und die Weiterentwicklung der „reinen Lehre“ in Deutschland. Diese „Klassiker“, die sich streng am Vorbild Hahnemanns orientierten, bereicherten die Homöopathie zwar durch ihr Wirken und ihre Werke, gründeten jedoch keine Schule. Sie blieben Einzelgänger, starke Persönlichkeiten, von denen viele ein ähnlich wechselvolles Schicksal wie Hahnemann erlebten.
Hahnemanns treuester Freund und Anhänger war **Dr. Johann Ernst Stapf**, 1788 in Naumburg geboren, der sich, nach einem Medizinstudium

in Leipzig, in seiner Vaterstadt als praktischer Arzt niederließ. Mit der Ausbildung und Praxis in der Medizin unzufrieden, suchte er nach neuen Wegen, bis ihm, 1812, „ein günstiges Geschick“ Hahnemanns „Organon“ zutrug. Nach einjährigem Studium setzte er sich mit Hahnemann, zuerst brieflich, in Verbindung. Eine Jahrzehnte währende Freundschaft begann. 1822 gründete Stapf das „Archiv für die homöopathische Heilkunst“, das erste homöopathische Periodikum, das zehn Jahre später, in der Auseinandersetzung mit den Leipziger naturwissenschaftlich-kritischen Homöopathen, Hahnemanns Grundsätze vertreten sollte.
Stapf wurde ein berühmter Arzt mit einer großen Praxis, dem sogar das preußische Kriegsministerium die homöopathische Betreuung der im Heer grassierenden ägyptischen Augenkrankheit übertrug und den man zu Konsultationen sogar nach London rief.
Dr. Johann Ernst Stapf starb 1860 in Kösen bei Naumburg.
Von ganz anderer Art war **Clemens Franz Maria von Bönninghausen,** Sohn eines preußischen Junkers, 1785 im niederländischen Heringhaven geboren. Mit 21 Jahren promovierte er zum Doktor der Rechte und wurde wegen seiner Sprachkenntnisse von Louis Napoleon als Beamter an den holländischen Hof gerufen. Nach Napoleons Sturz zog er sich auf das Gut seines Vaters zurück und widmete sich nun ganz der Botanik und Landwirtschaft. 1828 erkrankte er lebensgefährlich und wurde von einem homöopathischen Arzt geheilt. Nach diesem Initialerlebnis begann er, sich mit Homöopathie zu beschäftigen, prüfte selbst Arzneien, stellte Repertorien zusammen, setzte sich mit Hahnemann in Verbindung und wurde schließlich sein Freund. Hahnemann schrieb über ihn: *„Der Herr Regierungsrath Freiherr von Bönninghausen in Münster hat meine homöopathische Heillehre so gründlich studiert und sich so zu eigen gemacht, daß er als ein vollkommner homöopathischer Heilkünstler ein so vollkommnes Vertrauen verdient, daß, wäre ich selbst krank, ich mich keinem Arzte in der Welt außer ihm anvertrauen würde.“* (H. Fritsche, „Idee und Wirklichkeit der Homöopathie“)
In Hahnemanns Todesjahr, 1843, wurde dem mittlerweile weltberühmten Homöopathen — per Kabinettsorder König Friedrich Wilhelm IV. — die volle Ausübung des Arztberufes ohne medizinisches Fachstudium und ohne Ablegung einer Prüfung gestattet. Elf Jahre später verlieh ihm eine amerikanische Universität den medizinischen Doktortitel. Bönninghausen starb, 1864, hochgeehrt.
Hahnemanns eigenwilligster und vielleicht auch genialster Schüler war **Constantin Hering,** im Jahre 1800 in Oschatz in Sachsen geboren. 1820 ging er nach Leipzig, um Medizin zu studieren, und hörte auch Vorlesungen Hahnemanns, ohne zu dessen Kreis zu gehören. Der Auftrag, ein Buch gegen die Homöopathie zu verfassen, veranlaßte ihn, sich näher mit

der Materie zu beschäftigen. Er studierte Hahnemanns Werke, führte Arzneiprüfungen durch und verabreichte homöopathische Arzneien, mit dem Ergebnis, daß er zum überzeugten Homöopathen wurde. Sein öffentliches Bekenntnis zur Homöopathie machte den Abschluß seiner Studien in Leipzig unmöglich, er mußte in Würzburg promovieren. Der Titel seiner Doktorarbeit lautete bezeichnenderweise: „Medizin der Zukunft".
Nach einem kurzen Zwischenspiel als Hausarzt und Lehrer für Naturwissenschaften an einem Dresdener Erziehungsinstitut zog er 1827 mit einem Kameraden aus, um auf einer von der sächsischen Regierung unterstützten Forschungsreise das Innere Surinams zu erkunden.
Durch eine glückliche Fügung wurde er zum Leibarzt des Gouverneurs und damit der erste homöopathische Arzt Südamerikas. Hier lernte er auch zahlreiche einheimische Arzneistoffe kennen, prüfte sie und bereicherte damit die reine Arzneimittellehre.
1833, nach einem kurzen Aufenthalt in seiner Heimat, lockte ihn wieder die Ferne. Sein Ziel war diesmal Nordamerika. Von Philadelphia aus begann er, Amerika für die Homöopathie zu erobern.
Stapf, Bönninghausen und Hering waren noch persönliche Freunde Hahnemanns gewesen, Vertreter seiner „reinen Lehre", klassische Homöopathen, die dem Meister auch bei der Potenzierung und Miasmenlehre folgen konnten.
Dieser „klassischen Richtung" blieben auch in den folgenden Jahren einige wenige treu. **Paul Dahlke** etwa, 1865 im ostpreußischen Osterode geboren, der Philosoph unter den Homöopathen, der zum buddhistischen Glauben übertrat und als Übersetzer buddhistischer Werke ebenso berühmt wurde wie als Arzt. Dahlke führte in Berlin eine große Praxis und war auch als Schriftleiter der „Berliner homöopathischen Zeitschrift" tätig. Seine ärztliche Arbeit wurde immer wieder durch Reisen nach Asien und in die Südsee unterbrochen. Der überzeugte Buddhist, der in Berlin-Frohnau eine buddhistische Gemeinde gründete, starb 1928.
Sein Zeitgenosse **Emil Schlegel**, ein Mensch ganz anderen Typs, fand schon in jungen Jahren durch ein Büchlein über „Hahnemanns Totenfeier" (von Dr. Arthur Lutze) zur Homöopathie. Völlig mittellos bildete er sich aus eigener Kraft weiter, bis plötzlich ein Wundertäter auftrat, der ihm das Medizinstudium finanzieren wollte. Also besuchte Schlegel, ohne Gymnasialabschluß, die Universität Tübingen. Ein Professor nahm sich des äußerst begabten Studenten an, verfolgte ihn dann jedoch mit Feindschaft, als er seine Neigung zur Homöopathie erkannte. Unter vielen Mühen erreichte Schlegel, daß er das Staatsexamen mit voller Geltung seiner Approbation fürs Deutsche Reich machen durfte, seine Doktorarbeit, in der er wieder für die Homöopathie eintrat, wurde jedoch nicht anerkannt. Schließlich verzichtete er auf die Promotion und ließ sich als „Emil Schle-

gel, Arzt“ in Tübingen nieder. Der Repräsentant der reinen, klassischen Homöopathie starb 1934 in Lindau am Bodensee.
Dr. Friedrich Gisevius, der kurz nach dem Zweiten Weltkrieg starb, zählte ebenfalls noch zu den Vertretern der „reinen Lehre“. Als er sich 1884 in Berlin niederließ, gehörten bald zahlreiche Prominente zu seinen Patienten, was er geschickt für die Homöopathie auszunutzen wußte. Daneben arbeitete er auch an der Poliklinik des „Vereins der Berliner homöopathischen Ärzte“ mit. Wie Stapf, Bönninghausen, Dahlke und Schlegel war Gisevius ein Meister der Hochpotenzen und der Psoralehre.
Für den Fortgang der Homöopathie in Deutschland wurde jedoch die naturwissenschaftlich-kritische Richtung bestimmend. Der Beginn der Historie der Homöopathie in Deutschland, das fünfzigjährige Doktorjubiläum Hahnemanns am 10. August 1829, bei dem der „Deutsche Zentralverein homöopathischer Ärzte“ gegründet wurde, enthielt schon den Keim der Spaltung. Der Leipziger Kreis um Dr. Moritz Müller suchte eine Annäherung an die allopathische Medizin und war auch bereit, sich neuen Strömungen zu öffnen. Hahnemann bekämpfte diese Tendenzen. Zum offenen Bruch kam es, als Moritz Müller die Leitung des ersten homöopathischen Krankenhauses in Leipzig übernahm. Hahnemann sah sein Lebenswerk gefährdet und reagierte darauf mit scharfen Polemiken und offenen Beleidigungen.
Die drei Meilensteine in der Geschichte der Homöopathie Deutschlands, die Gründung des „Deutschen Zentralvereins homöopathischer Ärzte“ (1829), die Herausgabe der heute noch bestehenden „Allgemeinen Homöopathischen Zeitung“ (1832) und die Eröffnung des ersten homöopathischen Krankenhauses (1833) sorgten also nicht für Einigkeit, sondern für Zwist. Nach Hahnemanns Abreise nach Frankreich, ein Ereignis, das von der „Allgemeinen Homöopathischen Zeitung“ bezeichnenderweise mit einem einzigen Satz — *„Herr Hofrat Dr. S. Hahnemann ist den 14. Juni nach Paris abgereist“* — kommentiert wurde, blieb Leipzig das Zentrum der deutschen Homöopathie.
Neben Müller wirkten hier noch Hahnemanns direkte Schüler Hartmann, Schweikert und Franz. Das homöopathische Krankenhaus mußte nach nur zehnjährigem Bestehen wieder geschlossen werden. 1843 praktizierten in Leipzig noch 12 homöopathische Ärzte, 1875 nur noch 5. Um diese Zeit nahm die Allopathie einen großen Aufschwung. Virchow, der Begründer der Zellularpathologie, wurde zur dominierenden Persönlichkeit in der Medizin; Wunderlich führte das Thermometer und die Fieberkurven in den klinischen Alltag ein; Helmholtz entdeckte den Augenspiegel und war einer der bedeutendsten Vertreter der physikalischen Medizin. Liebig erstellte ein Konzept des Stoffwechsels und unterteilte die Nährstoffe in Kohlenhydrate, Eiweiße und Fette. Die neuen Errungenschaften übten

auf den Ärztenachwuchs beträchtlichen Einfluß aus — die Homöopathie verlor an Bedeutung.
1875 gab es in München zwar eine homöopathische Lehrkanzel und ein Spital, aber nur noch wenige Studenten interessierten sich dafür. Immerhin wurde 1875 in Stuttgart das Spital der Barmherzigen Schwestern als homöopathisches Krankenhaus eingerichtet.
Fünf Jahre zuvor, 1870, errichtete man in Leipzig eine homöopathische Poliklinik (für nicht bettlägrige Patienten), die zuerst Heinigke leitete. **Hans Wapler,** der dann jahrelang die Poliklinik führte, gelang es kraft seiner großen didaktischen Fähigkeiten, wieder eine Schule zu begründen. Aus ihr gingen u. a. **Heinz Schoeler,** der mehr als 30 Jahre lang die „Allgemeine Homöopathische Zeitung" leitete, und, als wohl bedeutendster Vertreter der naturwissenschaftlich-kritischen Richtung, **Alfons Stiegele** hervor. Stiegele begründete ebenfalls eine Schule, eröffnete das Stuttgarter Homöopathische Krankenhaus und war maßgeblich an der Gründung des Robert-Bosch-Krankenhauses (1938), eines großzügigen und modernen Klinikums für die Homöopathie, beteiligt. In der Einleitung zu seiner „Homöopathischen Arzneimittellehre" wird deutlich, welche Stellung die naturwissenschaftlich-kritische Richtung zur Homöopathie bezieht: *„Die Homöopathie ist ein Begriff, der sich aus ärztlichen Beobachtungen herausgebildet hat; sein Inhalt ist aber kein für alle Zeiten unabänderlich geschlossener, so wenig wie das bei den Begriffen geistiger oder naturwissenschaftlicher Art überhaupt der Fall ist. Er kann zu Gunsten anderer Heilmöglichkeiten Einengungen erfahren müssen, ebenso aber auch theoretische und praktische Erweiterungen zu seinen eigenen Gunsten. In jeder Wissenschaft gibt es Richtungen, so auch in der Homöopathie. Der eine hält sich an die Forschungsmethoden und Ergebnisse des jüngeren Hahnemann, der andere sieht das Heil für seine Kranken in der möglichst hochgetriebenen Verdünnung des Arzneistoffes. Dazwischen hält sich eine große eklektische Mitte, die ohne den Affekt der Extremisten auf beiden Seiten in produktiv-kritischer Beobachtung ihre ärztlichen Schlüsse zieht. Man weiß ja um die so verschiedenen Heilmittel der Natur, die, um zum Ziele zu kommen, bald mit großen, an der Giftgrenze stehenden Dosen der Arzneien arbeiten muß, bald mit Spuren der Arznei und Spuren von Wuchsstoffen den Erfolg erreicht."*
In dieser Zeit entstand in Berlin unter Rabe, Donner und Kabisch eine homöopathische Poliklinik, unter Ömisch das homöopathische Krankenhaus in Höllriegelskreut bei München und unter Zimmermann und Braun das Krankenhaus für Naturheilweisen.

Eine neue Ära der Homöopathie leitete der Nachfolger Stiegeles, **Otto Leeser** — der „Kant der Homöopathie" —, ein. Sein Ziel war eine Synthese zwischen Wissenschaft und Homöopathie. 1935 ging er in die Emi-

gration, wo er einen Teil seiner Bücher verfaßte. 1949 übernahm er, auf Drängen der deutschen Homöopathen, die Leitung des Robert-Bosch-Krankenhauses, wo er vierteljährlich Kurse mit je 20 bis 30 Ärzten durchführte. In der Zeit seines Wirkens verdoppelte sich die Mitgliederzahl des „Deutschen Zentralvereins homöopathischer Ärzte“. Rivalitäten und Streitigkeiten führten 1955 dazu, daß Leeser Deutschland wieder verließ. Er starb in London.
Unter seinen Schülern haben sich vor allem **Unseld, Mezger** (der durch seine zahlreichen Arzneimittelprüfungen bekannt wurde) und **Stübler** ausgezeichnet.
Daneben gab es viele begnadete Praktiker — im Norden Wassily, Schilski und Schlütter-Götsche, im Süden vor allem **Stauffer,** dessen „Klinische homöopathische Arzneimittellehre“ zu den Standardwerken der Homöopathie zählt.
Nach dem Zweiten Weltkrieg gewann durch das Wirken der Schweizer Homöopathen Bahud, Vögeli, Schmidt und Künzli von Fimelsberg der Kentianismus auch in Deutschland Bedeutung. Zentren der Ausbildung formten sich um Ungern-Sternberg und Künzli von Fimelsberg im Norden und unter Eichelberger im Süden.
In Nordrhein-Westfalen haben Stockebrand, Immhäuser und Gerd-Witte die Erfahrungen des Franzosen Voisin der deutschen Homöopathie nahegebracht.
Neue Ausbildungsstätten entstanden ferner unter Köhler in Freiburg, unter Schlüren in Reutlingen und unter Hess in Tübingen. Das eigentliche Ausbildungszentrum befindet sich in Bad Brückenau und wird von Schramm geleitet.
In Hannover und Heidelberg gibt es im Rahmen der Universität Vorlesungen über Homöopathie. Und auch die Wiener Schule darf sich einen gewissen Einfluß auf die deutsche Homöopathie zuschreiben — an den zweimal jährlich in Baden bei Wien stattfindenden Intensivkursen nehmen stets zahlreiche Ärzte, Tierärzte und Studenten aus der Bundesrepublik Deutschland teil.

Die Verbreitung der Homöopathie in Österreich

Daß die Homöopathie die damalige Donaumonarchie sehr früh erreichte, ist vor allem einem Mann, **Matthias Marenzeller,** zu verdanken. 10 Jahre jünger als Hahnemann, hatte der in der Untersteiermark Geborene in Wien eine ähnliche medizinische Ausbildung erhalten wie Hahnemann während seines Wiener Aufenthaltes. Und wie der Meister aus Meissen litt auch er als Arzt an der therapeutischen Unsicherheit der zeitgenössischen

Medizin. Als Sanitätsoffizier machte er sich bei seinen Vorgesetzten unbeliebt, weil er allem Neuen gegenüber aufgeschlossen war.
1816, Marenzeller arbeitete als Stabsarzt im Invalidenhaus in Prag, fiel ihm Hahnemanns „Organon" in die Hände. Er studierte es aufmerksam und verkündete dann: *„Freut euch! Freut euch mit mir! Es gibt wieder eine Medizin, und ich bin wieder Arzt, um es für immer zu bleiben!"*
Das Prager Invalidenhaus wurde das erste Krankenhaus, in dem auch Homöopathie angewendet wurde. Daneben betrieb Marenzeller eine Privatpraxis. Zu seinen Patienten zählten zahlreiche Angehörige des Adels und viele Offiziere. Und Marenzeller gewann auch die Gunst des Generalfeldmarschalls Fürst Schwarzenberg.
Aber auch in Österreich ließen die Gegner nicht lange auf sich warten. In Wien herrschte der Geist der Restauration. Fürst Metternich bestimmte die politische, Joseph Andreas Freiherr von Stifft, als Leiter des österreichischen Sanitätswesens, die medizinische Richtung. Beiden Männern war alles Neue verdächtig. Stifft erreichte, daß 1819 von allerhöchster Stelle ein Verbot der Homöopathie verfügt wurde: *„Seine Majestät Kaiser Franz I. geruhten mit höchster Entschließung anzuordnen: Dr. Hahnemanns homöopathische Kurmethode sei allgemein und strenge verboten."*
Da Marenzeller sich nicht an das Verbot hielt, versuchte Stifft amtlich gegen ihn vorzugehen. Vergeblich, denn Marenzeller stand unter dem Schutz Schwarzenbergs, der sich nun auf sein Anraten sogar nach Leipzig begab, um sich von Hahnemann persönlich behandeln zu lassen. Der Kaiser konnte seinem verdienten Feldherrn die Bitte nicht abschlagen. Der Fürst reiste nach Leipzig, mit Marenzeller in seinem Gefolge, der nun Hahnemann auch persönlich kennenlernen konnte.
Wie großes Aufsehen die Reise damals erregte, ist einer Notiz Goethes zu entnehmen, der gerade in Karlsbad weilte: *„Hierzulande treibt man ein kurioses Spiel mit Ablehnen und Eindämmen der Neuerungen jeglicher Art . . . auch nach der Hahnemannschen Kurmethode darf niemand praktizieren . . . Nun hat der sehr kranke und wahrscheinlich inkurable Fürst Schwarzenberg Vertrauen zu dem neuen Theophrastus Paracelsus und erbittet sich Urlaub vom Kaiser und die Erlaubnis, auswärts sein Heil zu suchen."*
Auch der Rückschlag, den der Tod Fürst Schwarzenbergs für die Homöopathie bedeutete, konnte ihre Verbreitung nicht lange aufhalten.
1828 erreichten den Kaiser Berichte aus Ungarn, denen zufolge ein in der Armee epidemisch aufgetretenes Wechselfieber mit Hilfe der homöopathischen Kurmethode erfolgreich behandelt worden sei. Der Kaiser ordnete daraufhin an, in der k.u.k. med.-chirurg. Josephsakademie homöopathische Behandlungen durchzuführen und die Ergebnisse zu überprüfen. Marenzeller wurde nach Wien gerufen, um unter Aufsicht von Professo-

ren der Akademie homöopathische Behandlungen vorzunehmen. Die erstellten Gutachten waren so widersprüchlich, daß die Untersuchung vorzeitig abgebrochen wurde.
Marenzeller blieb nun in Wien und machte hier eine Praxis auf, die bald überlaufen war. Zu seinen Patienten zählte auch die Gattin Metternichs, die sich nicht scheute, offen für die Homöopathie einzutreten.
1831 wurde, von Rußland ausgehend, Europa von einer Choleraepidemie heimgesucht. Hahnemann hatte im Campher ein probates Mittel dagegen gefunden.
Seine Behandlung fand in Wien einen großen Fürsprecher, den Domprediger zu St. Stephan und Arzt, **Johann Emanuel Veith.**
Veith hatte, ehe er als Domprediger, auf den auch der Adel hörte, berühmt wurde, ein äußerst wechselvolles Leben hinter sich. 1787 als Sohn eines mosaischen Tabakverlegers in Kuttenplan, in der heutigen CSSR geboren, sollte er nach dem Wunsch des Vaters Rabbiner werden. Veith widersetzte sich jedoch und studierte in Prag und Wien Medizin, Naturwissenschaften und Tierheilkunde. Im Alter von 32 Jahren war er schon Direktor des Wiener Tierarznei-Institutes. Eine glänzende Karriere vor Augen, bat er plötzlich um seine Entlassung.
Schon 1816 war er zum christlichen Glauben übergetreten und zum Lieblingsjünger Klemens Maria Hofbauers geworden. Ab 1818 hörte er Vorlesungen an der Theologischen Fakultät, 1821 trat er in den Redemptoristenorden ein und wurde zum Priester geweiht. Da er sein priesterliches Amt mit ärztlicher Tätigkeit verband, was den Ordenssatzungen widersprach, schied er nach 8 Jahren aus dem Orden aus und wurde, nach einem Zwischenspiel als Kooperator an der Kirche am Hof, 1831 als Domprediger nach St. Stephan berufen, im Jahr der Choleraepidemie. Von der Kanzel herab wies er seine Gemeinde an, nicht nur mit Gebeten, sondern auch homöopathisch gegen die Cholera vorzugehen. Und er scheute sich nicht, vor versammeltem Hofe Dr. Hahnemann als Befreier von der Choleragefahr zu preisen. An Hahnemann schrieb er: *„Nehmen Sie das Bekenntnis eines Menschen als etwas Reales hin, der gern in dem Lichte sich sonnt, das ihm die ewige Wahrheit durch Sie auf den Leuchter gestellt hat.“*
So herrschte zu jener Zeit der paradoxe Zustand, daß die Homöopathie zwar offiziell verboten war, jedoch immer mehr Patienten gewann. So ordinierten in Wien um das Jahr 1831 neben Marenzeller 7 weitere homöopathische Ärzte.
Im Krankenhaus der Barmherzigen Schwestern in Wien-Gumpendorf behandelte **Mayerhoffer** ab 1832 auch nach homöopathischen Regeln. 1835 übernahm **Fleischmann** die Leitung des Spitals und führte es, 34 Jahre lang, rein homöopathisch, und es war damit das erste homöopathische

Krankenhaus der Welt. Unter seiner Ägide hatte das Krankenhaus einen so ausgezeichneten Ruf, daß nicht nur Ärzte aus der Monarchie, sondern auch aus Deutschland, Frankreich und England hierher zur homöopathischen Ausbildung kamen. Fleischmann war auch an der Wiener Universität als Dozent tätig.

1842 gründeten Fleischmann, Hampe, Wurmb und Watzke die „Gesellschaft der homöopathischen Ärzte Wiens", die zwei Jahre später die „Österreichische Zeitschrift für Homöopathie" herausbrachte. 1846 erhielten die homöopathischen Ärzte Österreichs das Recht zum Selbstdispensieren. 1850 wurde in Wien-Leopoldstadt ein zweites, ebenfalls von den Barmherzigen Schwestern geleitetes homöopathisches Krankenhaus unter Führung Wurmbs eröffnet. 1857 kam ein drittes homöopathisches Spital in Wien-Sechshaus hinzu. Ein besonderes Verdienst der Wiener Gruppe um Watzke und Wurmb waren die exakten und umfassenden Arzneimittelprüfungen, in denen Hahnemanns Ergebnisse voll bestätigt werden konnten.

Schon 1837 war unter Ferdinand I. das „allgemeine und strenge" Verbot der „homöopathischen Kurmethode" aufgehoben worden.

Im Revolutionsjahr 1848 ging die erste Blütezeit der Homöopathie in Österreich zu Ende. Die rund 60 Mitglieder des „Vereins der homöopathischen Ärzte Österreichs" zerstreuten sich während der Revolutionswirren, seine Zeitschrift mußte vorübergehend eingestellt werden.

Trotz der zwei homöopathischen Krankenanstalten, die nach 1848 eröffnet wurden, und trotz aller Bemühungen der Vereinsmitglieder, die Aktivitäten der vorrevolutionären Zeit wieder aufzunehmen, verlor die Homöopathie zunehmend an Bedeutung.

Das öffentliche Interesse wandte sich nun den Begründern der sogenannten „2. Wiener Schule" zu: Dem Pathologen Rokitanski und dem Internisten Skoda. Die Arbeiten von Semmelweis über das Kindbettfieber hatten zuvor schon Aufsehen erregt.

Gegen Ende des 19. und zu Beginn des 20. Jahrhunderts nahm die Schulmedizin in ganz Europa einen gewaltigen Aufschwung. Eine Entdeckung folgte der anderen, man begann, der Seuchen Herr zu werden, die Operationstechniken verfeinerten sich, bessere Medikamente standen zur Verfügung. Über den dennoch herrschenden Therapienotstand täuschten beachtliche Forschungserfolge hinweg.

Das Interesse junger Ärzte und Studenten an der Homöopathie schwand, der Nachwuchs fehlte — die homöopathische Tradition in Österreich wurde nur von einigen wenigen Vertretern fortgesetzt.

Während des Zweiten Weltkrieges begann unter den Ärzten das Interesse an der Homöopathie wieder zu wachsen. **Dr. Robert Seitschek** lernte an der Front durch Zufall einige homöopathische Praktiker kennen, die ihm

Hahnemanns Heilkunst näherbrachten.
„Meine Bekanntschaft mit einer anderen Medizin verdanke ich meinem Cousin und Taufpaten Dr. Mathias Roller. Er ließ mich, noch als Student, manchmal in seiner Praxis mitarbeiten und gab mir Bücher über Ganzheitsmedizin zu lesen. Seine Skepsis der Schulmedizin gegenüber konnte ich, als enthusiastischer Student und als begeisterter junger Arzt, zuerst nicht teilen. Die homöopathische Literatur sagte mir am Anfang wenig, bis ich auf Stiegeles ‚Klinische Homöopathie' stieß. Die Verbindung von Klinik und Homöopathie eröffnete mir nun den Zugang. Gemeinsam mit Dr. Seitschek suchte ich 1947 den Kontakt mit Frau Dr. Schreiber, der letzten bedeutenden Vertreterin der Homöopathie in Wien, seit Dr. Gutmann 1938 Österreich verlassen mußte und nach Amerika emigriert war." *
Dr. Seitschek bemühte sich in der Folge um die Gründung eines homöopathischen Vereins und fand dabei die Unterstützung des Apothekerehepaares Maria und Erich Peithner, das — als Hersteller homöopathischer Arzneimittel —, die Adressen interessierter Kollegen besaß und zur Verfügung stellte. Im März 1953 fand die konstituierende Tagung der „Vereinigung homöopathisch interessierter Ärzte Österreichs", am Boden der Universität, im Hörsaal des histologischen Instituts statt.
1958 konnte die Vereinigung ihren ersten großen Erfolg verbuchen — die „Liga homoeopathica internationalis medicorum" folgte ihrer Einladung, den XXII. Kongreß in Salzburg abzuhalten. 1973 organisierte Dr. Seitschek auch den XXVIII. internationalen Kongreß für Homöopathie in Wien.
Dr. Seitscheks Verdienst war die Gründung der Vereinigung, aus der die „Österreichische Gesellschaft für homöopathische Medizin" hervorging. Dank und Anerkennung gebühren ihm auch für die Organisation der beiden großen internationalen Kongresse.
„Mir lag in erster Linie die Aus- und Fortbildung am Herzen, denn ohne Nachwuchs muß die Homöopathie, wie es die Vergangenheit immer wieder gezeigt hat, verkümmern. Schon in den 50er-Jahren hielt ich in verschiedenen Städten Österreichs Vorträge über die Homöopathie und veranstaltete in Wien regelmäßig Seminare und Wochenendtagungen, die bald gut besucht waren. Der eigentliche Aufbruch begann dann mit den Homöopathiekursen am Wörthersee. Höhepunkte unserer Bemühungen waren ab 1963 die jährlich stattfindenden ‚Atterseetagungen' in Weißenbach, die wir gemeinsam mit Homöopathen aus der Schweiz und aus Bayern veranstalteten.

* Diese und die folgenden Anmerkungen skizzieren den persönlichen Werdegang des Autors als Homöopath in Österreich.

Wesentliche Impulse gingen dabei von den beiden Schweizer Homöopathen Flury und Hänni und den Sonntagsvorlesungen von Focke aus. Nachhaltig beeindruckt haben mich vor allem der Geist und der Idealismus, die unsere ‚Atterseetagungen' prägten."
Die intensive Arbeit trug Früchte. 1973 stellte sich das Ministerium für Wissenschaft und Forschung unter Frau Minister Dr. Herta Firnberg mit einem Forschungsauftrag ein. 1975 wurde das Ludwig-Boltzmann-Institut für Homöopathie — zuerst an der Wiener Poliklinik — gegründet. 1978 erhielt es im größten Krankenhaus Österreichs, in Wien-Lainz, seine heutige Heimstätte.
„Das Jahr 1980 war für mich besonders bedeutend. In diesem Jahr erhielt ich einen Lehrauftrag an der Wiener Universität, dem ich, trotz mancher Schwierigkeiten, auch heute noch nachkommen kann. Damit ging eine unserer wesentlichsten Forderungen in Erfüllung: Die Homöopathie dort zu lehren und zu praktizieren, wo man Medizin studiert und anwendet, an der Universität und im Rahmen eines Krankenhauses."
Aus den Wochenendtagungen und Seminaren entwickelten sich die Intensivkurse, die seit 1975 zweimal jährlich in Baden bei Wien abgehalten werden. Hier nutzen Ärzte und Studenten aus dem gesamten deutschsprachigen Raum die Möglichkeit, die Idee und Praxis der Homöopathie kennenzulernen, sich mit ihrer Methodik vertraut zu machen und die Fülle ihrer Anwendungsmöglichkeiten zu erfassen. Diesen Kursen ist es zu verdanken, daß heute bereits an die 600 Ärzte in Österreich in ihren Praxen Homöopathie ausschließlich oder teilweise anwenden.
„1985 wurde mir — für Verdienste um die Homöopathie — vom Bundesministerium für Wissenschaft und Forschung der Berufstitel ‚Professor' verliehen. Ich betrachte diese Ehrung nicht so sehr als Auszeichnung für meine Person, sondern als anerkennende Geste für die Homöopathie."

Die Verbreitung der Homöopathie in Frankreich

Als Hahnemann 1835 in Paris einlangte, wurde er von einer beachtlichen Anhängerschar begrüßt. Er fand bereits zwei homöopathische Fachzeitschriften und ein „Institut Homéopathique" vor, in Vorlesungen wurden Hahnemanns Ideen verbreitet. Das „Organon" war schon einige Jahre zuvor von Ernst von Brunnow ins Französische übersetzt worden und in der „Gallikanischen Gesellschaft für Homöopathie" waren alle homöopathischen Ärzte Frankreichs zusammengefaßt. Schon 1834 hatte die Gesellschaft „dem großen Hahnemann" ein Ehrendiplom mit folgenden Worten überreicht: *„Das Genie allein verdient gekrönt zu werden, und der Genius der Homöopathie sind Sie, ohne welchen diese herrliche Wissenschaft noch müßte geboren werden."*

Natürlich traf Hahnemann auch in Paris auf Widersacher. Auf ihre Eingabe an den Minister für das Gesundheitswesen, man möge dem angereisten Irrlehrer die Praxis verbieten, erhielten sie die Antwort: *„Hahnemann ist ein Gelehrter von großem Verdienst. Die Wissenschaft muß frei sein für alle. Ist die Homöopathie eine Chimäre oder ein System ohne inneren Halt, so wird sie von selbst fallen; ist sie hingegen ein Fortschritt, so wird sie sich auch ungeachtet unserer Schutzmaßregeln verbreiten, und das gerade sollte die Akademie vor allem anderen wünschen, die Akademie, welche die Mission hat, die Wissenschaft zu fördern und ihre Entdekkungen zu ermutigen."*

Als Hahnemann 1843 starb, stand die Homöopathie in Frankreich noch in hohem Ansehen. Neben zahlreichen französischen Homöopathen hatte auch **Dr. Jahr,** ein direkter Schüler Hahnemanns, in Paris eine gutgehende Praxis. Hahnemanns zweite Frau Melanie versuchte ebenfalls, die Praxis ihres Mannes weiterzuführen. Schließlich wurde jedoch ihr, ihr von einer amerikanischen Universität verliehener, Doktortitel bestritten und die Führung einer Praxis gerichtlich untersagt. Sie arbeitete jedoch in der Praxis ihres Schwiegersohnes (nach Hahnemanns Tod hatte sie ein Mädchen adoptiert und mit Bönninghausens Sohn Karl verheiratet) weiter. Als 1870 der Deutsch-Französische Krieg ausbrach, mußten Jahr, der nach Brüssel ging, wo er 1875 starb, und Karl von Bönninghausen Paris verlassen. Bönninghausen nahm Hahnemanns Nachlaß nach Deutschland mit.

Wie in Deutschland und Österreich wurde auch in Frankreich nun die Medizin von Persönlichkeiten dominiert, die, naturwissenschaftlich forschend, große Entdeckungen gemacht hatten. Allen voran der Chemiker Pasteur, der die Bakteriologie begründete und die (teilweise homöopathische) aktive Immunisierung mit abgeschwächten Erregern bei Milzbrand und Tollwut entwickelte; aber auch Magendie, der die experimentelle Pharmakologie und Physiologie in die Medizin einführte, und sein Schüler Bernard, der die Bedeutung der Leber für den Stoffwechsel erkannte und die „endokrine und exokrine Ausschüttung von Stoffen" beschrieb.

Die Homöopathie lebte jedoch auch hier, wenngleich mehr im Verborgenen, weiter und erhielt zahlreiche Impulse — so zum Beispiel die Nosodenbehandlung, die heute in der Homöopathie zunehmend an Bedeutung gewinnt. Als wesentlichste Verteter wären **Vannier** und **Julian** („Materia medica der Nosoden") zu nennen. Vannier und später auch Nebel vertraten die Ansicht, daß der Körper vor einer Behandlung durch Stimulierung der Ausscheidungsorgane entgiftet werden sollte.

Voisin beschäftigte sich eingehend mit der Entfaltung der Arznei im Organismus und den daraus resultierenden Reaktionen.
Pierre Schmidt, der seine Praxis in Genf hatte, begründete die Lyoner Schule, die sich an den Werken des großen amerikanischen Homöopathen Kent orientierte, womit die klassische Richtung der Homöopathie nach Frankreich gebracht wurde.
In Frankreich spielten prinzipielle Auseinandersetzungen, die in Deutschland zur Spaltung der Homöopathie geführt hatten, kaum eine Rolle.
Dem Adreßbuch der „Internationalen Liga Homöopathischer Ärzte" folgend, sind in Frankreich heute rund 1000 homöopathische Ärzte registriert.

Die Verbreitung der Homöopathie in den Vereinigten Staaten

Der rasche Aufschwung, den die Homöopathie in Nordamerika nahm, der große Enthusiasmus, mit dem sie aufgenommen wurde, ist vor allem einem Mann — **Constantin Hering** — zu danken. 1835 gründete er in Philadelphia, gemeinsam mit Wesselhöft, die erste homoöpathische Lehranstalt der Welt, die „Nordamerikanische Akademie für homöopathische Heilkunst". 1838 — er trug sich, um seine Finanzen in Ordnung zu bringen, mit Übersiedlungsgedanken nach London — konnte er Hahnemann brieflich mitteilen: *„Die Homöopathie bedarf hier meiner nicht mehr. In Philadelphia sind 15, in New York 7, in Baltimore 4 homöopathische Ärzte, außerdem in Pennsylvanien noch gegen 60, in Ohio etwa 10, und so weiter . . ."*
1848 gründete Hering in Philadelphia das Hahnemann-Medical-College, die älteste und bisher größte homöopathische Lehranstalt der Welt, die einige Krankenhäuser und eine große Poliklinik umfaßte. Hering lehrte hier bis 1869 Arzneimittellehre.
1843 gründete Gray eine homöopathische Gesellschaft in New York und brachte im selben Jahr, gemeinsam mit Hull, den „Homoeopathic Examiner" heraus. Hering, Marcay und Metcalf gründeten „The North American Homoeopathic Journal". 1857 praktizierten alleine in New York 93 homöopathische Ärzte, 24 homöopathische Vereine waren registriert, 3 homöopathische Zeitschriften erschienen. Noch 1922 schrieb Haehl, der am Hahnemann-Medical-College studiert hatte, daß die Homöopathie in den Vereinigten Staaten der Allopathie gleichberechtigt sei.
Zu diesem hohen Ansehen trug neben Hering auch der große amerikanische Homöopath **James Taylor Kent** wesentlich bei. Kent, ein Denker und Verfechter der klassischen Richtung der Homöopathie, brachte das um-

fangreiche Material der Materia medica und die Behandlungsmethoden in ein überschaubares System. Seine Vorlesungen über Hahnemanns Organon, im Buch „Zur Theorie der Homöopathie“ zusammengefaßt, wurden 1958 von Pierre Schmidt ins Französische und 1973 von Dr. Künzli von Fimelsberg ins Deutsche übersetzt. Der „Kentianismus“ prägte und prägt die Homöopathie in Nord- und Südamerika, in Großbritannien, in der Schweiz und in Indien.
Eine wesentliche Basis für die Verbreitung der Homöopathie war neben Herings zehnbändigem Werk, in dem er die Ergebnisse eigener und fremder Arzneimittelprüfungen aufnahm, die Enzyklopädie von **Allen** und **Hughes,** eine ebenfalls umfassende Sammlung der Arzneimittelprüfungen und Arzneimittellehren. Als hervorragende amerikanische Homöopathen sind ferner **Nash** (Leitsymptome der homöopathischen Therapie), **Dewey** (Katechismus der reinen Arzneiwirkungslehre), **Farrington** (Klinische Arzneimittellehre) und **Clark** (Symptomenverzeichnis) zu nennen.
1928, zwölf Jahre nach Kents Tod, an dem Tag, der als „Schwarzer Freitag“ in die Geschichte einging, verlor die amerikanische Homöopathie mit einem Schlag, was seit Hering aufgebaut worden war. Dem Ereignis waren zwar schon Verfallserscheinungen vorausgegangen, nun fiel auch noch ein Großteil der Stiftungsgelder, mit denen homöopathische Institute, Kliniken und Polikliniken finanziert wurden, dem Bankkrach zum Opfer. Daraufhin wurden auch die staatlichen Zuschüsse gesperrt, homöopathische Einrichtungen gingen in allopathische Hände über.
Von diesem Schock scheint sich die Homöopathie in den USA lange nicht erholt zu haben; erst in unseren Tagen gibt es wieder Ansätze, die hoffen lassen, daß in den Vereinigten Staaten wieder an die große homöopathische Tradition angeknüpft werden kann.

Die Verbreitung der Homöopathie in anderen Ländern

Großbritannien

In Großbritannien fand die Homöopathie rasch eine Reihe von Anhängern. Aus dem Jahr 1872 etwa ist bekannt, daß sich mehr als 300 Ärzte öffentlich zur Homöopathie bekannten. Es gab 8 homöopathische Hospitäler und Heilanstalten, das berühmteste war das „London Homoeopathic Hospital“, 28 öffentliche und 50 private Polikliniken, sowie 8 homöopathische Gesellschaften und zahlreiche Zeitschriften.
Später geriet die Homöopathie Großbritanniens stark unter amerikanischen Einfluß. Auch heute dominiert dort noch der „Kentianismus“.

Besonders hervorzuheben sind die großartigen Forschungsarbeiten am „Royal London Homoeopathic Hospital".
Daß sich die Homöopathie in Großbritannien großer Wertschätzung erfreut, ist nicht zuletzt darauf zurückzuführen, daß sich unter den Leibärzten der Königlichen Familie seit den Zeiten Königin Viktorias stets auch ein Homöopath befindet.

Italien

Die Homöopathie Italiens war stark von Österreich beeinflußt. Morello, Professor an der Universität Palermo, hatte vor allem als homöopathischer Schriftsteller einen großen Ruf. An homöopathischen Einrichtungen in Italien sind heute vor allem die „Homöopathische Akademie Italiens" mit Sitz in Rom und die „Freie internationale Universität für Homöopathische Medizin" in Neapel zu nennen. Medizinische Zentren befinden sich, außer in Rom und Neapel, auch noch in Mailand und Catania.

Schweiz

In der Schweiz faßte die Homöopathie nur langsam Fuß. Zwar praktizierten dort um 1876 schon 47 Homöopathen, bei völliger Dispensierfreiheit, doch gab es weder wissenschaftliche Zeitschriften noch homöopathische Spitäler.
Die moderne Homöopathie in der Schweiz wurde und wird von großen Einzelpersönlichkeiten geprägt, die der Kentschen Schule verbunden waren und sind. Durch ihren Einfluß faßte die klassische Richtung der Homöopathie auch in Deutschland Fuß. Hier wären vor allem Bahud, **Pierre Schmidt** (der Gründer der Lyoner Schule und Übersetzer Kents), Flury, Hänni, Künzli von Fimelsberg und Vögeli zu nennen.

Länder des Ostblocks

Ungarn war in den sechziger und siebziger Jahren des vorigen Jahrhunderts eine „Hochburg der Homöopathie" in Europa, wobei die Homöopathie der Allopathie rechtlich völlig gleichgestellt war. Der 1864 gegründete Homöopathische Verein besaß eine Poliklinik, die unter der Leitung Szontaghs stand, und gab ab 1872 eine Zeitung heraus. In zwei Privatspitälern und einer großen Abteilung im Bürgerspital in Budapest wurde ausschließlich homöopathisch gearbeitet. An der Universität gab es zwei Lehrstühle für Homöopathie, die Hausmann und **Bakody** (der berühmte-

ste ungarische Homöopath) innehatten, selbst im obersten Sanitätsrat war die Homöopathie durch Moskovitz vertreten.
Auch in Rußland und Polen praktizierten in der zweiten Hälfte des 19. Jahrhunderts homöopathische Ärzte. Ihr Zentrum war in Polen Lemberg, in Rußland Petersburg. Eine größere Verbreitung der Homöopathie scheiterte in erster Linie an mangelnden Übersetzungen homöopathischer Literatur.
Über die heutige Situation der Homöopathie in den Ländern des Ostblocks ist nur wenig in Erfahrung zu bringen, aktuelle Daten fehlen.

Lateinamerika

Die Homöopathie besitzt im gesamten lateinamerikanischen Raum Stützpunkte. Neben Hahnemann und Kent, auf die sich alle lateinamerikanischen Homöopathen berufen, ist auch traditionelles Gedankengut, die Philosophie und Religion des jeweiligen Landes, in ihre Arbeiten mit eingeflossen.
Persönliche Kontakte und ein reger Gedankenaustausch haben uns vor allem die Schulen Venezuelas, Brasiliens, Chiles und Argentiniens nähergebracht. Zwei Persönlichkeiten sind besonders hervorzuheben: **Hochstetter** in Chile, der an einer Synthese der verschiedenen Strömungen in der Homöopathie arbeitet und unermüdlich als Lehrer tätig ist, und **Paschero** in Argentinien, der die Erkenntnisse der Psychoanalyse in die Homöopathie einbrachte.

Mexiko

Mexiko ist, dank der Arbeit und Lehrtätigkeit von **Dr. Proceso Sanchez Ortega,** zu einem neuen Zentrum der Homöopathie geworden, das nicht nur homöopathische Ärzte in ganz Lateinamerika wesentlich beeinflußt, sondern auch der Wiener Schule wertvolle Impulse — speziell was die Miasmenlehre betrifft — gegeben hat.
Ortega versteht sich als Klassiker der Homöopathie: „*Die wahre Homöopathie nach den Statuten Hahnemanns, wie sie von den Klassikern aller Zeiten praktiziert wurde, ist allein in der Lage, den Bedürfnissen des heutigen Menschen mit seiner Last an Sorgen, Streß, Angst und Unsicherheit im Hinblick auf die Zukunft und seine Verhaltensweise entgegenzukommen. Die Hahnemannsche Homöopathie, strikt nach seinen Prinzipien aufgebaut und angewandt, studiert das Individuum und ordnet es erst ein, wenn es mit allen Eigentümlichkeiten als Einheit genau definiert ist, mit einer Ansammlung deutlich erkennbarer Leiden somatischer und psychischer Natur, die ein einheitliches Ganzes bilden; ein Homöopath ist aber*

auch in der Lage, den ererbten, bestehenden, konstitutionellen, pathologischen oder wie vom Meister aus Meissen besser ausgedrückt: miasmatischen Hintergrund zu erkennen, welcher die Anomalie hervorruft, die von uns in einem Individuum als Krankheit bezeichnet wird, und der, im Zusammenhang gesehen, die Krankheit der Gemeinschaft, der Gesellschaft ausmacht: Das kollektive Miasma. Die Menschheit verlangt nach einer berichtigenden Therapie.“ (Aus einem Vortrag Dr. Ortegas 1975, veröffentlicht in „Documenta homoeopathica“, Band 3)
Ortega hat die Schule der „Homeopatia de Mexico“ ins Leben gerufen. Die Ausbildung, zu der nur Ärzte oder Medizinstudenten höherer Semester zugelassen werden, umfaßt vier Kurse. Voraussetzung, in einen höheren Kurs aufzusteigen, ist die Ablegung einer Prüfung. Der Einführungskurs ist der Philosophie, der Lehre von den Aufgaben des Arztes und einem Überblick über die homöopathischen Schulen der Welt gewidmet. Kurs 1 behandelt die 24 Polychreste, den Kentianismus, die Grundgesetze der Homöopathie, die Zubereitung der homöopathischen Arzneien und die ersten drei Paragraphen des „Organon“. Alle Semipolychreste (rund 60 Mittel) und das gesamte „Organon“ sind Gegenstand des 2. Kurses. Kurs 3 umfaßt die Praxis und Krankenbehandlung.
Mit Ablegung der letzten Prüfung wird man automatisch in die angesehene „Vereinigung der homöopathischen Ärzte Mexikos“ aufgenommen.

Indien

In Indien ist eine große Anzahl homöopathischer Ärzte auch in Spitälern tätig, die Hervorragendes leisten. So zum Beispiel in Bombay, Haiderabad, Matras und Dehli. Was fehlt, ist eine einheitliche Ausbildung und damit die Möglichkeit, die Qualifikation homöopathischer Ärzte einzuschätzen. Auf jeden Fall genießt die Homöopathie in Indien tiefe Verankerung im Volk und ist Bestandteil der medizinischen Praxis.

Neben den ausführlicher behandelten Ländern sind heute in der „Liga Medicorum Homoeopathica Internationalis“ noch folgende Staaten vertreten:
Australien, Belgien, Bangladesch, Burma, Sri Lanka, Kanada, Kolumbien, Deutsche Demokratische Republik, Dänemark, Spanien, Griechenland, Israel, Malaysia, Niederlande, Neuseeland, Pakistan, Japan, Indonesien, Schweden, Südafrika, Nigeria, Ghana, Uganda, Rumänien.

BESCHWERDEN, HOMÖOPATHISCHE ARZNEIEN UND BEGLEITENDE EMPFEHLUNGEN

„Für den Kranken
ist das Wenigste das Beste."

(Hippokrates)

Die Homöopathie als Familienmedizin

Die Homöopathie ist, wie man auf den vorangegangenen Seiten erfahren konnte, eine echte Heilkunst mit einem streng gesetzmäßigen Aufbau. Ihre Ausübung erfordert viel Wissen, großes Einfühlungsvermögen und eine geschulte Beobachtung. Homöopathie kann und sollte daher nur von speziell ausgebildeten Ärzten praktiziert werden.

Daneben ist die Homöopathie aber auch eine Familienmedizin. Denn sie ist natürlich, unschädlich, menschengerecht und läßt keine Nebenwirkungen befürchten.

„Arzt zu sein, beinhaltet für mich auch die Verpflichtung zur Erziehung; Erziehung zu einer vernünftigen Lebensweise, durch die viele Krankheiten von vorneherein vermieden werden können; Erziehung aber auch in dem Sinne, daß der Mensch wieder lernt, mit banalen Erkrankungen und alltäglichen Störungen selbst fertig zu werden und sich bei chronischen Krankheiten selbst Linderung zu verschaffen.

Selbstverständlich ist in jedem anderen Krankheitsfall ein Arzt aufzusuchen. Ohne ärztliche Untersuchung und Kontrolle nebst klinischer Diagnose ist eine Selbstbehandlung unverantwortlich, und ich möchte ausdrücklich davor warnen.

In den folgenden praktischen Teil sind nicht nur meine Erfahrungen und Beobachtungen aus einer 40jährigen Praxis, sondern auch die von Generationen homöopathischer Ärzte eingeflossen. Die empfohlenen Arzneien haben sich im jeweiligen Krankheitsfall also vielfach bewährt.

Für Familien, die die Verantwortung für ihre Gesundheit wieder teilweise selbst übernehmen wollen, und für Ärzte, die die Homöopathie praktisch erproben wollen, soll dieser Teil des Buches ein, hoffentlich bald unentbehrlicher, Ratgeber sein."

Information zur Einnahme

Wenn Sie wegen Ihrer Beschwerden schon medikamentös behandelt werden, setzen Sie die Einnahme nicht ohne Rücksprache mit einem homöopathischen Arzt ab. Notfalls müssen die homöopathischen Arzneien (z. B. bei Diabetes oder Epilepsie) gemeinsam mit allopathischen Medikamenten eingenommen werden. Das Ziel ist es jedoch in allen Fällen, die eine entsprechende Arznei zu finden, die mitunter auch aus mehreren, aufeinander abgestimmten homöopathischen Mitteln bestehen kann.
Manchmal kommt es kurz nach der Einnahme zu einer Erstreaktion, bei der sich die Beschwerden vorübergehend verstärken. Für den homöopathischen Arzt ist das ein gutes Zeichen, weil es zeigt, daß die Arznei richtig gewählt wurde. Man begegnet dieser Erstreaktion, indem man das Mittel zwei Tage absetzt oder es mit Wasser verdünnt einnimmt oder vom Arzt eine höhere Potenz verschrieben bekommt.
Länger andauernde Reaktionen erfordern einen neuerlichen Arztbesuch und die Suche nach einer anderen Arznei.
Homöopathische Arzneien nimmt man am besten vor oder nach den Mahlzeiten. Dilutionen (flüssige Zubereitungen) schüttelt man vor der Einnahme 10mal kräftig, träufelt sie auf den Handrücken und nimmt sie von dort auf. Globuli (Kügelchen), Tabletten und Triturationen (pulverförmige Verreibungen) läßt man auf der Zunge zergehen.
Subkutane (s.c.) oder intravenöse (i.v.) Injektionen müssen vom Arzt verabreicht werden.

Einnahmedauer

Wenn vom Arzt nicht anders verordnet und im nachfolgenden Beschwerde-Verzeichnis nichts anderes angegeben ist, so nehmen Kinder und Erwachsene gleichermaßen

— bei starken, schmerzhaften Zuständen (z. B. bei Regelschmerzen, Zahnschmerzen, Migräne) alle 10 Minuten eine Gabe der entsprechenden Arznei (meist 5 Kügelchen oder 5 Tropfen oder 1 Tablette). Man kann auch eine Gabe in einem Viertelliter Wasser auflösen und in zehnminütigen Abständen schluckweise aufnehmen, und zwar so lange, bis Besserung eintritt;
— bei akuten Krankheiten (z. B. Fieber, Grippe, Entzündungen, Gastritis, Angina) die jeweils angegebene Tagesdosis (meist 3 x 5 Kügelchen oder 3 x 5 Tropfen oder 3 x 1 Tablette) bis zur nachhaltigen Besserung, bzw. Gesundung;
— bei organabhängigen Krankheiten (z. B. Bronchitis, Magen-, Darm-, Leber-, Nierenerkrankungen) die jeweils angegebene Tagesdosis

(meist 3 oder 4 x 5 Kügelchen, 3 oder 4 x 5 Tropfen oder 3 x 1 Tablette) 2 bis 3 Wochen lang;

— bei chronischen Krankheiten (z. B. Gelenksentzündungen [Rheumatismus], Harnweginfektion, Ekzeme, Verstopfung) die jeweils angegebene Tagesdosis (meist 3 x 5 Kügelchen oder 3 x 5 Tropfen oder 3 x 1 Tablette) 3 bis 6 Wochen lang. Tritt keine nachhaltige Besserung ein, ist wieder der homöopathische Arzt zu konsultieren;
— bei der Behandlung auslösender Ursachen (z. B. Angst, Ärger, Aufregung, Kränkung, Kummer) und von Modalitäten (z. B. Wetterfühligkeit) bei Bedarf 1 bis 3 x die angegebene Dosis (meist 5 Kügelchen oder 5 Tropfen), soferne nicht eine Hochpotenz vom Arzt in der Ordination gegeben werden soll.

Im folgenden praktischen Teil sind bei den einzelnen Arzneien die bewährte Potenz und die Gabenfolge und -menge angegeben. Sind bei einer Beschwerde mehrere Mittel angeführt, beginnt man mit dem ersten Mittel und läßt die anderen bei Bedarf folgen. In Österreich sind homöopathische Arzneien bis zur D3 rezeptpflichtig. Homöopathische Mittel sind lange haltbar, sollten jedoch vor Licht- und Wärmeeinwirkung geschützt werden.

Beschwerden von Abmagerung bis Zunge und die ihnen entsprechenden homöopathischen Heilmittel

ABMAGERUNG

Appetitmangel
Abrotanum D3 *3 x 5 Tropfen*

Schwäche, Rekonvaleszenz
China D4 *3 x 5 Tropfen*

Anämische Schulkinder
Calcium phosphoricum D4 *3 x 1 Tablette*

Kummer, Sorge
Ignatia D30 *abends 5 Kügelchen*

Kränkung, Demütigung
Natrium muriaticum D200
in der Ordination 5 Kügelchen

ABORTUS

Schreck
Aconitum D30 *1 x 5 Kügelchen*

Drohender
Kalium carbonicum D6 *3 x 1 Tablette*

Beginnender
Sabina D6 *2stdl. 5 Tropfen*

ABSZESS

Rötung, Klopfen
Belladonna D30 *3 x 5 Kügelchen*

Schwellung, Stechen
Apis D4 *4 x 5 Tropfen*

Eiterung
Mercur. solubilis D4 *3 x 1 Tablette*

Abszeßöffnend
Myristica sebifera D4 *4 x 5 Tropfen*

Blutvergiftung
Lachesis D12 *3 x 5 Tropfen*

Umschläge
Arnica-Urtinktur
20 Tropfen in 1/4 Liter Wasser

AFTERJUCKEN

Rötung, brennen
Sulfur D4 *3 x 1 Tablette*

Brennen, nässen
Acidum nitricum D4 *3 x 5 Tropfen*

Verstopfung
Alumina D6 *3 x 1 Tablette*

Trocken, brennen
Causticum D6 *3 x 1 Tablette*

Schwangerschaft
Collinsonia D4 *3 x 5 Tropfen*

Äußerlich
Paeoniasalbe *2 x tgl*

AKNE VULGARIS

Beginn
Sulfur jodatum D4 *3 x 1 Tablette, vier Wochen*

Folgemittel
Kalium bromatum D4 *3 x 1 Tablette, vier Wochen*

Junge, zarte Mädchen
Aristolochia D4 *3 x 5 Tropfen*

Rundliche Mädchen
Pulsatilla D4 *3 x 5 Tropfen*

Verstopfte, dicke
Graphites D6 *3 x 1 Tablette*

Kinnakne
Juglans regia D4 *3 x 5 Tropfen*

Äußerlich
Heilerdeumschläge

AKNE ROSACEA

Kälteeinwirkung
Abrotanum D3 *3 x 5 Tropfen*

Hitzeeinwirkung
Acidum fluoricum D12 *3 x 5 Tropfen*

Blasse Mädchen
Pulsatilla D4 *3 x 5 Tropfen*

Fette Frauen
Graphites D6 *3 x 1 Tablette*

Wechseljahre
Lachesis D12 *3 x 5 Tropfen*

Derbe Frauen
Sepia D6 *3 x 1 Tablette*

Äußerlich
Ringelblumensalbe

ANGINA

Halsweh
Phytolacca D4 *3 x 1 Tablette*

Rötung, Klopfen
Belladonna D30 *3 x 5 Kügelchen*

Schwellung, Stechen
Apis D4 *4 x 5 Tropfen*

Eitrige Stippchen
Mercur. solubilis D4 *3 x 1 Tablette*

Abszeßbildung
Hepar sulfuricum D6 *3 x 1 Tablette*

Erstickungsgefahr
Lachesis D12 *3 x 5 Tropfen*

Ausheilung
Silicea D12 *3 x 1 Tablette*

Gurgeln
Arnica-Urtinktur
20 Tropfen in 1/4 l heißes Wasser

ANGST

Alleinsein, Todes- und Herzangst
Aconitum D30 *5 Kügelchen*

Verlegenheit beim Sprechen
Ambra D3 *3 x 5 Tropfen*

Besessenheit und Verfolgungsangst
Anacardium D30 *5 Kügelchen*

Erwartungs- und Prüfungsangst
Argentum nitricum D12 *3 x 5 Kügelchen*

Angst vor Infarkt, Schlaganfall
Arnica D30 *5 Kügelchen*

Sterbens- und Todesangst
Arsenicum D30 *5 Kügelchen*

Glaubt, nicht in die Welt zu passen
Aurum D30 *5 Kügelchen*

Ungeschickt, Angst, sich zu blamieren, albern
Barium carbonicum D30 *5 Kügelchen*

Tiere, Gespenster, Delirium
Belladonna D30 *5 Kügelchen*

Herzangst, Todesangst
Cactus D3 *3 x 5 Tropfen*

Unbeholfener Schwarzseher
Calcium carbonicum D30 *5 Kügelchen*

Vor Stimmen, Dunkelheit
Causticum D30 *5 Kügelchen*

Erschöpfung, Krankheitsangst
China D30 *5 Kügelchen*

Prüfungsangst mit Herzklopfen
Coffea D4 *3 x 5 Tropfen*

Cerebralsklerose, Todesangst
Conium D30 *5 Kügelchen*

Prüfungsangst mit Durchfall
Gelsemium D4 *3 x 5 Kügelchen*

Unzufrieden, unangenehme Gedanken
Hepar sulfuricum D30 *5 Kügelchen*

Fürchtet, vergiftet zu werden
Hyoscyamus D30 *5 Kügelchen*

Hysterische Angst, Seufzen
Ignatia D30 *5 Kügelchen*

Um die Zukunft besorgt
Jodum D30 *5 Kügelchen*

Lebt ständig in Herzangst
Kalium carbonicum D6 *3 x 1 Tablette*

Angst, zwei Willen gehorchen zu müssen
Lachesis D30 *5 Kügelchen*

Angst, schwerkrank und verrückt zu werden
Lilium tigrinum D12 *2 x 5 Tropfen*

Rührselig, argwöhnisch, aufgebracht
Lycopodium D30 *5 Kügelchen*

Bangig, ungerecht, Gewissensbisse
Magnesium carbonicum D30 *5 Kügelchen*

Angst, den Verstand zu verlieren, zu morden
Mercur. solubilis D30 *5 Kügelchen*

Hoffnungslos, um die Zukunft besorgt
Natrium muriaticum D30 *5 Kügelchen*

Angst, der Tod stünde bevor
Nux vomica D30 *5 Kügelchen*

Verzweifelte Angst
Opium D30 *5 Kügelchen*

Gewitter, Angst, Krankheit geht übel aus
Phosphor D30 *5 Kügelchen*

Hysterisch, Angst, die Besinnung, das Leben zu verlieren
Platinum D30 *5 Kügelchen*

Angst, ermordet und vergiftet zu werden
Plumbum metallicum D30 *5 Kügelchen*

Beschäftigt sich immer mit dem Sterben
Psorinum D30 *5 Kügelchen*

Herzangst, als ob der Tod bevorstünde
Pulsatilla D30 *5 Kügelchen*

Kann nicht im Bett bleiben, Ruhelosigkeit
Rhus toxicodendron D30 *5 Kügelchen*

Aufregungszustände mit Todesfurcht
Secale cornutum D4 *3 x 5 Tropfen*

Trübe Krankheits- und Zukunftsgedanken
Sepia D30 *5 Kügelchen*

Ohne Selbstvertrauen, Lebensüberdruß
Silicea D30 *5 Kügelchen*

Fixe Idee, besessen, verdammt zu sein
Stramonium D30 *5 Kügelchen*

Schwärmer, fürchtet um sein Seelenheil
Sulfur D30 *5 Kügelchen*

Fürchtet die Nacht und den Morgen
Syphilinum D30 *5 Kügelchen*

Angst, zerbrechlich zu sein, Zukunftsangst
Thuja D30 *5 Kügelchen*

Angst, etwas Böses getan zu haben und verdammt zu sein
Veratrum D30 *5 Kügelchen*

Angst, als ob er eines Verbrechens schuldig sei
Zincum metallicum D30 *5 Kügelchen*

ÄRGERLICH

Angst, Ärger, Aufregung, Herzklopfen
Aconitum D30 *5 Kügelchen*

Angst, Ärger, Aufregung, Durchfall
Argentum nitricum D30 *5 Kügelchen*

Ärgerlich, reizbar, verdrießlich
Agaricus D4 *3 x 5 Tropfen*

Zornig, jeder Widerspruch erregt Unwillen
Bryonia D30 *5 Kügelchen*

Launisch, ärgerlich, ungebärdig
Chamomilla D30 *5 Kügelchen*

Wegen jeder Kleinigkeit zornig
Chelidonium D30 *5 Kügelchen*

Ärger, Aufregung, Herzklopfen
Coffea D30 *5 Kügelchen*

Verärgert über jedes Wort, das er reden muß
Colocynthis D4 *3 x 5 Tropfen*

Reizbar, schreckhaft, aufbrausend
Lycopodium D30 *5 Kügelchen*

Muß sich zurückhalten, um nicht zu schimpfen
Magnesium carbonicum D12 *2 x 5 Tropfen*

Gereizt, verdrießlich, wenn man ihn tröstet
Natrium muriaticum D30 *5 Kügelchen*

Streitet wegen jeder Kleinigkeit
Nux vomica D30 *5 Kügelchen*

Hochmütig, bei geringstem Anlaß wütend
Platinum D30 *5 Kügelchen*

Sucht aus Wut den Streit
Phosphor D30 *5 Kügelchen*

Nervös, ärgerlich, unbekümmert um Familie
Sepia D30 *5 Kügelchen*

Ärgert sich über alles, auch was ihn nicht betrifft
Staphisagria D30 *5 Kügelchen*

Heftigste Zornausbrüche und Mißlaunigkeit
Stramonium D30 *5 Kügelchen*

Will niemanden um sich, mißmutig, streitsüchtig
Sulfur D30 *5 Kügelchen*

Bei geringster Veranlassung ärgerlich und schimpfend
Veratrum D30 *5 Kügelchen*

Zornig, reizbar, betrübt, mürrisch
Zincum metallicum D30 *5 Kügelchen*

ASTHMA BRONCHIALE

Angst, Trockenheit
Aconitum D30 *3 x 5 Kügelchen*

Benommen, schweißbedeckt
Belladonna D30 *3 x 5 Kügelchen*

Nervös
Ambra D3 *3 x 5 Kügelchen*

Rot, Grobrasseln
Ipecacuanha D4 *3 x 5 Kügelchen*

Blaß, Feinrasseln
Tartarus emeticus D4 *3 x 5 Kügelchen*

Blässe, Erschöpfung
Arsenicum D30
alle 10 Minuten 5 Kügelchen

Nächtliche Atemnot
Lobelia D4 *alle 10 Minuten 5 Tropfen*

Beim Niederlegen
Spongia D3 *5 Kügelchen*

Beim Einschlafen
Hyoscyamus D4 *mehrmals 5 Kügelchen*

Allergischer Kitzelhusten
Aralia racemosa D4 *3 x 5 Tropfen*

Autoabgase
Acidum sulfurosum D12 *2 x 5 Tropfen*

Feuchtes Klima
Natrium sulfuricum D12 *3 x 5 Tropfen*

Parfumgeruch
Phosphor D12 *2 x 5 Tropfen*

Umstimmung
Formidium D30
alle 14 Tage 1 Ampulle s. c.

AUSFLUSS

Dünn, braun, blutig, wundmachend
Acidum nitricum D4 *3 x 5 Tropfen*

Zäh, klebrig, reichlich, eiweißartig
Alumina D6 *3 x 1 Tablette*

Weiß, schleimig, wundmachend, juckend
Ambra D3 *3 x 5 Tropfen*

Weiß, beim Gehen Rücken- und Kreuzschmerzen
Aesculus D4 *3 x 5 Tropfen*

Wäßrig, brennend, juckend, wundmachend
Ammonium bromatum D4 *3 x 5 Tropfen*

Libidinös, blutig, juckend
Aristolochia D4 *3 x 5 Tropfen*

Wäßrig, fleischwasserähnlich, wundmachend
Arsenicum D6 *3 x 5 Tropfen*

Zäh, blutig, wundmachend, Kreuzschmerzen
Bellis perennis D4 *3 x 5 Tropfen*

Dick, klebrig, kleisterartig, juckend
Borax D3 *3 x 5 Tropfen*

Dick, scharf, eiweißartig
Bovista D4 *3 x 5 Tropfen*

Mild, schleimig, milchig, dick, gelb
Calcium carbonicum D6 *3 x 1 Tablette*

Gelb, schleimig, milchig, wundmachend
Calcium fluoricum D6 *3 x 1 Tablette*

Eiweißartig, wollüstig – juckend
Calcium phosphoricum D4 *3 x 1 Tablette*

Scharf, wundmachend, übelriechend, brennend
Carbo vegetabilis D6 *3 x 1 Tablette*

Dunkel, schleimig, schmerzhaft, juckend
Carduus marianus D3 *3 x 5 Tropfen*

Wäßrig, juckend, brennend, wundmachend
Causticum D4 *3 x 5 Tropfen*

Schleimig, eitrig, wundmachend, übelriechend
China D4 *3 x 5 Tropfen*

Schleimig, Schweregefühl der Gebärmutter
Cimicifuga D4 *3 x 5 Tropfen*

Weiß, scharf, ätzend, stinkend
Conium D4 *3 x 5 Tropfen*

Entzündung, übelriechend, Harnbeschwerden
Copaiva D4 *3 x 5 Tropfen*

Dick, zäh, libidinöser Geruch des Genitale
Crocus D4 *3 x 5 Tropfen*

Wäßrig, scharf, ohne Wollustgefühl
Ferrum metallicum D4 *3 x 1 Tablette*

Wäßrig, profus, scharf juckend
Graphites D6 *3 x 1 Tablette*

Dunkel, schleimig, nach Anstrengungen
Helonias D4 *3 x 5 Tropfen*

Reichlich, scharf, wundmachend, hitzig
Jodum D12 *3 x 5 Tropfen*

Zäh, gelb, wundmachend
Kalium bichromicum D4 *3 x 1 Tablette*

Dick, eitrig, nach Käse riechend
Hepar sulfuricum D6 *3 x 1 Tablette*

Dick, zäh, gelb, blutig, wundmachend
Hydrastis D4 *3 x 5 Tropfen*

Weiß, gelb, schmierig, blutig, faul
Kreosotum D4 *3 x 5 Tropfen*

Weiß, blutig, Brust- und Halsschmerzen
Lac caninum D4 *3 x 5 Tropfen*

Gelb, grün, wäßrig, wundmachend, übelriechend
Lilium tigrinum D4 *3 x 5 Tropfen*

Weiß, gelb, schleimig, übelriechend
Magnesium carbonicum D4 *3 x 1 Tablette*

Schleimig, eitrig, übelriechend
Medorrhinum D30 *5 Kügelchen*

Gelb, eitrig, wundmachend, Geschwürbildung
Mercur. solubilis D4 *3 x 1 Tablette*

Wäßrig, dünn, scharf, schwächend
Natrium muriaticum D12 *3 x 1 Tablette*

Weiß, scharf, brennend, blutig
Phosphor D12 *3 x 5 Tropfen*

Eiweißartig, juckend, Vaginismus
Platinum D4 *3 x 1 Tablette*

Dick, mild, schleimig, rahmartig oder wäßrig
Pulsatilla D4 *3 x 5 Tropfen*

Eitrig, scharf riechend
Sabina D4 *3 x 5 Tropfen*

Übelriechend, nach Ausbleiben der Regel
Sanguinaria D4 *3 x 5 Tropfen*

Weiß, Kreuz- und Lendenschmerzen
Senecio D4 *3 x 5 Tropfen*

Gelb, grün, wundmachend, geschlechtlich erregt
Sepia D4 *3 x 1 Tablette*

Dünn, wäßrig, wundmachend, übelriechend
Silicea D6 *3 x 1 Tablette*

Juckend, kribbelnd, geschlechtlich erregt
Staphisagria D12 *3 x 5 Tropfen*

Weiß, scharf, brennend, juckend, wund, hartnäckig
Sulfur D4 *3 x 1 Tablette*

Gelb, grün, blutig, juckend, wäßrig
Syphilinum D200 *5 Kügelchen in der Ordination*

Gelb, grün, hartnäckig, wäßrig
Thuja D4 *3 x 5 Tropfen*

Schleimig, weiß, gelblich
Zincum metallicum D4 *3 x 1 Tablette*

BETTNÄSSEN

Nach dem Einschlafen
Equisetum D4 *3 x 5 Tropfen*

Im Schlaf
Causticum D6 *3 x 5 Tropfen*

Anämische Mädchen
Ferrum phosphoricum D12 *2 x 1 Tablette*

Schüchterne Mädchen
Pulsatilla D4 *3 x 1 Tablette*

Nervenmittel
Kalium phosphoricum D6 *3 x 1 Tablette*

Erkältlichkeit
Tuberculinum D200 *in der Ordination*

BINDEHAUTENTZÜNDUNG

Rötung, Brennen
Aconitum D30 *3 x 5 Kügelchen*

Rötung, Sandgefühl
Belladonna D30 *3 x 5 Kügelchen*

Schwellung, lichtscheu
Mercur. solubilis D4 *3 x 1 Tablette*

Dick, verklebt
Hepar sulfuricum D12 *3 x 1 Tablette*

Trocken, rissig
Graphites D6 *3 x 1 Tablette*

Fließschnupfen
Cepa D4 *3 x 5 Tropfen*

Äußerlich
Euphrasia D3 Augentropfen
mehrmals 3 Tropfen einträufeln

BLÄHUNGEN

Nervös, Zerplatzen, Süßigkeiten
Argentum nitricum D12
1—3 x 5 Kügelchen

Magen, Herzdruck
Nux moschata D6 *3 x 5 Kügelchen*

Aufstoßen, Rülpsen
Asa fötida D6 *3 x 5 Kügelchen*

Schwächeanfälle
Carbo vegetabilis D30
bei Bedarf 5 Kügelchen

Essen bessert
Mandragora D12 *3 x 5 Kügelchen*

Süßigkeiten, Leberkranke
Lycopodium D4 *3 x 1 Tablette*

Süßigkeiten, Alkohol
Sulfur D4 *3 x 1 Tablette*

Bei leerem Magen
Ignatia D30 *bei Bedarf 5 Kügelchen*

BLASENENTZÜNDUNG

Erkältung
Aconitum D30 *3 x 5 Kügelchen*

Unterkühlung
Dulcamara D4 *3 x 5 Tropfen*

Durchnässung
Rhus toxicodendron D4 *3 x 5 Tropfen*

Empfindliche Mächen
Pulsatilla D4 *3 x 5 Tropfen*

Heftiges Brennen
Cantharis D6 *3 x 5 Tropfen*

Nierengrieß
Sarsaparilla D4 *3 x 5 Tropfen*

Chronisch, Harnverlust
Causticum D4 *3 x 5 Tropfen*

BLINDDARMREIZUNG

Klopfen
Belladonna D6 *4 x 5 Tropfen*

Stechen
Bryonia D3 *alle 10 Minuten 5 Tropfen*

Bauchfellentzündung
Pyrogenium D30 *1 x 5 Kügelchen*

Bei jedem Verdacht auf Blinddarmreizung ist dringend der Arzt zu rufen.

BLUTARMUT

Zuerst muß die Ursache geklärt werden und bei echtem Eisenmangel Eisen zugeführt werden. Homöopathisch kann man die Eisenresorption anregen.

Demineralisation
Natrium muriaticum D200
in der Ordination 5 Kügelchen

Ernährungsstörungen
Abrotanum D3 *3 x 5 Tropfen*

Rekonvaleszenz
China D4 *3 x 5 Tropfen*

Eisenresorption, Eisenmißbrauch
Ferrum phosphoricum D 12 *3 x 1 Tablette*

Eisenunverträglichkeit
Pulsatilla D4 *3 x 5 Tropfen*

Anämieneigung
Kalium carbonicum D6 *3 x 1 Tablette*

Erschöpfung
Phosphor D30 *wöchentlich 5 Kügelchen*

BLUTDRUCK

Roter Hochdruck

Ärger, Aufregung, Schreck
Aconitum D30
bei Hochdruckkrisen 5 Kügelchen

Ärger, Verkalkung
Arnica D6 *3 x 1 Tablette*

Sonne, Alkohol
Glonoinum D12 *3 x 5 Tropfen*

Hitze, Wallungen
Lachesis D12 *3 x 5 Tropfen*

Blasser Hochdruck

Essen, trinken, ärgern
Nux vomica D4 *3 x 1 Tablette*

Blässe, Durchblutungsstörungen
Secale D4 *3 x 5 Tropfen*

Gefäßsklerose
Barium carbonicum D6 *3 x 1 Tablette*

Nierengefäßsklerose
Plumbum D6 *3 x 1 Tablette*

Altershochdruck
Viscum D2 *3 x 5 Tropfen*

Niederer Blutdruck

Herzstärkend
Crataegus-Urtinktur
3 x 10 Tropfen

Blässe, Müdigkeit
Kalium carbonicum D6 *3 x 1 Tablette*

Ohnmachtsanfälle
Camphora-Urtinktur *alle 10 Minuten*
2 Tropfen auf ein Stück Zucker

Kreislaufkollaps
Carbo vegetabilis D30
bei Bedarf 5 Kügelchen

Brechdurchfall, Kollaps
Veratrum D3 *mehrmals 5 Kügelchen*

Elendigkeit, Kollaps
Tabacum D30 *bei Bedarf 5 Kügelchen*

BLUTUNGEN

Verletzungen
Arnica D4 *3 x 5 Tropfen*

Blutungsneigung
Phosphor D12 *3 x 5 Tropfen*

Nasenbluten
Ferrum phosphoricum D12 *3 x 1 Tablette*

Kopfweh, Nasenbluten
Melilotus D4 *3 x 5 Tropfen*

Bluterbrechen
Ipecacuanha D4 *3 x 5 Tropfen*

Venenblutung
Hamamelis D3 *2stündlich 5 Tropfen*

Hämorrhoidenblutung
Sulfur D4 *3 x 1 Tablette*

BRONCHITIS

Erkältung, trockenes Fieber, Erregung
Aconitum D30 *stündlich 5 Kügelchen*

Erkältung, Benommenheit, Schwitzen
Belladonna D30 *stündlich 5 Kügelchen*

Grobes Rasseln
Ipecacuanha D4 *4 x 5 Kügelchen*

Feinrasseln
Tartarus emeticus D4 *4 x 5 Kügelchen*

Zäh, bröckelig
Coccus cacti D4 *3 x 5 Tropfen*

Zäh, schleimig
Stannum D4 *3 x 1 Tablette*

Mund voller Auswurf
Antimon. sulfuratum aurantiacum D4
3 x 1 Tablette

Herbst-, Winterkatarrh
Teucrium D4 *3 x 5 Tropfen vier Wochen*

Herbst-, Winterkatarrh
Grindelia D3 *3 x 5 Tropfen vier Wochen*

Altershusten
Senega D3 *3 x 5 Tropfen*

BRUSTDRÜSE

Stoß, Verhärtungen
Conium D4 *3 x 5 Tropfen vier Wochen*

Knoten zur Regelzeit
Phytolacca D4 *3 x 5 Tropfen vier Wochen*

Sekretabsonderung
Phellandrion D4 *3 x 5 Tropfen*

Harte Knoten
Calcium fluoricum D6 *3 x 1 Tablette*

Abszeßbildung
Hepar sulfuricum D200
alle 6 Stunden 5 Kügelchen
nach Verschreibung

Milchstau
Bryonia D3 *3 x 5 Tropfen*

DARMKATARRH

Aufregung, Grübeln
Ambra D3 *3 x 5 Tropfen*

Aufregung, Zerplatzen
Argentum nitricum D12 *2 x 5 Kügelchen*

Enttäuschung, Plätschern
Acidum phosphoricum D4 *3 x 5 Tropfen*

Durcheinanderessen
Antimonium crudum D4 *3 x 1 Tablette*

Sommerdurchfälle
Ferrum phosphoricum D12
3 x 5 Kügelchen

Brechdurchfall, Kollaps
Veratrum D4 *3 x 5 Kügelchen*

Eis-, Milchvergiftung
Pulsatilla D4 *3 x 5 Tropfen*

Wurst-, Fleischvergiftung
Arsenicum D6 *3 x 1 Tablette*

Obst, Salate, Gemüse
Podophyllum D4 *3 x 5 Tropfen*

Blutige, schleimige Stühle
Mercurius corrosivus D4 *3 x 1 Tablette*

Wässerige, blutige, wegschießende Stühle
Hydrastis D4 *3 x 5 Tropfen*

DEPRESSIONEN

Unglückliche Liebe junger Mädchen
Acidum phosphoricum D12
3 x 5 Kügelchen

Geschäftssorgen, Schlaflosigkeit
Ambra D3 *3 x 5 Tropfen*

Kummer, Sorge
Ignatia D30 *bei Bedarf 5 Kügelchen*

Kränkung, Demütigung
Natrium muriaticum D200
in der Ordination 5 Kügelchen

Mißtrauen, Apathie
Arnica D6 *3 x 5 Tropfen*

Enttäuschung, hoffnungslos
Aurum D12 *2 x 5 Kügelchen*

Schüchterne, unbeholfene Knaben
Calcium carbonicum D30
bei Bedarf 5 Kügelchen

Gehemmte, nachgiebige Mädchen
Pulsatilla D30 *bei Bedarf 5 Kügelchen*

Minderwertigkeitskomplex
Silicea D30 *bei Bedarf 5 Kügelchen*

Wechseljahre
Lachesis D12 *3 x 5 Tropfen*

Unrecht, Heimweh
Hyoscyamus D12 *3 x 5 Tropfen*

Grundlos niedergeschlagen
Thuja D12 *3 x 5 Tropfen*

EIERSTOCK

Akut, Klopfen, Krampfen
Belladonna D6 *3 x 5 Kügelchen*

Ziehen, Wundheitsgefühl, eher rechts
Apis D4 *3 x 5 Tropfen*

Schmerzen im linken Eierstock
Lachesis D12 *3 x 5 Tropfen*

Vergrößerungsgefühl
Argentum nitricum D4 *3 x 5 Tropfen*

Bauchfellreizung
Mercur. solubilis D12 *3 x 5 Tropfen*

Sexuelle Reizzustände
Palladium D12 *3 x 5 Tropfen*

Chronische Entzündung
Thuja D4 *3 x 5 Tropfen*

EIFERSUCHT

Eifersüchtig, hoffnungslos verliebt
Acidum phosphoricum D12 *2 x 5 Tropfen*

Eifersüchtige „feurige Witwe"
Apis D30 *5 Kügelchen*

Unbeholfen, kindisch, menschenscheu
Barium carbonicum D30 *5 Kügelchen*

Ungeschickt, hilfs- und anlehnungsbedürftig
Calcium carbonicum D30 *5 Kügelchen*

Eifersuchtsausbrüche, bösartig, angriffslustig
Hyoscyamus D30 *5 Kügelchen*

Feinfühlig, wortkarg, einsam, unglücklich
Ignatia D30 *5 Kügelchen*

Empfindlich, argwöhnisch, mißtrauisch, boshaft
Lachesis D12 *3 x 5 Tropfen*

Schimpfen mit eifersüchtigen Schmähungen
Nux vomica D30 *5 Kügelchen*

Still, schüchtern, mürrisch, eifersüchtig
Pulsatilla D30 *5 Kügelchen*

Will von niemandem etwas wissen und hören
Staphisagria D30 *5 Kügelchen*

Könnte jemanden aus Wut umbringen
Stramonium D30 *5 Kügelchen*

EKZEME

Ort

Haargrenze
Acid. nitricum D4 *3 x 5 Tropfen*

Haarboden
Staphisagria D4 *3 x 5 Tropfen*

Weichselzopf, Kopfläuse
Petroleum D4 *3 x 5 Tropfen*

Hinterkopf
Oleander D4 *3 x 5 Tropfen*

Gesichtsekzem
Abrotanum D4 *3 x 5 Tropfen*

Lichtekzem
Acid. fluoricum D12 *3 x 5 Tropfen*

Augenbrauen
Sulfur D4 *3 x 1 Tablette*

Augenlider
Staphisagria D4 *3 x 5 Tropfen*

Gehörgang
Graphites D6 *3 x 5 Tropfen*

Äußeres Ohr
Oleander D4 *3 x 5 Tropfen*

Gesicht und Ohren
Viola tricolor D4 *3 x 5 Tropfen*

Nasengegend
Abrotanum D3 *3 x 5 Tropfen*

Nasenspitze
Aurum D4 *3 x 1 Tablette*

Nasenlöcher
Kalium bichromicum D4 *3 x 1 Tablette*

Lippenbläschen
Natrium muriaticum D200 *5 Kügelchen in der Ordination*

Mundwinkeleinrisse
Acid. nitricum D4 *3 x 5 Tropfen*

Kinnakne
Juglans regia D4 *3 x 5 Tropfen*

Brustausschnitt
Thuja D4 *3 x 5 Tropfen*

Nabelekzem
Mercur. solubilis D4 *3 x 1 Tablette*

Scheidenekzem
Cantharis D6 *3 x 5 Tropfen*

Hodensackekzem
Croton D4 *3 x 5 Tropfen*

Nackenekzem
Zincum valerianicum D4 *3 x 5 Tropfen*

Rückenekzem
Tuberculinum D 200 *in der Praxis*

Herpesbläschen im Rippenbereich
Ranunculus bulbosus D4 *3 x 5 Tropfen*

Afterrötung
Sulfur D4 *3 x 1 Tablette*

Afternässen
Acid. nitricum D4 *3 x 5 Tropfen*

Achselhöhle-Schweißdrüsenabszeß
Hepar sulfuricum D12 *3 x 1 Tablette*

Ellenbeuge
Rhus toxicodendron D4 *3 x 5 Tropfen*

Handrücken
Cadmium D6 *3 x 5 Tropfen*

Handflächen
Rhus toxicodendron D4 *3 x 5 Tropfen*

Fingerekzem
Sepia D6 *3 x 1 Tablette*

Kniekehle
Rhus toxicodendron D4 *3 x 5 Tropfen*

Zehen
Borax D4 *3 x 5 Tropfen*

Fußpilz, Schweißfuß
Silicea D6 *3 x 1 Tablette*

Fußschwielen
Antimonium crudum D4 *3 x 1 Tablette*

Art/Akut

Rötung, Schwellung, Hitzen
Belladonna D6 *3 x 5 Kügelchen*

Rötung, Wundheit, Windeldermatitis
Chamomilla D30 *3 x 5 Kügelchen*

Rötung, Blasen, Verbrennung
Cantharis D6 *3 x 5 Tropfen*

Rötung, Jucken, Bläschen
Mezereum D4 *3 x 5 Tropfen*

Art/Allergisch

Nesselausschlag, Fiebergefühl
Primula D4 *3 x 5 Tropfen*

Rötung, Nesselausschlag mit Brennen
Urtica D4 *3 x 5 Tropfen*

Nässende, eitrige, juckende Bläschen
Rhus toxicodendron D4 *3 x 5 Tropfen*

Nässende, ätzende, juckende Bläschen
Mezereum D4 *3 x 5 Tropfen*

Schwellung, Stechen, Ödembildung
Apis D4 *3 x 5 Tropfen*

Jucken, Brennen, Angst
Arsenicum D6 *3 x 5 Kügelchen*

Rötung, Brennen, Hitze, Ödem
Medusa D6 *3 x 5 Tropfen*

Jucken, Brennen, Ätzen
Euphorbium D4 *3 x 5 Tropfen*

Umstimmung
Formicicum D30
alle 14 Tage 1 Ampulle s. c.
in der Ordination

Kälteurticaria
Dulcamara D4 *3 x 5 Tropfen*

Waschekzem
Clematis D4 *3 x 5 Tropfen*

Jucken, Brennen, Stechen
Berberis D3 *3 x 5 Tropfen*

Art/Chronisch (trocken)

Rot, rauh, unheilbar
Sulfur D30 *1–3 x 5 Kügelchen*

Spröde, rissig, juckend
Alumina D12 *2 x 1 Tablette*

Welk, juckend, altaussehend
Lycopodium D12 *2 x 5 Kügelchen*

Unelastisch, narbenbildend
Silicea D12 *2 x 1 Tablette*

Brennen, Jucken, nachts
Arsenicum D30 *abends 5 Kügelchen*

Brennen, Jucken, Borkenbildung
Graphites D6 *3 x 1 Tablette*

Brennen, Rhagadenbildung
Causticum D6 *3 x 5 Tropfen*

Art/Chronisch (nässend)

Rot, heiß, geschwollen
Arnica D4 *3 x 5 Tropfen*

Rissig, blutend, wund
Acid. nitricum D4 *3 x 5 Tropfen*

Juckend, brennend, scharlachartig
Anacardium D12 *3 x 5 Tropfen*

Brennend, juckend, nachts
Arsenicum D30 *abends 5 Tropfen*

Rötung, Bläschen, Blasen
Cantharis D6 *3 x 5 Tropfen*

Jucken, Brennen, Beißen in Bettwärme
Bellis perennis D4 *3 x 5 Tropfen*

Jucken, Brennen, Bläschen
Mezereum D4 *3 x 5 Tropfen*

Jucken, abends beim Ausziehen
Oleander D4 *3 x 5 Tropfen*

Juckende, eitrige Bläschen
Rhus toxicodendron *abends 5 Kügelchen*

Rötung, Wundheit nach Kratzen
Vonca D4 *3 x 5 Tropfen*

Frieselartig, juckend, krustenbildend
Viola tricolor D4 *3 x 5 Tropfen*

Heftiges Hautjucken, Unruhe, Schlaflosigkeit
Zincum valerianicum D30
abends 5 Kügelchen

Art/Seborrhoisch

Unheilbar, honigartige Absonderung
Graphites D6 *3 x 1 Tablette*

Trocken, fettig, Jucken, rissig
Natrium muriaticum D12 *2 x 5 Tropfen*

Rauh, fett, Schrunden
Petroleum D4 *3 x 5 Tropfen*

Gelblich, juckend, fettig
Selenium D6 *2 x 1 Tablette*

Bläschen, Pusteln, braune Flecken
Sepia D6 *2 x 1 Tablette*

Jucken, Kribbeln, übelriechend
Staphisagria D12 *3 x 5 Tropfen*

Rötung, unrein, fettig
Sulfur D6 *3 x 1 Tablette*

Fettig, glänzend, übelriechend
Thuja D6 *3 x 5 Tropfen*

Ableitung

Ekzeme sind auf der Haut sichtbare Erscheinungsformen innerer Erkrankungen. Um sie zu heilen, bedarf es der Ableitung über die betroffenen Organe.

Lebermittel bei rundlichen Menschen
Carduus marianus D2 *3 x 5 Tropfen*

Lebermittel bei schwächlichen Menschen
Chelidonium D3 *3 x 5 Tropfen*

Nierenmittel bei blassen Menschen
Berberis D3 *3 x 5 Tropfen*

Nierenmittel bei fahlen Menschen
Lycopodium D4 *3 x 5 Tropfen*

Hormonstörungen junger Frauen
Pulsatilla D4 *3 x 5 Tropfen*

Hormonstörungen älterer Frauen
Sepia D4 *3 x 1 Tablette*

Magen-Darmmittel
Antimonium crudum D4 *3 x 1 Tablette*

Reaktionsmittel
Sulfur D30 *seltene Gaben in der Ordination*

EPILEPSIE

Die homöopathische Behandlung der kindlichen Krampfanfälle ist in den Händen eines erfahrenen Arztes erfolgversprechend. Eine Selbstbehandlung ist bei den vielfachen Ursachen nicht angezeigt.

Geburtstrauma mit Blutung
Arnica D4 *3 x 5 Tropfen*

Geburtstrauma mit Hirnhautreizung
Helleborus D4 *3 x 5 Tropfen*

Geburtstrauma mit Hirnödem
Apis D4 *3 x 5 Tropfen*

Entwicklungsstörung dicker Kinder
Calcium carbonicum D6 *3 x 1 Tablette*

Entwicklungsstörung dünner Kinder
Calcium phosphoricum D4 *3 x 1 Tablette*

Blaß, benommen, berauscht, erschöpft
Absinthium D4 *3 x 5 Tropfen*

Blau, verzerrt, aufschreien
Hyoscyamus D4 *3 x 5 Tropfen*

Blaß, nervös, aufgeregt
Argentum nitricum D12 *3 x 5 Kügelchen*

Blau, schreien, jammern, zucken
Cicuta virosa D4 *3 x 5 Tropfen*

Fahl, unaufmerksam, zerstreut
Causticum D4 *3 x 5 Tropfen*

Rot, hitzig, erregt
Belladonna D30 *1—3 x 5 Kügelchen*

Rot, benommen, sexuell erregt
Bufo rana D12 *3 x 5 Tropfen*

Rot, geschwätzig, wütend, erregt
Stramonium D12 *3 x 5 Tropfen*

Dunkelrot, berauscht, bewußtlos
Opium D12 *3 x 5 Tropfen*

Reaktionsmittel
Cuprum D200 *alle 4 Wochen 5 Kügelchen nach ärztlicher Verordnung*

Schlaflosigkeit
Zincum valerianicum D30
abends 5 Kügelchen

ERBRECHEN

Durcheinanderessen
Antimonium crudum D4 *3 x 1 Tablette*

Essen, Trinken, Ärgern, Kater
Nux vomica D4 *3 x 5 Tropfen*

Reisekrankheit
Cocculus D4 *3 x 5 Tropfen*

Seekrankheit
Hyoscyamus D4 *3 x 5 Tropfen*

Höhenkrankheit
Coca D4 *3 x 5 Tropfen*

Eisvergiftung
Pulsatilla D4 *3 x 5 Tropfen*

Fleischvergiftung
Arsenicum D6 *3 x 5 Tropfen*

Übelkeit, Durchfall, Kollaps
Veratrum D4 *3 x 5 Tropfen*

Übelkeit, Elendigkeit, Schock
Tabacum D30 *mehrmals 5 Kügelchen*

Bluterbrechen
Ipecacuanha D4 *3 x 5 Tropfen*

Schleimerbrechen
Tartarus emeticus D4 *3 x 5 Tropfen*

FETTSUCHT

Hungrig, gefräßig, charakterlos
Antimonium crudum D4 *3 x 1 Tablette*

Gieriges Verlangen nach Süßigkeiten
Calcium carbonicum D6 *3 x 1 Tablette*

Unterfunktion der Schilddrüse
Fucus vesiculosus D3 *3 x 5 Tropfen*

Dumm, fahl und gefräßig,
Hormonstörung
Graphites D6 *3 x 1 Tablette*

Schüchterne Mädchen und Frauen
Pulsatilla D4 *3 x 5 Tropfen*

Wechseljahre der Frauen
Sepia D6 *3 x 1 Tablette*

Unberechenbar, maßlos bei Süßigkeiten
Sulfur D4 *3 x 1 Tablette*

FIEBER

Erkältungsfieber

Rot, hitzig, erregt, trocken
Aconitum D30 *3 x 5 Kügelchen*

Rot, heiß, benommen, dampfend
Belladonna D30 *3 x 5 Kügelchen*

Blaß, müde, Abwehrschwäche, subfebril
Ferrum phosphoricum D12 *3 x 1 Tablette*

Wechselfieber

Müde, matt, erschöpft, frieren, frösteln
China D4 *3 x 5 Tropfen*

Hitze, Kälte, kalte Schweißausbrüche
Tarantula D12 *3 x 5 Tropfen*

Grippöses Fieber

Zerbrochen, zerschlagen, Schüttelfrost
Eupatorium D4 *4 x 5 Tropfen*

Zerschlagenheit, Hitze, Fieberschauer
Rhus toxicodendron D30 *3 x 5 Kügelchen*

Frieren mit Wundheitsgefühl, Sepsis
Pyrogenium D30 *3 x 5 Kügelchen*

Verschlepptes Fieber

Frösteln mit Hitze und Durst
Sulfur D4 *3 x 1 Tablette*

Nach Infektionskrankheiten
Ferrum phosphoricum D12 *3 x 1 Tablette*

Rekonvaleszenz
China D4 *3 x 5 Tropfen*

Septisches Fieber

Beginnende Blutvergiftung
Pyrogenium D30 *1 x 5 Kügelchen*

Schüttelfrost, Kollaps
Lachesis D12 *3 x 5 Tropfen*

Erschöpfung
China D4 *4 x 5 Tropfen*

Rekonvaleszenz
Ginseng D3 *3 x 5 Tropfen*

FROSTSCHÄDEN

Durchblutungsstörung, Frostbeulen
Abrotanum D3 *3 x 5 Tropfen*

Schmerzhaft, Wärmeempfindlichkeit
Petroleum D4 *3 x 5 Tropfen*

Jucken, Brennen, Prickeln
Agaricus D4 *3 x 5 Tropfen*

FURUNKEL

Rötung, Schwellung, Klopfen
Belladonna D30 *3 x 5 Kügelchen*

Eitrige Entzündung
Mercur. solubilis D12 *3 x 1 Tablette*

Eitrige Einschmelzung
Hepar sulfuricum D12 *3 x 1 Tablette*

Lymphdrüsenschwellung, Sepsis
Lachesis D12 *3 x 5 Tropfen*

Furunkuloseneigung
Sulfur jodatum D4 *3 x 1 Tablette*

Karbunkelneigung
Anthracinum D12 *3 x 5 Tropfen*

Äußerlich
Arnica-Urtinktur, *reinigen und betupfen*

FUSSPILZ

Unreine Haut, ungepflegte Personen
Sulfur D4 *3 x 1 Tablette*

Entzündete, empfindliche Heilhaut
Silicea D12 *3 x 5 Tropfen*

Eitrige, juckende Bläschen
Rhus toxicodendron D12 *3 x 5 Tropfen*

Juckende, brennende Bläschen
Mezereum D4 *3 x 5 Tropfen*

Heftigst juckende Bläschen in der Wärme
Acidum fluoricum D12 *3 x 5 Tropfen*

FUSSSCHWEISS

Kalte, nasse, schwitzende Füße
Calcium carbonicum D12 *3 x 1 Tablette*

Stinkende Schweißfüße
Silicea D12 *3 x 1 Tablette*

Äußerlich
Rivanolbäder, Arnicaumschläge, Schwefelpuder

GALLENBLASE

Entzündung

Übelkeit, Brechreiz, Durchfall
Carduus marianus D2 *3 x 5 Tropfen*

Appetitlosigkeit, Aufstoßen, Verstopfung
Chelidonium D3 *3 x 5 Tropfen*

Landkartenzunge, Verstopfung
Taraxacum D4 *3 x 5 Tropfen*

Chronische Gallen- und Leberentzündung
Lycopodium D4 *3 x 5 Tropfen*

Steine

Familiäre Steinbelastung
Calcium carbonicum D12 *2 x 1 Tablette*

Vor und nach Galleoperation
Calculi bilaris D10 *morgens 5 Kügelchen*

Cholesterin- und Fettstoffwechselstörung
Cholesterinum D10 *morgens 5 Kügelchen*

Leber- und Gallefunktionsmittel
Natrium sulfuricum D12 *3 x 1 Tablette*

Galle-, Leber- und Nierenmittel
Lycopodium D4 *3 x 5 Tropfen*

Koliken

Plötzlich, krampfartig, Ausstrecken bessert
Belladonna D30 *mehrmals 5 Kügelchen*

Plötzlich, hineinschießend, Zusammenkrümmen bessert
Colocynthis D4 *mehrmals 5 Tropfen*

Wellenförmig, krampfartig
Magnesium phosphoricum D6 *mehrmals 1 Tablette*

Fächerförmig ausstrahlende Schmerzen
Dioscorea D4 *mehrmals 5 Tropfen*

GEBÄRMUTTER

Unterentwicklung, Amenorrhoe
Aristolochia D4 *3 x 5 Tropfen*

Unterentwicklung, Amenorrhoe
Pulsatilla D4 *3 x 5 Tropfen*

Gebärmutterverlagerung, Herabdrängen
Bellis perennis D4 *3 x 5 Tropfen*

Verlagerung, Vorfall
Sepia D4 *3 x 1 Tablette*

Herabdrängende Schmerzen
Lilium tigrinum D4 *3 x 1 Tablette*

Myom, Nymphomanie
Platinum D4 *3 x 1 Tablette*

Myom, Melancholie
Aurum D4 *3 x 1 Tablette*

Blutung, Zwischenblutung
Hamamelis D4 *4 x 5 Tropfen*

Kontaktblutung
Hydrastis D4 *3 x 5 Tropfen*

GEBURT

Vier Wochen vor der Geburt
Pulsatilla D6 *2 x 5 Tropfen*

Wehenschwäche, Krampfwehen
Caulophyllum D6 *1/2stdl. 5 Tropfen*

Nach der Geburt
Arnica D4 *3 x 5 Tropfen vier Wochen*

GELBSUCHT

Aufregung, Ärger, Schreck, Erkältung
Aconitum D30 *3 x 5 Kügelchen*

Aufregung, Streit, Zorn
Bryonia D3 *3 x 5 Tropfen*

Aufregung, Ärger, Schreck
Colocynthis D4 *3 x 5 Tropfen*

Essen, Trinken, Ärgern
Nux vomica D4 *3 x 5 Tropfen*

Fettstoffwechsel-Störung
Cholesterinum D4 *3 x 5 Tropfen*

Übelkeit, Brechreiz, Durchfall
Carduus marianus D2 *3 x 5 Tropfen*

Übelkeit, Aufstoßen, Durchfall
Chelidonium D3 *3 x 5 Tropfen*

Landkartenzunge
Taraxacum D4 *3 x 5 Tropfen*

Chronische Leberentzündung
Lycopodium D4 *3 x 1 Tablette*

Leberentzündung, Zirrhose
China D4 *3 x 5 Tropfen*

Leberschädigung, Bauchspeicheldrüse
Flor de Piedra D4 *3 x 5 Tropfen*

Leberdruck, Süßigkeitsverlangen
Magnesium carbonicum D6 *3 x 5 Tropfen*

Leberfunktionsstörung
Natrium sulfuricum D12 *3 x 5 Tropfen*

Leber- und Milzvergrößerung
Quassia D3 *3 x 5 Tropfen*

Gelbsucht, gallig, blutige Durchfälle
Mercurius dulcus D4 *3 x 5 Tropfen*

Leberzirrhose, Milzvergrößerung
Ceanothus D4 *3 x 5 Tropfen*

Leberverfettung, Zirrhose
Phosphor D12 *2 x 5 Tropfen*

GELENKSENTZÜNDUNG

Auslösung

Ärger, Erkältung, Zugluft
Aconitum D30 *3 x 5 Kügelchen*

Unterkühlung, Durchnässung
Dulcamara D4 *3 x 5 Tropfen*

Durchnässung, Überanstrengung
Rhus toxicodendron D4 *3 x 5 Tropfen*

Verkühlung, Angina
Phytolacca D4 *3 x 5 Tropfen*

Regen, Nebel, Schnee
Colchicum D4 *3 x 5 Tropfen*

Vorwetterfühligkeit
Rhododendron D30
bei Bedarf 5 Kügelchen

Rot, warm, heiße Schweiße
Acid. salicylicum D3 *3 x 5 Tropfen*

Lokalisation

Rot, warm, frösteln
Acid. sulfuricum D4 *3 x 5 Tropfen*

Blaß, kalt, frostig
Acid. benzoicum D3 *3 x 5 Tropfen*

Von einer Stelle ausgehend
Acid. oxalicum D3 *3 x 5 Tropfen*

Besserung durch kalte Umschläge
Apis D4 *3 x 5 Tropfen*

Möchte die Beine ins kalte Wasser stellen
Ledum D4 *3 x 5 Tropfen*

Ziehen, Reißen bei jeder Bewegung
Bryonia D3 *4 x 5 Tropfen*

Deformation der großen Gelenke
Calcium carbonicum D6 *3 x 1 Tablette*

Deformation im Hüftgelenk
Calcium fluoricum D6 *2 x 1 Tablette*

Rheumatismus der Fingergelenke
Calcium phosphoricum D4 *3 x 1 Tablette*

Rheumatismus der kleinen Gelenke
Caulophyllum D4 *3 x 5 Tropfen*

Verkürzungs- und Lähmungsgefühl
Causticum D4 *3 x 1 Tablette*

Herbst- und Winterrheumatismus
Colchicum D4 *3 x 5 Tropfen*

Deformierend, äußerst schmerzhaft
Guajacum D4 *3 x 5 Tropfen*

Gichtisch, rheumatisch
Lithium carbonicum D4 *3 x 5 Tropfen*

Klimakterium
Lachesis D12 *3 x 5 Tropfen*

Klimakterium
Sepia D4 *3 x 1 Tablette*

Reaktionsmittel
Sulfur D4 *3 x 1 Tablette*

Segmenttherapie
Arnica-Urtinktur, *Quaddelung*

Umstimmungstherapie
Formidium D30 *alle 14 Tage 1 Ampulle s.c. in der Ordination*

GERSTENKORN

Eitrige Lidrandentzündung
Hepar sulfuricum D12 *3 x 1 Tablette*

Verklebte Lidränder
Graphites D6 *3 x 1 Tablette*

Neigung zu Gerstenkörnern
Staphisagria D30 *selten 5 Kügelchen*

Chronische Lidrandentzündung
Silicea D12 *3 x 1 Tablette*

GESICHTSSCHMERZ

Wind, Sturm, Zugluft, Trockenheit
Aconitum D30 *3 x 5 Kügelchen*

Hitze, Schwitzen, Zugluft
Belladonna D30 *3 x 5 Kügelchen*

Zugluft beim Autofahren
Zincum valerianicum D12
3 x 5 Kügelchen

Aufregung, Ärger, Zugluft
Chamomilla D30 *3 x 5 Kügelchen*

Nächtliche Schmerzanfälle
Arsenicum D30 *3 x 5 Kügelchen*

Zur gleichen Stunde wiederkehrend
Cedron D4 *3 x 5 Tropfen*

Kälte, Luftzug, Blutandrang
China D4 *3 x 5 Tropfen*

Hineinschießend, lanzierend
Colocynthis D4 *3 x 5 Tropfen*

Benommenheit, Blutandrang, Harndrang
Gelsemium D4 *3 x 5 Tropfen*

Heftige Zahnschmerzen
Plantago major D4 *3 x 5 Tropfen*

Reißende Kopf-, Gesichts-, Ohrenschmerzen
Rhus toxicodendron D30 *3 x 5 Kügelchen*

Lanziernde Schmerzen mit Hitzegefühl
Tarantula D12 *3 x 5 Tropfen*

Zermalmendes Gefühl in Zähnen
und im Kiefergelenk
Verbascum D4 *3 x 5 Tropfen*

GICHTANFALL

Rötung, Schwellung, besser durch Wärme
Arnica D30 *3 x 5 Kügelchen*

Hitze, Schwellung, besser durch
kalte Umschläge
Belladonna D30 *3 x 5 Kügelchen*

GRIPPE

Erkältung, Unterkühlung, Zugluft
Aconitum D30 *3 x 5 Kügelchen*

Hitze, Schwitzen, Unterkühlung
Belladonna D30 *3 x 5 Kügelchen*

Kopfgrippe, Blutandrang
Gelsemium D4 *4 x 5 Tropfen*

Halsgrippe, Heiserkeit
Causticum D4 *4 x 5 Tropfen*

Brustgrippe, Zerschlagenheit
Eupatorium D4 *4 x 5 Tropfen*

Magen und Gelenke
Bryonia D4 *4 x 5 Tropfen*

Rheumatische Kreuzschmerzen
Rhus toxicodendron D4 *4 x 5 Tropfen*

Schüttelfrost und Kälte
Pyrogenium D30 *1 x 5 Kügelchen*

Verschleppte Grippe
Sulfur D4 *3 x 1 Tablette*

Rekonvaleszenz
Ginseng D3 *3 x 5 Tropfen*

Kreislaufversagen
Veratrum D3 *4 x 5 Tropfen*

GÜRTELROSE

Rötung, Bläschen, scharfe Sekrete
Mezereum D4 *3 x 5 Tropfen*

Eitrige Bläschen, Schorfbildung
Rhus toxicodendron D4 *3 x 5 Tropfen*

Entlang der Rippen Bläschen
Ranunculus bulbosus D4 *3 x 5 Tropfen*

Jucken, Brennen, Ätzen
Euphorbium D4 *3 x 5 Tropfen*

Rot, Wundheitsgefühl
Croton D6 *3 x 5 Tropfen*

Große, zerfallende, brennende Blasen
Cantharis D6 *3 x 5 Tropfen*

Unerträgliche nächtliche Schmerzen
Arsenicum D6 *3 x 5 Tropfen*

Segmenttherapie
Formidium D30
jeden 2. Tag 1 Ampulle s.c.
in der Ordination

HAARAUSFALL

Jucken der Kopfhaut mit Haarausfall
Acid. fluoricum D12 *3 x 5 Tropfen*

Nervöse Erschöpfung, frühzeitiges Ergrauen
Acid. phosphoricum D4 *3 x 5 Tropfen*

Jucken, Brennen, Kratzen
Arsenicum D6 *3 x 5 Tropfen*

Ausschläge auf der Kopfhaut
Graphites D6 *3 x 1 Tablette*

Nervöse Schwäche
Kalium carbonicum D6 *3 x 1 Tablette*

Kopfekzem, Haarausfall
Luesinum D200
5 Kügelchen in der Ordination

Allgemeiner Haarausfall
Pel talpe D4 *3 x 1 Messerspitze*

Kreisrunder Haarausfall
Thallium D6 *3 x 1 Tablette 3 Monate*

HARNWEGINFEKTION

Erkältung, trockene Hitze
Aconitum D30 *3 x 5 Kügelchen*

Erkältung, dampfende Hitze
Belladonna D30 *3 x 5 Kügelchen*

Brennen beim Harnlassen
Cantharis D6 *3 x 5 Tropfen*

Nieren und Kreuzschmerzen
Berberis D3 *3 x 5 Tropfen*

Brennen, Harnverlust
Causticum D4 *3 x 5 Tropfen*

Unterkühlung, Durchnässung
Dulcamara D4 *3 x 5 Tropfen*

Abwehrschwäche mit Fieber
Ferrum phosphoricum D4 *3 x 1 Tablette*

Septisches Fieber
Lachesis D12 *3 x 5 Tropfen*

Eitrige Entzündung
Mercur. solubilis D4 *3 x 1 Tablette*

Septische Fieberzustände
Pyrogenium D30 *5 Kügelchen*

Postoperative Infekte
Staphisagria D12 *3 x 5 Tropfen*

Nach Antibiotikabehandlung
Sulfur D4 *3 x 1 Tablette*

HÄMORRHOIDEN

Brennen, nässen, bluten
Acid. nitricum D4 *3 x 5 Tropfen*

Dunkelrot, Fremdkörpergefühl
Aesculus D3 *3 x 5 Tropfen*

Schwere, Druck, Schleimabgang
Aloe D6 *3 x 5 Tropfen*

Verstopfung der Kleinkinder
Calcium carbonicum D6 *3 x 1 Tablette*

Hämorrhoiden in der Schwangerschaft
Collinsonia D4 *3 x 5 Tropfen*

Sitzende Lebensweise
Nux vomica D4 *3 x 1 Tablette*

Nässen, bluten, Risse
Ratanhia D4 *3 x 5 Tropfen*

Stechen, Knollengefühl, Darmvorfall
Sepia D4 *3 x 1 Tablette*

Äußerlich
Paeoniasalbe *2 x tgl.*
Hamamelissalbe *2 x tgl.*
Eichenrindensitzbäder

HEIMWEH

Schweigsam, unglücklich verliebt
Acid. phosphoricum D12 *2 x 5 Tropfen*

Unbeholfen, kindisch, treuherzig, anhänglich
Calcium carbonicum D30 *5 Kügelchen*

Schweigsam, beleidigt, mit sich beschäftigt
Capsicum D30 *5 Kügelchen*

Mitleidig, Kinder wollen nicht alleine schlafen
Causticum D30 *5 Kügelchen*

Glaubt, nicht richtig verstanden zu werden
Ignatia D30 *5 Kügelchen*

Liebes- und trostbedürftig
Pulsatilla D30 *5 Kügelchen*

Mangelndes Selbstvertrauen, sorgenvoll
Silicea D30 *5 Kügelchen*

HEISERKEIT

Erkältungskatarrh
Aconitum D30 *3 x 5 Kügelchen*

Redner, Sänger, Räusperzwang
Alumina D6 *3 x 1 Tablette*

Nervosität, verliert den Faden
Ambra D3 *3 x 5 Tropfen*

Absteigende Entzündung
Ammonium bromatum D4 *3 x 1 Tablette*

Lampenfieber, Kehlkopfentzündung
Argentum nitricum D12 *vor dem Auftritt*

Überanstrengung der Stimme
Arnica D4 *3 x 5 Tropfen*

Trockener Hustenreiz
Belladonna D30 *bei Bedarf 5 Kügelchen*

Erkältungsschnupfen
Cepa D4 *3 x 5 Tropfen*

Wund, trocken, Stimmbandlähmung
Causticum D4 *3 x 5 Tropfen*

Aufregung, Hitze, Zittern
Gelsemium D4 *3 x 5 Tropfen*

Würgen, Erstickungsgefühl
Lachesis D12 *3 x 5 Tropfen*

Redner, Prediger, Sänger
Phosphor D12 *3 x 5 Tropfen*

Säuglingsschnupfen
Sambucus D4 *3 x 1 Messerspitze*

Redner, Sänger, Trockenheit
Selenium D12 *3 x 5 Tropfen*

Schwammgefühl
Spongia D4 *3 x 5 Tropfen*

Zäher Schleimpfropf
Stannum D6 *3 x 5 Tropfen*

Lungen- und Stimmbandschwäche
Tuberculinum D200
5 Kügelchen in der Ordination

HERZINFARKT

Tachycardieanfälle, Infarktangst
Aconitum D30 *mehrmals 5 Kügelchen*

Druck, Beklemmung, Blutandrang
Arnica D30 *mehrmals 5 Kügelchen*

Vernichtungsgefühl, Schweißausbruch
Arsenicum D30 *mehrmals 5 Kügelchen*

Zusammenschnüren, Würgeanfall
Lachesis D12 *mehrmals 5 Tropfen*

Schmerzen in den linken Arm ausstrahlend
Latrodectus D12 *mehrmals 5 Tropfen*

Totenelendigkeit, Kreislaufversagen
Tabacum D30 *mehrmals 5 Kügelchen*

Kälteschauer, Druck, Angst
Vipera berus D30 *mehrmals 5 Kügelchen*

Nachbehandlung, Mutlosigkeit, Schwäche
Crataegus-Urtinktur *mehrmals 5 Tropfen*

HERZSCHMERZEN

Angst, Ärger, Schreck, Wetter
Aconitum D30 *3 x 5 Kügelchen*

Blässe, Todesangst, Brennen nachts
Arsenicum D30 *3 x 5 Kügelchen*

Druck, Beklemmung, Herzinfarkt
Arnica D30 *3 x 5 Kügelchen*

Herzkrämpfe, Herzklopfen
Ammi visnaga D3 *4 x 5 Tropfen*

Herzschwäche mit Mutlosigkeit
Crataegus-Urtinktur *4 x 5 Tropfen*

Wie mit einer Faust gehalten
Cactus D3 *4 x 5 Tropfen*

Heftiges, brennendes Herzklopfen, Druck
Glonoinum D12 *3 x 5 Tropfen*

Heftiges Herzklopfen beim Treppensteigen
Iberis amara D4 *3 x 5 Tropfen*

Von der Wirbelsäule ausgehend
Kalmia D4 *3 x 5 Tropfen*

Zusammenschnüren, Würgen und Druck
Lachesis D12 *3 x 5 Tropfen*

Herzschmerzen mit Todesangst
Latrodectus D12 *3 x 5 Tropfen*

Gastrocardial, Alkohol
Nux vomica D30 *3 x 5 Kügelchen*

Stürmisches Herzklopfen, Stechen, Angst
Spigelia D4 *3 x 5 Tropfen*

Totenblässe, Elendigkeit, Todesangst
Tabacum D30 *mehrmals 5 Kügelchen*

Tumultartige Herzaktionen, Beklommenheit
Strophanthus D4 *4 x 5 Tropfen*

Herz- und Kreislaufschwäche, Angstschweiß
Vipera berus D12 *4 x 5 Tropfen*

Herzstolpern, Zusammenziehen, Ohnmacht
Viscum D3 *4 x 5 Tropfen*

HERZSCHWÄCHE

Angst, Ärger, Aufregung, Herzklopfen
Aconitum D30 *3 x 5 Kügelchen*

Unregelmäßiger Herzschlag, Schwäche
Adonis vernalis D3 *4 x 5 Tropfen*

Wasseranreicherung im Gewebe
Apis D4 *3 x 5 Tropfen*

Gefühl von Schwäche, Wassersucht
Apocynum-Urtinktur *3 x 10 Tropfen*

Überanstrengung, Fettherz
Arnica D6 *3 x 5 Tropfen*

Arteriosklerose, Pulsverlangsamung
Barium carbonicum D6 *3 x 1 Tablette*

Aussetzen des Pulses, Ohnmachtsgefühl
Convallaria D3 *3 x 5 Tropfen*

Bangigkeit, Pulsverlangsamung, Leberdruck
Digitalis D3 *3 x 5 Tropfen*

Nervöses Herzklopfen, Zittrigkeit
Gelsemium D4 *3 x 5 Tropfen*

Als ob das Herz an einem Faden hinge
Kalium carbonicum D6 *3 x 1 Tablette*

Herzneurose bei Frauenleiden, Myomherz
Lilium tigrinum D4 *3 x 5 Tropfen*

Überfunktion der Schilddrüse
Lycopus D4 *3 x 5 Tropfen*

Herzmuskelschwäche
Naja tripudians D10 *3 x 5 Tropfen*

Chronische Herzmuskelentzündung
Oleander D4 *3 x 5 Tropfen*

Herzmuskelschwäche, Lampenfieber
Strophantus D4 *3 x 5 Tropfen*

Nierenversagen, Wassersucht
Serum anquille D10 *3 x 5 Tropfen*

Herz-, Kreislaufschwäche, Kollaps
Veratrum D3 *4 x 5 Tropfen*

Kollaps, Schock, Totenelendigkeit
Tabacum D30 *mehrmals 5 Kügelchen*

Blaue Lippen, Sauerstoffmangel
Laurocerasus D4 *3 x 5 Tropfen*

HEUSCHNUPFEN

Hitze, Schwitzen, Blutandrang, Ohrensausen
Acid. salicylicum D4 *3 x 5 Tropfen*

Wundmachender Fließschnupfen
Cepa D12 *3 x 5 Tropfen*

Reichlicher, brennender Tränenfluß, Blinzeln
Euphrasia D3 *Augentropfen mehrmals 3 Tropfen einträufeln*

Jucken, Brennen, Fließschnupfen
Arsenicum D6 *4 x 5 Tropfen*

Krampfhafte Niesanfälle
Sabadilla D4 *3 x 5 Tropfen*

Fließschnupfen, Jucken, Niesanfälle
Euphorbium D4 *3 x 5 Tropfen*

Fließschnupfen mit Kitzelhusten
Cyclamen D4 *3 x 5 Tropfen*

Kitzeln, Jucken, Trockenheit, Hitzegefühl
Histamin D12 *3 x 5 Tropfen*

Trockenheits- und Verstopfungsgefühl
Luffa D12 *3 x 5 Tropfen*

Niesen, Fließschnupfen, Wallungen
Sanguinaria D12 *3 x 5 Tropfen*

Brennen der Augen und Nase
Sinnapis D6 *3 x 5 Tropfen*

Umstimmungsbehandlung
Pollen D10
morgens 5 Kügelchen vor Beginn
Formidium D30
wöchentlich 1 Ampulle zur Zeit

Potenziertes Eigenblut

HEXENSCHUSS

Überanstrengung, Sport, Bergsteigen
Arnica D30 *1 x 5 Kügelchen*

Sitzende Lebensweise, Kater, Ärger
Nux vomica D30 *mehrmals 5 Kügelchen*

Unterkühlung, Durchnässung
Dulcamara D4 *3 x 5 Tropfen*

Überanstrengung, Durchnässung, Bewegungsbesserung
Rhus toxicodendron D30
mehrmals 5 Kügelchen

Anfall, kann sich nicht rühren
Bryonia D3 *2stdl. 5 Tropfen*

Blaß, erschöpft, speiübel
Tartarus emeticus D4 *2stdl. 5 Tropfen*

Segmenttherapie
Formidium D30 *1 Ampulle s.c. in der Ordination*

Äußerlich
Arnicaumschläge

HÜFTARTHROSE

Dicke, gedunsene Menschen
Calcium carbonicum D6 *2 x 1 Tablette*

Kräftige, unelastische Menschen
Calcium fluoricum D6 *2 x 1 Tablette*

Frostige, zarte Menschen
Silicea D6 *2 x 1 Tablette*

Hüft-, Oberschenkelschmerzen
Tellurium D6 *2 x 1 Tablette*

Periodische Beinschmerzen
Thallium D6 *2 x 1 Tablette*

Knochenabbau, Lähmigkeit, Ödemneigung
Strontium carbonicum D12 *2 x 1 Tablette*

HYSTERIE

Große Unruhe, Berauschtheit, Krämpfe
Absinthium D12 *2 x 5 Tropfen*

Intellektueller und moralischer Verfall
Bufo rana D12 *2 x 5 Tropfen*

Überempfindliche hysterische Kinder
Chamomilla D12 *2 x 5 Tropfen*

Sexualneurotische alte Herren
Conium D12 *2 x 5 Tropfen*

Sexualneurotische alte Damen
Crocus D12 *2 x 5 Tropfen*

Nymphomane, eifersüchtige Frauen
Hyoscyamus D12 *2 x 5 Tropfen*

Lachen, Weinen, Jammern, Seufzen
Ignatia D12 *2 x 5 Tropfen*

Sexuelle Erregung mit Gewissensbissen
Lilium tigrinum D12 *2 x 5 Tropfen*

Lach- und Weinkrämpfe, Ohnmachtsanfälle
Moschus D12 *2 x 5 Tropfen*

Heiterkeit, Trübsinn, Ohnmachtsanfall
Nux moschata D12 *2 x 5 Tropfen*

Arrogant, hysterisches Lachen und Weinen
Platinum D12 *2 x 5 Tropfen*

Angst, voller Einbildungen
Sabadilla D12 *2 x 5 Tropfen*

Wunderlich, geschwätzig, hysterische Anfälle
Stramonium D12 *2 x 5 Tropfen*

Heiterkeit, Geschwätzigkeit, Ängstlichkeit
Lachesis D12 *2 x 5 Tropfen*

IMPETIGO (SCHORF)

Magen-, Darmstörungen
Antimonium crudum D4 *3 x 1 Tablette*

Knötchen und eitrige Bläschen
Mercur. solubilis D4 *3 x 1 Tablette*

Infiltrate und Knötchen
Hepar sulfuricum D12 *3 x 1 Tablette*

Nässende Bläschen und Pusteln
Mezereum D4 *3 x 5 Tropfen*

IMPOTENZ

Nervöse Schwäche
Acid. phosphoricum D6 *3 x 5 Tropfen*

Sexuelle Exzesse und Depression
Agnus castus D6 *3 x 5 Tropfen*

Heftiges Verlangen, aber Unvermögen
Caladium D6 *3 x 5 Tropfen*

Langsame und schwache Erektion
Selenium D6 *3 x 5 Tropfen*

INSEKTENSTICH

Schwellung, Stechen, Brennen
Apis D30 *3 x 5 Kügelchen*

Juckende, blutunterlaufene Bißstellen
Ledum D4 *3 x 5 Tropfen*

Lymphbahnentzündung
Arsenicum D6 *4 x 5 Tropfen*

Blutvergiftung, Schüttelfrost
Lachesis D30 *1 Ampulle s.c. in der Ordination*

ISCHIAS

Bei jedem Schritt
Bryonia D3 *4 x 5 Tropfen*

Jede Bewegung bessert
Rhus toxicodendron D4 *3 x 5 Tropfen*

Gelenksentzündung
Calcium carbonicum D6 *3 x 1 Tablette*

Hineinschießend, Zusammenkrümmen
Colocynthis D4 *3 x 5 Tropfen*

Hormonelle Störung
Cimicifuga D4 *3 x 5 Tropfen*

Wechseljahre
Sepia D6 *3 x 1 Tablette*

Wurzelreizung
Rhus toxicodendron D4 *3 x 5 Tropfen*

Statisch
Magnesium phosphoricum D6 *3 x 1 Tablette*

Verheben, Anstrengung
Arnica D4 *3 x 5 Tropfen*

Toxisch
Arsenicum D6 *3 x 5 Tropfen*

Venenstauung
Pulsatilla D4 *3 x 5 Tropfen*

KEUCHHUSTEN

Nervös, ängstlich, besorgt
Ambra D3 *4 x 5 Tropfen*

Beim Essen, Trinken, Sprechen
Mephites D3 *4 x 5 Tropfen*

Einschlafen, Erwachen, bellend
Belladonna D30 *abends und morgens*

Quälender Erstickungshusten
Drosera D4 *4 x 5 Tropfen*

Verschleimung, Brechwürgen
Ipecacuanha D4 *4 x 5 Tropfen*

Krampf- und Erstickungshusten
Cuprum aceticum D4 *4 x 5 Tropfen*

Muß sich im Bett aufsetzen
Spongia D4 *3 x 5 Kügelchen*

Beginn und Ende
Pertussis D30 *je 1 x 5 Kügelchen*

KNIEGELENK

Akut, blaßrot, geschwollen
Bryonia D3 *mehrmals 5 Tropfen*

Verdickt, Schwäche, Feuchtwetter
Calcium carbonicum D6 *2 x 1 Tablette*

Verdickt, Verkürzungsgefühl
Causticum D6 *3 x 1 Tablette*

Verdickt, Versteifung
Calcium fluoricum D6 *2 x 1 Tablette*

Wechseljahre der Frauen
Lachesis D12 *3 x 5 Tropfen*

KNOCHENMARKENTZÜNDUNG

Akut, klopfend, pulsierend
Belladonna D30 *mehrmals 5 Kügelchen*

Fieber, Frost, Schüttelfrost
Pyrogenium D30 *3 x 5 Kügelchen*

Sepsis, Schüttelfrost
Lachesis D30 *1 Ampulle i.v.*
in der Ordination

Grabende Nachtschmerzen
Mercur. solubilis D6 *3 x 1 Tablette*

Schabende Schmerzen
Asa foetida D30 *mehrmals 5 Kügelchen*

Unerträgliche Schmerzen
Arsenicum D30 *mehrmals 5 Kügelchen*

Nach Röntgenbestrahlungen
Strontium D6 *3 x 1 Tablette*

Nach Radiumbestrahlungen
Radium bromatum D12 *3 x 5 Tropfen*

Nachbehandlung
Calcium fluoricum D6 *2 x 1 Tablette*

Fistelbildung
Silicea D6 *3 x 1 Tablette*

Umstimmungstherapie
Formidium D30 *alle 14 Tage 1 Ampulle s.c.*
in der Ordination

KNOCHENMITTEL

Kalkmangel der großen Gelenke
Calcium carbonicum D6 *3 x 1 Tablette*

Kalkmangel der kleinen Gelenke
Calcium phosphoricum D4 *3 x 1 Tablette*

Verkalkung Hüfte, Wirbelsäule
Calcium fluoricum D6 *2 x 1 Tablette*

Verkalkung der langen Röhrenknochen
Strontium D12 *3 x 1 Tablette*

Kalkmangel aller Knochen
Silicea D6 *3 x 1 Tablette*

Kalkeinlagerung, Wirbelsäule
Hekla lava D4 *3 x 1 Tablette*

KNOCHENSCHMERZEN

Überanstrengung, Knochenbruch
Arnica D4 *4 x 5 Tropfen*

Mangelhafte Kallusbildung
Symphytum D3 *3 x 5 Tropfen*

Bruchschmerzen
Bellis perennis D3 *4 x 5 Tropfen*

Stauchungsschmerz
Strontium D6 *3 x 1 Tablette*

Schabende Schmerzen
Asa foetida D6 *3 x 5 Tropfen*

Grabende Nachtschmerzen
Mercur. solubilis D4 *3 x 1 Tablette*

Lanzierende Schmerzen, bes. nachts
Arsenicum D30 *mehrmals 5 Kügelchen*

KOPFSCHMERZEN

Stirnkopfschmerz, Zugluft
Nux vomica D4 *3 x 5 Tropfen*

Stirnkopfschmerz links
Spigelia D4 *3 x 5 Tropfen*

Stirnkopfschmerz rechts
Chelidonium D4 *3 x 5 Tropfen*

Stirnhöckerkopfschmerz
Onosmodium D4 *3 x 5 Tropfen*

Nasenwurzelkopfschmerz
Zincum valerianicum D4 *3 x 5 Tropfen*

Schläfenkopfschmerz, pulsierend
Belladonna D30 *3 x 5 Kügelchen*

Schläfenkopfschmerz, Wallungen
Glonoinum D12 *3 x 5 Tropfen*

Scheitelkopfschmerz, berstend
Bryonia D4 *3 x 5 Tropfen*

Scheitelkopfschmerz, zersprengend
Rhus toxicodendron D4 *3 x 5 Tropfen*

Hinterhauptschmerz, dumpf
Gelsemium D4 *3 x 5 Tropfen*

Hinterhauptschmerz, beim Niederlegen
Viscum D3 *3 x 5 Tropfen*

Augenkopfschmerz
Ruta D4 *3 x 5 Tropfen*

Nasenkopfschmerz mit Nasenbluten
Melilotus D4 *3 x 5 Tropfen*

Magenkopfschmerz
Nux vomica D4 *3 x 5 Tropfen*

Leberkopfschmerz
Chelidonium D4 *3 x 5 Tropfen*,
Lycopodium D4 *3 x 5 Tropfen*

Nierenkopfschmerz
Berberis D3 *3 x 5 Tropfen*

Neuralgischer Kopfschmerz
Bryonia D3 *3 x 5 Tropfen*

Nervöser Kopfschmerz
Selenium D6 *3 x 5 Tropfen*

Föhnkopfschmerz
Gelsemium D4 *3 x 5 Tropfen*

Hungerkopfschmerz
Anacardium D6 *3 x 5 Tropfen*

Kopfverletzung
Arnica D4 *3 x 5 Tropfen*

Regelkopfschmerz
Cimicifuga D4 *3 x 5 Tropfen*

Schulkopfschmerz
Calcium phosphoricum D4 *3 x 1 Tablette*

Schwangerschaftskopfschmerz
Sepia D6 *3 x 1 Tablette*

Migränekopfschmerz

Aufregung, Vergrößerungsgefühl
Argentum nitricum D12 *3 x 5 Tropfen*

Totenblaß, erschöpft
Arsenicum D30 *3 x 5 Kügelchen*

Blutandrang, Pulsieren
Belladonna D30 *3 x 5 Kügelchen*

Zur gleichen Stunde
Cedron D4 *3 x 5 Tropfen*

Regelmigräne, links
Cimicifuga D4 *3 x 5 Tropfen*

Freudige Erregung, überdreht
Coffea D4 *3 x 5 Tropfen*

Regel- und Augenstörungen
Cyclamen D4 *3 x 5 Tropfen*

Anämisch, Röte und Blässe
Ferrum metallicum D4 *3 x 1 Tablette*

Blutandrang, Harnflut
Gelsemium D4 *3 x 5 Tropfen*

Blutandrang, Herzbeklemmung
Glonoinum D12 *3 x 5 Tropfen*

Kummer, Sorge
Ignatia D12 *3 x 5 Tropfen*

Saures Erbrechen, Schmerz links
Iris versicolor D4 *3 x 5 Tropfen*

Ausbleiben der Regel
Lachesis D12 *3 x 5 Tropfen*

Regelmigräne, Blutandrang
Lilium tigrinum D4 *3 x 5 Tropfen*

Migräne anämischer Mädchen
Melilotus D4 *3 x 5 Tropfen*

Demütigung, Erschöpfung
Natrium muriaticum D12 *3 x 5 Tropfen*

Katermigräne
Nux vomica D4 *3 x 5 Tropfen*

Regelmigräne, Nagelkopfschmerz
Platinum D6 *3 x 5 Tropfen*

Regelmigräne, kalte Hände und Füße
Pulsatilla D4 *3 x 5 Tropfen*

Wechseljahre, Wallungen
Sanguinaria D12 *3 x 5 Tropfen*

Krampfartig, blaß, traurig
Secale D4 *3 x 5 Tropfen*

Regelmigräne, Blässe
Sepia D6 *3 x 1 Tablette*

Augenmigräne, Herzklopfen
Spigelia D4 *3 x 5 Tropfen*

Zu- und abnehmende Migräne
Stannum D6 *3 x 5 Tropfen*

Hitze, Röte, Wallungen
Sulfur D6 *3 x 5 Tropfen*

Elendigkeit, Brechdurchfall
Tabacum D12 *3 x 5 Tropfen*

Übelkeit, Geräuschempfindlichkeit
Theridion D12 *3 x 5 Tropfen*

Nagelkopfschmerz nach Teegenuß
Thuja D6 *3 x 5 Tropfen*

Übelkeit, Brechdurchfall
Veratrum D12 *3 x 5 Tropfen*

Nervosität, Schlaflosigkeit
Zincum valerianicum D12 *3 x 5 Tropfen*

KRAMPFADERN

Venenwandverdickung
Calcium fluoricum D12 *2 x 1 Tablette*

Venenwandschwäche
Acid. fluoricum D12 *3 x 5 Tropfen*

Pfortaderstauung
Carduus marianus D3 *3 x 5 Tropfen*

Venenanspannung
Apis D4 *3 x 5 Tropfen*

Venenstauung
Pulsatilla D4 *3 x 5 Tropfen*

Schwangerschaft
Collinsonia D4 *3 x 5 Tropfen*

Venenentzündung, Blutung
Hamamelis D4 *3 x 5 Tropfen*

Venenthrombose
Lachesis D12 *3 x 5 Tropfen*

Äußerlich
Hamamelisumschläge

KRÄNKUNG

Unglücklich, hoffnungslos verliebt
Acid. phosphoricum D12 *2 x 5 Tropfen*

Gefühl, als müsse man sterben und niemand kann helfen
Arsenicum D30 *5 Kügelchen*

Enttäuscht über sich, die Welt und das Unrecht
Aurum D30 *5 Kügelchen*

Fürchtet, verspottet zu werden
Barium carbonicum D30 *5 Kügelchen*

Hilfs-, liebes-, anlehnungs- und schutzbedürftig
Calcium carbonicum D30 *5 Kügelchen*

Bei jeder Kleinigkeit gekränkt und zornig
Colocynthis D30 *5 Kügelchen*

Nicht verstanden und im Stich gelassen sein
Ignatia D30 *5 Kügelchen*

Unbegründete Vorwürfe, beleidigt, wütend
Lycopodium D30 *5 Kügelchen*

Kann Kränkung und Demütigung nicht vergessen
Natrium muriaticum D200 *5 Kügelchen in der Ordination*

Fühlt sich zurückgesetzt, lobbedürftig
Palladium D30 *5 Kügelchen*

Bei geringstem Anlaß beleidigt, streitsüchtig
Phosphor D30 *5 Kügelchen*

Hochmütig, herabblickend, verstimmt
Platinum D30 *5 Kügelchen*

Schüchtern, weinerlich, liebesbedürftig
Pulsatilla D30 *5 Kügelchen*

Ohne Selbstbewußtsein, Minderwertigkeitsgefühl
Silicea D30 *5 Kügelchen*

Will von niemandem etwas hören und wissen
Staphisagria D30 *5 Kügelchen*

Kann nur mit Gewalt zurückgehalten werden
Stramonium D30 *5 Kügelchen*

Höchst empfindlich und weinerlich
Sulfur D30 *5 Kügelchen*

KREBSBESCHWERDEN

Kräfteverfall, Endstadium
Acid. aceticum D4 *3 x 5 Tropfen*

Haut, Schleimhaut, Lunge, Knochen
Acid. fluoricum D12 *3 x 5 Tropfen*

Haut, Schleimhaut, Zunge, Gebärmutter
Argentum nitricum D4 *3 x 1 Tablette*

Haut, Schleimhaut, Endmittel
Arsenicum D6 *3 x 1 Tablette*

Leber, Lunge, Hoden-Sarkom
Aurum D4 *3 x 1 Tablette*

Magen, Durchfall, Erbrechen
Cadmium sulfuricum D6 *3 x 1 Tablette*

Magen, Lunge, Darm, Endstadium
Carbo animalis D4 *3 x 1 Tablette*

Haut, Schleimhaut, Blase, Kehlkopf
Causticum D4 *3 x 5 Tropfen*

Magen, Zunge, Abmagerung
Condurango D4 *3 x 5 Tropfen*

Brust, Hoden
Conium D4 *3 x 1 Tablette*

Haut, Schleimhaut, Magen, Gebärmutter
Hydrastis D4 *3 x 5 Tropfen*

Nase, Kehlkopf, Magen
Kalium bichromicum D4 *3 x 1 Tablette*

Haut, Schleimhaut, Magen, Gebärmutter
Kreosotum D4 *3 x 5 Tropfen*

Blut
Lachesis D12 *3 x 5 Tropfen*

Schilddrüse, Brust, Hoden
Lapis D4 *3 x 1 Tablette*

Magen, Leber, Gelbsucht
Lycopodium D4 *3 x 1 Tablette*

Lymphdrüsen
Mercur. solubilis D4 *3 x 1 Tablette*

Blut, Lunge, Magen, Darm
Phosphor D12 *3 x 5 Tropfen*

Brust
Phytolacca D4 *3 x 5 Tropfen*

Gebärmutter
Sepia D4 *3 x 1 Tablette*

Haut, Schleimhaut, Lymphdrüsen
Silicea D6 *3 x 1 Tablette*

Haut, Schleimhaut, Magen, Genitale
Thuja D4 *3 x 5 Tropfen*

Begleittherapie
Diät
Atmung
Bewegung
Sauerstoff
Iscador
Plenosol
Infrarot
Magnetfeld

KREUZSCHMERZEN

Überanstrengung, alles ist zu hart
Arnica D30 *abends 5 Kügelchen*

Überanstrengung, Durchnässung
Rhus toxicodendron D30
abends 5 Kügelchen

Schwäche, Haltlosigkeit
Kalium carbonicum D6 *3 x 1 Tablette*

Sitzende Lebensweise
Nux vomica D4 *3 x 5 Tropfen*

Gynäkologischer Kreuzschmerz
Sepia D6 *3 x 1 Tablette*

Kreuz-Darmbeingelenk
Calcium carbonicum D6 *3 x 1 Tablette*

Steißbeinschmerzen
Castor equi D4 *3 x 5 Tropfen*

Sturzverletzung
Hypericum D4 *3 x 5 Tropfen*

Segmenttherapie
Formidium D30 *1 Ampulle s.c.*
in der Ordination

Äußerlich
Trockene Wärme

KROPF

Weich, diffus vergrößert
Calcium carbonicum D6 *3 x 1 Tablette*

Derb, diffus, vergrößert
Hepar sulfuricum D6 *3 x 1 Tablette*

Hart, diffus, vergrößert
Calcium fluoricum D6 *3 x 1 Tablette*

Harte Knoten
Lapis albus D6 *3 x 1 Tablette*

Basedowkropf
Spongia D6 *3 x 5 Tropfen*

Krebsige Entartung
Acid. fluoricum D6 *3 x 5 Tropfen*

Krebsknoten
Radium bromatum D12 *3 x 5 Tropfen*

KUMMER

Liebeskummer, Enttäuschung
Acid. phosphoricum D4 *3 x 5 Tropfen*

Ehe-, Berufs-, Geschäftssorgen
Ambra D3 *3 x 5 Tropfen*

Familie, Freunde
Acid. fluoricum D12 *3 x 5 Tropfen*

Krankheit, Leiden, Leben
Arsenicum D30 *5 Kügelchen*

Anerkennung, Enttäuschung
Aurum D30 *5 Kügelchen*

Unzulänglich, arteriosklerotisch
Barium carbonicum D6 *2 x 1 Tablette*

Schulversagen, Pubertät
Bufo rana D12 *2 x 5 Tropfen*

Zurückgeblieben, Hilflosigkeit, Fremde
Calcium carbonicum D6 *2 x 1 Tablette*

Mitfühlend, rührselig, traurig
Causticum D6 *2 x 1 Tablette*

Sorgenvoll, Heimweh
Capsicum D6 *3 x 5 Tropfen*

Glaubt, den Verstand zu verlieren
Cimicifuga D12 *2 x 5 Tropfen*

Findet die richtigen Worte nicht
Cocculus D4 *3 x 5 Tropfen*

Alte, geile Männer
Conium D4 *3 x 5 Tropfen*

Schularbeiten, Konzentrationsschwäche
Coffea D4 *3 x 5 Tropfen*

Zittrig, Schularbeiten, Berufsprobleme
Gelsemium D4 *3 x 5 Tropfen*

Eifersucht, Enttäuschung
Hyoscyamus D4 *3 x 5 Tropfen*

Liebeskummer, Enttäuschung, Hysterie
Ignatia D30 *5 Kügelchen*

Eifersüchtige Frau im Wechsel
Lachesis D12 *3 x 5 Tropfen*

Verstandesschwäche der Alten
Lycopodium D4 *3 x 5 Tropfen*

Kann Todesfälle, Demütigung nicht vergessen
Natrium muriaticum D200 *5 Kügelchen in der Ordination*

Unbeherrscht, versagend
Nux vomica D30 *5 Kügelchen*

Vergeßlich, streitsüchtig
Phosphor D30 *5 Kügelchen*

Eifersüchtige, weinerliche Mädchen
Pulsatilla D4 *3 x 5 Tropfen*

Unbefriedigte Sexualneurotiker
Staphisagria D12 *2 x 5 Tropfen*

Weltverbesserer
Sulfur D30 *5 Kügelchen*

Gewissensbisse
Veratrum D30 *5 Kügelchen*

LEBERZIRRHOSE

Schwellung, Druck, Gelbsucht
Carduus marianus D2 *3 x 5 Tropfen*

Schwellung, Druck, Erbrechen
Chelidonium D3 *3 x 5 Tropfen*

Landkartenzunge
Taraxacum D4 *3 x 5 Tropfen*

Schwäche, Abmagerung, Gelbsucht
Lycopodium D4 *3 x 5 Tropfen*

Leber- und Milzschwellung
Ceanothus amercanicus D4 *3 x 5 Tropfen*

Leber, Milz, Wassersucht
Quassia D3 *3 x 5 Tropfen*

Trinkerleber
Nux vomica D3 + Quassia D3 aa
3 x 10 Tropfen

Leberkrebs
Cholesterin D4 *3 x 5 Tropfen*

LIPPENBLÄSCHEN

Rezidivierend
Natrium muriaticum D200
vorbeugend 5 Kügelchen
nach ärztlicher Verordnung

Brennend, nässend
Acid. nitricum D4 *3 x 5 Tropfen*

Nässend, Krustenbildung
Mezereum D4 *3 x 5 Tropfen*

LUNGENBLUTUNG

Hustenanfall mit Blutspucken
Acalypha D3 *4 x 5 Tropfen*

Husten mit Bluterbrechen
Ipecacuanha D4 *4 x 5 Tropfen*

Nasenbluten mit Bluthusten
Ferrum phosphoricum D12 *4 x 1 Tablette*

Schleim- und Bluterbrechen
Kreosotum D4 *4 x 5 Tropfen*

Dunkel, gleichmäßig, passiv
Hamamelis D3 *4 x 5 Tropfen*

Quälender Husten mit hellem Blut
Phosphor D200 *5 Kügelchen*
in der Ordination

LUNGENENTZÜNDUNG

Erkältung, Zugluft
Aconitum D30 *am Anfang 5 Kügelchen*

Stechen, Reizhusten beim Tiefatmen
Bryonia D4 *3 x 5 Tropfen*

Grobblasiges Rasseln
Ipecacuanha D4 *3 x 5 Tropfen*

Feinblasiges Rasseln
Antimonium tartaricum D4 *3 x 5 Tropfen*

Atemnot, Kältegefühl, Kreislaufschwäche
Ammonium carbonicum D4
3 x 5 Tropfen

Anhaltende subfebrile Temperaturen
Ferrum phosphoricum D4 *3 x 1 Tablette*

Blutstreifiger Auswurf in Linkslage
Phosphor D12 *3 x 5 Tropfen*

Verzögerte Lösung, quälender Husten
Sanguinaria D4 *3 x 5 Tropfen*

Heilungsverzögerung, Hustenreiz
Lycopodium D4 *3 x 5 Tropfen*

Nach Antibiotikabehandlung
Sulfur D4 *3 x 1 Tablette*

Äußerlich
Schmierseifenwickel
Schröpfköpfe

MAGENBLUTUNG

Alkoholikergastritis
Acid. sulfuricum D4 *3 x 4 Kügelchen*

Bluterbrechen
Ipecacuanha D4 *3 x 5 Tropfen*

Brechwürgen mit Blutbeimengungen
Kreosotum D4 *3 x 5 Tropfen*

Blut- und kaffeesatzartiges Erbrechen
Phosphor D12 *3 x 5 Tropfen*

MAGENGESCHWÜRE

Essen, Trinken, Ärgern
Nux vomica D6 *3 x 1 Tablette*

Aufregung, Völle, Blähung
Argentum nitricum D6 *3 x 5 Tropfen*

Säuremangel
Acid. muriaticum D6 *3 x 5 Tropfen*

Übersäuerung
Robinia pseudoacacia D12 *3 x 5 Tropfen*

Fleisch-, Fett-, Milch-, Brotunverträglichkeit
Acid. nitricum D4 *3 x 5 Tropfen*

Kummer, Sorge, Kränkung
Ignatia D30 *bei Bedarf 5 Kügelchen*

Nüchternschmerz, Aufstoßen
Mandragora D4 *3 x 5 Tropfen*

Ekel vor Speisen, unaufhörliches Erbrechen
Arsenicum D6 *3 x 5 Tropfen*

Durst, Brennen, Wundheitsgefühl
Phosphor D12 *3 x 5 Tropfen*

Erbrechen unverdauter Speisen
Kreosotum D4 *3 x 5 Tropfen*

Brennen, Wundheitsgefühl
Hydrastis D4 *3 x 5 Tropfen*

Rekonvaleszenz
China D4 *3 x 5 Tropfen*

MAGENSENKUNG

Durcheinanderessen
Antimonium crudum D4 *3 x 1 Tablette*

Essen, Trinken, Ärgern
Nux vomica D4 *3 x 5 Tropfen*

Gewebeschwäche
Acid. fluoricum D12 *3 x 5 Tropfen*

Leere und Schwächegefühl
Sepia D6 *3 x 1 Tablette*

MASERN

Hitze, Fieber, Schweiß, Benommenheit
Belladonna D30 *3 x 5 Kügelchen*

Trockener Reizhusten, Durst
Bryonia D4 *3 x 5 Tropfen*

Quälender Reizhusten
Drosera D4 *3 x 5 Tropfen*

Mangelnder Ausschlag
Pulsatilla D4 *3 x 5 Tropfen*

Beginn und Ende
Morbelinum D30 *je 1 x 5 Kügelchen*

MASTDARMVORFALL

Unsicherheitsgefühl im After
Aloe D6 *3 x 5 Tropfen*

Verstopfung der Kleinkinder
Calcium carbonicum D12 *3 x 5 Tropfen*

Untätigkeit des Mastdarmes
Graphites D6 *3 x 1 Tablette*

Nervöser Stuhlzwang mit Vorfall
Ignatia D12 *3 x 5 Tropfen*

Heftige Schmerzen,
Schwellung des Mastdarmes
Podophyllum D4 *3 x 5 Tropfen*

Stuhldrang mit Vorfall
Ruta D4 *3 x 5 Tropfen*

MENIER'SCHER SCHWINDEL

Hitze, Blutandrang, Erbrechen
Acid. salicylicum D4 *3 x 5 Tropfen*

Schwäche, Schwindel, Ohrensausen
Chininum arsenicosum D4 *3 x 1 Tablette*

Hitze, Wallungen, Beklemmung
Glonoinum D12 *3 x 5 Tropfen*

Übelkeit, Brechreiz, Elendigkeit
Tabacum D12 *3 x 5 Tropfen*

MILCHSCHORF

Träge, lymphatische Kinder
Calcium carbonicum D30
alle 14 Tage 5 Kügelchen

Eretisch, lymphatische Kinder
Calcium phosphoricum D30
alle 14 Tage 5 Kügelchen

Dicke lymphatische Kinder
Hepar sulfuricum D30
alle 14 Tage 5 Kügelchen

Fette lymphatische Kinder
Graphites D30 *alle 14 Tage 5 Kügelchen*

Nervöse lymphatische Kinder
Phosphor D30 *alle 14 Tage 5 Kügelchen*

Anämische lymphatische Kinder
Natrium muriaticum D30
alle 14 Tage 5 Kügelchen

Frostige lymphatische Kinder
Silicea D30 *alle 14 Tage 5 Kügelchen*

Verwahrloste, unreine Haut
Sulfur D6 *3 x 1 Tablette*

Reaktionsmittel
Tuberculinum D200 *1 x 5 Kügelchen*
Cuprum D200 *bei Unterdrückung*
Zincum D200 *bei Unterdrückung*
jeweils in der Ordination

Umstimmungstherapie
Formidium D30 *alle 14 Tage 1 Ampulle s.c. in der Ordination*

Lokalmittel
Siehe Ekzem

MITTELOHR

Erkältung, Wind, Zugluft
Aconitum D30 *am Beginn 5 Kügelchen*

Hitze, Schwitzen, Fieber, Pulsieren
Belladonna D30 *3 x 5 Kügelchen*

Heftige, stechende Schmerzen
Chamomilla D30 *mehrmals 5 Kügelchen*

Entzündungs- und Fiebermittel
Ferrum phosphoricum D12 *3 x 1 Tablette*

Eitrige Entzündung, nachts und Wärme
Mercur. solubilis D12 *3 x 1 Tablette*

Eitriger Abszeßfluß, Stiche, Knacken
Hepar sulfuricum D12 *3 x 5 Kügelchen*

Milder, schleimiger Ohrfluß
Pulsatilla D4 *3 x 5 Tropfen*

Scharfer, klebriger Ohrfluß
Graphites D6 *3 x 5 Tropfen*

Nässender, ätzender, stinkender Ohrfluß
Silicea D6 *3 x 1 Tablette*

Mastoiditis
Capsicum D4 *3 x 5 Tropfen*

MUNDGERUCH

Entzündung, Geschwüre, Aphthen
Acid. nitricum D4 *3 x 5 Tropfen*

Stinkender Atem, Rülpsen
Asa foetida D6 *3 x 5 Tropfen*

Völle, Aufstoßen, Geschwüre
Argentum nitricum D12 *3 x 5 Tropfen*

verwahrloste, Behinderte und Alte
Barium carbonicum D6 *3 x 1 Tablette*

Speichelfluß bei Behinderten
Helleborus D4 *3 x 5 Tropfen*

Übelriechender Speichelfluß
Mercur. solubilis D12 *3 x 5 Tropfen*

Zahnfleischfisteln
Silicea D12 *3 x 5 Tropfen*

Ungepflegte Menschen
Sulfur D4 *3 x 1 Tablette*

Äußerlich
Heilerdespülungen

MUSKELKRÄMPFE

Anfallsartige Krämpfe, Zuckungen
Belladonna D30 *3 x 5 Kügelchen*

Plötzlich, hineinschießende Schmerzen
Colocynthis D4 *3 x 5 Tropfen*

Anfallsartig auftretende Krämpfe
Cuprum metallicum D6 *3 x 1 Tablette*

Wellenförmige Krämpfe
Magnesium phosphoricum D6
3 x 1 Tablette

Krämpfe mit Verhärtung
Plumbum D6 *3 x 1 Tablette*

Durchblutungsstörungen
Secale D4 *3 x 5 Tropfen*

Kreislaufversagen mit Krämpfen
Tabacum D30 *3 x 5 Kügelchen*

Unruhe, Schlaflosigkeit
Zincum valerianicum D30
abends 5 Kügelchen

MUSKELSCHWÄCHE

Lähmigkeit mit Gefühlsstörungen
Acid. fluoricum D12 *3 x 5 Tropfen*

Zerschlagenheit, Steifigkeit, Alkoholiker
Acid. sulfuricum D12 *3 x 5 Kügelchen*

Unsicherheit im Dunkeln
Alumina D6 *2 x 1 Tablette*

Schwäche, Zittern, Lähmigkeit
Calcium carbonicum D6 *3 x 1 Tablette*

Lähmigkeit mit Verkürzungsgefühl
Causticum D6 *3 x 5 Tropfen*

Schwäche, Ermüdbarkeit, Lähmigkeit
Curare D4 *3 x 5 Tropfen*

Schwäche, Zittrigkeit, Lähmigkeit
Gelsemium D4 *3 x 5 Tropfen*

Nervenschwäche
Kalium phosphoricum D6 *3 x 1 Tablette*

Spastische Lähmungen
Lathyrus D4 *3 x 5 Tropfen*

Aufsteigende Lähmung der Beine
Ledum D4 *3 x 5 Tropfen*

Zittern, lähmige Steifigkeit
Oleander D4 *3 x 5 Tropfen*

Lähmung der Streckermuskel
Plumbum D6 *3 x 1 Tablette*

Schwere Schwäche beim Stiegensteigen
Stannum metallicum D6 *3 x 1 Tablette*

Lähmung der peripheren Nerven
Strychninum nitricum D6 *3 x 5 Tropfen*

Muskelfibrillieren, Zuckungen
Zincum metallicum D6 *3 x 1 Tablette*

NABELKOLIKEN

Nervös, hysterisch, überempfindlich
Chamomilla D30 *3 x 5 Kügelchen*

Plötzlich, hineinschießende Schmerzen
Colocynthis D4 *3 x 5 Tropfen*

Morgens, nach dem Essen mit Stuhldrang
Nux vomica D30 *mehrmals 5 Kügelchen*

NAGELWACHSTUM

Spröd, brüchig, verunstaltet
Acid. fluoricum D6 *3 x 5 Tropfen*

Verdickt, gespalten, langsames Nachwachsen
Antimonium crudum D4 *3 x 1 Tablette*

Verkrümmt, verdickt, rissig
Graphites D6 *3 x 1 Tablette*

Brüchig, spröde, splittrig
Silicea D6 *3 x 1 Tablette*

Weich, spröde, brüchig, verkrüppelt
Thuja D6 *3 x 5 Tropfen*

Äußerlich
Ringelblumensalbe

NASENBLUTEN

Dickes, zähes, schwarzes Blut
Crocus D4 *3 x 5 Tropfen*

Anämische Schulmädchen
Ferrum phosphoricum D12 *3 x 1 Tablette*

Rezidivierende Blutungsneigung
Millefolium D3 *5 Tropfen*

Kopfschmerzen besser durch Nasenbluten
Melilotus D4 *3 x 5 Tropfen*

Allgemeine Blutungsneigung
Natrium nitricum D4 *3 x 5 Tropfen*

Nasenbluten beim Schneuzen
Phosphor D200 *1 x 5 Kügelchen in der Ordination*

NASENPOLYPEN

Lymphatische Kinder
Calcium carbonicum D30 *alle 14 Tage*

Reichliche, schleimige Absonderungen
Lemna minor D4 *3 x 5 Tropfen*

Chronisch rezidivierender Schnupfen
Psorinum D30 *alle 14 Tage 5 Kügelchen*

Niesen, Fließ- und Heuschnupfen
Sanguinaria D4 *3 x 5 Tropfen*

Erkältliche Kinder
Silicea D6 *3 x 1 Tablette*

Verdickung der Nasenmuscheln
Teucrium D4 *3 x 5 Tropfen*

Hartnäckiger chronischer Schnupfen
Thuja D4 *3 x 5 Tropfen*

Äußerlich
Sanguinaria Nasentropfen

NEBENHÖHLEN

Kälte- und Zugluftempfindlichkeit
Nux vomica D4 *3 x 5 Tropfen*

Erkältungsschnupfen
Cepa D4 *3 x 5 Tropfen*

Druck und Schmerz beim Bücken
Cinnabaris D4 *3 x 1 Tablette*

Schleimpfropfen, Blutschneuzen
Corallium rubrum D4 *3 x 5 Tropfen*

Dickes, zähes, bröckeliges Sekret
Kalium bichromicum D4 *3 x 1 Tablette*

Bei jedem Luftzug eitriger Schnupfen
Hepar sulfuricum D6 *3 x 1 Tablette*

Stockschnupfen
Luffa D6 *3 x 5 Tropfen*

Erkältlichkeit, Frostigkeit
Silicea D6 *3 x 1 Tablette*

Zähe, dicke, grüne Schleimabsonderung
Thuja D4 *3 x 5 Tropfen*

Äußerlich
Leinsamenauflagen

NIERENENTZÜNDUNG

Erkältung mit trockenem Fieber
Aconitum D30 *3 x 5 Kügelchen*

Erkältung mit dampfendem Fieber
Belladonna D30 *3 x 5 Kügelchen*

Geringe Eiweißausscheidung
Apis D4 *3 x 5 Tropfen*

Vermehrte Eiweißausscheidung
Phosphor D12 *3 x 5 Tropfen*

Reichliche Eiweißausscheidung
Arsenicum D6 *3 x 5 Tropfen*

Nieren- und Kreuzschmerzen
Berberis D3 *3 x 5 Tropfen*

Verminderte Harnausscheidung
Solidago D3 *3 x 5 Tropfen*

Harndrang, wenig Harn
Helleborus D3 *3 x 5 Tropfen*

Nierenbeckenreizung
Pyrogenium D30 *1 x 5 Kügelchen*

Nierenbeckenreizung, Harnverhaltung
Coccus cacti D4 *4 x 5 Tropfen*

Harnverhaltung, Urämieneigung
Lespedeza D2 *3 x 10 Tropfen*

Harnverhaltung, Urämieneigung
Cuprum arsenicosum D4 *4 x 5 Tropfen*

Nierenschrumpfung
Plumbum D6 *3 x 1 Tablette*

Tropfenweiser Abgang von schwarzem Harn
Terebinthina D4 *3 x 5 Tropfen*

Schmerzhafter Harnabgang im Stehen
Sarsaparilla D3 *4 x 5 Tropfen*

Begleittherapie
Fasten
Wärme
Ruhe

NIERENSTEINE

Nierensteinanlage, Erkältlichkeit
Calcium carbonicum D200
alle vier Wochen 5 Kügelchen nach ärztlicher Verordnung

Nierensteinanfälle, Nierenschmerzen
Calculi renalis D10 *morgens 5 Kügelchen*
Sowie vier Wochen lang
Rubia-Urtinktur, *3 x 10 Tropfen*
Danach vier Wochen lang
Hernaria D1 *3 x 5 Tropfen*

Bei Nieren- und Kreuzschmerzen
Berberis D3 *3 x 5 Tropfen*

Nierenschmerzen, Harnverminderung
Solidago D3 *3 x 5 Tropfen*

Nierenbeckenreizung
Coccus cacti D4 *3 x 5 Tropfen*

Heftiges Brennen beim Harnlassen
Cantharis D6 *3 x 5 Tropfen*

Heftigste Schmerzen beim Harnlassen
Sarsaparilla D4 *4 x 5 Tropfen*

Leber-, Nierenschmerzen
Lycopodium D4 *3 x 5 Tropfen*

Schmerzen und Blutabgang
Arnica D4 *3 x 5 Tropfen*

Oxalatsteine
Acid. oxalicum D3 *3 x 5 Tropfen*

Phosphatsteine
Acid. phosphoricum D3 *3 x 5 Tropfen*

Uratsteine
Acid. benzoicum D3 *3 x 5 Tropfen*

Begleittherapie
Nierendiät
Viel Trinken
Warmhalten
Ansteigende Bäder
Krampflösende Spritzen

OHNMACHT

Anämische Schulmädchen
Acid. phosphoricum D4 *3 x 5 Tropfen*

Nervöse Kinder
Acid. picrinicum D4 *3 x 5 Tropfen*

Erschöpfung, Schock
Arsenicum D6 *3 x 5 Tropfen*

Überfüllte Räume
Camphora-Urtinktur
riechen, 1 Tr. auf Zucker

Sauerstoffmangel, Luft zufächeln
Carbo vegetabilis D30
bei Bedarf 5 Kügelchen

Anstrengung, Sommermittel
Crataegus-Urtinktur *mehrmals 5 Tropfen*

Hitze, Regelzeit, Kreislaufversagen
Lachesis D12 *3 x 5 Tropfen*

Hysterische Krampfanfälle
Moschus D12 *3 x 5 Tropfen*

Nervös, gastro-cardial bedingt
Nux moschata D12 *3 x 5 Tropfen*

Geistige Überanstrengung
Phosphor D30 *bei Bedarf 5 Kügelchen*

Nervöse Kreislaufschwäche, Kollaps
Sabadilla D12 *3 x 5 Tropfen*

Blässe, Schwäche, Elendigkeit
Tabacum D30 *bei Bedarf 5 Kügelchen*

Blässe, Schwäche, Durchfall
Veratrum D30 *bei Bedarf 5 Kügelchen*

OHRSPEICHELDRÜSE

Akute Entzündung
Belladonna D6 *3 x 5 Tropfen*

Eitrige Entzündung
Mercur. solubilis D4 *3 x 1 Tablette*

Infektionskrankheiten
Plumbum D6 *3 x 1 Tablette*

Derbe Schwellung
Barium carbonicum D6 *3 x 1 Tablette*

Hart bei alten Leuten
Conium D4 *3 x 1 Tablette*

Schwächende Krankheiten
China D4 *3 x 5 Tropfen*

Lymphdrüsenkrankheiten
Lachesis D12 *3 x 5 Tropfen*

Steinharte Lymphdrüsen
Silicea D6 *3 x 1 Tablette*

Masernkomplikation
Pulsatilla D4 *3 x 5 Tropfen*

OPERATION

Vorbehandlung, Wundheilung
Arnica D4 *3 x 5 Tropfen 14 Tage lang*

Wundschmerz, Harnverhaltung
Staphisagria D12 *3 x 5 Tropfen*

Ohrenschmerzen nach Tonsillektomie
Phytolacca D4 *3 x 5 Tropfen*

Verstopfung, Darmverschluß
Opium D30 *mehrmals 5 Kügelchen*

Narkosenachwirkung
Hyoscyamus D4 *3 x 5 Tropfen*

Embolie, Sepsis
Lachesis D12 *1 Ampulle i.v.*
in der Draination

Venenentzündung
Hamamelis D4 *3 x 5 Tropfen*

PROSTATA

Prostatakrebs
Aurum D4 *3 x 1 Tablette*

Derbe Schwellung
Barium carbonicum D4 *3 x 1 Tablette*

Krebsige Entartung
Conium D4 *3 x 1 Tablette*

Hoden-, Nebenhoden-, Prostataentzündung
Clematis D4 *3 x 5 Tropfen*

Blasen-, Harnleiterentzündung
Copaiva D4 *3 x 5 Tropfen*

Schwäche, sexuelle Reizzustände
Ferrum picrinicum D4 *3 x 5 Tropfen*

Verhärtung, tropfenweiser Harnabgang
Magnesium fluoricum D12 *3 x 5 Tropfen*

Chronische Entzündung
Mercur. solubilis D4 *3 x 5 Tropfen*

Blasenreizung, spärlich Harn
Onosmodium D4 *3 x 5 Tropfen*

Blasenkatarrh alter Männer
Populus D4 *3 x 5 Tropfen*

Hormonbehandlung, Brustschwellung
Pulsatilla D4 *3 x 5 Tropfen*

Hormonbehandlung, Brustdrüsenschwellung
Phytolacca D4 *3 x 5 Tropfen*

Unterbrochener Harnstrahl
Sabal D2 *3 x 10 Tropfen*

Sexualneurotiker
Selenium D6 *3 x 1 Tablette*

Samenblasenentzündung
Sepia D4 *3 x 1 Tablette*

Tripperfolgen
Thuja D4 *3 x 5 Tropfen*

REGEL

Verspäteter Beginn

Anämische, zarte Mädchen
Aristolochia D4 *3 x 5 Tropfen*

Schüchterne, rundliche Mädchen
Pulsatilla D4 *3 x 5 Tropfen*

Verfrühter Beginn

Schlaffe, torpide Mädchen
Calcium carbonicum D6 *3 x 1 Tablette*

Nervöse, erschöpfte Mädchen
Phosphoricum D12 *3 x 5 Tropfen*

Ausbleiben

Angst, Schreck, Erkältung
Aconitum D30 *bei Bedarf 5 Kügelchen*

Liebeskummer, Erschöpfung
Phosphoricum D30
bei Bedarf 5 Kügelchen

Kummer, Sorge, Depression
Ignatia D30 *bei Bedarf 5 Kügelchen*

Unterkühlung, Durchnässung
Rhus toxicodendron D30
bei Bedarf 5 Kügelchen

Zu stark

Alkohol, Hitze, Wallungen
Acid. sulfuricum D4 *3 x 5 Tropfen*

Geschwür, Kontaktblutung
Argentum nitricum D4 *3 x 5 Tropfen*

Blutanschoppung, Wundheit
Arnica D4 *3 x 5 Tropfen*

Hellrot, pulsierend
Belladonna D4 *3 x 5 Tropfen*

Gebärmutterschleimhautentzündung
Borax D3 *3 x 5 Tropfen*

Sexuelle Erregung
Bufo rana D12 *3 x 5 Tropfen*

Entwicklungsjahre
Calcium carbonicum D6 *3 x 1 Tablette*

Dunkel, klumpig
Bovista D4 *3 x 5 Tropfen*

Übelriechend, Kollaps
Carbo vegetabilis D6 *3 x 5 Tropfen*

Hell, schmerzhaft
Chamomilla D6 *3 x 5 Tropfen*

Atonisch, dunkel
China D4 *3 x 5 Tropfen*

Zu stark, Mittelschmerz, Schwangerschaft
Cimicifuga D12 *3 x 5 Tropfen*

Freudige Erregung
Coffea D4 *3 x 5 Tropfen*

Dunkel, schwächend
Cocculus D4 *3 x 5 Tropfen*

Dunkel, bei jeder Bewegung
Crocus D4 *3 x 5 Tropfen*

Dunkel, klumpig
Cyclamen D4 *3 x 5 Tropfen*

Schwarz, zwischen den Regeln
Elaps corallinus D12 *3 x 5 Tropfen*

Hell, gußweise
Erigeron D4 *3 x 5 Tropfen*

Zu stark, blaßrot, Abortusgefahr
Ferrum metallicum D4 *3 x 1 Tablette*

Dunkel, atonisch
Hamamelis D3 *3 x 5 Tropfen*

Hellrot, herabdrängend
Ficus religiosa D4 *3 x 5 Tropfen*

Anschoppung, Brustschmerzen
Helonias D4 *3 x 5 Tropfen*

Dunkel, Kontaktblutung
Hydrastis D4 *3 x 5 Tropfen*

Hellrot, gußweise, Übelkeit
Ipecacuanha D4 *3 x 5 Tropfen*

Ätzender Ausfluß, Verkleinerung der Brust
Jodum D12 *3 x 5 Tropfen*

Dunkel, übelriechend, schwächend
Kalium carbonicum D6 *3 x 1 Tablette*

Dunkel, übelriechend, fleischwasserähnlich
Kreosotum D4 *3 x 5 Tropfen*

Dunkel, pechschwarz, Heiserkeit
Magnesium muriaticum D4 *3 x 1 Tablette*

Heftig, hellrot, Nasenbluten
Millefolium D4 *3 x 5 Tropfen*

Blutungsneigung, Demineralisation
Natrium muriaticum D12 *3 x 1 Tablette*

Dunkel, klumpig, profus, Kreuzweh
Nux moschata D6 *3 x 5 Tropfen*

Dunkel, stückig, klumpig
Nux vomica D4 *3 x 5 Tropfen*

Wehenartige Schmerzen, Schweregefühl
Palladium D6 *3 x 1 Tablette*

Hell, vikariierend, Rückenschmerzen
Phosphor D12 *3 x 5 Tropfen*

Dunkel, klumpig, stückig
Platinum D6 *3 x 1 Tablette*

Hell, langanhaltend, wehenartig
Sabina D6 *3 x 5 Tropfen*

Passiv, dunkel, übelriechend, Ameisenlaufen
Secale D4 *3 x 5 Tropfen*

Dunkel, nachts stärker
Sepia D4 *3 x 1 Tablette*

Dunkel, klumpig, übler Körpergeruch
Stramonium D6 *3 x 5 Tropfen*

Dunkel, heiß, scharf, wundmachend
Sulfur D4 *3 x 1 Tablette*

Hellrot, klumpig, dunkle Strähnen
Ustilago D4 *3 x 5 Tropfen*

Nasenbluten vor der Regel, Kollaps
Veratrum D4 *3 x 5 Tropfen*

Verfrüht, hellrot, schmerzhaft
Viscum D3 *3 x 5 Tropfen*

Zu schwach

Hell, verzögert, Erschöpfung
Alumina D6 *3 x 1 Tablette*

Anämische, unterentwickelte Mädchen
Aristolochia D4 *3 x 5 Tropfen*

Nur am Tage fließend
Causticum D4 *3 x 5 Tropfen*

Verspätet, bräunlich, ziehende Schmerzen
Conium D4 *3 x 5 Tropfen*

Nasenbluten statt der Regel
Dulcamara D4 *3 x 5 Tropfen*

Verspätet, spärlich, vikariierende Blutungen
Graphites D6 *3 x 1 Tablette*

Anämie, Demineralisation
Natrium muriaticum D12 *3 x 1 Tablette*

Spät, spärlich, unregelmäßig
Pulsatilla D4 *3 x 5 Tropfen*

Spärlich, dunkel, verspätet
Sepia D4 *3 x 1 Tablette*

Unterdrückt, aussetzend, unregelmäßig
Sulfur D4 *3 x 1 Tablette*

Spät, schwach, aussetzend, klumpig
Viburnum opulus D4 *3 x 5 Tropfen*

Schmerzhaft

Erschöpfung, Schenkel-, Zahn-, Kopfschmerzen
Ammonium carb. D4 *3 x 5 Tropfen*

Depression, Kopfweh, Gliederschmerzen
Aristolochia D4 *3 x 5 Tropfen*

Brustschwellung, Milchsekretion, Krämpfe
Asa foetida D6 *3 x 5 Tropfen*

Drängen, Krampfen, Kopfschmerzen
Belladonna D6 *3 x 5 Tropfen*

Kleisterartiger Ausfluß
Borax D4 *3 x 5 Tropfen*

Gebärmutter wie mit Faust gepackt
Cactus D3 *3 x 5 Tropfen*

Blässe, Schwäche, gereizt, unzufrieden
Castoreum D4 *3 x 5 Tropfen*

Kolikartige Leib- und Kreuzschmerzen
Causticum D4 *3 x 5 Tropfen*

Heftige, kolikartige Schmerzen
Chamomilla D30 *bei Bedarf 5 Kügelchen*

Rücken- und Hüftschmerzen
Cimicifuga D12 *3 x 5 Tropfen*

Matt, zu schwach zu sprechen, aufgetrieben
Cocculus D4 *3 x 5 Tropfen*

Plötzlich, hineinschießend
Colocynthis D4 *3 x 5 Tropfen*

Kolikartige Schmerzen, üble Schweiße
Crocus D4 *3 x 5 Tropfen*

Heftige Leibschmerzen, Depression
Cyclamen D12 *3 x 5 Tropfen*

Kräftigungsmittel bei Erschöpfung
Damiana D6 *3 x 5 Tropfen*

Drängen, Krampfen, Krampfwehen
Ignatia D12 *3 x 5 Tropfen*

Schmerzen besser durch Rückwärtsbeugen
Lac caninum D4 *3 x 5 Tropfen*

Schmerzen im linken Eierstock
Lachesis D12 *3 x 5 Tropfen*

Kolikartige Schmerzen vor Eintritt der Regel
Magnesium phosphoricum D6 *3 x 1 Tablette*

Krämpfe, Schlafsucht, Ohnmacht
Nux moschata D6 *3 x 5 Tropfen*

Krämpfe, Kreuzschmerzen, Übelkeit
Nux vomica D6 *3 x 5 Tropfen*

Wollüstige Erregung, Herzklopfen
Platinum D12 *3 x 5 Tropfen*

Krämpfe, Zusammenziehengefühl
Potentilla D4 *3 x 5 Tropfen*

Krämpfe vor und während der Regel
Pulsatilla D4 *3 x 5 Tropfen*

Schmerzen bei Eintritt der Regel
Senecio aureus D4 *3 x 5 Tropfen*

Heftige Krämpfe, Vergrößerungsgefühl
Sepia D4 *3 x 1 Tablette*

Schmerzempfindlich, reizbar, Rückenschmerz
Staphisagria D6 *3 x 5 Tropfen*

Gebärmutterkrämpfe, Hirnerregung
Stramonium D12 *3 x 5 Tropfen*

Gebärmutter-, Eierstockschmerzen
Tarantula D12 *3 x 5 Tropfen*

Krämpfe mit Ohnmachtsanfällen
Veratrum D4 *3 x 5 Tropfen*

Rücken,- Lenden-, Kreuz-, Unterbauchschmerzen
Viburnum D4 *3 x 5 Tropfen*

Aufhören der Schmerzen bei Eintritt der Regel
Zincum valerianicum D12 *3 x 5 Tropfen*

REISEKRANKHEIT

Erbrechen halbverdauter Speisen
Cerium oxalicum D4 *3 x 5 Tropfen*

Schwindel, Übelkeit, Erbrechen, Lähmigkeit
Cocculus D4 *3 x 1 Tablette*

Gesicht blaß und eingefallen
Hyoscyamus D4 *3 x 5 Tropfen*

Schwindel, Benommenheit, Essen bessert
Mandragora D6 *3 x 5 Tropfen*

Schwindel, Übelkeit beim Bücken, Aufwärtssehen
Petroleum D6 *3 x 5 Tropfen*

Totenblässe, Elendigkeit, Frösteln
Tabacum D30 *bei Bedarf 5 Kügelchen*

RIPPENFELLREIZUNG

Erkältung, trockenes Fieber, Reizhusten
Aconitum D30 *3 x 5 Kügelchen*

Stechen, Hustenschmerz, blutstreifiger Auswurf
Bryonia D3 *4 x 5 Kügelchen*

Stechende, reißende Schmerzen
Gujacum D4 *3 x 5 Tropfen*

Kitzelhusten, Kurzatmigkeit, blutiger Auswurf
Jodum D6 *3 x 5 Tropfen*

Harter Husten mit stechenden Schmerzen
Kalium carbonicum D6 *3 x 1 Tablette*

Hohl, trockener Husten bei Linksliegen
Phosphor D12 *3 x 5 Tropfen*

Schmerzhafter Husten, mit Stichen
Ranunculus bulbosus D4 *3 x 5 Tropfen*

Trockener, würgender Husten, Nachbehandlung
Sulfur D4 *3 x 1 Tablette*

Reaktionsmittel bei Geschwächten
Tuberculinum D200
5 Kügelchen in der Ordination

SAMENSTRANGNEURALGIE

Hoden-, Samenstrangschmerzen
Berberis D3 *4 x 5 Tropfen*

Hoden-, Samenstrangschmerzen
Clematis D4 *3 x 5 Tropfen*

Hoden, Nebenhoden, wie gequetscht
Rhododendron D4 *3 x 5 Tropfen*

Tripperfolgen
Thuja D4 *3 x 5 Tropfen*

Schmerzen im Glied und in den Hoden
Zincum metallicum D6 *3 x 1 Tablette*

SONNENALLERGIE

Jucken, Rötung, Bläschen, Abschälen
Acid. fluoricum D12 *3 x 5 Tropfen*

Rötung, frieselartiger, brennender Ausschlag
Hypericum D6 *3 x 5 Tropfen*

Rötung, Bläschen, Nässen, Schorfbildung
Mezereum D4 *3 x 5 Tropfen*

SONNENSTICH

Rötung, Hitzen, Klopfen
Belladonna D30 *3 x 5 Tropfen*

Rötung, Blasen, Brandwunden
Cantharis D6 *3 x 5 Tropfen*

Hitzewallungen mit Bangigkeit
Lachesis D12 *3 x 5 Tropfen*

Kopfschmerzen nach Sonnenstich
Natrium carbonicum D12 *3 x 5 Tropfen*

SCHILDDRÜSE

Heißhunger, Abmagerung, Degeneration
Acid. fluoricum D12 *3 x 5 Tropfen*

Heißhunger, Abmagerung, Basedow
Arsenicum jodatum D4 *3 x 5 Tropfen*

Schwellung, Erstickungshusten
Bromum D4 *3 x 5 Tropfen*

Harte, knotige Struma, Krampfhusten
Calcium fluoricum D6 *3 x 1 Tablette*

Abmagerung, Basedowkropf
Chininum arsenicosum D4 *3 x 1 Tablette*

Thyreotoxische Magenstörung
Conium D4 *3 x 1 Tablette*

Kropf junger Mädchen
Flor de Piedra D4 *3 x 5 Tropfen*

Abmagerung, Herzklopfen, Heißhunger
Hedera helix D4 *3 x 5 Tropfen*

Heißhunger, Abmagerung, Basedow
Jodum D12 *3 x 5 Tropfen*

Zusammenschnüren, Basedow
Lachesis D12 *3 x 5 Tropfen*

Gewichtsabnahme, Herzbeschwerden
Lycopus D4 *3 x 5 Tropfen*

Druck, Verhärtung, Herzklopfen
Magnesium fluoricum D12 *3 x 5 Tropfen*

Hunger, Durst, Herzklopfen
Phosphor D12 *3 x 5 Tropfen*

Angst, Herzklopfen, Beklemmung
Secale D4 *3 x 5 Tropfen*

SCHLAFLOSIGKEIT

Nervöse Erschöpfung, unglückliche Liebe
Acid. phosphoricum D12 *3 x 5 Tropfen*

Fieber, Angst, Herzklopfen, Albträume
Aconitum D30 *abends 5 Kügelchen*

Unterbrochener, unerquicklicher Schlaf, Gähnen
Agaricus D12 *2 x 5 Tropfen*

Kummer, Geschäftssorgen, lebhafte Träume
Ambra D3 *3 x 5 Tropfen*

Schlummersucht, Ruhelosigkeit, Aufschrecken
Apis D12 *3 x 5 Tropfen*

Findet keinen Platz, alles zu hart
Arnica D12 *2 x 5 Tropfen*

Depression, schreckliche Vorstellungen
Aurum D12 *2 x 5 Tropfen*

Nervöse Erschöpfung, Entwöhnungsmittel
Avena sativa D2 *3 x 10 Tropfen*

Hitze, Unruhe, Aufschreien, Zähneknirschen
Belladonna D30 *abends 5 Kügelchen*

Ängstlichkeit, Atemnot, Reizhusten
Bromum D12 *2 x 5 Tropfen*

Angst, Beklemmung, Herzklopfen
Cactus D3 *3 x 5 Tropfen*

Ängstliche, ärgerliche Gedanken, Aufschrecken
Calcium carbonicum D12 *2 x 5 Tropfen*

Ängstliche, furchtsame Schulkinder
Calcium phosphoricum D4 *3 x 1 Tablette*

Überempfindlich, unmanierlich, gereizt
Chamomilla D30 *bei Bedarf 5 Kügelchen*

Schwäche, Müdigkeit, Rekonvaleszenz
China D4 *3 x 5 Tropfen*

Freudige Erregung, Herzklopfen
Coffea D12 *2 x 5 Tropfen*

Aufschreien, Zähneknirschen, Wadenkrämpfe
Cuprum D6 *3 x 1 Tablette*

Nervös, erregt, lebhaft, aufgezogene Kinder
Cypripedium D6 *3 x 5 Tropfen*

Unruhe, Schmerzen, muß herumgehen
Ferrum phosphoricum D4 *3 x 1 Tablette*

Unruhe, Munterkeit, Gedankenflut
Gelsemium D4 *3 x 5 Tropfen*

Anämisch, kränklich, schwach, überarbeitet
Helonias D4 *3 x 5 Tropfen*

Kummer, Sorge, Schlaf leise, oberflächlich
Ignatia D30 *abends 5 Tropfen*

Erwacht 2—4 Uhr, Aufschrecken, Harnlassen
Kalium carbonicum D6 *3 x 1 Tablette*

Erwacht mit Angst, Herzklopfen, Erstickungsgefühl
Lachesis D12 *3 x 5 Tropfen*

Schlaflosigkeit ab 3 Uhr, Mittagsschlaf
Magnesium carbonicum D6 *3 x 1 Tablette*

Ängstlich, schreckhaft, erwacht um 3 Uhr mit Sorgen
Nux vomica D4 *3 x 5 Tropfen*

Nervös, Schreien, Krämpfe, Schmerzen
Passiflora D2 *10—20 Tropfen*

Unruhig, schreckhaft, hungrig, durstig
Phosphor D30 *abends 5 Kügelchen*

Unangenehme Gedanken, Hitze, Rheuma
Pulsatilla D4 *3 x 5 Tropfen*

Mattigkeit, Erschöpfung, Zerschlagenheit
Sepia D6 *3 x 1 Tablette*

Katzenschlaf, Hitze, Schwitzen, steckt die Füße raus
Sulfur D4 *3 x 1 Tablette*

Bleibt lange auf, schläft erst morgens ein
Valeriana D4 *3 x 5 Tropfen*

Aufregung, Ärger, Kopfrollen, Zähneknirschen
Zincum valerianicum D30
abends 5 Kügelchen

SCHLAGANFALL

Angst vor Schlaganfall
Aconitum D30 *3 x 5 Kügelchen*

Blutandrang, Hitze, Benommenheit
Arnica D30 *3 x 5 Tropfen*

Angst, Ruhelosigkeit, Benommenheit
Arsenicum D30 *3 x 5 Kügelchen*

Angst, Verzweiflung, Hirnsklerose
Aurum D6 *3 x 1 Tablette*

Blutandrang mit Benommenheit
Belladonna D30 *3 x 5 Kügelchen*

Lähmung nach Schlaganfall
Causticum D6 *3 x 5 Tropfen*

Blutandrang, Blutdruckkrise
Glonoinum D12 *3 x 5 Tropfen*

Blutandrang, Hirnembolie
Lachesis D12 *1 Ampulle i.v. in der Ordination*

Dunkelrot, Bewußtlosigkeit, Atemstörung
Opium D30 *3 x 5 Kügelchen*

SCHLUCKAUF

Hitze, Blutandrang, Krämpfe, Koliken
Belladonna D30 *5 Kügelchen*

Häufig, laut, krampfhaft
Cicuta D4 *3 x 5 Tropfen*

Krampfhaftes Aufstoßen, Würgen
Cuprum metallicum D30 *5 Kügelchen*

Erschwertes Schlucken, Würgen, Aufstoßen, Erbrechen
Hyoscyamus D4 *3 x 5 Tropfen*

Aufstoßen, Völle, Kollern, Blähungsabgang
Mandragora D12 *3 x 5 Tropfen*

Völle, Blähungen, explosives Rülpsen
Nux moschata D30 *5 Kügelchen*

Druck, Krampf, Völle, bitteres Aufstoßen
Nux vomica D30 *bei Bedarf 5 Kügelchen*

Krampfhaftes Aufstoßen, Hungergefühl
Niccolum D6 *3 x 1 Tablette*

Kollern, Krämpfe, Totenübelkeit
Tabacum D30 *bei Bedarf 5 Kügelchen*

Übelkeit, Erbrechen, Windabgang
Zincum valerianicum D30 *5 Kügelchen*

SCHLUNDKRAMPF

Luftschlucken, Globusgefühl, explosives Rülpsen
Asa foetida D30 *5 Kügelchen*

Kann nichts Festes schlucken, Würgen, Krampfen
Baptisia D4 *3 x 5 Tropfen*

Globusgefühl, Krämpfe, Schluckauf
Ignatia D30 *5 Kügelchen*

Alles scheint in Gas überzugehen, Rülpsen
Nux moschata D30 *5 Kügelchen*

Krampfhaftes Würgen, Krämpfe, Erbrechen
Tabacum D30 *5 Kügelchen*

Zusammenschnüren, Schlingbeschwerden
Zincum valerianicum D30 *5 Kügelchen*

SCHNUPFEN

Erkältungsschnupfen, Hitze, Trockenheit
Aconitum D30 *3 x 5 Kügelchen*

Erkältungsschnupfen, Hitze, Schwitzen
Belladonna D30 *3 x 5 Kügelchen*

Erkältung, Stirnkopfschmerz, Stockschnupfen
Nux vomica D30 *3 x 5 Kügelchen*

Säuglingsschnupfen, gelb, schleimig, wund
Sambucus D4 *3 x 5 Tropfen*

Stockschnupfen, Trockenheit, Kopfschmerz
Luffa D6 *3 x 5 Tropfen*

Stockschnupfen, Trockenheit, Geschwürbildung
Kalium bichromicum D4 *3 x 1 Tablette*

Wäßrig, brennend, Wundheit im Hals
Cepa D3 *3 x 5 Tropfen*

Wäßrig, brennend, wundmachend
Arsenicum D6 *3 x 5 Tropfen*

Dicker, glasiger Schleim
Kalium sulfuricum D4 *3 x 1 Tablette*

Dicker, gelber, reichlicher Schleim
Hepar sulfuricum D4 *3 x 1 Tablette*

Dick, gelb, grünlich, wundmachend
Hydrastis D4 *3 x 5 Tropfen*

Chronisch, scharf, Wundheitsgefühl der Knochen
Silicea D12 *2 x 1 Tablette*

Chronisch, hartnäckig, dick, grün
Thuja D12 *2 x 5 Tropfen*

Abhärtung, September bis März
Camphora-Urtinktur
morgens 2 Tropfen auf Zucker

SCHREIBKRAMPF

Schwäche, Krämpfe, Bleigefühl
Acid. picrinicum D4 *3 x 5 Tropfen*

Überanstrengung, Zerschlagenheitsgefühl
Arnica D4 *3 x 5 Tropfen*

Zittern, ungeschickt, linkische Kinder
Agaricus D4 *3 x 5 Tropfen*

Muskelkrämpfe, lähmungsartige Schwäche
Belladonna D6 *3 x 5 Tropfen*

Einschlafen, abgestorben, Gefühllosigkeit
Causticum D6 *3 x 5 Tropfen*

Krämpfe, Schwäche, eiskalte Hände
Cuprum metallicum D6 *3 x 1 Tablette*

Zittern, Schwäche, Schweißhände
Gelsemium D4 *3 x 5 Tropfen*

Krämpfe, Schwäche, Überanstrengung
Magnesium phosphoricum D6
3 x 1 Tablette

Zittern, Zucken, Spannen, Schwäche
Zincum valerianicum D6 *3 x 5 Tropfen*

SCHULTERGELENK

Nächtliche, klopfende Schmerzen
Belladonna D30 *3 x 5 Kügelchen*

Nächtliche, unerträgliche Schmerzen
Arsenicum D30 *3 x 5 Kügelchen*

Bei der geringsten Bewegung
Bryonia D3 *4 x 5 Kügelchen*

Tiefsitzend morgens 2—4 Uhr, muß massieren
Bellis perennis D30 *5 Kügelchen*

Muß nachts aufstehen und herumgehen
Ferrum phosphoricum D12 *3 x 1 Tablette*

Lanzierende Schmerzen, mehr rechts
Chelidonium D4 *3 x 5 Tropfen*

Verrenkungsgefühl, 3 Uhr, mehr rechts
Magnesium carbonicum D6 *3 x 1 Tablette*

Nachts, Kälte, Zugluft, rechts
Sanguinaria D4 *3 x 5 Tropfen*

Herz, Schulter, Arm, Ziehen, Reißen, links
Kalmia D4 *3 x 5 Tropfen*

Reißen, Ziehen, druckempfindlich, links
Phosphor D12 *3 x 5 Tropfen*

Nächtlich, wandernd,
Einschlafen der Glieder
Pulsatilla D4 *3 x 5 Tropfen*

Lähmungsartig, wie verkürzt, in der Ruhe
Causticum D6 *3 x 5 Tropfen*

Lähmige Schwäche, Knochenhautschmerz
Ruta D4 *3 x 5 Tropfen*

Lähmige Schwäche, wie zerbrochen
Rhus toxicodendron D4 *3 x 5 Tropfen*

Schleimbeutelentzündung
Sulfur D4 *3 x 1 Tablette*

SCHWANGERSCHAFT

Eugenische Kur bei Risikofamilien

nach ärztlicher Verordnung
1. Monat Tuberculinum D200
2. Monat Medorrhinum D200
3. Monat Luesinum D200
4. Monat Sulfur D200
5. Monat Calcium carbonicum D200
7. Monat Calcium fluoricum D6
   bzw. Calcium phosphoricum D6
8. Monat Pulsatilla D6
9. Monat Caulophyllum D6

Erbrechen

Schwindel, Erbrechen bei Autofahren
Cocculus D4 *3 x 1 Tablette*

Ekel beim Riechen und Denken an Speisen
Colchicum D4 *3 x 1 Tablette*

Erbrechen bei leerem Magen
Ipecacuanha D4 *3 x 1 Tablette*

Übererregung, Heißhungeranfälle
Jodum D12 *3 x 1 Tablette*

Morgendliches Erbrechen
unverdauter Speisen
Kreosotum D6 *3 x 1 Tablette*

Erbrechen mit Magenkrämpfen
Magnesium phosphoricum D6
3 x 1 Tablette

Hunger auf ungewöhnliche Speisen,
Essen bessert
Mandragora D6 *3 x 5 Tropfen*

Kopfweh, ärgerlich, Übelkeit nach Essen
Nux vomica D4 *3 x 5 Tropfen*

Abneigung gegen Fleisch, Autofahren
Petroleum D6 *3 x 5 Tropfen*

Schwäche, nächtlicher Hunger und Durst
Phosphor D12 *2 x 5 Tropfen*

Übelkeit, Brechreiz, Durchfall
Veratrum D4 *3 x 5 Tropfen*

Elendigkeit, Brechdurchfall, Kollaps
Tabacum D30 *5 Kügelchen*

Ischialgie
Aconitum D12 *3 x 5 Tropfen*

Krampfadern
Collinsonia D4 *3 x 5 Tropfen*

SCHWINDEL

Abwärtsgehen
Borax D4 *3 x 5 Tropfen*

Abwärtssehen
Argentum nitricum D12 *3 x 5 Tropfen*

Alkohol
Acid. sulfuricum D6 *3 x 1 Tablette*

Alte Leute
Viscum D3 *3 x 5 Tropfen*

Anfallsartig
Tabacum D30 *5 Kügelchen*

Muß sich anhalten
Argentum nitricum D12 *3 x 5 Tropfen*

Aufrichten
Veratrum D4 *3 x 5 Tropfen*

Aufwärtsgehen
Calcium carbonicum D6 *3 x 1 Tablette*

Aufwärtssehen
Phosphor D12 *3 x 5 Tropfen*

Augenschließen
Theridion D12 *3 x 5 Tropfen*

Brückengehen
Argentum nitricum D12 *3 x 5 Tropfen*

Dämmerung
Causticum D6 *3 x 5 Tropfen*

Doppeltsehen
Gelsemium D4 *3 x 5 Tropfen*

Drehen
Conium D4 *3 x 5 Tropfen*

Dunkelheit
Calcium carbonicum D6 *3 x 1 Tablette*

Dunkles Zimmer
Stramonium D12 *3 x 5 Tropfen*

Erbrechen
Nux vomica D4 *3 x 5 Tropfen*
Veratrum D4 *3 x 5 Tropfen*
Tabacum D30 *5 Kügelchen*

Essen
Nux vomica D4 *3 x 5 Tropfen*

Fahren
Cocculus D4 *3 x 1 Tablette*
Hyoscyamus D4 *3 x 5 Tropfen*
Petroleum D4 *3 x 5 Tropfen*

Fixieren
Phosphor D12 *3 x 5 Tropfen*

Herzbeschwerden
Crataegus-Urtinktur *3 x 5 Tropfen*

Hinlegen
Viscum D2 *3 x 5 Tropfen*

Höhe
Coca D4 *3 x 5 Tropfen*

Hunger
Conium D4 *3 x 5 Tropfen*

Geruch
Colchicum D4 *3 x 5 Tropfen*

Fernsehen
Cocculus D4 *3 x 5 Tropfen*

Kopfdrehen
Conium D4 *3 x 5 Tropfen*

Menier
Argentum nitricum D12 *3 x 5 Tropfen*
Arnica D6 *3 x 5 Tropfen*
Chininum sulfuricum D4 *3 x 5 Tropfen*
Cocculus D4 *3 x 5 Tropfen*
Conium D4 *3 x 5 Tropfen*
Glonoinum D12 *3 x 5 Tropfen*
Nux vomica D4 *3 x 5 Tropfen*
Tabacum D30 *5 Kügelchen*
Theridion D12 *3 x 5 Tropfen*
Veratrum D4 *3 x 5 Tropfen*
Viscum D2 *3 x 5 Tropfen*

Ohnmacht
Veratrum D3 *mehrmals 5 Tropfen*

Rauchen
Tabacum D30 *5 Kügelchen*

Schwäche
China D4 *3 x 5 Tropfen*

Sitzen
Apis D4 *3 x 5 Tropfen*

Stehen
Arnica D4 *3 x 5 Tropfen*
Calcium carbonicum D6 *3 x 1 Tablette*

Stolpern
Calcium phosphoricum D4 *3 x 1 Tablette*

Straße
Arnica D4 *3 x 5 Tropfen*
Argentum nitricum D12 *3 x 5 Tropfen*

Stiegenhaus
Argentum nitricum D12 *3 x 5 Tropfen*

Taumeln
Agaricus D4 *3 x 5 Tropfen*
Cocculus D4 *3 x 5 Tropfen*
Conium D4 *3 x 5 Tropfen*
Gelsemium D4 *3 x 5 Tropfen*
Lolium temulentum D4 *3 x 5 Tropfen*
Nux vomica D4 *3 x 5 Tropfen*
Phosphor D12 *3 x 5 Tropfen*
Stramonium D12 *3 x 5 Tropfen*
Viscum D2 *3 x 5 Tropfen*

Am Wasser
Hyoscyamus D4 *3 x 5 Tropfen*
Lyssa D30 *5 Kügelchen*
Stramonium D12 *3 x 5 Tropfen*

Zimmer
Phosphor D12 *3 x 5 Tropfen*
Tabacum D30 *5 Kügelchen*

SODBRENNEN

Aufstoßen, Erbrechen, Alkoholiker
Acid. sulfuricum D4 *3 x 1 Tablette*

Kältegefühl, Zungenbrennen, Raucher, Trinker
Capsicum D4 *3 x 5 Tropfen*

Saures Aufstoßen und Erbrechen
Robinia pseudoacacia D12 *3 x 5 Tropfen*

SOOR

Wundheit, Trockenheit, Speichelfluß
Acid. muriaticum D6 *3 x 5 Tropfen*

Mund, Lunge, Scheide, Säuglinge
Borax D3 *3 x 5 Tropfen*

Mund, Zahnfleisch, Halsentzündung
Mercur. solubilis D4 *3 x 5 Tropfen*

Scheidenentzündung, Soor
Thuja D4 *3 x 5 Tropfen*

STERILITÄT

Beginnend 4 Wochen
Aristolochia D4 *3 x 5 Tropfen*

Anschließend 4 Wochen
Pulsatilla D4 *3 x 5 Tropfen*

Danach 4 Wochen
Lilium D4 *3 x 5 Tropfen*

Gleichzeitig
Borax D3 *abends 5 Tropfen*

Dick, torpid, Zurückgebliebene
Calcium carbonicum D200 *5 Kügelchen in der Ordination*

Dünn, erethisch, Schwache
Calcium phosphoricum D30 *5 Kügelchen*

Fettsüchtige, Träge
Graphites D30 *5 Kügelchen*

Gebärmutterverlagerung
Sepia D4 *3 x 1 Tablette*

STILLEN

Milchmangel

Mangelhafte Milchbildung
Agnus castus D4 *3 x 5 Tropfen*

Kräftigungsmittel für Stillende
Alfalalfa D2 *3 x 5 Tropfen*

Langsame Milchbildung
Ricinus D4 *3 x 5 Tropfen*

Milchüberschuß

Milchknoten, Abszeßneigung
Bryonia D30 *alle 6 Stunden 5 Tropfen*

Brustdrüsenschwellung
Lac caninum D4 *3 x 5 Tropfen*

Zuerst Mangel, dann Überschuß
Urtica urens D4 *3 x 5 Tropfen*

UNTERSCHENKELGESCHWÜR

Erweiterung und Schwäche der oberflächlichen Gefäße
Acid. fluoricum D4 *3 x 5 Tropfen*

Stauung mit Schmerzen in den Venen
Aesculus D3 *3 x 5 Tropfen*

Juckende, bläuliche, blutende Geschwüre
Carbo animalis D6 *3 x 1 Tablette*

Leber- und Pfortaderstauung
Carduus marianus D3 *3 x 5 Tropfen*

Leber- und Pfortaderstauung
Lycopodium D4 *3 x 5 Tropfen*

Juckende, blutende, blau-livide Geschwüre
Lachesis D12 *3 x 5 Tropfen*

Stauung, blaudurchscheinende Venen
Pulsatilla D4 *3 x 5 Tropfen*

Durchblutungsstörung, Altersbrand
Secale cornutum D4 *3 x 5 Tropfen*

VERBRENNUNGEN

Blässe, Schwellung, Stechen, Besserung durch kalte Umschläge
Apis D4 *3 x 5 Tropfen*

Rötung, Schwellung, Brennen, Geschwüre
Arsenicum D6 *3 x 5 Tropfen*

Blasenbildung, heftigster Brennschmerz
Cantharis D6 *3 x 5 Tropfen*

Rötung, Wundheit, Brennen
Causticum D6 *3 x 5 Tropfen*

Wundfieber
Echinacea-Urtinktur
äußerlich Umschläge

Wundfieber, Sepsis, Gangrän
Lachesis D30 *1 Ampulle i.v. in der Ordination*

Blasen, Pusteln, Phlegmone
Rhus toxicodendron D4 *3 x 5 Kügelchen*

Nesselartiger Ausschlag, Brennen, Jucken
Urtica urens D3 *3 x 5 Tropfen*

VERGESSLICHKEIT

Gedankenlose, zerstreute Trinker
Acid. sulfuricum D12 *3 x 5 Kügelchen*

Angst, Schreck, Fieber
Aconitum D30 *3 x 5 Kügelchen*

Lernschwierigkeit bei Studenten
Agaricus D6 *3 x 5 Tropfen*

Verliert den roten Faden
Ambra D3 *3 x 5 Tropfen*

Unmanierlich, redefaul, apathisch
Anhalonium D12 *3 x 5 Tropfen*

Aufregung, Prüfungsangst
Argentum nitricum D12 *3 x 5 Tropfen*

Was er gerade gesagt hat
Arnica D4 *3 x 5 Tropfen*

Was er gerade getan hat, Sklerose
Barium carbonicum D6 *3 x 1 Tablette*

Was er tun und sagen wollte
Calcium carbonicum D6 *3 x 1 Tablette*

Zerstreut, Prüfungsangst
Coffea D4 *3 x 5 Tropfen*

Geistig, körperlich verlangsamt
Helleborus D4 *3 x 5 Tropfen*

Vergißt Worte und Orte
Hepar sulfuricum D6 *2 x 1 Tablette*

Vergißt den Weg und wo er wohnt
Glonoinum D12 *3 x 5 Tropfen*

Vergißt vor lauter Geschwätzigkeit, was er gesagt hat
Lachesis D12 *3 x 5 Tropfen*

Verwechselt Buchstaben und Worte
Lycopodium D4 *3 x 1 Tablette*

Tut sich beim Lesen und Schreiben schwer
Medorrhinum D200 *5 Kügelchen nach ärztlicher Verordnung*

Gedächtnisschwäche, Aphasie
Mercur. solubilis D4 *3 x 1 Tablette*

Hirnmüdigkeit, erschwertes Denken
Natrium muriaticum D30 *3 x 5 Kügelchen*

Gibt falsche Antworten
Nux moschata D12 *3 x 5 Tropfen*

Verwechselt Worte, Managertypen
Nux vomica D30 *5 Kügelchen*

Wirre, stumpfe Gedanken, Gedächtnisverlust
Opium D30 *mehrmals 5 Kügelchen*

Zerstreut, vergißt das Gegenwärtige
Platinum D12 *2 x 5 Tropfen*

Geistig überfordert, Gedächtnisschwäche
Phosphor D30 *alle 14 Tage 5 Kügelchen*

Morgens duselig, wortkarg, ängstlich
Silicea D30 *mehrmals 5 Kügelchen*

Erschöpfte Sexualneurastheniker
Staphisagria D12 *3 x 5 Tropfen*

Vergißt das Wort im Mund, Eigennamen
Sulfur D30 *mehrmals 5 Kügelchen*

Schreiben, Ausdrücken
Medorrhinum D200 *5 Kügelchen nach ärztlicher Verordnung*

Lesen, Sprechen, Redeübungen
Tuberculinum D 200 *5 Kügelchen nach ärztlicher Verschreibung*

Logisch Denken, Mathematik
Luesinum D200 *5 Kügelchen nach ärztlicher Verschreibung*

VERHEBEN

Zerschlagen, alles scheint zu hart, Lumbago
Arnica D4 *3 x 5 Tropfen*

Kann sich nicht bewegen
Bryonia D3 *4 x 5 Tropfen*

Sitzende Lebensweise, Lumbago
Nux vomica D4 *3 x 5 Tropfen*

Besserung durch fortgesetzte Bewegung
Rhus toxicodendron D4 *3 x 5 Tropfen*

VERLETZUNGEN

Blutunterlaufen, blaues Auge
Acid. sulfuricum D4 *3 x 5 Tropfen*

Knochenhautverletzung
Angustura D4 *3 x 5 Tropfen*

Quetschung, Prellung, Bluterguß
Arnica D4 *3 x 5 Tropfen*

Quetschung, Prellung, Bluterguß
Bellis perennis D3 *3 x 5 Tropfen*

Knochenbruch, mangelnde Kallusbildung
Calcium phosphoricum D4 *3 x 1 Tablette*

Entzündete, schlecht heilende Rißquetschwunden
Calendula D3 *3 x 5 Tropfen*

Stoßverletzung, Brustknoten
Conium D4 *3 x 5 Tropfen*

Passive Venenblutungen
Hamamelis D4 *3 x 5 Tropfen*

Nervenquetschung, Lähmungs-, Taubheitsgefühl
Hypericum D3 *3 x 5 Tropfen*

Stichverletzungen, blaues Auge, Blutungsneigung
Ledum D4 *3 x 5 Tropfen*

Gehirnerschütterungsfolgen
Natrium carbonicum D4 *3 x 5 Tropfen*

Muskel- und Bänderzerrung
Rhus toxicodendron D4 *3 x 5 Tropfen*

Augen- und Knochenhautblutung
Ruta D4 *3 x 5 Tropfen*

Schnitt- und Operationswunden
Staphisagria D4 *3 x 5 Tropfen*

Unterschenkelstauung nach Knochenbruch
Strontium carbonicum D6 *3 x 1 Tablette*

Mangelhafte Knochenbruchheilung
Symphytum D3 *3 x 5 Tropfen*

VERSTOPFUNG

Trocken

Trocken, träge, kugelig, vergeblich
Alumina D6 *3 x 1 Tablette*

Hart, wie verbrannt, gallig, stinkend
Bryonia D4 *3 x 5 Tropfen*

Hart, schmerzhaft, vergeblich bei Kindern
Calcium carbonicum D30 *5 Kügelchen*

Knollig, hart, verbrannt, schafkotartig
Magnesium muriaticum D6 *3 x 1 Tablette*

Träge, bröckelig, Wundheitsgefühl
Natrium muriaticum D6 *3 x 1 Tablette*

Hart, knollig, nach Operationen
Opium D30 *5 Kügelchen*

Trocken, bröckelig, Stuhlbrocken
Selenium D6 *3 x 5 Tropfen*

Hart, knollig, schafkotartig, Klumpengefühl
Sepia D6 *3 x 1 Tablette*

Hart, trocken, bröckelig, schmerzhaft, heimtückisch
Silicea D6 *3 x 1 Tablette*

Träge

Vergeblich, nur im Stehen
Causticum D4 *3 x 5 Tropfen*

Schmerzhafte, schwächende Stühle
Carbo vegetabilis D6 *3 x 1 Tablette*

Kann tagelang Stuhl zurückhalten
Graphites D6 *3 x 1 Tablette*

Vergeblich, selbst bei weichem Stuhl
Hepar sulfuricum D6 *3 x 1 Tablette*

Hart, große Knollen, nur mit Anstrengung
Magnesium carbonicum D6 *3 x 1 Tablette*

Häufiger Drang, aber erfolglos, Schwangerschaft
Platinum D6 *3 x 1 Tablette*

Hartnäckig, mühevoll, schafkotartig
Plumbum D6 *3 x 1 Tablette*

Krampfhaft

Zwang, ohne Entleerung, Pflockgefühl
Anacardium D6 *3 x 5 Tropfen*

Krämpfe, Blähungen, erfolglos
Belladonna D30 *5 Kügelchen*

Kinder fürchten sich vor dem Topf
Calcium carbonicum D30 *5 Kügelchen*

Hart, kleinstückig, Afterkrampf
Lycopodium D4 *3 x 5 Tropfen*

Darmkoliken, besonders bei Kindern
Magnesium phosphoricum D6
3 x 1 Tablette

Drang mit unzureichendem Erfolg
Nux vomica D6 *3 x 5 Tropfen*

Lang, dünn, als ob der After offen stünde, Afterkrämpfe
Phosphor D12 *3 x 5 Tropfen*

Schmerzhafte Bleistiftstühle
Plumbum D6 *3 x 1 Tablette*

Stuhl schlüpft immer zurück
Silicea D6 *3 x 1 Tablette*

WAHNVORSTELLUNGEN

Heruntergekommene, wortkarge Trinker
Acid. sulfuricum D30 *5 Kügelchen*

Fühlt sich besessen und verfolgt
Anacardium D30 *5 Kügelchen*

Rasen, toben, beißen, beten
Belladonna D30 *5 Kügelchen*

Mißtrauisch, Größenwahn
Arnica D30 *5 Kügelchen*

Abweisend, geschwätzig, verfolgt, besessen
Hyoscyamus D30 *5 Kügelchen*

Euphorisch, geschwätzig, zwei Willen
Lachesis D30 *5 Kügelchen*

Furchtsam, schreckhaft, Visionen
Opium D30 *5 Kügelchen*

Hochmütig, hysterisch, Angst, morden zu müssen
Platinum D30 *5 Kügelchen*

Verrückt, wild vor lauter Angst
Secale cornutum D30 *5 Kügelchen*

Schwatzhaft, wütend, Visionen, flüchten
Stramonium D30 *5 Kügelchen*

Besessen, größenwahnsinniger Weltverbesserer
Sulfur D30 *5 Kügelchen*

Gewalttätig, erotisch, besessen, verfolgt
Veratrum D30 *5 Kügelchen*

WARZEN

Muttermal, Blutgeschwulst, Fibrome, Sarkom
Acid. fluoricum D4 *3 x 5 Tropfen*

Blutend, am Handrücken
Acid. nitricum D4 *3 x 5 Tropfen*

Juckende Warzen
Acid. picrinicum D4 *3 x 5 Tropfen*

Handflächen, Handrücken
Anacardium D4 *3 x 5 Tropfen*

Hornartige Warzen, Fußsohle
Antimonium crudum D4 *3 x 1 Tablette*

Flach, breit, blutend, Epitheliome
Arsenicum album D6 *3 x 1 Tablette*

Lipom, Balggeschwulst
Barium carbonicum D6 *3 x 1 Tablette*

Orientbeule
Berberis D3 *3 x 5 Tropfen*

Nässende, degenerierende Hautwarzen
Castor equi D4 *3 x 5 Tropfen*

Breit, hart, hornig, Finger, Nase
Causticum D4 *3 x 1 Tablette*

Weiche Fleischwarzen
Dulcamara D4 *3 x 5 Tropfen*

Blutschwamm
Ferrum phosphoricum D12 *3 x 1 Tablette*

Wunde, schrundige Warzen
Graphites D6 *3 x 1 Tablette*

Handrücken, Handflächen
Natrium muriaticum D6 *3 x 1 Tablette*

Weich, glatt, gestielt
Natrium sulfuricum D6 *3 x 1 Tablette*

Warzen, Epitheliome, Kondylome
Sarsaparilla D4 *3 x 5 Tropfen*

Leberflecke, Chloasma uterina, fungöse (schwammige) Geschwüre
Sepia D6 *3 x 1 Tablette*

Breite Nagelpfahlwarzen
Silicea D6 *3 x 1 Tablette*

Rauh, zackig, krustig, blumenkohlartig
Thuja D4 *3 x 5 Tropfen*

WECHSELJAHRE

Hitze, Zittern, Wallungen, Jucken
Acid. sulfuricum D12 *3 x 5 Tropfen*

Angst, Unruhe, Herzklopfen
Aconitum D30 *5 Kügelchen*

Schwermut, Wallungen
Aurum D30 *5 Kügelchen*

Rheuma der kleinen Fingergelenke
Caulophyllum D4 *3 x 5 Tropfen*

Angst, verrückt zu werden
Cimicifuga D12 *2 x 5 Tropfen*

Wallungen, Blutungen, Genitalschweiß, geil
Crocus D12 *2 x 5 Tropfen*

Blutandrang, Hitze, Blutdruckkrise
Glonoinum D12 *3 x 5 Tropfen*

Fettsüchtig, träge, gefräßig
Graphites D12 *2 x 5 Tropfen*

Hitze, schweißüberlaufen, Herzklopfen
Jaborandi D12 *3 x 5 Tropfen*

Hitze, Wallungen, Würgen, geschwätzig
Lachesis D12 *3 x 5 Tropfen*

Hormonschwäche, Wallungen
Ovariinum D10 *morgens 5 Tropfen*

Überempfindlich, streitsüchtig
Phosphor D12 *3 x 5 Tropfen*

Hochmütig, hysterisch, nymphoman
Platinum D12 *2 x 5 Tropfen*

Hitze, Wallungen, Gesichtsröte
Sanguinaria D12 *2 x 5 Tropfen*

Hitze, Wallungen, derbes Benehmen
Sepia D12 *2 x 5 Tropfen*

Hitze, Gelenksschmerzen
Strontium D12 *2 x 5 Tropfen*

Hitze, Schwitzen, zornig
Sulfur D12 *2 x 5 Tropfen*

Schlaflosigkeit, Traurigkeit
Zincum valerianicum D30
abends 5 Kügelchen

WETTERFÜHLIGKEIT

Feuchtwetter

Erfrierungen, Frostschäden
Abrotanum D3 *3 x 5 Tropfen*

Rheumatismus, Gicht
Acid. benzoicum D3 *3 x 5 Tropfen*

Gelenke, Knochen, Narben
Acid. nitricum D4 *3 x 5 Tropfen*

Neuralgien, Fersenschmerzen
Arania D12 *3 x 5 Tropfen*

Erkältliche Lymphatiker
Calcium carbonicum D6 *3 x 1 Tablette*

Rheumatismus der Fingergelenke
Calcium phosphoricum D4 *3 x 1 Tablette*

Ohren, Kopf, Neuralgien
Capsicum D4 *3 x 5 Tropfen*

Erkältungsfließschnupfen
Cepa D4 *3 x 5 Tropfen*

Fieber, Neuralgien
China D4 *3 x 5 Tropfen*

Herbstgicht und Rheumatismus
Colchicum D4 *3 x 5 Tropfen*

Ischias, Asthma, Rheuma
Dulcamara D4 *3 x 5 Tropfen*

Asthma, Gicht, Rheuma, Lumbago
Formica rufa D30 *1 Ampulle s.c. in der Ordination*

Schnupfen, Asthma, Krupp
Jodum D30 *5 Kügelchen*

Aufsteigende Neuralgien mit Lähmung
Ledum D4 *3 x 5 Tropfen*

Angina, Katarrhe, Kopf, Knochen, Nerven
Mercur. solubilis D12 *3 x 1 Tablette*

Herpes zoster, Neuralgien
Mezereum D4 *3 x 5 Tropfen*

Asthma, Gicht, Rheuma, feuchtes Klima
Natrium sulfuricum D12 *3 x 1 Tablette*

Vorwetterfühligkeit, Rheuma
Rhododendron D12 *3 x 5 Tropfen*

Durchnässung, Überanstrengung, Rheuma
Rhus toxicodendron D30 *mehrmals 5 Kügelchen*

Halsweh, Fokaltoxikose
Phytolacca D4 *3 x 5 Tropfen*

Amenorrhoe, Rheumatismus
Pulsatilla D4 *3 x 5 Tropfen*

Erkältungsstockschnupfen, Kopfweh
Nux vomica D30 *mehrmals 5 Kügelchen*

Reizhusten, Asthma
Rumex crispus D4 *3 x 5 Tropfen*

Säuglingsschnupfen
Sambucus D4 *3 x 1 Messerspitze*

Niere, Blase, Rheuma, Gicht
Sarsaparilla D4 *3 x 5 Tropfen*

Reizhusten, Asthma
Sticta pulmonaria D4 *3 x 5 Tropfen*

Erkältlichkeit, Asthma, Rheuma, Neuralgien
Thuja D12 *3 x 5 Tropfen*

Erkältlichkeit, Katarrhneigung
Tuberculinum D200 *5 Kügelchen nach ärztlicher Verordnung*

Herbst- und Winterkatarrhe
Teucrium D4 *3 x 5 Tropfen*

Kitzelhusten, nächtliches Asthma
Zingiber D4 *3 x 5 Tropfen*

Föhnwetter

Angst, Ärger; Herz, Neuralgien
Aconitum D30 *5 Kügelchen*

Kopf, Herz, Migräne,
Gelsemium D4 *3 x 5 Tropfen*

Reizbar, ärgerlich, Regeneintritt bessert
Hepar sulfuricum D6 *3 x 1 Tablette*

Haut, Nerven, Rheumatismus
Psorinum D30 *mehrmals 5 Kügelchen*

Vorwetterfühligkeit
Rhododendron D30 *mehrmals 5 Kügelchen*

Unruhe, Fieber, Nachtschweiß
Tuberculinum D200 *5 Kügelchen nach ärztlicher Verordnung*

Unruhe, Muskelschmerzen
Zincum valerianicum D30 *mehrmals 5 Kügelchen*

Schönwetter

Kopfweh, Muskelrheuma, Neuralgien
Bryonia D3 *3 x 5 Tropfen*

Niere, Blase, Rheuma
Causticum D4 *3 x 5 Tropfen*

Katarrhe, Rheuma
Hepar sulfuricum D6 *3 x 1 Tablette*

Schnupfen, Kopfweh, Erkältung
Nux vomica D4 *3 x 5 Tropfen*

Niesen, Husten, Heuschnupfen
Sabadilla D4 *3 x 5 Tropfen*

Reizhusten, Schilddrüse, Herz
Spongia D3 *3 x 5 Kügelchen*

Windwetter

Herz, Erkältung, Neuralgien
Aconitum D30 *3 x 5 Kügelchen*

Augen, Knochen, Nerven, Herz
Asa foetida D4 *3 x 5 Tropfen*

Blutandrang, Kopf, Knochen, Gemüt
Aurum D30 *3 x 5 Kügelchen*

Hitze, Fieber, Neuralgien, Erkältung
Belladonna D30 *3 x 5 Kügelchen*

Kopfweh, Rheuma, Gemüt
Bryonia D4 *3 x 5 Tropfen*

Angst, Erkältung, Rheuma
Calcium carbonicum D6 *3 x 1 Tablette*

Müdigkeit, Schwäche, Rheuma
Calcium phosphoricum D4 *3 x 1 Tablette*

Kopf, Zähne, Nerven, Schlaflosigkeit
Chamomilla D30 *5 Kügelchen*

Kopf, Neuralgien, Wechselfieber
China D4 *3 x 5 Tropfen*

Kopf-, Brust-, Knochengrippe
Eupatorium D4 *3 x 5 Tropfen*

Kälte, Zugluft, Erkältlichkeit
Hepar sulfuricum D12 *2 x 5 Kügelchen*

Augen, Ohren, Nasenkatarrh
Graphites D6 *3 x 1 Tablette*

Hitze, Wallungen, Frühjahr, Sommer
Lachesis D12 *3 x 5 Tropfen*

Ärgerlich, herrisch, unleidliche Kinder
Lycopodium D30 *5 Kügelchen*

Kopf, Hals, Nerven, Koliken
Magnesium phosphoricum D6
3 x 1 Tablette

Kopf, Nase, Magen, Kreuz, Erkältung
Nux vomica D30 *5 Kügelchen*

Sturm, Gewitter, Reizbarkeit
Phosphor D30 *5 Kügelchen*

Friert im Sommer, Immunschwäche
Psorinum D30 *5 Kügelchen*

Schnupfen, Blase, Amenorrhoe
Pulsatilla D4 *3 x 5 Tropfen*

Vorwetterfühligkeit, Rheuma
Rhododendron D30 *5 Kügelchen*

Augen, Ohren, Neuralgien
Spigelia D4 *3 x 5 Tropfen*

Erregt, müde, abgespannt, Kreuzschwäche
Sepia D4 *3 x 1 Tablette*

Zugluft, Erkältung, Neuralgien
Silicea D12 *2 x 1 Tablette*

Husten, Heiserkeit, Asthma
Spongia D12 *3 x 5 Kügelchen*

Hitze, Schwitzen, Neuralgien
Sulfur D4 *3 x 1 Tablette*

WUNDLIEGEN

Nässende, rissige, eiternde Haut
Acid. nitricum D4 *3 x 5 Tropfen*

Akut, gerötet, hitzig, brennend
Aconitum D6 *3 x 5 Kügelchen*

Jucken, Brennen, Erfrierungen
Agaricus D4 *3 x 5 Tropfen*

Druckstellen, Wundliegen, alles ist zu hart
Arnica D4 *3 x 5 Tropfen*

Akut, rot, dampfend heiß
Belladonna D6 *3 x 5 Tropfen*

Empfindliche Kinder und Greise
Calcium carbonicum D6 *3 x 1 Tablette*

Blaß, ödematös, marantische Menschen
Carbo animalis D6 *3 x 1 Tablette*

Wund, brennen, Blasen, wie verbrannt
Causticum D4 *3 x 5 Tropfen*

Rot, hitzig, brennend, Windeldermatitis
Chamomilla D12 *3 x 5 Kügelchen*

Erschöpft darniederlegend, Rekonvaleszenz
China D4 *3 x 5 Tropfen*

Eitrig, entzündete Wundstellen
Echinacea D2 *3 x 5 Tropfen*

Wunde Stellen, Blasen, Geschwüre an den Hautfalten
Graphites D6 *3 x 1 Tablette*

Eitrige Entzündung, Berührungsempfindlichkeit
Hepar sulfuricum D6 *3 x 1 Tablette*

Eitrige, brandige, stinkende Stellen
Kreosotum D6 *3 x 5 Tropfen*

Blau, livid, berührungsempfindlich, Sepsis
Lachesis D12 *3 x 5 Tropfen*

Unheilbare Wunden, gelblich, unreine Haut, Leberkranke
Lycopodium D4 *3 x 5 Tropfen*

Unrein, eitrig, schwitzig, wund
Mercur. solubilis D4 *3 x 1 Tablette*

Nässend, juckend, eiternd
Natrium carbonicum D6 *3 x 1 Tablette*

Ohr, Hinterkopf, Hautfalten, Milchschorf
Oleander D4 *3 x 5 Tropfen*

Tiefe Einrisse, eitrige Wunden, Erfrierung
Petroleum D4 *3 x 5 Tropfen*

Eitrige Wunden mit stinkenden Absonderungen
Pyrogenium D30 *5 Kügelchen*

Druckstellen, Beulen an der Knochenhaut
Ruta D4 *3 x 5 Tropfen*

Faltig, nässend, Schrunden, Rhagaden
Sarsaparilla D3 *3 x 5 Tropfen*

Rot, jucken, brennen, Wasseransammlung
Scilla D3 *3 x 5 Tropfen*

Fein, zart, schlaff, reizbar, empfindlich
Sepia D4 *3 x 1 Tablette*

Unheilbar, empfindlich, eitrig, nässend
Silicea D6 *3 x 1 Tablette*

Unrein, gerötet, brennen, hitzig, schwitzig
Sulfur D4 *3 x 1 Tablette*

Ödematöse Anschwellung in den Hautfalten
Terebinthina D4 *3 x 5 Tropfen*

Druck, Reibestellen rot und wund
Vinca minor D4 *3 x 5 Tropfen*

Trocken, klebrige, eitrige Absonderungen
Viola tricolor D4 *3 x 5 Tropfen*

Rauh, rissig, schrundig
Zincum valerianicum D30 *5 Kügelchen*

Äußerlich
Borwasserumschläge
Kieselsäureumschläge
Arnicawaschungen
Ringelblumensalbe
Johanneskrautöl
Hametumpuder

WÜRMER

Appetitlos, hohläugig, ruhelos
Abrotanum D3 *3 x 5 Tropfen*

Müde, störrisch, eigensinnig, erotisch
Antimonium crudum D4 *3 x 1 Tablette*

Appetitlos, durstlos, erschöpft, abgemagert
Arsenicum album D6 *3 x 1 Tablette*

Wenn andere Mittel versagen
Artemisia vulgaris D4 *3 x 5 Tropfen*

Scheidenjucken
Caladium D6 *3 x 5 Tropfen*

Dicke, gehemmte, verstopfte Kinder
Calcium carbonicum D30 *5 Kügelchen*

Dünne, erregte, schwächliche Kinder
Calcium phosphoricum D4 *3 x 1 Tablette*

Nervös, blaß, hohläugig, schielen, krampfen
China D4 *3 x 5 Tropfen*

Askaridenbefall, krampfen
Cuprum oxidatum nigrum D4
3 x 1 Tablette

Blaß, fahl, erröten, hohläugig, schwach
Ferrum phosphoricum D4 *3 x 1 Tablette*

Dick, dumm, faul, gefräßig, träge
Graphites D6 *3 x 1 Tablette*

Hysterisch, gereizt, traurig, verdrossen
Ignatia D30 *5 Kügelchen*

Übelkeit, Brechdurchfall, Bauchkrämpfe
Ipecacuanha D4 *3 x 5 Tropfen*

Oxyuren, Askariden, Durchfälle, Wurmkoliken
Mercur solubilis D4 *3 x 1 Tablette*

Würgen, Wassererbrechen, Schwäche, Bandwurm
Natrium sulfuricum D6 *3 x 1 Tablette*

Nervös, reizbar, Übelkeit, Stuhldrang
Nux vomica D30 *5 Kügelchen*

Wässerige Durchfälle mit Leibschmerzen, Wurmabgang
Petroleum D4 *3 x 5 Tropfen*

Reflexkrämpfe, Zittern, Veitstanz
Sabadilla D4 *3 x 5 Tropfen*

Blasse, zarte, erschöpfte, erkältliche Kinder
Silicea D30 *5 Kügelchen*

Übelkeit, appetitlos, Heißhunger, Augenringe, Nabelkoliken
Spigelia D4 *3 x 5 Tropfen*

Rot, wund, brennen, nässen, Madenwürmer
Sulfur D4 *3 x 1 Tablette*

ZAHNUNG

Konstitutionsmittel

Dicke, schlaffe, träge Kinder
Calcium carbonicum D200 *5 Kügelchen in der Ordination*

Kräftige, straffe, derbe Kinder
Calcium fluoricum D200 *5 Kügelchen in der Ordination*

Dünne, zarte, lebhafte Kinder
Calcium phosphoricum D200
5 Kügelchen in der Ordination

Zahnungsfieber, Krämpfe
Belladonna D30 *5 Kügelchen*

Heftigste Zahnschmerzen, Fieber, Durchfall
Chamomilla D30 *mehrmals 5 Kügelchen*

Schlaflosigkeit, Knirschen
Zincum valerianicum D30
abends 5 Kügelchen

ZÄHNE

Ausfallen

Lockeres, schwammiges Zahnfleisch
Calcium carbonicum D6 *3 x 1 Tablette*

Festes, zurückgezogenes Zahnfleisch
Calcium fluoricum D6 *3 x 1 Tablette*

Entzündetes, blutendes Zahnfleisch
Silicea D6 *3 x 1 Tablette*

Wunder, zarter, blutender Zahnfleischsaum
Plumbum metallicum D6 *3 x 1 Tablette*

Brüchig

Zähne locker, tiefe Geschwüre, Trinker
Acid. sulfuricum D4 *3 x 1 Tablette*

Locker, Bleisaum, Geschwüre
Plumbum D6 *3 x 1 Tablette*

Gelb

Locker, gelb, Zahnfleischbluten
Acid. nitricum D4 *3 x 5 Tropfen*

Chronische Zahnfleischentzündung
Lycopodium D4 *3 x 5 Tropfen*

Zahnfleischschwellung, Eiterung
Thuja D4 *3 x 5 Tropfen*

Kältegefühl

Erkältung, feuchte Wohnungen
Aranea D12 *3 x 5 Tropfen*

Karies

Zahnschmelzschädigung
Acid. fluoricum D12 *2 x 5 Tropfen*

Dicke, weiße Zunge,
Zahnfleisch schwammig
Antimonium crudum D4 *3 x 1 Tablette*

Locker beim Naschen
Argentum nitricum D4 *3 x 5 Tropfen*

Schwarz, Eiterung, Fistelbildung
Calcium fluoricum D12 *3 x 5 Tropfen*

Anämische, schwächliche Schulkinder
Calcium phosphoricum D4 *3 x 1 Tablette*

Frühzeitig, Schwangerschaft
Kreosotum D4 *3 x 5 Tropfen*

Zahnfleisch schwammig, eitrig, stinkend
Mercur. solubilis D4 *3 x 1 Tablette*

Amalgamempfindlichkeit
Mezereum D4 *3 x 5 Tropfen*

Locker, Zuckermißbrauch
Plumbum D6 *3 x 1 Tablette*

Eiterung, Geschwüre, Fisteln
Silicea D6 *2 x 1 Tablette*

Empfindlich, schwarz, bröckelig, nachts
Staphisagria D6 *3 x 5 Tropfen*

Vernachlässigt, Zuckeresser
Sulfur D4 *3 x 5 Tropfen*

Angeborene Zahnschädigung
Syphilinum D200 *5 Kügelchen*
in der Ordination

Wurzelnekrose unter der Krone
Thuja D4 *3 x 5 Tropfen*

ZAHNFLEISCH

Bluten
Acid. sulfuricum D4 *3 x 1 Tablette*
Arnica D4 *3 x 5 Tropfen*
Calendula D2 *3 x 5 Tropfen*
Phosphor D12 *3 x 5 Tropfen*

Eiterung
Acid. fluoricum D6 *3 x 5 Tropfen*
Echinacea D2 *3 x 5 Tropfen*
Hepar sulfuricum D6 *3 x 1 Tablette*
Mercur. solubilis D6 *3 x 1 Tablette*
Silicea D6 *3 x 1 Tablette*

Geschwollen
Acid. nitricum D4 *3 x 5 Tropfen*
Bismutum subnitricum D6 *3 x 1 Tablette*
Kreosotum D4 *3 x 5 Tropfen*
Mercur. solubilis D4 *3 x 1 Tablette*
Thuja D4 *3 x 5 Tropfen*

Fistel
Calcium fluoricum D12 *3 x 5 Tropfen*
Silicea D12 *2 x 1 Tablette*

Geschwüre
Acid. nitricum D4 *3 x 5 Tropfen*
Kreosotum D4 *3 x 5 Tropfen*
Mercur. solubilis D4 *3 x 1 Tablette*
Plumbum D6 *3 x 1 Tablette*
Silicea D12 *2 x 1 Tablette*

Parodontose

Gewebsschwäche, Eiterungsneigung
Acid. fluoricum D12 *2 x 5 Tropfen*

Fehlernährung, Magen-Darmbelastung
Antimonium crudum D4 *3 x 1 Tablette*

Gewebsminderwertigkeit, Blutung
Arsenicum album D6 *3 x 5 Tropfen*

Knochenentzündung, Karies, Nekrose
Aurum metallicum D4 *2 x 1 Tablette*

Leber-, Nierenmittel
Berberis D3 *3 x 5 Tropfen*

Schwammig, schlaff, Zuckeresser
Calcium carbonicum D6 *2 x 1 Tablette*

Eiterung, Fisteln, Geschwüre
Calcium fluoricum D6 *2 x 1 Tablette*

Eiterung, Fisteln, Geschwüre
Hepar sulfuricum D6 *2 x 1 Tablette*

Hellrot, blutend, Amalgamvergiftung
Kalium chloratum D4 *3 x 1 Tablette*

Frühzeitig entzündet, Milchgebiß, Schwangerschaft
Kreosotum D4 *3 x 5 Tropfen*

Leber, Niere, Zuckeresser
Lycopodium D4 *3 x 1 Tablette*

Eitrige Entzündung, Speichelfluß
Mercur. solubilis D4 *3 x 1 Tablette*

Zahnfleischblutung
Phosphor D12 *3 x 5 Tropfen*

Angeborene Gewebsminderwertigkeit
Syphilinum D200 *5 Kügelchen in der Ordination*

Schwammig, blutend,
Thuja D4 *3 x 5 Tropfen*

Zuckeresser
Zincum valerianicum D6 *3 x 1 Tablette*

ZAHNSCHMERZ

Zahnziehen, Plombieren, Wurzelbehandlung
Arnica D4 *3 x 5 Tropfen*

Erkältung, Zugluft, nachts
Aconitum D30 *5 Kügelchen*

Zahnwurzelentzündung, pulsierend bei Kalttrinken
Belladonna D30 *5 Kügelchen*

Als wären Zähne zu lange, Wärmebesserung
Bellis perennis D4 *3 x 5 Tropfen*

Kauen, besser kalte Speisen, Liegen auf der kranken Seite
Bryonia D3 *3 x 5 Tropfen*

Anfallsartig, durch warmes Essen und Trinken
Chamomilla D30 *5 Kügelchen*

Neuralgisch, kälteempfindlich, Stillende
China D4 *3 x 5 Tropfen*

Heftig, besser durch kaltes Wasser im Mund
Coffea D4 *3 x 5 Tropfen*

Heftig schraubend beim Kauen
Euphorbium D4 *3 x 5 Tropfen*

Hineinschießend, besser durch Druck
Colocynthis D4 *3 x 5 Tropfen*

Schlafstörung der Kinder
Cypripedium D6 *3 x 5 Tropfen*

Neuralgisch, Ziehen, Reißen
Gelsemium D4 *3 x 5 Tropfen*

Nach Wurzelbehandlung
Hypericum D4 *3 x 5 Tropfen*

Nach Plombieren
Nux vomica D4 *3 x 5 Tropfen*

Wie zu lang, Kauen, Zucker
Lycopodium D4 *3 x 5 Tropfen*

Kauschmerzen, besser durch Wärme
Magnesium carbonicum D6 *3 x 1 Tablette*

Wie zu lang, Wärmebesserung
Mezereum D4 *3 x 5 Tropfen*

Zu lang, in Ohr und Gesicht ausstrahlend
Plantago major D4 *3 x 5 Tropfen*

Zahnschmerzen besser durch kalte Getränke
Pulsatilla D4 *3 x 5 Tropfen*

Durchnässung, rheumatisch
Rhus toxicodendron D30 *5 Kügelchen*

Wurzelentzündung und Eiterung
Silicea D12 *3 x 5 Tropfen*

Nachts, kalte Luft, Berührung
Staphisagria D12 *3 x 5 Tropfen*

Naschen und Zucker
Zincum valerianicum D30 *5 Kügelchen*

ZUCKERKRANKHEIT

Blässe, Schwäche, Erschöpfung, Abmagerung
Acid. aceticum D4 *3 x 5 Tropfen*

Blässe, Schwäche, Rheuma
Acid. lacticum D4 *3 x 5 Tropfen*

Blässe, Schwäche, Kummer, Kränkung
Acid. phosphoricum D4 *3 x 5 Tropfen*

Blässe, Schwäche, Nervosität
Acid. picrinicum D4 *3 x 5 Tropfen*

Rot, warm, jucken, Trinker
Acid. sulfuricum D4 *3 x 5 Tropfen*

Fersenschmerz, Durchblutungsstörung
Aranea diadema D12 *3 x 5 Tropfen*

Angst, Abmagerung, Erschöpfung, Gangrän
Arsenicum D6 *3 x 5 Tropfen*

Heißhungeranfälle, Altersdiabetes, Gefäßsklerose
Barium carbonicum D6 *2 x 1 Tablette*

Schwach, erschöpft, Abmagerung
Chininum arsenicosum D4 *3 x 1 Tablette*

Heißhungeranfälle, Altersdiabetes
Datisca D3 *3 x 5 Tropfen*

Anämie, Wadenkrämpfe
Cuprum D6 *abends 1 Tablette*

Nervenschmerzen, Paraesthesien
Hypericum D4 *3 x 5 Tropfen*

Hitze, Heißhunger, Abmagerung
Jodum D30 *5 Kügelchen*

Durchblutungsstörung, feuchte Gangrän
Kreosotum D4 *3 x 5 Tropfen*

Verlangen nach Süßigkeiten, Abmagerung
Lycopodium D4 *3 x 5 Tropfen*

Kränkung, Demütigung, Abmagerung
Natrium muriaticum D200
Einleitung 5 Kügelchen
in der Ordination

Nächtlicher Hunger und Durst, Erschöpfung
Phosphor D30 *5 Kügelchen*

Altersdiabetes
Galega D3 *3 x 5 Tropfen*

Durchblutungsstörung, trockene Gangrän
Secale cornutum D4 *3 x 5 Tropfen*

Abmagerung, Heißhunger
Syzygium D30 *5 Kügelchen*

Hunger, Schwäche, Altersdiabetes
Uranum nitricum D4 *3 x 5 Tropfen*

Hautjucken, Unruhe, Schlaflosigkeit
Zincum valeranicum D30
abends 5 Kügelchen

ZUNGE

Zungenbrennen, Geschwüre
Acid. nitricum D4 *3 x 5 Tropfen*

Dick, weißgelb belegt
Antimonium crudum D4 *3 x 1 Tablette*

Trocken, brennen, Geschwürsbildung
Arsenicum album D6 *3 x 1 Tablette*

Entzündet, Erdbeerzunge
Belladonna D30 *3 x 5 Kügelchen*

Trocken, gelb, bitterer Geschmack
Bryonia D4 *3 x 5 Tropfen*

Brennen der Zungenspitze, Sodbrennen
Capsicum D4 *3 x 5 Tropfen*

Lähmigkeitsgefühl, Sodbrennen
Causticum D4 *3 x 5 Tropfen*

Dick, weiß, gelb, Zahneindrücke
Chelidonium D3 *3 x 5 Tropfen*

Trocken, weiß, wund, Abmagerung
China D4 *3 x 5 Tropfen*

Trocken, geschwollen, schwer, Ekel
Colchicum D4 *3 x 5 Tropfen*

Appetitlos, Kachexie, Krebs
Condurango D4 *3 x 5 Tropfen*

Trocken, glatt, glänzend, wie zu groß
Crotalus D12 *3 x 5 Tropfen*

Schwer beweglich, lähmig
Dulcamara D4 *3 x 5 Tropfen*

Schmutzig, gelb, Zahneindrücke, Krebs
Hydrastis D4 *3 x 5 Tropfen*

Gelb, weiß, Landkartenzunge, rote Ränder
Kalium bichromicum D4 *3 x 1 Tablette*

Glatt, rot, glänzend, Geschwüre
Lachesis D12 *3 x 5 Tropfen*

Weiß belegt, geschwollen, Zahneindrücke
Mercur. solubilis D4 *3 x 1 Tablette*

Trocken, dunkelrot, blutende Bläschen
Mezereum D4 *3 x 5 Tropfen*

Brennen der Zungenspitze, Taubheitsgefühl
Natrium muriaticum D6 *3 x 5 Tropfen*

Rot, trocken, brennend, glänzend
Phosphor D12 *3 x 5 Tropfen*

Trocken, zittrig, lähmig, Bleisaum
Plumbum D6 *3 x 1 Tablette*

Dreieckförmige Rötung der Zungenspitze
Rhus toxicodendron D12 *3 x 5 Tropfen*

Landkartenzunge, Wundheitsgefühl
Taraxacum D4 *3 x 5 Tropfen*

Weiß, rote Spitze und Ränder, brennen
Sulfur D4 *3 x 1 Tablette*

„Die Menschen werden bereit sein . . . die medizinischen Therapien zu beschränken, weil sie ihre Chance und ihre Kraft, selbst zu heilen und zu gesunden, erhalten wollen.“

(Ivan Illich)

Die „kleine homöopathische Hausapotheke“

Obwohl gerade im Reichtum und in der Vielfalt ihrer Arzneien eine der Besonderheiten der Homöophathie liegt, läßt sich dennoch ein Fundus von Mitteln definieren, der den Grundstock zu einer „kleinen homöopathischen Hausapotheke“ bildet. *„Erfahrungsgemäß sind es immer dieselben Beschwerden, die in einer Familie und bei ihren Mitgliedern auftreten. Natürlich sind damit nur die alltäglichen Verstimmungen gemeint — ein Kind hat Fieber, die Mutter Kopfweh, der Vater eine Erkältung —, die man kennt und auch richtig einzuschätzen weiß. Für diese Fälle lohnt es sich, das Mittel sozusagen schon im Hause zu haben, da man gerade in der Homöophathie mit der rechtzeitigen Gabe oft den Ausbruch einer Erkrankung verhindern oder ihre Folgen abschwächen kann.*

Ich habe hier einige bewährte homöopathische Arzneien ausgewählt und sie auch — in kurz gefaßter Form — beschrieben. Der Leser hat auf diese Weise also die Möglichkeit, nicht nur über seine Symptome auf die Arznei zu schließen (wie im vorangegangenen A-bis-Z-Teil ausgeführt), sondern er kann auch hier allerhand über die Möglichkeiten eines Mittels erfahren und so vielleicht zur passenden Behandlung einer Beschwerde finden. Es ist gewissermaßen eine ‚kleine Arzneimittellehre‘, die hier gegeben wird und die eine erste Kenntnis von der Wirkungsweise homöopathischer Arzneien vermitteln soll.

Wenn man diesen Grundstock mit jenen Mitteln ergänzt, die man über das Beschwerdenverzeichnis schon als notwendig und richtig herausgefunden hat, und noch jene — spezifischeren — Arzneien hinzufügt, die vielleicht schon vom homöopathischen Arzt verschrieben wurden, so sollte man damit dann eigentlich für die meisten alltäglichen Fälle bestens homöopathisch gerüstet sein.“

Bewährte homöopathische Arzneien und ihre Beschreibung

ACIDUM BENZOICUM

Benzoesäure

Ätiologie

Überanstrengung, Erkältung, Unterkühlung, Nässe, Kälte, feuchter Boden, Nierensand. Schlimmer: Periodisch 2 Uhr nachts, Wein, Kaffee, Schokolade, Druck, Uhrband, Sockenhalter, hartes Bett. Besser: milde Wärme, frische Luft.

Konstitution

Ängstlich, bedrückt, apathisch, weilt bei unangenehmen Gedanken, findet keine Ruhe, zieht sich zurück, möchte nicht angesprochen werden, untröstlich, traurig, lebensüberdrüssig. Blaß, kalt, feucht, unruhig, gichtisch-rheumatisch-lithämisch.

Indikationen

Periodisch auftretende Gicht und Rheumaanfälle mit Nieren- und Kreuzschmerzen. Hitze- und Fieberschübe bei Harnweginfekt, Nierensand, Sehnenscheiden-, Achillessehnenentzündung, Gichtknoten, rheumatische Herzaffektion, Nieren-, Blasen-, Harnröhrenentzündung, Augen-, Magen-, Bronchienentzündung, Schwellung, Steifigkeit, Stechen und Deformation in den kleinen Gelenken, juckende, brennende Hautausschläge, ätzende Schleimabsonderung, Geschwürsneigung. Die Benzoesäure ist unser wichtigstes Gicht- und Rheumamittel.

Potenzen D3, D4

ACIDUM PHOSPHORICUM

Phosphorsäure

Ätiologie

Kummer, Sorge, Enttäuschung, Liebeskummer, Heimweh, Schulstreß, kränkliche Kinder, besonders im Wachstumsalter. Schlimmer: Krankheiten, Operationen, Blutungen, Schlafmanko infolge von sexuellen Exzessen, Kälte, Nässe, Überanstrengung und Unterkühlung, Tabak- und Parfumgeruch, Musik, Lärm. Besser: Ruhe, Wärme, Schlaf, frische Luft.

Konstitution

Nervös, unruhig, unsicher, Konzentrationsstörungen, Gedankenlosigkeit, ablenkbar, möchte mit niemanden sprechen, Unlust zu antworten, sich trösten zu lassen, könnte den ganzen Tag dahindämmern, dösen und an den enttäuschenden Geliebten denken. Blaß, matt, erschöpft, lymphatisch.

Indikationen

Die Phosphorsäure ist, wie Calcium phosphoricum, unser wichtigstes Mittel für die Schulkinder und liebesenttäuschten Jugendlichen. Kopfschmerzen, Herzschwäche, Seitenstechen, Zahnfleischbluten, Magen- und Darmkatarrh, Diabetes, Onanie, Impotenz, Rükken- und Kreuzschwäche, Skoliose (Rückgratverkrümmung), Knochenschmerzen, Schlottergelenke, Neigung zu Depression, Blutarmut, Blutungsneigung, remittierende Fieberzustände, nervöse Schwäche, Schlaflosigkeit, Frösteln und Schweißausbrüche, Frieren, Froschhände.

Potenzen D4, D12, D30

ACONITUM

Blauer Eisenhut, Sturmhut

Ätiologie
Angst, Ärger, Aufregung, Schreck, Wind, Sturm, Gewitter, Föhn, Zugluft, Temperaturwechsel, Erkältung, Kopfweh, Halsweh, Bauchweh, Herzklopfen, Herzanfälle mit Herzrasen, Hitze, Frost, heißer Kopf, kalte Hände und Füße, Grippemittel, Sommerdurchfälle, Sonnenstich, Unterkühlung, Haarschneiden. Schlimmer: abends, vor Mitternacht, Licht, Lärm, Geruch, Druck, Berührung, Ausbleiben und Unterdrükkung der Absonderungen. Besser: Eintreten der Schweiße, Ausschläge, Regel, Harnflut.

Konstitution
Ängstlich, ärgerlich, schreckhaft, stürmisch, ungeduldig, aufbrausend, fixe Ideen; fürchtet, sterben zu müssen, einen Herzinfarkt oder Schlaganfall zu bekommen; Angst in engen Räumen, vor Überqueren der Straße, vor Menschenansammlungen, vor Gespenstern, Geistern, hellseherisch. Rot, warm, hitzig, kräftig, trocken, lymphatisch.

Indikationen
Aconit ist das erste Mittel bei Angst, Sonnenstich, Erkältung, Grippe, Herzklopfen, Herzrasen, Herzangst. Alle Beschwerden kommen plötzlich, meist abends oder vor Mitternacht. Heftiges, stürmisches Fieber mit Hitze, Frost, Trockenheit, Durst und vollem, hartem Puls. Kopfweh, Halsweh, Bauchweh, Sommerdurchfälle, Grippe, Katarrhe, Augen, Nase, Mund, Bronchien, Trigeminusneuralgie, Zahnschmerzen, Neuralgien, Muskel- und Gelenksrheumatismus. Krupphusten, Bronchitis, Lungenentzündung, Gallenblase, Harnblase, Blinddarm, Bauchfellentzündung, Ameisenlaufen, Einschlafen der Hände und Füße, Druck-, Berührungsempfindlichkeit, Dermatitis, Sonnenbrand, Verbrennungen.

Potenzen D4, D12, D30

AMBRA GRISEA

Ausscheidung des Pottwals

Ätiologie
Kummer, Sorgen, Kränkungen, Geschäftssorgen, Schularbeiten, Eheprobleme, geistige, seelische, körperliche und sexuelle Überreizung, Grübeln, kann vor lauter quälenden Gedanken nicht einschlafen, denkt den ganzen Tag über an Geld- und Geschäftsprobleme. Schlimmer: abends beim Einschlafen, morgens beim Erwachen, Erinnerungen, fremde Menschen, Essen, Trinken, Wärme. Besser: Ablenkung, Bewegung im Freien.

Konstitution
Überempfindlich, nervös, unsicher, verliert beim Reden den roten Faden, Zittern, Herzklopfen, voll innerer Hast und Getriebenheit, Angst in Gegenwart Fremder, Erröten, verlegen, lymphatisch.

Indikationen
Ambra ist das Sorgen- und Schlafmittel für die nervösen, ängstlichen Menschen von heute. Erschöpfungszustände infolge der Sorgen und Schlaflosigkeit, Herzklopfen, Vergeßlichkeit, Asthma nervosa, Verlegenheitshüsteln, Prüfungsangst, Übelkeit, Brechwürgen, Globusgefühl, Verstopfung, nervöser Harn- und Stuhldrang, Bamstigkeit, Taubheit, Ameisenlaufen, Gebärmutterblutungen bei geringsten Anlässen, Hitze, Röte, Wallungen mit Seh- und Hörstörungen. Alles greift ihn an, die Menschen, die Musik, vor allem die Gedanken.

Potenzen D3

ANTIMONIUM CRUDUM

Schwarzer Spießglanz

Ätiologie

Überessen, Durcheinanderessen, Magenüberladung, Hungergefühl, Freßlust, Weingenuß, Fettsucht, Schlafstörungen, Müdigkeit. Schlimmer: Temperaturextreme, Hitze, Sonne, Erkältung, Kaltbaden, Kalttrinken, Ärgerlichkeiten, Ansehen, Angreifen, Trösten. Besser: Ruhe, Liegen, in kühler, frischer Luft.

Konstitution

Widerspenstige, störrische, abweisende Kinder, möchten nicht angesehen und angegriffen werden. Mürrische, sentimentale, erotische, geile, verliebte Mondscheinromantiker. Angst um die Zukunft und sein Schicksal, möchte sich am liebsten erschießen.

Indikationen

Gichtisch-rheumatische Fettsuchtanlage. Akute und chronische Magen-Darm-Katarrhe, mit dick weiß belegter Zunge, Magenkopfschmerz, Würgen, Übelkeit, Erbrechen, Heiserkeit, Verdauungsausschlag, Urticaria, Hautschwielen an den Füßen, Warzen, Narben, Nägelverhärtung.

Potenzen D4, D12, D30

APIS MELLIFICA

Honigbiene

Ätiologie

Bienen-, Insekten-, Zeckenstich, Insektenallergie, Sonnenstich, Nahrungsmittelallergie, Schwellung. Wasseransammlung, Hirnhautreizung. Schlimmer: Wärme, Sonne, Hitze, warme Räume und Umschläge, Druck, Beengung. Besser: kühle, kalte Umschläge, Entblößen, Aufdecken, im Freien, in frischer Luft.

Konstitution

Nervös, ruhelos, rastlos, gereizt, gewalttätig, mißtrauisch, eifersüchtig, Benommenheit, Aufschreien, Zähneknirschen, lebensbedrohliche Verwirrung.

Indikationen

Beim Bienenstich kommt es an der Stichstelle zu Hitze, Rötung und Schwellung, mit heftigsten brennenden und stechenden Schmerzen, Neigung zu Eiterung und Phlegmonen, adynamisches Fieber mit Durstlosigkeit, Zerschlagenheit, Hirnhautreizung, Benommenheit, Berührungsempfindlichkeit und Bewußtlosigkeit. Kopfweh mit Aufschrecken, Zähneknirschen. Akute Entzündung an: Haut, Schleimhaut, Zellgewebe, Hirnhaut, Augen, Kehlkopf, Rippenfell, Nieren, Blase, Eierstock. Ödeme an Oberlidern, Zäpfchen, Herzbeutel, Rippenfell, allergisches Ödem. Furunkel, Karbunkel, Phlegmone, Lymphbahnentzündung, gichtisch-rheumatische Rötung und Schwellungen. Besser durch kalte Anwendungen.

Potenzen D4, D6, D30

ARGENTUM NITRICUM
Silbernitrat

Ätiologie
Geistig und seelisch überforderte Schüler, Studenten und Manager, Angst, Aufregung vor Prüfungen, bei Rednern, Sängern, Hypochondern, mit Herzklopfen, Räuspern, Stottern und Stuhldrang. Angst in engen Räumen, Kino, Theater, engen Straßen und Plätzen, Brücken, Hochhaussyndrom. Schlimmer am Vorabend, beim Darandenken. Besser in der frischen Luft.

Konstitution
Blaß, kalt, schwitzend, aufgeregt, lithämisch. Alles geht zu langsam, kommt mit der Zeit nicht zurecht, ist seiner Aufgabe nicht gewachsen, Konzentrations- und Gedächtnisschwäche, möchte am liebsten davonlaufen und aus der Haut fahren, aufgeregt, schweigsam und trübsinnig.

Indikationen
Infolge der Ängste, Aufregungen und Unzulänglichkeit zunehmende Ermüdung, Abmagerung und Hypochondrie. Flucht zu Zucker und Schokolade. Bohrender Stirnkopfschmerz, Rechtsmigräne, katarrhalische Entzündungen: Auge, Lidränder, Nase, Kehlkopf; Asthma, Mund-, Rachen-, Magen-, Zwölffingerdarm-, Darm-, Gebärmutter- und Hautgeschwüre, Ausfluß aus Harnröhre und Scheide mit Splitterschmerz, Blasen- und Nierenentzündung, Rückenmarkerkrankungen.

Potenzen D4, D12, D30

ARNICA MONTANA
Bergwohlverleih

Ätiologie
Geistige, seelische und körperliche Überanstrengung, Überarbeitung, Übermüdung, Frühjahrs- und Altersmüdigkeit. Verletzung, Blutungen, Geburten, Operationen, Krankheiten, Rekonvaleszenz. Schlimmer: Hitze, Sonnen- und Röntgenbestrahlung. Narbenschmerzen. Nässe, Kälte, Zugluft, Gewitter und Föhn. Mißtrauen, möchte in Ruhe gelassen werden. Alles erscheint ihm zu hart, Sitzen, Liegen und das Sprechen. Abgeschlagen, zerschlagen, Lebensüberdruß.

Konstitution
Rot, warm, hitzig, feucht, heftig, kräftig, lithämisch. Angst, Unruhe, Mißtrauen. Lehnt Arzt, Arznei und Trost ab. Fürchtet sich vor der Gegenwart und Zukunft, vor Herzinfarkt, Schlaganfall und Menschenansammlung. Eigensinnig, unberechenbar, mürrisch, streitsüchtig, müde, erschöpft, zerschlagen, schweigsam und abgestumpft.

Indikationen
Aconitum ist das erste Angst-, Fieber-, Erkältungsmittel, Arnica das erste Verletzungs-, Schmerz- Wund- und Blutungsmittel. Äußere und innere Verletzungen, Verstauchungen, Prellungen, Knochenbruch, Blutungen, Hirnblutungen, Gehirnerschütterung, hoher Blutdruck, Angina pectoris, Herzmuskelentzündung und Herzerweiterung, Vor- und Nachbehandlungen bei Operationen und Geburten. Hitze, Blutandrang, Fieber und Schweißausbrüche, Kopfschmerz, Schwindel, Ohrensausen, Netzhaut-, Nasenbluten, Zahnfleischentzündung und Blutung, Heiserkeit, Keuchhusten. Gicht, Muskel-, Schleimbeutel- und Gelenksrheumatismus, mit Verrenkungs- und Zerschlagenheitsgefühl, Akne, Furunkel, Phlegmone, Wundliegen, venöse Stauungen, Krampfadern.

Potenzen D4, D12, D30

ARSENICUM ALBUM

Arsenige Säure

Ätiologie

Angst, Enttäuschung, Verlassenheit, Zwangsvorstellungen, fortschreitende, zehrende Krankheiten mit zunehmender Entkräftung, Abmagerung, Kachexie, Marasmus. Schlimmer: nach Mitternacht, periodisch, Druck, Berührung, Essen, Trinken, Kälte. Besser: durch kleine Schlucke kalten Wassers und Wärme.

Konstitution

Fahl, blaß, kalt, trocken, erschöpft, abgemagert, destruktiv. Voller Angst und Unruhe. Fürchtet, daß ihm niemand mehr helfen könne, sterben zu müssen. Der Tod ist ihm in das Gesicht geschrieben. Angst vor Dieben, Einbrechern, Mördern, glaubt, nicht genug getan zu haben. Empfindlich, pedantisch, schimpft, tadelt, mit nichts zufrieden. Geistiger, seelischer und körperlicher Verfall.

Indikationen

Arsenicum ist ein Letzt- und Endmittel, das tiefstgreifende Mittel am Ende des Leidens und Lebens. Schwäche, Kraftlosigkeit, Herz- und Kreislaufschwäche, Ohnmacht, Schock, Atemnot, Asthma bronchiale und cardiale, Kopfschmerz, Migräne, Augenentzündung, Netzhautblutung, sklerotische und diabetische Netzhautabnützung, Erblindung, Lungentuberkulose, Angina pectoris, Herzinfarkt, Aphten, Mundgeschwüre, Magen-, Zwölffingerdarm-, Darm-, Gebärmutterentzündung, Fleischvergiftung mit Brechdurchfall, sklerotische und diabetische Durchblutungsstörungen, Leberzirrhose, Nierenentzündung, Gürtelrose, Nervenentzündung, trockene, nässende Ekzeme, Psoriasis, Haarausfall, Heuschnupfen, septische Fieberzustände. Arsenicum album ist nach Ferrum phosphoricum und Veratrum album das wichtigste Sommerdurchfall- und Fleisch- und Wurstvergiftungsmittel.

Potenzen D6, D12, D30

BELLADONNA

Tollkirsche

Ätiologie

Angst, Ärger, Schreck, Aufregung, Zahnung, Überreizung, Hitze, Sonnenbestrahlung, Unterkühlung, Erkältung, Fieber mit Hitze, Blutandrang, dampfenden Schweißen und Benommenheit. Schlimmer: abends, beim Niederlegen und Erwachen. Druck, Berührung, Entblößen und Zugluft. Besser: durch Ruhe, Wärme, Rückwärtsbeugen und Ausstrecken.

Konstitution

Rot, heiß, feucht, unruhig, schreckhaft, benommen, lymphatisch. Nervös, wild, wütend, benommen, verwirrt, Erschrekken, Zusammenfahren, Zucken, Krampfen, Sinnestäuschung, Wahnideen, sieht lauter schreckliche Ungeheuer, Geister und Gestalten, flieht, lacht, singt, spottet; benebelt, bewußtlos

Indikationen

Folgt meist Aconitum bei akutem Erkältungs- und Entzündungsfieber. Blutandrang zum Kopf, mit Hitze, Schweiß und kalten Füßen, bei Hirnhautreizung, Hitzeschlag, Zahnung, Hirnerschütterung und Epilepsie. Migräne, Augenentzündung mit sklerotischen und diabetischen Netzhautveränderungen, Schwindel mit Ohrensausen, Trigeminusneuralgie, Schnupfen, Nasenbluten, Angina, Kehlkopfentzündung mit Stimmritzenkrampf und trockenem Bellhusten, Zahnwurzelentzündung mit klopfenden, tobenden Schmerzen, Magen-, Darm-, Eierstock-, Gebärmutter- und Bauchfellentzündung. Magen-, Darm-, Gallen-, Nieren- und Regelkoliken. Nervenentzündung, Neuralgien, Polyneuralgie, Hexenschuß und Ischias nach Zugluft, Verheben und Unterkühlung.

Potenzen D4, D12, D30

BERBERIS VULGARIS

Berberitze, Sauerdorn

Ätiologie

Gichtisch-rheumatische Diathese, Gallen-, Nieren- und Blasensteine, Harnweginfekte mit Nieren- und Kreuzschmerzen, Autoinfektion, Medikamentenmißbrauch. Schlimmer: durch langes Sitzen, Stehen, Autofahren, Überanstrengung, Unterkühlung. Besserung: durch Harn-, Stuhlabgang, Schwitzen und Ausscheidungen.

Konstitution

Blaß, fahl, gelb, ungesund, frostig, abgeschlagen, lithämisch. Müde, matt, zerdrückt, zerschlagen, lustlos, abweisend. Nervös, erregt, verzagt, verdrossen, lebensüberdrüssig; mangelhaftes Erinnerungsvermögen und Gedächtnisschwäche. Möchte nicht sprechen und arbeiten, möchte am liebsten sterben.

Indikationen

Neben Acidum benzoicum unser wichtigstes Gicht- und Rheumamittel. Große Müdigkeit und Erschöpfung, Leber-, Nieren-, Kreuz-, Lendenschmerzen; Gallen-, Nieren-, Blasensteine, Harnweginfekt. Kältegefühl, Sodbrennen und Schluckauf, Gallenstauung, Gelbsucht, Harnröhren-, Hoden- und Nebenhodenentzündung; Harn trüb, flockig, mit rotem Bodensatz, Harngrieß. Juckende, brennende Hautausschläge, Psoriasis, Quaddeln, Urticaria, Afterfisteln, Afterfissuren. Entschlackungsmittel.

Potenzen D3

BRYONIA ALBA

Zaunrübe

Ätiologie

Ärger, Aufregung, Schreck, Zorn, Geschäftssorgen, Minderwertigkeitsgefühl, Erkältung, Unterkühlung, Unterdrükkung der Ausscheidungen und Hautausschläge. Schlimmer: durch Bewegung, Erschütterung, Wärme, warmes Wetter, warme Räume, warme Umschläge, nach dem Essen und in den Morgenstunden, beim Aufstehen. Besser: durch Kälte, kühle Luft und Getränke, Liegen auf der kranken Seite, in Ruhe, frischer Luft und bei Schweißabsonderung.

Konstitution

Rot, heiß, trocken, gedunsen, nervös, erregt, zornig, lithämisch. Ärgerlich, gereizt, mißmutig, zornig, verträgt keinen Widerspruch, mürrisch, launenhaft, wütend, Angst, mit der Arbeit nicht fertig zu werden, nicht genügend gelebt zu haben, fühlt sich getrieben, überarbeitet und überfordert. Möchte alleine und zu Hause sein.

Indikationen

Bryonia ist unser erstes Gicht- und Rheumamittel, wenn die Schmerzen bei Bewegung auftreten und sich durch Ruhe, Wärme und Liegen auf der kranken Seite bessern. Abendliche Fieberzustände mit Hitze, sauren Schweißen und großem Durst auf kaltes Wasser. Trokkene Haut und Schleimhäute mit zähen, schwerlöslichen, blutigen Sekreten, stechende, scharfe Schmerzen. Pulsierender, berstender Kopfschmerz, Niesen, Nasenbluten, Heiserkeit, harter, trockener Husten mit stechenden Schmerzen beim Atmen. Zunge weiß, gelblich belegt, Erbrechen, Übelkeit, Magenschmerzen nach dem Essen. Blähungen, Verstopfung, Leberschwellung, Gelbsucht nach Ärger, Sommerdurchfall. Gelenke heiß, geschwollen, berührungs-, bewegungs- und wärmeempfindlich. Lungen- und Rippenfellentzündung.

Muskel-, Nerven- und Gelenksentzündung. Hexenschußanfall mit Bewegungsunfähigkeit.

Potenzen D3, D30

CARDUUS MARIANUS

Mariendistel

Ätiologie

Ärger, Aufregung, Zorn, Milch, Fett, Fleisch, Eier, Alkohol, Verstopfung, Fettsucht, Pfortaderstauung, akute und chronische Leberleiden. Schlimmer: nach dem Mittagessen, durch Schlafstörungen, feuchtwarmes Wetter, Druck, Berührung, Geruch. Besser: durch Ruhe, Wärme, warme Umschläge, trokkenes Klima und frische Luft.

Konstitution

Gelb, fahl, warm, feucht, empfindlich, weinerlich, schwach, lymphatisch. Nervös, reizbar, ärgerlich, mürrisch, empfindlich, gehemmt, traurig, zurückhaltend, müde, matt, benommen, ängstlich, hoffnungslos, erschöpft, vergeßlich und antriebslos.

Indikationen

Die Mariendistel ist ein Anfangsmittel bei akutem und chronischem Leberleiden, Gelbsucht, Leberzirrhose, Kopfschmerzen mit Hitze und Schwindel, neuralgische Augenschmerzen, Sehstörungen, gelbe Skleren, Ohrekzeme, Schnupfen, Husten, Heiserkeit, Seitenstechen, Magen-, Darmstörungen, Gallensteine, Zwerchfellhochstand, Übelkeit, Ekel, Galleerbrechen, Hämorrhoiden, Krampfadern, Unterschenkelgeschwüre.

Potenzen D2

CAUSTICUM

Ätzkalk

Ätiologie
Angst, Kummer, Sorge, Darandenken, Erkältlichkeit, Grippe, Kälte, Wind, Sturm, Zugluft. Schlimmer: morgens 2—4 Uhr, trockenes, schönes Sommerwetter, vor und während der Regel. Besser: durch feuchtes Wetter, bei trübem Himmel, kalt trinken.

Konstitution
Blaß, fahl, trocken, krank aussehend, traurig, erschöpft, lithämisch. Causticum ist kein Anfangsmittel, dafür ein ausgezeichnetes Mittel bei chronischen, zehrenden Haut- und Schleimhauterkrankungen mit Angst, Traurigkeit, Mitgefühl, Mitleid und Rührseligkeit. Angst vor der Dämmerung, als ob ein Unglück oder Schlimmeres bevorstünde. Trostlos, zunehmende geistige und körperliche Schwäche, Erschöpfung.

Indikationen
Magere, bleiche, niedergebrochene Menschen infolge zehrender Erkrankungen, Stirnkopfschmerz, Schwindel, Schwäche, Zittrigkeit und Lähmigkeit, Bindehautkatarrh, Lidlähmung, grauer Star, Ohrekzeme, Ohrgeräusche, Tubenkatarrh, Gesichtslähmung, Trigeminusneuralgie, Erkältungsschnupfen, Niesen, Nasenbluten, Rachen-, Kehlkopfentzündung, Stimmbandlähmung, Halsweh, Zahnschmerzen und Husten, besser durch Kalttrinken. Erfolgloser, erschwerter Stuhlgang, Darmschwäche, Blasenschwäche, Bettnässen, chronischer Muskel- und Gelenksrheumatismus, Gicht, Arthrose der großen Gelenke, Nervenentzündung, Nervenlähmungen, Ischias, hartnäckige, trockene, brennende Ekzeme, Hautjucken, Nesselausschlag, hornartige Warzen.

Potenzen D4, D6, D30

CEPA

Küchenzwiebel

Ätiologie
Erkältlichkeit, Erkältung, Erkältungs-, Grippe- und Heuschnupfen. Schlimmer: durch Kälte, Nässe, Herbst- und Winterwetter, in der Wärme, im warmen Zimmer, abends beim Zubettgehen, Zugluft, Entblößen. Besser: im Freien und in frischer Luft.

Konstitution
Blaß, matt, frostig, hitzig, fiebrig, abgeschlagen, lithämisch. Reizbar, ärgerlich, unleidig, launenhaft, wütend, verschnupft, verdrossen, müde, matt, lustlos, benommen, verwirrt, hypochondrisch; fürchtet, verrückt zu werden.

Indikationen
Cepa ist das erste Schnupfenmittel bei Erkältungs- und Heuschnupfen, wenn die Nase bei Fließschnupfen mit reichlichen, wäßrigen, wundmachenden Nasenabsonderungen rinnt, mit mildem Tränenfluß und Abgeschlagenheit. Rhinitis vasomotorica mit Nebenhöhlen-, Rachen- und Kehlkopfreizung. Husten, Niesen, Heiserkeit, Trockenheit, Brennen, Rauheit. Bronchitis, Asthma, Ohrenschmerzen, Ohrensausen, Schwerhörigkeit, Tubenkatarrh. Augenbindehautentzündung mit Lidkrämpfen, Nieren-, Blasen-, Rücken-, Lendenschmerzen, Muskel- und Gelenksrheumatismus, Neuralgien und Amputationsschmerz, Nesselausschlag mit Prickeln.

Potenzen D3, D6, D12, D30

CHAMOMILLA
Feldkamille

Ätiologie
Angst, Ärger, Aufregung, Tadel, Zorn, Unlust, Launenhaftigkeit, Überempfindlichkeit, Erkältungs- und Zahnungsfieber, Hitze, Kaffee und Alkohol. Schlimmer: abends, beim Zubettgehen, Einschlafen und Erwachen, bei Nässe, Kälte, Wind, Sturm, Gewitter, Föhn, Zugluft, Zimmer- und Bettwärme, Licht, Lärm und Geräuschen, Ansehen, Zureden, Berühren. Besserung: durch Herumtragen, Schaukeln, kalte Getränke und Speisen, frische Luft.

Konstitution
Rot, warm, feucht, hitzig, erregt, launenhaft, gereizt, lymphatisch. Die Kamille ist unser wichtigstes Mittel für nervöse, gereizte, launenhafte Säuglinge, Kleinkinder und Frauen. Kinder möchten herumgetragen werden, reagieren bei jeder Kleinigkeit mit Zornausbrüchen, weinen, jammern, machen aus allem ein Spektakel, wenn es nicht nach ihrem Willen geht. Verwirrt, zerstreut, lassen beim Lesen und Schreiben Worte aus, möchten nicht angesprochen und beim Reden nicht unterbrochen werden.

Indikationen
Unerträgliche Kopfschmerzen, Kopf- und Gesichtsneuralgie, Schwindel, Schwäche, hysterische Ohnmacht, Bindehautentzündung, Mittelohrentzündung, Ohrneuralgie, Säuglings- und Erkältungsschnupfen, erschwerte Zahnung, Zahnschmerzen besser bei warm trinken und essen, Mandelentzündung mit Ohrenschmerzen, Magen-Darmkatarrh Zahnungsdurchfälle, Nabelkoliken, Gallenkoliken, nervöse Herzbeschwerden mit Ohnmachtsneigung, Blähsucht, Reizblase, Regelkrämpfe, Krampfwehen, Muskel- und Gelenksrheumatismus, Neuralgien, unheilbare Haut, rot, wund, geschwollen, Windeldermatitis, Hautjucken, Schlaflosigkeit.

Potenzen D4, D12, D30

CHINA
Chinarindenbaum

Ätiologie
Geistige und körperliche Anstrengung, Überforderung und Versagen. Langdauernde, zehrende Krankheiten und Fieberzustände. Chronischer Blut- und Säfteverlust, Onanie, Samenerguß. Nach Geburten und Operationen, Rekonvaleszenz. Schlimmer: beim Einschlafen, Erwachen, drei Uhr nachts, nach dem Essen, Kälte, Nässe, Zugluft, Entblößen, Licht, Lärm, Geruch, Geräusch, Erschrecken, Druck, leiseste Berührung. Besser: durch Ruhe, Wärme, Öffnen der Kleider und erholsamen Schlaf.

Konstitution
Blaß, bleich, kalt, feucht, krankaussehend, müde, erschöpft, destruktiv. Schwäche, Hinfälligkeit, überreizt, überempfindlich, nervös, gereizt, sensibel, mutlos, ängstlich, verzagt, quält sich und andere, Abneigung gegen jede Arbeit. Fixe Ideen von Feinden, daß er unglücklich veranlagt sei und verfolgt werde. Möchte nicht mehr leben.

Indikationen
China ist das erste Rekonvaleszentenmittel. Nach Fieber, zehrenden Krankheiten, Anämie, Blut- und Säfteverlust, Onanie und sexuellen Exzessen. Fieber mit Blässe, Kälte, Frostigkeit, kalte Hände und Füße, schwächende Schweiße mit Herzklopfen, Wallungen, Blutandrang zum Kopf, Ohrensausen, Augenschwäche und Hinfälligkeit. Dunkle, klumpige, passive Blutungen aus allen Körperöffnungen, Atemnot, mit Rasseln, Krampfhusten, Asthma bei feuchtem Wetter, Zunge weiß belegt, Heißhunger, aber nach wenigen Bissen satt. Übelkeit, Blähungen, Erbrechen. Blutige, wäßrige Durchfälle. Starke, schmerzhafte Regelblutung. Leber-, Milzschwellung, Krebs, Tuberkulose, Wassersucht.

Potenzen D4

COCCULUS

Kockelskörner

Ätiologie
Überempfindlichkeit, Überreizung, Erschöpfung, Überanstrengung beim Gehen, Sprechen, Lernen, Fernsehen, Autofahren. Gedankenzustrom, Kummer, Sorge, Schreck, Widerspruch. Schlimmer: nach unterbrochenem Schlaf und lebhaften Träumen. Auto-, Ringelspiel-, Schiffahren und Fliegen. Essen, Trinken, Kaffee, Nikotin, Alkohol, Denken, Riechen, Schwangerschaft, Klimakterium. Besser: Hinlegen, Ausruhen, erquickender Kurzschlaf.

Konstitution
Blutandrang, heiß, feucht, müde, sinnierend, lymphatisch. Ungewöhnlich überempfindlich, überreizt, undiszipliniert und nervös. Hypochonder, der an nichts Gefallen finden kann und seinen unangenehmen Gedanken nachgeht, Angst, Verzweiflung, Mutlosigkeit und Bitterkeit, Gedankenflucht, Gedächtnis- und Konzentrationsschwäche, vergißt, was er eben sagen wollte, schweigsam.

Indikationen
Cocculus ist das erste Mittel für Reisekrankheiten, speziell bei Kindern, mit Nervosität, Schwindel, Übelkeit, Brechreiz, Ohrensausen, Kopf wie hohl und leer, wie mit einem Band umschnürt. Arteriosklerose, Migräne, Epilepsie, Trübsichtigkeit, Kaumuskelkrämpfe, Schnupfen — einmal rechts, dann links verstopfte Nase. Nervöses Hüsteln, Herzklopfen, Magen- und Darmstörungen. Völle, Blähungen, Erbrechen beim Fahren und in der Schwangerschaft, mit Ekel vor jeder Speise. Steifigkeit, Lähmigkeit, besonders in der Halswirbelsäule und Rückenmuskulatur, nächtliche Schulter-Armschmerzen, hysterische Lähmungen.

Potenzen D4

COLOCYNTHIS

Koloquinte

Ätiologie
Angst, Ärger, Aufregung, Schreck, Enttäuschung, Ungerechtigkeit. Anfallsartige, blitzartige, hineinschießende, lanzierende und krampfartige, periodisch wiederkehrende Schmerzen. Schlimmer: nachmittags und abends, durch Essen, Trinken, Bewegung, Erschütterung, Husten, Stehen, Belasten. Besser: durch Ruhe, Wärme, Zusammenkrümmen, Druck und Liegen auf der kranken Seite.

Konstitution
Blaß, kalt, feucht, schwach, ungeduldig, schmerzhaft, lithämisch. Nervös, gereizt, aufgeregt, jähzornig, aufbrausend, nichts scheint ihm recht zu sein, ungeduldig, wütend. Jede Kleinigkeit bringt ihn in Raserei — die Schmerzen, Geräusche, Musik. Niedergeschlagen, freudlos, ist verärgert über jedes Wort, kann Ungerechtigkeit nicht ertragen.

Indikationen
Wichtigstes Mittel für plötzlich auftretende, hineinschießende, krampfartige, quälende Schmerzen, gichtisch-neuralgische Kopf-, Augen-, Ohrenschmerzen, Migräne, Trigeminus, Zahnschmerzen, Magen-, Bauch-, Nabel-, Galle- und Nierenkoliken. Muskel-, Nerven-, Regelkrämpfe, Ischias, Krämpfe, Hinken, Einsinken, Kraftlosigkeit. Aufregung, Ärger, Erkältung und Sommerdurchfälle. Herbstruhr, Harn- und Stuhlzwang mit heftigen Schmerzen, wie gequetscht. Eierstock- und Mutterbandkrämpfe.

Potenzen D4

EUPATORIUM

Wasserhanf

Ätiologie

Erkältung, Grippe, Wechselfieber, Malaria, Rheumatismus, Harnweginfektion. Schlimmer: bei Husten, Niesen, Essen, Trinken, Umbetten, Hartliegen, Umdrehen, feuchtkaltes Wetter und Klima. Besserung: durch Ruhe, Wärme und schluckweise warme Getränke.

Konstitution

Rot, heiß, feucht, schwitzend, müde, zerschlagen, erschöpft, lithämisch. Ängstlich, nervös, benommen, hergenommen, als ob die Knochen zerschlagen wären. Findet keinen Platz im Bett und muß sich immer wieder umdrehen, obwohl das Schmerzen bereitet. Apathisch, verwirrt, jammernd, wehklagend.

Indikationen

Eupatorium ist das Grippemittel, mit hohem Fieber und Gefühl, als ob die Knochen zerschlagen würden. Klopfende, pochende Kopfschmerzen, Blutandrang, Hitze, Wallungen, Augenhöhlenschmerz, Schnupfen, Husten, muß sich die Brust halten, Halsweh, Heiserkeit, Schmerzen unter dem Brustbein und beim Atmen, Zunge weiß, belegt, großer Durst, muß aber erbrechen. Ekel, Würgen, Leber-, Magen-, Leib-, Rückenschmerzen, Migräne mit Galleerbrechen, Muskel-, Gelenk-, Nerven- und Knochenschmerzen.

Potenzen D4

FERRUM PHOSPHORICUM

Ferriphosphat

Ätiologie

Nervosität, Schwäche, Blutarmut, Fieber, Immunschwäche, Rekonvaleszenz, Erbrechen, Durchfälle, Blutungen, körperliche und geistige Anstrengung, Erschöpfung, in Schule und Beruf, Rheumatismus, Angst, Aufregung, Erröten, Gehemmtheit. Schlimmer: in der Nacht, bei Ruhe, Essen, Trinken, Ausbleiben der Regel. Besser: durch Herumgehen.

Konstitution

Blaß, kalt, feucht, nervös, erröten, müde, schwach, erschöpft, lymphatisch. Heiter und mißmutig, euphorisch und apathisch, stolz, selbstzufrieden, sicher, dann niedergeschlagen, unsicher, bedrückt. Ärgerlich, schnippisch, Widerspruchsgeist, hysterisch. Weint, lacht, errötet. Kann keine Gedanken fassen und nicht lernen. Konzentrationsschwäche aus Überforderung und Blutarmut.

Indikationen

Steht bei Fieberzuständen nach den heftigen Mitteln Aconitum und Belladonna und vor dem langsamen Gelsemium, besonders bei blutarmen, erschöpften Kindern mit Immunschwäche. Klopfende Kopfschmerzen mit Blutandrang, Wallungen, Hitze, Erröten oder Kälte und Blässe. Migräne, Schwindel, Benommenheit, Bindehaut-, Lidrandentzündung, Herzklopfen, Katarrhe der Nase, des Rachens, des Kehlkopfs, der Bronchien, des Magens und Darmes. Reizblase, Enuresis. Nasen-, Lungen-, Magen-, Darm- und Hämorrhoidalblutung. Sommerdurchfall, Muskel- und Gelenksrheumatismus, Neuralgien, Anämie, Akne. Rekonvaleszentenmittel und Tonicum der Schulkinder und alten Leute.

Potenzen D4, D12, D30

GELSEMIUM

Gelber Jasmin

Ätiologie

Angst, Aufregung, Schreck, Schicksalsschläge, Blutsehen, Prüfungsangst, Grippe, Schwäche, Zittern, Zerschlagenheit, Lähmigkeit. Schlimmer: Föhnwetter, Sonne, Hitze, Darandenken, Fremde, Unterdrückung der Regel, Tabakrauchen. Besserung: durch Harnabgang. Eintreten von Absonderungen, alkoholische Stimulantien.

Konstitution

Rot, heiß, schwitzend, zittrig, benommen, lähmig, erschöpft, lymphatisch. Nervös, unruhig, zittrig, aufgeregt, mürrisch, unsachlich, hilflos, wie gelähmt, sodaß er bei Prüfungen kein Wort herausbringt, ängstlich, errötend, Herzklopfen, Schwäche, Furcht vor schlechten Nachrichten, Schicksalsschlägen und dem Tod.

Indikationen

Gelsemium ist das meist angewandte Kopfschmerzmittel in der Homöopathie, allgemeine Schwäche, Lähmigkeit und Zittrigkeit, Nackenkopfschmerz mit Reifen- und Bandgefühl, Migräne mit Harnflut, Gesichtszucken, Trigeminusneuralgie, Lidlähmung, rheumatische Augenentzündung, Augenmuskellähmung, Grüner Star, Grippe mit Schwindel, Benommenheit, Schnupfen und Stirnhöhlenkatarrh, Heuschnupfen, Gaumensegellähmung, Rachen- und Kehlkopfkatarrh, Grippebronchitis, nervöse Herzbeschwerden, Lampenfieber, Kreislaufschwäche, Hypotonie, Kollaps, Beschäftigungskrämpfe, Neuralgien, Lähmungen, Magen-, Darm-, Gebärmutterkrämpfe, Rückenmarkserkrankungen mit peripheren Lähmungen.

Potenzen D4, D12, D30

HAMAMELIS

Zauberstrauch

Ätiologie

Stoß- und Sturzverletzung, venöse Stauungen, Kontaktblutung, Blutungsneigung, Krampfadern. Schlimmer: feuchtwarme Witterung, Wärme, Hitze, feuchtwarme Umschläge. Besser: bei Eintritt der Regel, nach Stuhlgang, kühle Umschläge, leichte Bewegung.

Konstitution

Blaß, kalt, feucht, still, schwach, lithämisch.

Indikationen

Hamamelis ist das wichtigste Venenmittel bei beginnender Venenstauung, Venenentzündung, bei Venenblutungen. Wehtun, Wundheit, Zerschlagenheit. Blutstauung im Kopf mit Hämmern in den Schläfen. Blutstauung und Blutungen in Augen, Ohren, Nase, Mund, Lunge, Magen, Darm, Hämorrhoiden, Gebärmutter, Blase und Niere, Zwischenblutungen. Schilddrüse, Speiseröhrenvarizen, Brustknotenschmerzen, Brustwarzenblutungen, Muskel- und Gelenksrheumatismus, Hoden- und Samenstrangneuralgien, Ovarialneuralgie, Hexenschuß, Ischias, Hautverletzungen, Hautwunden, Hautgeschwüre, Hautblutungen.

Potenzen D3

HEPAR SULFURICUM

Kalkschwefelleber

Ätiologie

Erkältlichkeit, Eiterungsneigung, übelriechende Absonderungen, Haut- und Schleimhaut-Überempfindlichkeit, Lymphdrüsenerkrankungen. Schlimmer: morgens und beim Einschlafen, schönes, trockenes, kaltes Wetter und Föhn, Druck, Berührung, Zugluft, Entblößen, kalte Umschläge. Besser: warm einhüllen, warme Umschläge, Wärme, warme Räume, Eintritt des Regens.

Konstitution

Blaß, pastös, frostig, feucht, erkältlich, schwach, lithämisch. Nervös, ärgerlich, unzufrieden, jähzornig, aufbrausend, könnte ohne Bedenken einen umbringen, kann unangenehme Ereignisse nicht vergessen. Ist wegen seiner Beschwerden ärgerlich, mutlos, verdrossen und traurig. Angst, sterben zu müssen, müde, matt, erschöpft, Gedankenflucht, Selbstmord- und Rachegedanken.

Indikationen

Hepar sulfuricum, Calcium carboncium und Mercur. solubilis sind die drei wichtigen Haut-, Schleimhaut-, Drüsen-, Muskel- und Knochenentzündungsmittel. Neigung zu Eiterung, Abszeß und Fistelbildung. Überempfindliche, geschwächte, erkältliche, zugempfindliche Menschen, die mit einem Kopf- und Halstuch ins Bett gehen. Nagelkopfschmerz, Schwindel, Schwäche, Erschöpfung, chronische Bindehaut- und Hornhautentzündung, Gerstenkorn, eitriger Nasennebenhöhlenkatarrh, Mittelohrentzündung mit eitrigem Ohrfluß, Zahnfleischeiterung, Rachenkatarrh und Kehlkopfkatarrh mit Splitter- und Grätengefühl, eitrige Mandelentzündung, Mandelabszeß, eitrige Bronchitis, Krupphusten, Asthma bronchiale, Magen-, Darmentzündung, Nieren- und Nierenbeckenentzündung, Harnröhrenentzündung, Scheidenentzündung, chronischer Muskel- und Gelenksrheumatismus, eitrige Hauterscheinungen, Drüsen- und Knocheneiterung, Haarausfall.

Potenzen D6, D12, D30

IPECACUANHA

Brechwurz

Ätiologie
Übellaunigkeit, Ärger, Verdruß, Kummer, Zorn, Verschmähung und Verachtung. Übelkeit, Erbrechen, Krampfhusten, Blutungen, Durchfälle, Asthma. Erkältung, Katarrhe, Wechselfieber. Schlimmer: abends, beim Niederlegen und nachts, üppige Mahlzeiten, Fett, Obst, Eis, Süßigkeiten, Husten, Kälte, feuchtwarmes Wetter, Sommer und Herbst. Besser: durch Essen, im Freien, offenes Fenster.

Konstitution
Rot, warm, feucht, hitzig, luftschnappend, erschöpft, lithämisch. Nervös, gereizt, eigensinnig, launenhaft, Schreien, Weinen, Heulen, mißtrauisch, müde, gleichgültig, schwindlig, in sich versunken, abwartend, verachtend.

Indikationen
Berstende Kopfschmerzen, Hirnhautreizung, Migräne mit Würgen und Erbrechen, Bindehautentzündung, Heuschnupfen, Ohrendröhnen, Übelkeit, Erbrechen mit reiner Zunge und leerem Magen, Heiserkeit, Krampfhusten, Keuchhusten, Bronchialkatarrh, Asthma, Erstickungsanfälle, Herzklopfen, verdorbener Magen, Sommerdurchfälle, Herbstruhr, Zahnungsdurchfälle, Nierenschmerzen, Blasenkrämpfe. Hellrote, pulsierende Blutungen aus Nase, Mund, Lunge, Magen, Darm, Hämorrhoiden, Gebärmutter mit Übelkeit und Erbrechen. Abortusneigung, Muskel-, Gelenk- und Knochenschmerzen, Hautjukken. Ipecacuanha ist ein wichtiges Brech- und Hustenmittel bei Kindern und alten Leuten.

Potenzen D4

LACHESIS

Buschmeister

Ätiologie
Angst, Ärger, Mißtrauen, Eifersucht und Haß. Sonnenbestrahlung, Hitze, Alkohol, Blutungs-, Embolie- und Sepsisneigung. Schlimmer: morgens, beim Erwachen, nach dem Schlaf, im Frühjahr, Sommer, Herbst und Klimakterium, bei Druck, Berührung, beim Ausbleiben der Regel. Besserung: Kühle, Eintreten der Ausscheidungen, frische Luft.

Konstitution
Rot, heiß, feucht, hektisch, geschwätzig, ängstlich, mißtrauisch, destruktiv. Nervös, gereizt, unruhig, mitteilsam, redselig, empfindlich, kränkbar, mißtrauisch, eifersüchtig, beleidigt, hinterlistig, nachtragend, gehässig, streitsüchtig, voller Ideen und Einbildungen, glaubt, unter fremdem Einfluß zu stehen, zwei Willen gehorchen zu müssen, vergiftet zu werden, gestorben zu sein.

Indikationen
Lachesis ist eines der meistverwendeten Mittel für die Menschen von heute. Nach dem Verlust des Paradieses und der Unversehrtheit regieren Angst, Mißtrauen, Eifersucht, Macht und Haß. Kopfschmerzen mit Blutandrang, Schwindel, Augen- und Nasenwurzelschmerz, Hochdruck, Schlaganfall, Herzinfarkt, Blutungs-, Sepsis- und Eiterungsneigung, Augen-, Nasen-, Mund-, Lungen-, Magen-, Darm-, Gebärmutter- und Hautblutungen. Mund-, Rachen- und Zahnfleischentzündung mit Trockenheit, Würgen, Erbrechen und Erstikkungsanfällen. Angina, Basedow, Herzklappen-, Herzhaut- und Herzmuskelentzündung mit Kreislaufschwäche,

Bluthochdruck im Wechsel, Bronchitis, Lungenentzündung, Lungenstauung, Blähungskoliken, Durchfälle, Gelbsucht, Gallenblasenentzündung, Hepatitis, Bauchfellentzündung, Blinddarmentzündung, Venenentzündung, Thrombose, Blutkrankheiten, Furunkel, Karbunkel, Rotlauf, Unterschenkelgeschwüre.

Potenzen D12, D30

LYCOPODIUM
Bärlapp

Ätiologie
Angst, Ärger, Zorn, Streit, Traurigkeit, geistige und seelische Schwäche, frühzeitige Alterung. Schlimmer: morgens, nachmittags von 16 bis 18 Uhr, Druck, Bewegung, Geräusche, Schreck, Wärme, warme Räume, Bett, Kleider, Bäder, Luft, Ruhe, Anfangsbewegung, Alkohol. Besserung: durch warme Speisen und Getränke, Aufstoßen, Bewegung in frischer Luft.

Konstitution
Blaß, fahl, gelb, alt, krank aussehend, frostig, trocken, destruktiv, ärgerlich, herrisch, aufbrausend, zornig, übermütig, ausgelassen, mißtrauisch, eifersüchtig, übelnehmend, streitsüchtig, rührselig, weinerlich, wenn er einen Bekannten trifft. Ängstlich, schreckhaft, Gedanken- und Konzentrationsschwäche, verspricht sich, verschreibt sich, lebensüberdrüssig.

Indikationen
Lycopodium ist ein wichtiges Leber-, Nieren-, Kinder- und Männermittel, berstende Kopfschmerzen mit Eingenommenheit und Zorn, frühzeitiges Ergrauen der Haare, Schwindel, Bindehaut- und Lidrandentzündung, lichtscheu, Halbsichtigkeit, Nachtblindheit, Ohrgeräusche, Lid- und Gesichtstic, Stockschnupfen, Lippeneinrisse, Landkartenzunge, Zahnfleischentzündung, Rachen- und Kehlkopfkatarrh, Bronchitis, Lungenentzündung, Magen-, Darm-, Leber-, Galle-, Nieren- und Blasenentzündung. Gallensteine, Nierensteine, Blasensteine. Chronischer Muskel- und Gelenksrheumatismus, trockene Ekzeme mit Eiterungsneigung, Säuglingsekzeme, Impetigo, Fischhaut, Psoriasis, Hautjucken bei Leber- und Zuckerkrankheit, Altersjucken.

Potenzen D4, D12, D30

NUX VOMICA
Brechnuß

Ätiologie
Ärger, Aufregung, Zorn, Hypochondrie, Streitsüchtigkeit, sexuelle Exzesse, Manager, Genießer, Nachtschwärmer, Erkältung, Zugluft, Nikotin, Alkohol, Überessen, Kater. Schlimmer: morgens bei kaltem, trockenem Wetter, nachts, Bettwärme, Zimmerwärme, nach dem Essen und Trinken. Besserung: durch kurzen, erholsamen Schlaf, nach Ausbruch der Krankheit.

Konstitution
Blaß, kalt, trocken, erkältlich, erschöpft, destruktiv. Ärgerlich, erregt, gereizt, mißmutig, streitsüchtig, jähzornig, Zanksucht, man kann ihm nichts recht machen, verträgt keinerlei Widerspruch, nörgelt, schimpft, jammert, arbeitsunlustig, arbeitsscheu, fürchtet, daß der Tod vor der Türe steht, möchte am liebsten sterben.

Indikationen
Mittel für hypochondrische, streitsüchtige Männer, Manager, Nachtschwärmer, Erotiker, mit Neigung, sich zu erkälten, Magen, Darm, Hämorrhoiden, eingenommener, schwerer Kopf, nach Alkohol, Nikotin, Migräne, Magenkopfschmerz, Übelkeit, Erbrechen, Gesichtsschmerz, verklebte Augenlider, Sehnervschäden bei Rauchern, Stockschnupfen, Hals-, Rachen-, Kehlkopfentzündung, Raucherkatarrh, verdorbener Magen mit Übelkeit, Sodbrennen, erfolgloser Stuhldrang, Leber, Bauchspeicheldrüse, Darmverschluß, Reizblase, Prostatitis, Nierenkoliken, Harnverhaltung, Impotenz, Hexenschuß, steifer Hals, Beschäftigungskrämpfe, Wadenkrämpfe, Nikotinlähmung, Harnträufeln, Fetthaut, Akne.

Potenzen D4, D6, D12, D30

PHOSPHOR
Phosphor

Ätiologie
Aufregung, Ärger, Schreck, geistige, körperliche Überforderung, Studieren, Nachtarbeit, Fernsehen, Nervosität, Blut-, Säfte-, Samen-, Milchverlust, Tuberkulose. Schlimmer: morgens, abends, Dunkelheit, Gewitter, Musik, Licht, Lärm, Geräusch, Wetterwechsel, Kälte, Zugluft, Druck, Berührung, Beengung, blaue Flecken. Besserung: durch Schlaf, kaltes Essen und Trinken.

Konstitution
Röte, Blässe, hitzig, schwitzen, störrisch, erschöpft, destruktiv. Überempfindlich, ärgerlich, gereizt, Zorn- und Wutausbrüche bei jedem Geräusch und bei Musik, betriebsam, fanatisch, ängstlich, niedergeschlagen, fürchtet sich vor Gewitter, Krankheit, Dunkelheit, vor Einbrechern, Räubern, Gespenstern, vergeßlich, erschöpft.

Indikationen
Zarte, sensitive, asthenische Menschen mit schwachen Knochen und Gelenken, Kopfschmerzen mit Heißhunger, Schwindel, Schwäche, Benommenheit, Augenschwäche, Sehnerventzündung, Netzhautentzündung und Blutung, Blindheit, Taubheit, Ohrgeräusche, Schnupfen, Nasenbluten, Heiserkeit, Stimmbandschwäche, Asthma, Lungenentzündung, Lungeninfarkt, Tuberkulose, Lungenblutung, nervöse Herzbeschwerden, kann nicht links liegen, Basedow, Magen- und Zwölffingerdarmentzündung und Geschwür, Blutung, Leberzirrhose, Darmtuberkulose, Bauchspeicheldrüse, Nieren-, Blasen-, Gebärmutterblutung, Rachitis, Knochenerweichung, Knochenmarkentzündung, Knochentuberkulose, Fistel, Hautblutungen, Bluterkrankheit, Lähmungen.

Potenzen D12, D30

PHYTOLACCA
Kermesbeere

Ätiologie
Erkältliche Kinder, Frauen und Greise. Allgemeine Schwäche und Abwehrschwäche, Fokaltoxikose, Fettsucht, Rheumatismus, Drüsenkrankheiten. Schlimmer: nachts, Bettwärme, naß-kaltes Wetter, Erkältung, Entblößen, Warmtrinken, feste Speisen, vor Eintritt der Regel. Besserung: durch kühle Getränke und Bewegung.

Konstitution
Rot, gedunsen, krank, frostig, zerschlagen, lymphatisch. Nervös, reizbar, ungeduldig, dauernd mit seinen Schmerzen und Krankheiten beschäftigt, ängstlich, furchtsam, niedergeschlagen, glaubt, sterben zu müssen. Erwacht mutlos, lustlos, uninteressiert, möchte am liebsten sterben.

Indikationen
Infektanfälligkeit, die vom Hals ausgeht. Unruhe, alles tut weh, wie verprügelt, abgeschlagen, Kopf, Rücken, Kreuz, Muskel und Gelenke steif, geschwollen, schmerzhaft, Nervenentzündung bei Grippe und Infektionskrankheiten, Hals dunkelrot. Kehlkopfentzündung, Schluckbeschwerden und Ohrenschmerzen nach Mandeloperation, rheumatische Herzmuskelentzündung, Hoden-, Nebenhoden- und Prostataentzündung, Brustknoten vor der Regel und beim Stillen, schmerzhafte Brustdrüsenentzündung, Muskel-, Gelenke-, Sehnenscheiden-, Nervenentzündung, jukkende, brennende Ausschläge.

Potenzen D4

PYROGENIUM
Nosode

Ätiologie

Akute, toxisch-septische Infektion mit septischem Fieber. Alles erscheint zu hart, kann nicht ruhig liegen, findet keinen Platz, frieren, frösteln, mit Durchfällen, Blutungen und stinkenden Schweißen. Schlimmer: Druck, Hart- und Ruhigliegen. Besser: durch warm Zudecken, warme Getränke und Räume.

Konstitution
Blaß, frostig, Schüttelfrost, Zerschlagenheit, Elendigkeit, destruktiv.

Indikationen
Am besten man gibt eine Gabe Pyrogenium D30, wenn Infektionen und Entzündungen einen bösartigen Verlauf nehmen, Grippe, Angina, Lugenentzündung, Typhus, Paratyphus, infizierte Wunden, Schüttelfrost bei Osteomyelitis, Verbrennungen, Infiltrate, Rotlauf, Fisteln, Abortus, Fieber mit Frieren, Schüttelfrost, Angst, Unruhe, Zerschlagenheit, stinkende Schweiße, Stühle und Absonderungen, schleimige, blutige, aashaft stinkende Stühle, niederer Puls bei hohem Fieber oder hoher Puls bei niederer Temperatur. Atemnot, Herzschwäche, Kollaps, Wasseransammlung, Hautgeschwüre, Drüsenverhärtung. Halluzination und Verfall.

Potenzen D30

RHUS TOXICODENDRON
Giftsumach

Ätiologie
Erkältung, Durchnässung, Unterkühlung, Überanstrengung, Verheben, Verrenkung, Zerrung, Verstauchung. Schlimmer: bei Kälte, naßkaltem Wetter, nachts, Ruhe, Bettwärme, Anfangsbewegung, Alkohol. Besser: durch fortgesetzte Bewegung, Schweißausbrüche, trockene, warme Luft, trockene Wärme.

Konstitution
Rot und blaß, heiß, feucht, eingefallen, zerschlagen, lithämisch. Schwach, ruhelos, ängstlich, traurig, weinerlich. Fürchtet sich vor der Zukunft, um Angehörige und Geschäfte besorgt. Schwer von Begriff, erschwertes Denken, Sprechen und Erinnerungslücken. Angst und Niedergeschlagenheit, möchte sich am liebsten ertränken.

Indikationen
Erstrangiges Nerven- und Entzündungsmittel bei Erregung, Unruhe, Verwirrung. Berstende Kopfschmerzen, als würde sich die Schädeldecke heben und schließen. Schwappen im Kopf, ziehende, reißende Schmerzen in allen Teilen des Kopfes und Gesichtes, Muskel-, Gelenk- und Zahnschmerzen, katarrhalische Entzündungen. Augen, Nase, Ohren, Mund und Bronchien mit Wundheitsgefühl. Trockener, quälender Husten, in Muskeln, Bändern, Ansatzsehnen Spannen, Krachen, Stechen, Steifigkeit, Verrenkungsschmerz, Hüfte, Kiefergelenk. Nässender, eitriger Bläschenausschlag, Rotlauf, Impetigo. Haut juckend und brennend, Hexenschuß, Ischias, Steifhals.

Potenzen D4, D12, D30

TABACUM
Nikotiana Tabacum

Ätiologie
Nikotin-, Fleisch-, Fisch-, Wurstvergiftung, Alkoholismus. Überanstrengung, Reisekrankheit, Schwangerschaft, Nervenschwäche, nervöse Erschöpfung, Kreislaufversagen, Kollaps, Schock. Schlimmer: nachts, aus dem Schlaf, Angst, Erschrecken, Aufregung, Operation. Schlimmer: Rauchen, Einatmen von Tabakrauch, Anstrengung, Drehen, Fahren, im warmen Zimmer. Besser: durch Erbrechen, Stuhl, Harnabgang und Schweißausbruch, Bewegung in frischer Luft.

Konstitution
Totenblaß, sterbenselendig, kollapsig, lithämisch.

Indikationen
Nerven-, Herz-, Kreislaufversagen mit Blässe, Kälte, Frost, Übelkeit, Brechreiz, Elendigkeit, Todesängste. Kopfweh, Schwindel, Schweißausbrüche, alles dreht sich, Migräne mit Seh- und Hörstörungen, Menier mit Ohrensausen, Augenmuskel- und Sehnervlähmung, Doppelbilder, Blindheit, Gesicht mit kaltem Schweiß bedeckt, blau und blaß. Husten, Atemnot mit Bangigkeit, Angina pectoris, Herzinfarkt, Lungeninfarkt, mit Todesängsten. Magen-, Darmkrämpfe, Koliken mit wäßrigen Durchfällen und Harnabgang. Ameisenlaufen, Durchblutungsstörungen, Raucherbein, Schwangerschaftserbrechen, Reisekrankheit. Vergiftungserbrechen.

Potenzen D30

TARTARUS EMETICUS

Brechweinstein

Ätiologie

Akute Infekte der Luftwege, schwächliche Kinder und alte Menschen, rascher Kräfteverfall, drohende Lebensgefahr, Herzschwäche. Schlimmer: morgens, beim Erwachen, nachts 2 bis 4 Uhr, beim Niederlegen, muß sich aufsetzen, um Luft zu bekommen, Verlangen nach Wärme, die er nicht verträgt. Besserung: Aufsetzen, Herumtragen, Erbrechen mit Schleimauswurf, Nasenbluten, Darmeinlauf.

Konstitution

Blaß, kalt, schwitzend, krank, benommen, erschöpft, ruhelos, destruktiv. Ängstlich, mutlos, schwach, kraftlos, erschöpft, ruhelos, benommen, Verfall, mürrisch, störrisch, ängstlich, anmaßend, ablehnend, Kind möchte sich nicht anfassen und ansehen, aber umhertragen lassen, Verlangen nach offenem Fenster und frischer Luft.

Indikationen

Akuter und chronischer Bronchialkatarrh, Bronchitis und Lugenentzündung, Grippe, Keuchhusten, Fieber, Atemnot, schwer löslicher Husten mit feinen Rasselgeräuschen, erleichterndes Schleimerbrechen, Herz-Kreislaufversagen schwächlicher Kinder und Greise, Facies Hippokratica, chronischer Nebenhöhlenkatarrh, Magenkatarrh der Trinker, Brechdurchfall, Cholera nostra, Rheumatismus der kleinen Gelenke, Hexenschuß: wenn Bryonia und Nux vomica nicht geholfen haben. Pockenartige Hautausschläge, Bläschen, Pusteln am Genitale.

Potenzen D4, D30

VERATRUM

Nieswurz

Ätiologie

Ärger, Aufregung, Schreck, Furcht, Zorn, Schwäche, Hinfälligkeit, Herz- und Kreislaufversagen, Kollaps, Schock, Übelkeit, Erbrechen, Durchfälle, Schweißausbrüche, Sommerdurchfälle nach schlechten Speisen und Getränken. Schlimmer: nachts, Bettwärme, Bücken, Aufrichten, Drehen. Besser: in frischer Luft, kaltes Essen und Trinken.

Konstitution

Blaß, blau, eingefallen, krank, erschöpft, destruktiv. Nervös, erregt, nimmt sich zu viel vor, bringt aber nichts zu Ende, erotisch, flucht, spuckt, gewalttätig, Angst um sein Seelenheil, als ob etwas Schreckliches bevorstünde, religiöse Wahnvorstellungen mit schlechtem Gewissen, schweigsam, niedergeschlagen, menschenscheu.

Indikationen

Gehirnerregung mit Zorn, Depression und Schwermut. Kopfschmerzen mit Schwindel, Übelkeit, Erbrechen, Stuhl- und Harndrang, Migräne, Menier mit Ohnmachtsneigung, Schweißausbrüchen und Elendigkeit, Stirnschweiß, Augenflimmern, Sehstörungen, Funkensehen. Wäßriger Schnupfen mit Niesen, Tränen, Nasenbluten, Trockenheit im Hals, Rachen, Husten- und Erstickungsanfall, Kollaps und Herzversagen bei Infektionskrankheiten, Operationen, Herzinfarkt, Magenverstimmung mit Brechreiz, Kollaps und Durchfall, Regelschmerzen, Nerven- und Muskelkrämpfe, Wadenkrämpfe, Konvulsionen.

Potenzen D30

ZINCUM VALERIANICUM

Zink

Ätiologie

Geistige und körperliche Überanstrengung, Hirnhautreizung, Unterdrückung von Ekzemen und der Regel. Ärger, Schreck, sexuelle Exzesse, Schlimmer: abends, nachts, im Schlaf, Überessen, Trinken, Weingenuß, Autozugluft mit Nackensteife. Besser: durch fortgesetzte Bewegung, im Freien und nach Eintritt der Absonderungen.

Konstitution

Blaß, grau, trocken, unruhig, mürrisch, niedergeschlagen, destruktiv. Nervös, überempfindlich, ärgerlich, gereizt, alles greift ihn an, nach jeder Aufregung müde, benommen, duselig, traurig, verstimmt, schweigsam, brütend, als ob er sich eines Verbrechens schuldig gemacht hätte, schläft im Sitzen und Stehen vor Erschöpfung ein.

Indikationen

Überforderte, überbeanspruchte, überempfindliche, hypochondrische Menschen mit Erschöpfung, Schlaflosigkeit. Hirnhautreizung, Meningismus, Epilepsie, Kopfrollen, Zähneknirschen, Aufschrecken, Nasenwurzelkopfschmerz, Schwindel, Fallneigung, Übelkeit, neuralgische Gesichts- und Zahnschmerzen, Augenflimmern, Oberlidschwäche, Stirnhöhlenkatarrh, Schnupfen, Krampfhusten, Keuchhusten, nervöse Herzanfälle mit Herzklopfen, nervöse Magen-Darmstörungen, Nieren-, Blasen- und Harnröhrenreizung, Harnträufeln, Regelkrämpfe, Nackensteifigkeit, Ischias, Lenden- und Kreuzschmerzen, Unruhe, Zucken und Krämpfe in Beinen und Armen, kann die Beine nicht ruhig halten, Schlaflosigkeit, Ekzeme und Juckreiz.

Potenzen D30

„Willst du dich am Ganzen erquicken,
so mußt du
das Ganze im Kleinsten erblicken."

(Johann Wolfgang v. Goethe)

Die größere Ordnung der Gesundheit

Wir haben uns in den vorangegangenen Abschnitten mit der Homöophathie als eine Ganzheitsmedizin beschäftigt und wollen in den folgenden Abschnitten die Homöotherapie im Rahmen einer Ganzheitstherapie kennen lernen.

„Sie waren bei Ihrem Arzt, haben ihm Ihre Beschwerden mitgeteilt, er hat Sie untersucht, Befunde erhoben und Ihnen ein Rezept mitgegeben. Sie aber wollen nun wissen, wie es wirklich um Sie steht, was Sie tun sollen, was der Arzt tun kann und was Sie beide zusammen erreichen können.

Die Zeiten und Krankheiten haben sich vielfach geändert. An die Stelle der beherrschbaren Seuchen und Mangelkrankheiten sind neue Gesundheitsprobleme, Seuchen und Süchte getreten, die wir uns zum Teil selber gemacht haben; Aids, Atomstrahlung, Medikamentenmißbrauch sind nur einige Beispiele für Schädigungen, mit denen wir noch lange nicht fertig werden können. Es nehmen heute nicht mehr die — berechen- und behandelbaren — akuten Krankheiten zu, sondern die chronischen Krankheiten sind zum Problem unserer Zeit geworden. Man kann sie nicht einfach mit einer Vielzahl von sedierenden und aufputschenden Medikamenten behandeln, ihre eigentlichen Wurzeln liegen in der Anlage und Verfassung und in der Umwelt des Kranken.

Es gibt viele Menschen, die deshalb mit einem Plastiksack voller Medikamente nicht zufrieden sind, die bereit sind, selber mitzuwirken, um gesund zu werden und gesund zu bleiben. Dazu aber brauchen sie einen Arzt, mit dem sie reden können, der mit ihnen einen umfassenden, einsichtigen und durchführbaren Behandlungsplan aufstellt.
Warten Sie nicht, bis sich die anderen oder die Umwelt ändert. Beginnen Sie bei sich, in Ihrer Familie und an Ihrem Arbeitsplatz, Ihre Lebensweise zu ändern. Nehmen Sie sich Zeit zum Leben. Lernen Sie, sich weniger zu ärgern, aufzuregen, zu kränken, zu grübeln, zu fragen und zu denken. Versuchen Sie einmal, langsam zu reden, zu gehen, zu essen und mehr zu lachen, dann werden Sie ruhiger, sicherer und überlegener.
Es gibt auch heute ‚Weise' unter uns, die uns mit ihrem Leben den Sinn des Lebens vorzeigen."

Vorbeugende und begleitende Gesundheitsmaßnahmen

Atmung
Es gibt viele Möglichkeiten, sich zu entspannen. Mir genügen einfache Atemübungen. Sie können auch Autogenes Training, Yoga oder Transzendentale Meditation machen. Stehen Sie jeden Tag pünktlich zur gleichen Stunde auf, stellen Sie sich zum offenen Fenster und beginnen Sie, sich kräftig zu strecken und zu dehnen. Sie können ruhig auch gähnen, stöhnen und seufzen. Atmen Sie durch die Nase normal ein und durch den Mund langsam blasend aus. Beim Einatmen geht der Bauch heraus, beim Ausatmen sinkt er langsam ein.

Bewegung
Benützen Sie weniger den Aufzug und das Auto. Machen Sie täglich einen kleinen Spaziergang, und nehmen Sie sich zum Wochenende Zeit für einen ausgedehnten Spaziergang. Versuchen Sie einmal, Ihre Leistungsgrenze zu erreichen, aber ohne Atemnot und Herzbeschwerden. Sie können natürlich auch Radfahren und vernünftig Sport betreiben.

Erwärmung
Beginnen Sie den Morgen mit einem 5minütigen heißen Duschbad. Wenn Sie wollen, können Sie kalt nachduschen. Sie führen dadurch Ihrem Organismus die nötige Energie zu, die Sie tagsüber brauchen. Gehen Sie niemals mit kalten Füßen in das Bett. Nehmen Sie vor dem Schlafengehen ein 10minütiges heißes Fußbad. Sie können auch Wechselbäder nehmen oder in der Wanne Wassertreten.

Ernährung
Die Fehler der heutigen Zeit bezüglich der Nahrungsaufnahme liegen in der Unter- oder Überbewertung: Das eine Extrem ergibt sich daraus, daß es in der Leistungsgesellschaft keine Zeit zum be-

wußten Essen gibt oder, besser gesagt, man nimmt sich keine Zeit, in Ruhe zu essen, zu kauen und die Speisen richtig einzuspeicheln. Hastig wird zwischendurch etwas leicht Verfügbares, meist minderwertige Fertigprodukte, hinuntergeschlungen (fast food, junk food). Andererseits wird das Überangebot von Genußmitteln in unserer Wohlstandsgesellschaft voll genützt, der Organismus wird nicht ernährt, sondern kritiklos gemästet. An die Stelle des natürlichen Instinktes, der die Befriedigung des Nahrungsbedarfes lenken sollte, ist ein zum Selbstzweck gewordenes, genußbetontes Eßbedürfnis getreten. Das Ziel, die wichtigsten Nahrungsbestandteile in einem für den Organismus verwertbaren Maß und Gleichgewicht zuzuführen, wird nicht erkannt und erreicht.

Wir leiden auf den ersten Blick keinen Mangel, im Gegenteil, Kinder und Erwachsene sind „wohl genährt" bis übergewichtig. Der Organismus wird einerseits mit Kalorien und Schlackstoffen überhäuft, die er nicht verarbeiten kann, sondern in seinen Geweben lagern muß, und andererseits fehlen ihm Fermente und wichtige Spurenelemente zum Aufbau der eigenen Gewebe und zum Abbau der Gifte und Schlacken. Es kommt also wieder zu Mangelerscheinungen, aus denen sich Erkrankungen entwickeln, die man unter dem treffenden Namen Zivilisationskrankheiten zusammenfaßt, wie Müdigkeit, Abschlaffung, Schlafstörungen, Depressionen, Darmträgheit, Übergewicht, Hypercholesterinaemie, gichtisch-rheumatische Erkrankungen, Gefäßerkrankungen bis hin zum Krebs.

Die Zivilisationskrankheiten äußern sich also anfänglich in eher nervösen Symptomen, wie z. B. Müdigkeit, Schlafstörungen, mangelnder Aktivität, und enden bei schweren chronischen Erkrankungen bis hin zu Entartungen. Sie sind durch falsche Lebensweise, wie mangelnde Bewegung und mangelnde frische Luft, durch Streß und zu einem guten Teil durch unvernünftige Ernährungsgewohnheiten bedingt.

Deshalb sollte die Ernährung des Menschen eine einfache, natürliche Ernährung sein. Sie sollte eine vollwertige, reine Nahrung sein.

Was bedeutet vollwertig? Die tägliche Ernährung soll sich aus allen notwendigen Grundstoffen: Kohlehydraten, Eiweiß, Fett und aus den wichtigsten Wirkstoffen: Vitaminen, Mineralien, Spurenelementen, zusammensetzen. Vollwertig bedeutet auch, daß jedes Nahrungsmittel nicht wichtiger Bestandteile beraubt wurde (z. B. wird Getreide oder Reis „entwertet" durch Entfernung der vitamin- und mineralstoffreichen Schale).

Die Zufuhr der Grundnährstoffe soll in einem bestimmten Verhältnis erfolgen, damit der Organismus seinen Stoffwechsel möglichst optimal betreiben kann: Täglich 60—80% Kohlehydrate, 20—30% Eiweiß, 5—10% Fett.

Die Vitamin- und Mineralstoffzufuhr wird vor allem durch reichliche pflanzliche Kost, im speziellen durch Vollkornprodukte, grüne Gemüse, Salate, Gewürze und durch Milch und Milchprodukte gewährleistet.

Zugleich bedeutet die reichliche Zufuhr pflanzlicher Nahrung eine ballaststoffreiche Kost und somit die Gewährleistung einer funktionierenden Verdauung.

Die Nahrung soll „frisch und unbehandelt" sein, d. h. weder durch zu große Hitze noch durch chemische Zusätze verändert, da sonst die Aktivität der Vitamine und Fermente verloren geht. Sie soll also „rein" sein. Gemüse, Getreide, Obst sollen nicht „überdüngt", möglichst nicht gespritzt sein. Auch Fleisch, Eier, Milch sollten möglichst frei von „Chemie" verzehrt werden.

Nicht zuletzt sollte auch darauf geachtet werden, genügend zu trinken — normalerweise sollte man 2 Liter Flüssigkeit täglich zu sich nehmen.

Physikalische Medizin, einfache „Anwendungen", Massagen, Bäder

Ausleitung

Ausleitende Maßnahmen lindern Stauungen, senken das Fieber und helfen, Schadstoffe auszuschwemmen. Kaltwaschungen haben sich dafür besonders bewährt. Mit einem Frotteetuch, das man in kaltes Wasser getaucht und kräftig ausgewunden hat, reibt man, beim zugedeckten Patienten, zuerst das linke, dann das rechte Bein ab. Nach einer Pause setzt man beim linken, dann beim rechten Arm fort. Bei guter Verträglichkeit folgen, in kreisförmigen Bewegungen, der Bauch und die Brust, zum Abschluß der Rücken. Nach jeder Teilwaschung wird das Frotteetuch neuerlich in kaltes Wasser getaucht und ausgewrungen. Zu den ausleitenden Maßnahmen zählen ferner kalte Wickel und Tauchbäder.

Bindegewebsmassagen

Diese besonders wirksame Massage bestimmter Bindegewebspartien am Rükken stimuliert über die Reflexzonen bestimmte innere Organe und führt zu einer allgemeinen Entlastung und Umstimmung. Die Bindesgewebsmassage hat sich speziell bei Frauenleiden, Rheumatismus, Magen- und Darmbeschwerden und beim Asthma bronchiale bewährt.

Einläufe

Sie dienen vor allem der Entgiftung und sind bei fieberhaften Erkrankungen, Angina und am Beginn von Fastenkuren angezeigt. Man nimmt dafür lauwarmes Wasser, Kamillentee oder eine Zinnkrautabkochung.

Fußreflexzonenmassage

Wie am Rücken befinden sich auch auf den Füßen Zonen, die mit bestimmten inneren Organen korrespondieren. Die Fußzonenreflexmassage regt den Blutkreislauf, den Lymphfluß und damit die Selbstregulation an.

Hautbürstungen

Dafür verwendet man entweder eine trockene, harte Bürste (Trockenbürstungen), ein zusammengelegtes Frotteetuch oder spezielle Bürstenhandschuhe. Man bürstet von unten nach oben, am linken Bein beginnend, dann das rechte Bein, den linken Arm und den rechten Arm. Bauch und Brust werden in kreisförmigen Bewegungen gebürstet. Hautbürstungen fördern nicht nur die Durchblutung, sondern wirken, über die Reflexzonen, anregend auf den gesamten Organismus.

Inhalationen

Dieses alte Hausmittel hat sich schon vielfach bei Erkältungskrankheiten und Katarrhen der oberen Luftwege bewährt. Man atmet dabei, über ein Gefäß mit heißem Wasser, Salzwasser oder Kamillentee gebeugt, unter einem Tuch, eine halbe Stunde lang, den Dampf tief ein. Dann dunstet man, gut zugedeckt, im Bett nach.
Eine andere Möglichkeit ist das Inhalieren mittels Mikroinhalatoren, bei denen verschiedene Zusätze, feinst versprüht, kalt eingeatmet werden.

Kneipp

Die Kneipptherapie ist eine Kombination von Güssen, Wickeln, Packungen, Phythotherapie und Diät. Für den Hausgebrauch eignen sich in erster Linie Kniegüsse mit einem Schlauch oder einer Gießkanne (bei den Zehen des rechten Fußes beginnend, langsam bis zur Kniescheibe, mehrmaliges Kreisen um die Kniescheibe, zurück zu den Zehen, dann das andere Bein. Mehrmals wiederholen, bis die Beine rot werden, dann in gleicher Weise auf der Rückseite verfahren); Wassertreten in der Badewanne und Heublumenpackungen. Kalte Anwendungen dürfen nur am warmen Körper und bei intaktem Kreislauf erfolgen.

Massagen
Die Zuweisung sollte von einem Arzt ausgehen, damit Art, Stärke und Häufigkeit der Massage genau festgelegt werden. Durch den mechanischen Reiz kommt es zu einer Verbesserung der Blutzirkulation, zu einer Entlastung des Unterhautzellgewebes und zur Auflösung der Bindegewebsverhärtungen und damit zur Entspannung und Schmerzlinderung. Regelmäßige Anwendungen erhöhen die Widerstandskraft. Massagen sollen nicht schmerzhaft sein.

Medizinalbäder
Ansteigende Arm- und Fußbäder
Beide Unterarme (bis über die Hälfte der Oberarme) bzw. beide Beine (bis über die Hälfte der Wade) werden in warmes Wasser getaucht, dem allmählich (ca. 15 Minuten lang) heißes Wasser zugeführt wird, bis die Temperatur 40 Grad erreicht. Dann legt man sich nieder und dunstet nach. Diese Anwendungen eignen sich bei Erkältungen, hohem Blutdruck und Herzkrämpfen sowie bei Magen-, Darm- und Unterleibskrämpfen.

Ansteigende Halbbäder
Man setzt sich in eine Wanne, die bis zur Hälfte mit warmem Wasser gefüllt ist und läßt langsam (ca. 30 Minuten) heißes Wasser zufließen, bis eine Wassertemperatur von 40 Grad erreicht ist. Dabei kommt es zu heftigen, erleichternden Schweißausbrüchen. Halbbäder sind bei rheumatischen Erkrankungen, bei Migräne und Erkältungskrankheiten angezeigt.

Vollbäder
Wie beim Halbbad geht man auch beim Vollbad vor. Die Wassertemperatur wird mählich auf 40 Grad Celsius gesteigert, bis der erwünschte Schweißausbruch eintritt. Dann legt man sich, ohne sich abzutrocknen, in ein Badetuch gehüllt ins Bett zum Nachschwitzen. Voraussetzung für diese Anwendung ist ein intakter Kreislauf. Man sollte auf keinen Fall mit vollem Magen baden und vorher möglichst den Darm entleeren. Neben der Durchwärmung bewirken Vollbäder die Auflösung und Ausscheidung von Ablagerungsprodukten.

Eichenrindenbäder
Bei Hämorrhoiden, Afterfissuren, Frostbeulen und nässenden, juckenden Ekzemen.

Heublumenbäder
Bei Erkältungskrankheiten, nervösen Störungen, Schlaflosigkeit und vor allem bei rheumatischen Erkrankungen.

Kamillenbäder
Zur Beruhigung der Nerven, bei juckenden Hautausschlägen und schlecht heilenden Wunden

Kleiebäder
Bei juckenden und wasserempfindlichen Hautleiden.

Kohlensäurebäder
Bei leichten Herzstörungen, koronaren Durchblutungsstörungen, Bluthochdruck und Gefäßerkrankungen.

Moorbäder
Bei Frauenkrankheiten, Sterilität, rheumatischen Erkrankungen und schlechter Hautdurchblutung.

Sauerstoffbäder
Bei Bluthochdruck, Schlaflosigkeit und nervösen Erregungszuständen.

Schwefelbäder
Bei rheumatischen Erkrankungen, Stoffwechselstörungen, Frauenkrankheiten, Hautkrankheiten und Lähmungen.

Solebäder
Steinsalz- oder Meersalzbäder eignen sich bei Infektanfälligkeit, schlechter Hautdurchblutung, bei Stoffwechselstörungen, bei vegetativer Dysregulation und Neurodermitis.

„Schröpfen"
Diese altbewährte Umstimmungs-, Entlastungs- und Entgiftungstherapie eignet sich besonders bei Gelenks- und Wirbelsäulenschmerzen. Das „Schröpfen" wird heute mittels eines Gerätes durchgeführt, das, abwechselnd saugend und drückend, die Haut massiert und dadurch die Durchblutung, die Entschlakkung und den Lymphfluß anregt.

Symbioselenkung
Wird die gesunde Darmflora durch Krankheiten, Änderungen in der Kost und Lebensweise gestört, so treten Völle, Blähungen, Durchfälle und eine Schwächung der körpereigenen Abwehrkräfte auf. Mit Hilfe der Symbioselenkung — wobei dem Darm gesunde Bakterienkulturen zugeführt werden — kann die Darmflora wieder ins Gleichgewicht gebracht werden.

Sauna
Die gute Durchwärmung führt zur Auflösung und Ausscheidung von Ablagerungsprodukten. Die nachfolgende Kälteanwendung ist ein Training für das Gefäßsystem.

Wickel
Trockene Wickel
Bei schmerzhaften Schwellungen und Verbrennungen, zur Ruhigstellung und Warmhaltung bei Gicht und Rheuma hat sich am besten der „Watteverband" bewährt. Bei Venenstauungen und Venenentzündungen sorgt der Druckverband mit einer elastischen Binde nicht nur für eine Ruhigstellung, sondern regt auch die „Muskelpumpe" an, fördert die Durchblutung und lindert die Schmerzen.

Kalte Wickel
Kalte Waden- und Leibwickel regen die Durchblutung und Ableitung an. Sie wirken bei Entzündungen und Stauungen beruhigend, entzündungs- und schmerzhemmend.

Heiße Wickel
Sie wirken entkrampfend und schmerzlindernd. Wichtig dabei sind die Bettruhe und das Nachdunsten. Bei lokalen Entzündungen und Schmerzen haben sich Packungen mit einem Heublumensack und Auflagen von Leinsamensäckchen besonders bewährt.

Kuren, Bäder und Packungen

Atemwegserkrankungen
Asthma, Bronchitis, Emphysem, Staubkrankheit, Nebenhöhlenentzündung.
Inhalationen und Trinkkuren mit Jodsole, Schwefelwässern, Magnesiumwässern, Mineralsäuerlingen.

Augenkrankheiten
Lokalbehandlung mit Jodsole.

Bewegungsapparat
Entzündlicher und degenerativer Weichteil- und Gelenksrheumatismus, Gicht, Arthrosen. Osteoporose, Spondylarthrose, Bechterew.
Schwefel-, Moor-, Sole-, Eisensulfat-, Radon- und Thermalbäder. Moor-, Schlamm- und Heilerdepackungen.

Eisenmangelzustände und Rekonvaleszenz
Blutarmut, Erholungskuren nach Krankheiten, Operationen, Altersbeschwerden.
Trink- und Badekuren mit eisenhältigen Wässern, Sole, Kohlensäure, Mineralwasser, Mineraltherme, Moorbadekuren, Radonbäder, Luftkuren, Heilklimakuren.

Frauenkrankheiten
Chronisch entzündliche Eierstock- und Gebärmutterkrankheiten, klimakterische Störungen, Sterilität.

Schwefel-, Moor-, Radon-, Mineral-, Sole- und Meerbäder, Moor- und Schlammpackungen.

Harnwegserkrankungen
Trinkkuren mit Mineralsäuerlingen, Badekuren, Moor- und Schlammpackungen.

Hautkrankheiten
Chronische Dermatitis, Seborrhoe, Akne, Psoriasis, Neurodermitis.
Schwefel-, Eisensulfat-, Moor-, Kohlensäure-, Radon- und Kräuterbäder. Heilerde- und Schlammpackungen.

Herz-Kreislauf
Hypotone, neurovaskuläre Regulationsstörungen, periphere Durchblutungsstörungen.
Kohlensäure- und Kohlensäuregasbäder, Sole- und Jodsolebäder, Rehabilitationszentren, Luftkuren.

Kinderkrankheiten
Entwicklungs- und Stoffwechselstörungen, lymphatische Diathese, Erschöpfung, Neurasthenie.
Meeraufenthalte, Solebäder.

Mundschleimhaut
Chronische Mundschleimhautentzündung, Parodontose.
Jodsole, Schwefel- und Moormundduschen.

Nervensystemkrankheiten
Nachbehandlung nach Schlaganfällen, Lähmungen, Kinderlähmung, Nervenentzündung, Ischias
Moor-, Schwefel-, Radon-, Sole-, Thermalbäder, Schlamm- und Heilerdepackungen.

Stoffwechselkrankheiten
Magen, Darm, Leber, Galle, Übergewicht, Zucker, Gicht, Bauchspeicheldrüse.
Glaubersalz, Schwefelwasser, Radontrinkkuren, Moor-, Schwefel-, Sole-, Radon- und Kohlensäurebäder, Heilklima, Luftkuren, Rehabilitationskuren, Bewegungstherapie.

Schilddrüse
Überfunktion und Unterfunktion der Schilddrüse.
Luftkuren, Bewegungstherapie, Sole- und Kohlensäurebäder.

Beschwerden-Register

Quellenverzeichnis

Amtliche Ausgabe „Homöopathisches Arzneibuch", 1. Ausgabe 1978 mit 3. Nachtrag 1985, Deutscher Apotheker Verlag/Stuttgart, Govi-Verlag GmbH./Fankfurt, 1985

Barros J. „Vitalenergie", veröffentlicht in „Documenta Homoeopathica", Band 5, Karl F. Haug Verlag, Heidelberg, 1982

Bayr G. „Homöopathische Pharmakologie", veröffentlicht in „Documenta Homoeopathica" Band 2, Karl F. Haug Verlag, Heidelberg, 1979

Bayr G. „Hahnemann in Wien", veröffentlicht in „Documenta Homoeopathica", Band 3, Karl F. Haug Verlag, Heidelberg, 1980

Bayr G. „Hahnemann in Wien"
Drexler L. „Die Ausbreitung der Homöopathie außerhalb Deutschlands in der 1. Hälfte des 19. Jahrhunderts"
Gasper M. „Homöopathie in Österreich"
Ortega S. „Was die Menschheit von der Homöopathie erwartet"
Seitschek R. „Das Wiederentstehen einer österreichischen homöopathischen Ärztevereinigung nach 1945"
Alle Beiträge veröffentlicht in „Documenta Homoeopathica", Band 3, Karl F. Haug Verlag, Heidelberg, 1980

Bayr G. „Von Hahnemann bis heute"
Drexler L. „Die Homöopathie in Europa in den 60er und 70er Jahren des 19. Jahrhunderts"
Loidl F. „Vom Homöopathen zum Homileten"
Alle Beiträge veröffentlicht in „Documenta Homoeopathica", Band 4, Karl F. Haug Verlag, Heidelberg, 1981

Buschauer W. „Hahnemanns Idee — Über die Denkweise der homöopathischen Medizin", veröffentlicht in „Documenta Homoeopathica" Band 1, Karl F. Haug Verlag, Heidelberg, 1978

Cullen W. „Abhandlungen über die Materia medica" — Übersetzt und mit Anmerkungen versehen von Samuel Hahnemann, Leipzig, 1790

Dorcsi M. „Stufenplan und Ausbildungsprogramm in der Homöopathie" Band 2, 2. Auflage, Karl F. Haug Verlag, Heidelberg, 1979

Dorcsi M. „Homöopathie — Konstitution", 3. Auflage, Stufenplan und Ausbildungsprogramm in der Homöopathie, Band 3, Karl F. Haug Verlag, Heidelberg, 1982

Dorcsi M. „Homöopathie — Medizin der Person", 4. Auflage, Stufenplan und Ausbildungsprogramm in der Homöopathie, Band 1, Karl F. Haug Verlag, Heidelberg, 1982

Dorcsi M. „Homöopathie — Organotropie", 5. Auflage, Stufenplan und Ausbildungsprogramm in der Homöopathie, Band 4, Karl F. Haug Verlag, Heidelberg, 1985

Drexler L. „Das Verdienst Hahnemanns", veröffentlicht in „Documenta Homoeopathica", Band 5, Karl F. Haug Verlag, Heidelberg, 1982

Fischer U. D. „Kurzbericht über die Schule der Homeopatia de Mexico A.C.", veröffentlicht in „Documenta Homoeopathica", Band 3, Karl F Haug Verlag, Heidelberg, 1980

Fritsche H. „Die Erhöhung der Schlange" Ulrich Burgdorf Verlag für homöopathische Literatur, Göttingen, 1979

Fritsche H. „Samuel Hahnemann — Idee und Wirklichkeit der Homöopathie“, 3. Auflage, Ulrich Burgdorf Verlag für homöopathische Literatur, Göttingen, 1982
Fromm E. „Die Anatomie der menschlichen Destruktivität, DVA, Stuttgart, 1974
Fromm E. u.a. „Zen-Buddhismus und Psychoanalyse“, Suhrkamp Verlag, Frankfurt am Main, 1971
Gasper M. „Samuel Hahnemann“ veröffentlicht in „Documenta Homoeopathica“, Band 1, Karl F. Haug Verlag, Heidelberg, 1978
Gasper M. „Werke Hahnemanns“, veröffentlicht in „Documenta Homoeopathica“, Band 2, Karl F. Haug Verlag, Heidelberg, 1979
Gasper M. „Miasma“, veröffentlicht in „Documenta Homoeopathica“ Band 5, Karl F. Haug Verlag, Heidelberg, 1982
Gutmann W. „Grundlage der Homöopathie und das Wesen der Arznei“, Karl F. Haug Verlag, Heidelberg, 1979
Haehl R. „Hahnemann. Sein Leben und Schaffen“. 2 Bände, Wilmar Schwabe Verlag, Leipzig, 1922
Hahnemann S. „Heilung und Verhütung des Scharlach-Fiebers“, Gotha, 1801
Hahnemann S. „Äskulap auf der Wagschale“, E.F. Steinacker, Leipzig, 1805
Hahnemann S. „Fragmenta de viribus medicamentorum positivis, sive in sano corp. humano observatis“, J.A. Barth, Leipzig, 1805
Hahnemann S. „Brief an einen Arzt von hohem Range über die nötige Wiedergeburt der Heilkunde“, Allgemeiner Anzeiger der Deutschen, Nr. 343, Jahrgang 1808
Hahnemann S. „Heilkunde der Erfahrung“, veröffentlicht in „Hufelands Journal“, Vol. 22, Berlin, 1805, in Comission bei L.W. Wittich. Nachdruck Karl F. Haug Verlag, Ulm, 1955
Hahnemann S. „Reine Arzneimittellehre“, 6 Bände, Arnold, Dresden, 1811—1821, 2. Auflage 1822—1827, 3. Auflage 1830, 1833 (1. und 2. Band). Unveränderter Nachdruck Karl F. Haug Verlag, Ulm, 1955
Hahnemann S. „Die chronischen Krankheiten, ihre eigenthümliche Natur und homöopathische Heilung“, 1. Auflage 1828—1830, Arnold, 2. Auflage 1835—1839, J. E. Schaub, Düsseldorf. Unveränderter Nachdruck Karl F. Haug Verlag, Ulm, 1956
Hahnemann S. „Kleine medicinische Schriften“. Gesammelt und herausgegeben von Dr. Ernst Stapf. Arnold, Dresden und Leipzig 1829. Unveränderter Nachdruck Karl F. Haug Verlag, Heidelberg, 1971
Hahnemann S. „Organon der Heilkunst“, nach der handschriftlichen Neubearbeitung Hahnemanns für die 6. Auflage neu herausgegeben und stilistisch völlig überarbeitet von Kurt Hochstetter. Karl F. Haug Verlag, Heidelberg, 1974
Hänni A. „Typologische Anweisungen bei Hahnemann“, veröffentlicht in „Documenta Homoeopathica“, Band 2, Karl F. Haug Verlag, Heidelberg, 1979
Hermann Th. „Lehrbuch der empirischen Persönlichkeitsforschung“, Verlag für Psychologie, Hogrefe, 1972
Illich I. „Die Nemesis der Medizin“, Rowohlt Taschenbuch Verlag GmbH, Reinbek bei Hamburg, 1981
Kellner G. „Arzneiregulation“, veröffentlicht in „Documenta Homoeopathica“, Band 5, Karl F. Haug Verlag, Heidelberg, 1982
Kent J. T. „Zur Theorie der Homöopathie“ J. T. Kents Vorlesungen über Hahnemanns Organon, übersetzt von Jost Künzli von Fimelsberg, Verlag Grundlagen und Praxis, Wissenschaftlicher Autorenverlag, Leer/Ostfriesland, 1973
Klunker W. „Hahnemanns Bedingungen wissenschaftlicher Arzneiheilung“, veröffentlicht in „Documenta Homoeopathica“, Band 5, Karl F. Haug Verlag, Heidelberg, 1982

Kühnen W. „Konstitution, Diathese und Modalitäten", veröffentlicht in „Documenta Homoeopathica", Band 2, Karl F. Haug Verlag, Heidelberg, 1979
Leeser O. „Lehrbuch der Homöopathie", 4 Bände, Karl F. Haug Verlag, Ulm, 1963
Lugmayer K. „Philosophie der Person", Österreichischer Kulturverlag, Salzburg, 1956
Mattitsch G. „Personotrope Arzneifindung", veröffentlicht in „Documenta Homoeopathica", Band 4, Karl F. Haug Verlag, Heidelberg, 1981
Mezger J. „Gesichtete homöopathische Arzneimittellehre", 3. Auflage, Karl F. Haug Verlag, Ulm, 1955
Paracelsus „Paragranum"
Plessner H. „Zwischen Philosophie und Gesellschaft", zitiert nach A. Focke „Zur Phänomenologie", veröffentlicht in „Documenta Homoeopathica" Band 3, Karl F. Haug Verlag, Heidelberg, 1980
Remplein H. „Psychologie der Persönlichkeit", Reinhart, München, 1954
Schipperges H. „Paracelsus — Der Mensch im Licht der Natur", E. Klett, Stuttgart 1974
Stiegele A. „Klinische Homöopathie", Hippokrates Verlag, Stuttgart, 1955
Stübler M. Die „Chronischen Krankheiten", veröffentlicht in „Documenta Homoeopathica", Band 2, Karl F. Haug Verlag, Heidelberg, 1979
Stübler M. „Die Homöopathie in Deutschland", veröffentlicht in „Documenta Homoeopathica" Band 3, Karl F. Haug Verlag, Heidelberg, 1980
Tischner R. „Geschichte der Homöopathie", 3 Bände, Verlag Dr. Wilmar Schwabe, Leipzig, 1932—1937
Tischner R. „Das Werden der Homöopathie", Hippokrates-Verlag Marquardt & Cie., Stuttgart, 1950
Tischner R. „Samuel Hahnemanns Leben und Lehre", Karl F. Haug Verlag, Ulm, 1959
Volk „Neuropersonale Diagnostik", Karl F. Haug Verlag, Ulm, 1955
Witzleben H.v. „Homöopathie in der Zeit Goethes", Vortrag auf dem 29. Internationalen Kongreß für homöopathische Medizin, veröffentlicht in „Documenta Homoeopathica" Band 2, Karl F. Haug Verlag, Heidelberg, 1979
Zwiauer J. „Homöopathische Pharmazie", veröffentlicht in „Documenta Homoeopathica" Band 1, Karl F. Haug Verlag, Heidelberg, 1978

Michael Rudert
Wolfgang Meyer
Gesundes Leben
Mit Pflanzen heilen
Sachbuch
rororo

3407/8